马克思资源哲学思想及其当代价值研究

The Resources Philosophy of Marx and Contemporary Value

肖安宝 著

人民出版社

目　　录

前　言 …… 001

第一章　资源哲学:对当代资源问题的哲学回应 …… 001

一、资源:从经济学范畴到哲学范畴 …… 001

二、资源与社会结构再生产 …… 015

第二章　马克思关于资源的社会关系属性的思想 …… 024

一、资源具有社会关系属性的思想 …… 024

二、自然资源在社会关系中社会化的思想 …… 064

第三章　资本资源与资源资本化 …… 081

一、资本:资源的一种特殊形式 …… 082

二、资源资本化及其实践效应 …… 094

第四章　马克思关于资源配置方式的思想及其发展 …… 104

一、资源配置方式及其演变 …… 105

二、主导资源配置的力量 …… 131
三、中国特色社会主义社会资源配置 …… 149

第五章 资本积累与“自然力”贫困化积累 …… 175
一、资本积累与“自然力”贫困化积累及其危机 …… 176
二、“自然力”贫困化积累的解决路径 …… 197
三、“自然力”可持续发展的新型产权关系分析 …… 234

第六章 资本逻辑与生态逻辑:撕裂与重建 …… 243
一、资本逻辑对生态逻辑的撕裂 …… 244
二、资本逻辑对生态逻辑的重建 …… 255
三、绿色经济中的产权关系分析 …… 277

第七章 国际经济体系与全球资源争夺 …… 289
一、资源全球配置的动因与历史 …… 289
二、追求全球资源配置的新秩序 …… 307

第八章 资源配置与构建人类命运共同体 …… 319
一、坚持科学发展 构建社会主义和谐社会 …… 320
二、通过科技创新提升中国影响力 …… 330
三、资源全球配置的中国主张:构建人类命运共同体 …… 336

结束语 马克思主义时代化:资源哲学 …… 345

参考文献 …… 350

前　言

哲学是时代精神的精华。马克思指出:“理论在一个国家实现的程度,总是决定于理论满足这个国家的需要的程度。”①由于资源问题不仅关系到人的发展空间问题,更关涉到人类的生存问题,与面对经济危机回到马克思思想一样,越来越多的人也试图从马克思的思想那里,找到解决资源问题的钥匙。本书就是其中探索的一项初步成果。

一、生态问题与民生问题统一于资源问题

每一个新时代的来临,都面临着其哲学主题的追问——“问题就是时代的口号,是它表现自己精神状态的最实际的呼声”②。当今时代,总体上仍是资本的时代,是马克思所描绘的资本开拓全球化历史、列宁称之为帝国主义阶段的时代。但这一时代,又与19、20世纪资本统治世界的状况不完全相同。19、20世纪马克思主义努力推进无产阶级解放,而21世纪马克思主义不仅仍要推进无产阶级解放,还要对危及人类生存的生态问题有所回应。也就是说,21世纪人类发展的主题没有变——无产阶级的解放事业,但条件变得更加复

① 马克思:《黑格尔法哲学批判导言》,人民出版社1998年版,第11页。

② 《马克思恩格斯全集》第40卷,人民出版社1982年版,第289—290页。

杂。要推进这一主题,必须要同时解决人和自然的紧张关系问题。

具体而言,19、20 世纪资本逐利的主要手段起初是掠夺、侵占、战争等方式,后来则通过新殖民手段,首先呈现出的两极分化是人与人的分化,而人与自然关系并不紧张,由此决定的主要任务是追求人与人之间平等关系的实现。而进入 21 世纪,这一任务不但没有变,反而更增加了人与自然关系的分化与复杂性。也就是说,人与人的平等关系没有实现,而人与自然的关系愈发紧张。这突出表现在生态危机、资源短缺。也正因为资源配置、流动的问题,也带来了民生问题。

(一)反思生态问题

生态问题,指因人类自身和活动而导致的生态系统结构和功能严重失调,威胁到人类的现象。随着高投入、高消耗、高污染模式的扩大再生产的持续推进,生产资料发生转折性变化、环境承载力逼近生态系统自身的稳定的上限(从生态系统挖得过多,损害其稳定性;而挖得多,势必排泄得也多)。这一对资源的过度开发、粗放利用的做法,一是使得资源短缺,二是带来生态环境的恶化。环境问题是生态问题的一种,生态问题往往通过环境问题表现出来。全球性生态环境问题主要包括全球气候变化、臭氧层破坏、酸雨、土地荒漠化、海洋污染和生物多样性锐减等;森林资源锐减、垃圾成灾、有毒化学品污染等众多方面;土壤污染,草原退化加剧。

生态是人的生态,是人美好的生存状态;是生存前提,是人的生存场所,是人的发展场所——人的实践场所。人类的活动,在根本意义上是不断从周围环境摄取物质和能量(资源);而人的消费活动则是向周围环境排出物质和能量(废弃物)。根据能量守恒和转化定律,这一出一进的物质和能量在量上是守恒的,只不过是从一种形式转换成另一种形式,即从最初被人们认为"有用"的原料或产品变成了被认为"无用"的废弃物而抛进环境中。也就是说,人类的生存与发展,对于生态系统而言,只是改变了原有的物质与能量的存在形式,并没有增加和减少物质和能量。但这并不意味着不影响生态系统的稳定:当人们的生产或消费活动的方式没有破坏生态系统的自组织能力,系统是平衡的;否则,就会打破系统的稳定。

但这个系统稳定因资本而发生改变。资本因追逐剩余价值,高投入、高消耗、高产出及产后的副产品随意处置,使得生态环境负载日趋加重。进而,自然科学被资本用作致富手段,“科学和技术使执行职能的资本具有一种不以它的一定量为转移的扩张能力。”科学技术开发自然的能力越强,在资本性质未改变的前提下,会对自然(非再生性或可耗尽的资源)的掠夺和破坏也越大。英国经济学家 W.S.杰文斯提出,提高自然资源的利用效率,并不会减少,反而会增加对资源的需求。企业提高效率就意味着有新的资本不断进入,生产规模进而扩大,消费规模也不断扩大——“竞争使资本主义生产方式的内在规律作为外在的强制规律支配着每一个资本家。竞争迫使他不断扩大自己的资本来维持自己的资本,而他扩大资本只能靠累进的积累”①。故此,“蒸汽、电力和自动纺织机甚至是比巴尔贝斯、拉斯拜尔和布朗基诸位公民更危险万分的革命家”②。这种能力是建立在生态系统不可逆的转变基础上的。生态问题是因为人们开发利用资源不当——忽视生态系统自身平衡而出现的。

从经验上升到理论,反过来指导实践。在马克思语境中,科学技术是生产力,但在当下,科学技术的发展引起人们一系列新的思考。这就是说,科学技术就人的生存和发展而言,是必要条件而不是充分条件。也就是说,在人与人之间利益关系得到改善,即在责、权、利一致的基础上,科学技术才能更好地发挥作用。

(二)追问民生问题

人们从事生产活动,表现为人与自然、人与人之间的双重关系:改造自然

① 《马克思恩格斯文集》第 5 卷,人民出版社 2009 年版,第 683 页。

② 《马克思恩格斯文集》第 2 卷,人民出版社 2009 年版,第 579 页。

的活动,反映的是人与自然的关系;人与人之间在生产劳动过程中结成的社会关系。人与人之间差异产生的根源,则是对从自然中获取的生存发展资料占有和消费的差异——有的成员占有和消费多一些,其他成员则少一些甚至没有,影响到生存与发展。民生问题是民众的基本发展机会、基本发展能力,以及与之相关的劳动权、财产权、社会事务参与权等基本权益保护问题,是扩大的贫富差距在社会关系中的体现。民生问题是人和人之间的利益问题,是资源配置利用不公平问题。这个问题不是指以往的在有形制度下因剥削和压迫而带来的人际紧张关系,而是指在法律平等视域下,在市场经济关系中而出现的贫富差距。资本在市场上购买劳动力从事生产劳动,资本还要把商品卖出去,实现剩余价值。随着劳动力供求关系转折性变化,低工资与高消费不可并存,导致一部分商品价值难以实现,另一部分消费需求却未能满足,出现过剩与短缺并存现象。由此,经济危机成为调节资本主义经济的重要杠杆。

《21 世纪资本论》对自 18 世纪工业革命至今的财富分配数据进行分析,列出有关多国的大量收入分配数据,证明资本主义导致了财富不平等的加剧,自由市场经济并不能完全解决财富分配不平等的问题。在一百年的时间里,有资本的人的财富翻了 7 番,是开始的 128 倍,而整体经济规模只会比 100 年前大 8 倍。① 资本投资的长期年均收益率大大高于劳动报酬的长期年均增长率,存量社会财富的差距日益扩大,导致“富者愈富,贫者愈贫”。垄断性技术扼制了新技术的创新,由此导致通过创新带动全球经济增长之路的“中梗阻”现象。② 约瑟夫·E.斯蒂格利茨在《不平等的代价》中指出,美国 1%的少数群体享受着最好的住房、最好的教育、最好的医生、最好的生活。那 99%的大多数命运是捆绑在一起的。

联合国人类住区规划署的《贫民窟的挑战》人居年度报告指出,全球居住

---

① 参见托马斯·皮凯蒂:《21 世纪资本论》,中信出版社 2014 年版,第 52 页。

② 王文:《要担心的不只是中等收入陷阱,而是全球增长陷阱》,http://www.guancha.cn/WangWen/2016_04_13_356853_2.shtml? ad=1,2016-04-13。

在条件恶劣贫民窟里的人，占世界城市人口的32%；撒哈拉沙漠以南非洲城市人口的71.9%住在贫民窟中。世界银行《东亚经济发展报告(2006)》提出，许多国家陷入了经济增长的停滞期——贫富分化、腐败多发、社会公共服务短缺、就业困难等。20世纪70年代，拉美国家出现两极分化、环境恶化、失业人口较多、公共服务不足现象。进入21世纪，这一状况依旧存在。博克斯贝格指出，“现在的金融体系及其自由化会使那些已经享有特权并且主宰世界经济的国家受益。代价却由发展中国家，特别是由它们当中最穷的国家承担”①。这种状况，只不过仍是资本原始积累以及在相当长的一段历史时期——“在相当大的程度上是建立在掠夺、殖民和利用先进技术开采欧洲以外的资源的基础上的。从地理上看，它并不是自给的，而是依赖于开采全世界的资源为一小部分人的利益服务的”②延续。

民生问题，从根源上看，跟生产资料所有制以及在生产中的地位与相互关系有关。换言之，财富占有的不平等具有自我强化的作用，掌握权势的人利用各种工具、资源和诱因，以满足他们利益的方式去塑造信念。由于机会不平等、资源分配不均衡以及权力寻租造成的收入差距，电子信息技术和智力资源成为竞争的优势，形成“富的越来越富、穷的越来越穷”效应。资本从自然界获取原材料，从广大的农村吸收劳动力。当然，这一过程创立巨大的城市，“使很大一部分居民脱离了农村生活的愚昧状态”③；但所带来的城乡二元结构强化了民生问题。在财产、教育、医疗、卫生、就业等方面，社会中的一部分与另外一部分的差距在迅速扩大。进入新千年之后，我国的基尼系数呈倒U型变化，即2003年0.479、2006年0.487、2008年0.491、2009年0.490、2012年0.474，④近几年进一步减小。在我国，还跟政府职能不到位有关：观念错

---

① 汝绪华：《包容性增长：内涵、结构及功能》，《学术界》2011年第1期。

② 巫继学：《地方政府卖地冲动与新土地调控》，中国经济网，http://finance.ce.cn/rolling/200611/24/t20061124_9563000_2.shtml，2006-11-24。

③ 《共产党宣言》，人民出版社1997年版，第32页。

④ 据国家统计局相关数据整理而得。

位——尊重资本超过尊重劳动与劳动者;政治权力错位——民生权利无法实现的最大威胁;政治权力越位——发展结构失衡。民生问题是资源配置问题。这一资源配置不论是市场配置还是政治权力配置,都需要在各自最优的范围内运作,进而“有形之手”与“无形之手”优势互补;否则,就会导致出现“马太效应”或出现“官商勾连”等。

简而言之,生态问题与民生问题都是资源问题,前者是因资源开发利用而产生的人与自然的关系,后者是因资源在人际间的流动利用而形成的人与人的关系;而且,要正确把握人与自然的关系,就必须正确把握人与人的关系;同样,要正确处理人与人的关系,也必须正确把握人与自然的关系。一句话,把两者放在统一体中分析、思考,更有利于问题的解决。也就是说,在这个资源短缺、生态危机与民生问题交错重叠的时代,需要有深刻说明和揭示人类生存与发展出路的哲学——任何社会思想,必须从这一社会现象产生,并与它相联系的许多社会条件出发,而且还要联系时间和地点。

二、资源问题与马克思主义

生态问题,不是中国特有,而是在世界范围内存在。对生态问题的反思乃至想方设法解决,也不仅仅限于中国。但生态文明建设卓有成效的,仅有中国。因为中国在生态文明建设中是以马克思主义为指导的。

1962 年,美国人卡逊发表的《寂静的春天》一书,对人们在生产生活中因过度使用农药而对人类生存环境的危害作了反思。小林恩·怀特在《科学》发表的《我们生态危机的历史根源》一文(1967 年)中认为,这一生态危害,是犹太—基督宗教传统的人类优于自然的倾向,即主客二分,人为自然立法等理念的外化。1972 年罗马俱乐部的《增长的极限》,对西方工业化国家的增长模式的可持续性提出了严重质疑。奥康纳对当代全球问题和人类发展困境进行哲学反思。阿格尔认为当代资本主义经济危机已经从生产领域转移到消费领域,生态危机成为最大的危机。而鲍德里亚等消费主义者认为,消费异化建立在生态系统具有无限承受力的前提之上,最终将导致生态危机。1989 年,英国皮尔斯等人在《绿色经济蓝图》中提出绿色经济,强调通过对资源环境产品和服务进行适当的估价实现可持续发展。戴利《超越增长——可持续发展的经济学》(1996 年)、《自然的服务——社会对自然生态系统的依赖》(1997 年)、美国保罗·霍肯《自然资本论:关于下一次工业革命》(1999 年)、《世界生态服务与自然资本的价值》肯定了生态系统及自然资本为人类福利所作出的巨大贡献;由"生态—经济"二维复合系统扩展到"生态—经济—社会"三维复合系统。1987 年,世界环境和发展委员会发表《我们共同的未来》,强调提高现有资源的利用效率。

虽然资本追求剩余价值最大化,但为了维持自身的存在,也不得不考虑生态系统的稳定。发达国家提出庇古税和污染许可证、排污权交易等,但成效并不尽如人意。其根本原因就在于指导思想和理念有问题——种种西方经济学。不论是效用价值论还是要素价值论,都强调自然资源的重要,都脱离了人本身来论述自然资源,即不管何种环境与条件下效用都一样;还往往把生产者或消费者假定为人性是自私的,但这种自私又脱离具体的现实的历史的环境,不论是谁,来经营同一个企业,经济效益都是一样的,抽象为人的生存自保的共性。这都是站在强者的立场或角度分析问题。这样做,无论如何都无法根本解决问题。

中国则在马克思主义指导下,生态文明建设取得了令世人瞩目的成就。历经四十多年快速发展,中国的经济取得了巨大成就,但粗放——资源消耗巨大,生态环境破坏严重。例如 2012 年,中国约占全球 11. 5%经济总量,却消耗了全球能源 21. 3%、钢 45%、铜 43%、水泥 54%。中国北方严重的雾霾,其组成部分是与燃煤排放直接相关的有机物、硫酸盐、黑炭等物质,是 PM2. 5 的主要组成成分。面对这一严峻形势,中国共产党认识到,良好生态环境是最公平的公共产品,是最普惠的民生福祉,毅然决然地下调经济增长速度,不以 GDP

论英雄,追求绿水青山就是金山银山。通过生态文明制度建设来推进生态文明建设,从宪法到一般规章,从党的纪律到一般民众的道德要求等,从设定环境质量底线、生态保护红线,严守资源消耗上限,把各类开发活动严格限制在资源环境承载能力之内;到严把废弃物排放底线,全面促进资源节约集约循环利用。在制度规范的同时,鼓励推动科技创新,不断提高产品质量,不断适应需求升级对商品质量要求的提高,发展新生产部门,用新技术升级旧生产部门或旧部门中采用新生产方式,促进生产要素转移到新部门和采用新生产方式,不断优化经济结构。在生态文明建设进程中,企业认识到环境保护符合自身长远利益,在环保标准提升中提高效益;全社会出现价值理念的"绿色革命",自觉关心环境、参与环保行动,逐渐生成新的生活方式。总之,通过调整资源的社会关系属性,建立资源开发利用的责、权、利相统一的制度,促进生态产业链生成,促进人和自然和谐共处。

同样地,民生问题、社会公平问题,就世界范围内,也只有中国取得令人骄傲的成绩——据联合国 2015 年发布的《千年发展目标报告》显示,中国对全球减贫的贡献率超过 70%,7 亿多农村贫困人口摆脱贫困。从实践中来,到实践中去的精准扶贫——坚持因人因地施策,因贫困原因施策,因贫困类型施策,区别不同情况,做到对症下药、精准滴灌——党的十八大以来的五年,中国共有 5564 万人摆脱贫困。也正是有了精准扶贫,党的十九大报告强调,"到 2020 年,确保我国现行标准下农村贫困人口实现脱贫,贫困县全部摘帽,解决区域性整体贫困。"此外,在教育、医疗卫生、社会保险、公共基础设施等方面也都取得了长足的进步——社会主要矛盾由"人民日益增长的物质文化需要同落后的社会生产之间的矛盾"转化为"人民日益增长的美好生活需要和不平衡不充分的发展之间的矛盾"。这些都表明,中国共产党时刻将人民利益放在首位,明白人民真正的需求是什么;是马克思主义在中国的生动实践。

在资本主导的时代,因生产资料归资本所有者占有,进而在价值规律的作用下,出现"马太效应",即富者越来越富,社会中的高收入与低收入的差距越来越大。换言之,资本所有者的收入与雇佣劳动者的收入差距越来越大。这是马克思主义的解释。而西方经济学者认为,资本所有者与劳动力所有者在市场上进行的是等价交换。国家是所有社会成员都让渡一部分自己的私权所组成的公权力机构,因而在法律面前一律平等,不存在剥削问题;而资本所有者之所以富有,靠的是自己的聪明才智,靠的是比劳动力所有者勤奋和节俭。这里要弄清楚两个问题,一是国家为谁服务的问题;二是资本所有者和资本可以分离,而劳动力和劳动力所有者却不能分离。马克思主义认为,国家是阶级统治的工具,是阶级矛盾不可调和的产物。这对历史极富有解释力。在资本主义社会,国家是资产阶级专政的工具,虽然资本所有者在市场上购买劳动力遵循等价交换原则,但这里的等价是有条件的,即一是劳动力到哪儿,劳动者跟到哪儿,不能另外创收;二是等价等同的是劳动者生活资料的价。

西方经济学把资源稀缺作为不证自明的假设,既然资源是稀缺的,那就应该在最大化使用的人手里,就应该在资本所有者手里,因而资本主义的生产组织形式是高效的。从人类的发展史来看,资源是生成的,而不是先验的;资源随着人类实践能力的增强而不断扩大。我们不怀疑资本所有者有的善于经营,但也没有证据表明雇佣劳动者没有能力经营;进而,资本所有者的资本来自哪里？在马克思看来,基于资本的原始积累,每个毛孔都滴着血和肮脏的东西。也只有在这个基础上,才有后来的资本积累。改革开放后,我国的一些经济学学者把西方的这一套"理性经济人"假设、"资源稀缺"等奉为圭臬,说明私有企业的高效率而指责国有企业的低效率,而忽视了一个基本的事实,每个人都是现实的人,所处的环境条件也都不一样,因而经营的效率也不可能一样。就目前来看,国有企业效率不高,并不能证明私有企业效率就高;只要看看每天诞生的新企业与消亡的企业的数量就可明白。理论表明,私有企业能搞好,国有企业也能搞好,只不过目前还没有得到说明,需要实践进一步探索。

民生问题,主要表现为贫富差距过大,低收入者的生存与发展受到制约,其实质是资源配置不合理问题。比如,诺贝尔经济学奖获得者斯蒂格利茨在

《不平等的代价》中指出，占美国人口1%的少数群体享受着最好的住房、最好的教育、最好的医生、最好的生活方式，而99%人口占有的财富总量还没有那1%多。这就是人们常说的1%与99%的关系。① 在《21世纪资本论》中，皮凯蒂对18世纪工业革命以来的发达资本主义国家的财富增长与分配数据进行分析，得出的结论是，资本回报率总是倾向于高于经济增长率，在金融资本占统治地位时更是如此。书中即使对富人提出征收15%的资本税（财富总额），进一步把最高收入人群的所得税提到80%左右，再加之通货膨胀等手段，也就是想方设法来解决社会不公平问题，但由于资本的逐利本性，这不是解决问题的根本路径。② 也就是说，市场经济并不能解决财富分配不平等的问题。换言之，当今发达资本主义国家的经济体制和政治体制并不是绝大多数社会成员认同的、想要的。

生态环境问题，实质是资源开发利用不科学问题，是人们对自然资源的开发和废弃物的排放超过了生态系统以及人们自身的承受能力而引起的一系列问题。如人类在高投入、高消耗、高产出中伴随着高排放和高污染，出现臭氧层破坏、物种越来越少、土地沙漠化、森林锐减、海洋污染、野生物种减少、土壤侵蚀等全球性环境危机，威胁着全人类的生存和发展。比如全球气候变暖，是因大气中的二氧化碳、甲烷、一氧化二氮、一氧化碳等气体的增加，改变了大气的原有组成状态，使得地球系统的气温上升。而这一上升，一是可能导致生态系统发生变化和破坏；二是较高的温度可使极地（南极洲、北冰洋）乃至一些高山上的冰川融化，使海平面上升，一些海岸地区被淹没。

无论是资源配置不合理问题，还是资源开发利用不科学问题，都可归结为资源与人的关系问题。而资源与人的关系问题，可以从经济学的视角进行研究，社会学的视域下进行探究，政治学的视野进行关照，生态学的、法学的等诸多学科进行探视，这些虽然在一定程度上揭示了诸多问题产生的原因，有助于

---

① 参见斯蒂格利茨著，张子源译：《不平等的代价》，机械工业出版社2003年版。

② 参见皮凯蒂著，巴曙松等译：《21世纪资本论》，中信出版社2014年版。

问题在一定程度上得到缓解,但要想推动问题真正得到解决,促进经济社会的可持续发展,为人的自由全面发展创造更好的环境,就必须从整体上对这二者的关系进行梳理,即厘清资源生成与配置的内在机理,才能在各个层面、各个环节推动问题得到有效解决。换言之,就是把资源问题放在哲学视野中进行研究,简称资源哲学——即人类对资源开发与利用的行为进行反思:一是从技术层面提高既有资源的利用效率和创造更多新资源,二是调整人与人之间的关系,使资源在最需要的人手中,维护人的生存权和发展权。① 从现有的文献或实践来看,不论是发达国家还是发展中国家,都需要一种指导克服资源短缺、贫富差距与生态危机问题的理论——资源哲学(这三类问题统一于资源问题)。

当今的世界,是资本(一种特殊的资源)的世界。当今的资源问题,必然和资本有关。也就是说,资本在改变世界的同时,也带来其他资源的损耗。因而,解决资源问题也就有必要深化对资本的认识。而马克思对资本研究最彻底、最有说服力——通过商品的价值,揭示了资本的产生、发展,给人们展示了资本时代的人类生存境遇;也阐释了全球化的进程与趋势,但能否对当下的资源短缺、生态问题与民生问题的解决有所启示?换言之,马克思指出了此类问题发生的原因,但能否以商品的使用价值为切入点——使用价值才是满足人们需求的基本点——借助于价值的深层机理,拓展使用价值的社会网络空间,找到解决问题的路径?

三、国内外研究现状

从现有的文献来看,研究马克思资源思想大致有两个路径。

一是从经济学视角研究马克思《资本论》中的资源思想。在制度经济学

① 参见肖安宝:《资源创造论:新时代的资源哲学》,光明日报出版社 2011 年版,第 6 页。

家诺思看来,马克思强调(资本主义的)产权制度与新技术的生产潜力之间存在不适应性;技术变革是现存经济组织内在潜力得以实现的生产技术的先导。① 平乔维奇《产权经济学:一种关于比较体制的理论》认为,马克思的产权结构以特定而可预见的方式影响经济行为。在国内,王云中从市场经济资源配置机制及其配置具体方式、资本运行及其效率、社会资本再生产理论、货币理论、利息和利率理论、信用和经济周期理论、就业理论、地租和土地资源配置理论等方面对马克思的资源思想进行研究。② 此外,涉及马克思资源思想的还有:未来社会中的"有计划、按比例"资源配置,依据社会劳动和价值规律来配置资源,马克思的宏观和微观资源配置效率,资本主义资源配置方式,系统的生产资料所有制理论,等等。

二是对《1844 年经济学哲学手稿》《资本论》等著作进行生态思想的研究。国内的学者如:余谋昌、刘福森、包庆德等,围绕环境意识、生态伦理、生态价值和生态文明等方面进行研究。国外则集中在生态马克思主义流派,其代表人物有莱易斯、阿格尔、奥康纳、克沃尔、福斯特和伯克特等,以人与自然的关系为哲学基本问题,对推翻资本的统治促进经济社会与生态环境的协调发展进行研究。

从上述研究状况可以看出,经济学层面研究马克思资源思想,主要侧重对资源的自然属性研究;即使新制度经济学中的"制度",虽然作为生产过程的要素,但又忽视了生产过程系统之外的制度作为环境因素的影响,即对资源的社会关系属性强调不够。对马克思生态思想的研究,国外主要是生态马克思主义用"生态危机论"取代"经济危机论",缺乏可行方案;而国内的研究主要集中在资源开发利用的后果方面,即仅限于生态恶化这一视角,而不是资源开发利用的全部。而要推进人类的可持续发展,不仅应解决生存层面的资源问

① [美]道格拉斯·诺思:《经济史上的结构和变革》,商务印书馆 1992 年版,第 61—62 页。

② 参见王云中:《马克思市场经济资源配置理论研究》,经济科学出版社 2010 年版。

题，还要考虑发展所需的资源。因而，研究马克思的资源哲学思想，会有更大的启示。

四、研究方法

研究马克思的资源哲学思想，就是把马克思散落在各文本中零散的资源哲学观点、想法进行整理和系统化，以此拓展马克思主义的研究视野，丰富马克思主义的理论宝库；在此基础上，提供人们面对生态问题、民生问题与资源问题的解决思路："理论一经掌握群众，也会变成物质力量。理论只要说服人，就能掌握群众；而理论只要彻底，就能说服人"①。马克思研究资本运行的方法，也是我们研究马克思资源哲学思想的方法，即运用马克思的立场、观点与方法研究马克思资源哲学思想，这不仅保证世界观与方法论的统一，更体现了资源在社会关系中运行和社会生产方式的统一。这些方法有：

1. 文献法。马克思研究资本，收集了大量的资料。这些资料包括：以往经济学家的书籍、政府的有关文件、期刊报纸上的材料以及各类人员的所见所闻。这可从《1844 年经济学哲学手稿》《资本论》第一卷的注释得到证明。而对这些材料的加工和利用，得出资本运行的规律，马克思用了科学抽象和具体分析是相统一的方法。换言之，该方法建立在丰富的、翔实的、从实践中获得的材料基础之上——抽象是"产生在最丰富的具体发展的场合""历史条件的产物"，进而抽象出来的结论只有在这些条件之内才具有适用性。②

社会主义思想的出现，经历了从空想到科学的发展，就是因为马克思之前的研究者，空想社会主义者一是不可能有科学的研究方法；二是没有掌握丰富的材料——虽有美好的愿望，但资产阶级与无产阶级的矛盾没有充分暴露出来；在某种程度上，在反封建的斗争中，两大阶级还是同盟军。因而，无产阶级

① 《马克思恩格斯文集》第 1 卷，人民出版社 2009 年版，第 11 页。

② 《马克思恩格斯文集》第 8 卷，人民出版社 2009 年版，第 28、29 页。

把解放的希望寄托在资产阶级身上。在马克思的时代,资产阶级与无产阶级的矛盾有了充分的暴露,马克思运用唯物辩证法对社会发展状况进行充分研究,得出无产阶级的解放只能依靠自身的——科学社会主义理论来指导——这一结论。

进而,马克思的资源社会关系思想主要集中在马克思的 4 部手稿——《1844 年经济学哲学手稿》《1857—1858 年经济学手稿》《1861—1863 年经济学手稿》《1863—1865 年经济学手稿》以及《资本论》三卷本中,其他零星散见于有关作品中。深刻挖掘马克思的资源哲学思想必须深入解读其相关文本,而对其文本的解读必须基于对马克思思想的整体把握和理解上,即立足于马克思的立场、观点,进而运用马克思的方法来解读其文本,进入马克思的语境中理解其话语,而不是用形而上的方法来分析。

2. 矛盾分析法。该方法与形而上学的方法论相对立。在形而上学看来,自然界的各种物质都是孤立、静止的,物质的运动变化都是由构成它的原子所决定的。因而,在研究中,人们将一事物与它事物割裂开来,进行理想化的观察和实验,并将(只属于该事物的)这一结论看作整个事物的结论。一个完整的系统化的自然界或生态系统,就被分成相互分离的理论体系来表述,整个世界是由一块块碎布拼凑而成,自然界本身固有的普遍联系被割断。由此观点看待社会,社会是由每一个单个的个人所构成的,而这些个人之间没有必然的联系,彼此之间只是追求各自的利益。在此语境下,社会利益的最大化就是个人利益最大化的简单相加,理解社会的性质只需要理解个体人的性质,因为社会就是个人的机械之集合。"理性经济人""人性是自私的"就是这一观点的必然产物。

而马克思研究资本运行则运用矛盾分析方法——唯物辩证的方法:由人活动的自然界构成的生态系统与人类社会,也是一个人与自然、人与人相互作用的系统。社会并不是个人的简单相加,而是每一个个体之间相互影响、相互作用、相互制约的产物。这才有"人的本质是一切社会关系的总和"之判断。

马克思指出，说明“互相依存的社会机体”及存在于其中的“一切关系”，不能“单凭运动、顺序和时间的唯一逻辑公式”；①也就是说，要理解一个人，就必须把此人放在社会中，放在与他人的相互关系中，放在此人的成长环境中去解读。他进而指出，“现在的社会不是坚实的结晶体，而是一个能够变化并且经常处于变化过程中的有机体”；②而这一有机体中的个体人，也是处于变化发展之中。换言之，把个体人放在变化发展的社会中考察：社会与个体之间的关系、个体与个体之间的关系，可说明人是发展的，社会是进步的，与此相联系的资源也不是孤立的、不变的。

现代系统论也告诉我们，自然界是由组成其各要素之间相互作用形成系统并构成物质链。马克思认为，自然界不是“浑沌一体的幽灵”，而是“活生生的统一体的精神”；差别不在于单独存在各种元素，而在于这些元素经相互作用后生成的“同一生命推动的不同机能的生命运动”③——要素之间相互作用所形成的整体，尤其是人类自身的活动。恩格斯也曾指出，“呈现在我们眼前的自然界，是一幅由种种联系和相互作用无穷无尽地交织起来的画面”。④ 人类当下面临的困境，只不过是资本语境下的人需求的无限性与人实践能力的有限性之间矛盾的表现。人们在自然界的实践活动，就是从自然界获取满足自身需要的活动。在这一活动中，人和自然本可和谐相处。但在资本这一社会关系中，资本的扩张撕裂了人和自然的这一和谐关系；如果在发挥资本作用的同时，对其加以合理的限制，即通过价值链推动使用价值链的形成，使得人们的活动在生态系统自我净化的范围之内，和谐关系也并不破裂。俗话说，“垃圾是放错地方的资源”。

资源在人的实践中生成，自然资源是人生存的前提，但人走向自由全面发

① 《马克思恩格斯文集》第 1 卷，人民出版社 2009 年版，第 604 页。
② 《马克思恩格斯文集》第 5 卷，人民出版社 2009 年版，第 10—13 页。
③ 《马克思恩格斯全集》第 40 卷，人民出版社 1982 年版，第 332 页。
④ 《马克思恩格斯文集》第 3 卷，人民出版社 2009 年版，第 538 页。

展的最大资源是人自身资源，其开发利用都是在一定的目的下、在一定的生产关系中进行的——有的是为了眼前的、暂时的、个人的利益，有的是促进人类整体利益和长远利益发展，其效果是不一样的。人类要走可持续发展道路，其实质就是要处理好资本环境下个人利益与社会利益的关系。

3. 生成论方法。这一方法与先验论方法相对立。先验论认为，事物是固定不变的，因而内在于其中的规律也是不变的，也就是“天不变，道亦不变”。可康德和拉普拉斯的宇宙演化理论、赖尔的地壳运动理论以及达尔文的生物进化论，都在表明事物都有一个产生、发展、灭亡的过程。人类有自身产生发展的历史。人是从古猿进化而来的，进而人类自身在漫长的岁月中从简单到复杂、从低级到高级一步步演变着——在已经经历和正在经历的社会形态的更替——始于原始社会，经过漫长的古代社会（奴隶社会、封建社会）的演进，达到现代社会（资本主义社会、社会主义社会）——以及根据这一趋势，向着人类发展的理想状态即共产主义社会进发。那人类自身运动这一过程所体现的发展规律是什么？又如何得出这一规律？或是研究“细胞”还是研究“生命体”较为科学？

马克思得出人类社会的发展规律，是采取同实际发展相反的道路——这种研究方法是从事后开始的，就是从发展过程的完成的结果开始的。这一进路就如同“低等动物身上表露的高等动物的征兆，只有在高等动物本身已被认识之后才能理解”①一样，研究当时最发达和最多样性的生产组织的资产阶级社会与经济，不仅有助于理解资本主义社会的“各种关系的范畴以及对于它的结构的理解”，也为我们透视古代经济和一切“已经覆灭的社会形式的结构和生产关系”②“提供了钥匙”③。换言之，在认识资本主义生产关系之后，就能更好地理解从原始社会的氏族公社所有制到生产资料的资本主义私人占

① 《马克思恩格斯文集》第8卷，人民出版社2009年版，第29页。

② 《马克思恩格斯文集》第8卷，人民出版社2009年版，第29页。

③ 《马克思恩格斯文集》第8卷，人民出版社2009年版，第29页。

有方式这一发展过程,从而为"制定自己的社会形态学说"①迈出了重要的一步,至此,人们才对历史发展规律有较清楚的认识。也就是说,要想人们对自身发展规律有完全的认识,必须是在社会发展到这一阶段且只有在这一阶段——"当社会生活过程即物质生产过程的形态,作为自由联合的人的产物,处于人的有意识、有计划的控制之下的时候"②,才把自己神秘的纱幕揭掉。

进而,每一个人都是在一定的环境中成长起来的,即人是具体的、历史的,不同的环境下形成的人与人之间关系是有差异的,由此产生的人的想法也不会完全统一。对此,马克思有明确的表述,"人们按照自己的物质生产率建立相应的社会关系,正是这些人又按照自己的社会关系制造了相关的原理、观念和范畴。所以,这些观念、范畴也同它们所表现的关系一样,不是永恒的。它们是历史的、暂时的产物。"③马克思的这一研究方法的历史贡献,正如列宁的评价,"只有历史唯物主义才第一次使我们能以自然科学的精确性去研究群众生活的社会条件以及这些条件的变更……揭示了物质生产力的状况是所有一切思想和各种不同趋向的根源"④。以此为武器,可以清楚,资产阶级的经济学家把现存的资产阶级生产关系说成是"天然的",就是想说明,"这些关系是不受时间影响的自然规律,这是应当永远支配社会的永恒规律"⑤——从而说明资本主义生产关系是人类最好的生产关系,正是这些关系推动社会财富的快速积累和生产力的发展,人类历史将终结于这一社会形态。可唯物史观认为,取代资本主义的共产主义社会才适宜于人自身的全面发展。

我们研究马克思的资源哲学思想,也把这一方法贯彻到底。据此,在具体的环境条件下,资源是有限的,人们的需求也是有限的。同时,资源的开发利

---

① 《马克思恩格斯全集》第 30 卷,人民出版社 2003 年版,第 8 页。
② 《马克思恩格斯文集》第 5 卷,人民出版社 2009 年版,第 97 页。
③ 《马克思恩格斯文集》第 1 卷,人民出版社 2009 年版,第 603 页。
④ 《列宁选集》第 2 卷,人民出版社 1995 年版,第 451 页。
⑤ 《马克思恩格斯文集》第 1 卷,人民出版社 2009 年版,第 612 页。

用需要消耗一定的资源,不存在没有成本的开发利用,即使“资本主义生产方式迫使每一个企业实行节约,但是它的无政府状态的竞争制度却造成社会生产资料和劳动力的最大的浪费”①。这正是,“人类本身的发展实际上只是通过极大地浪费个人发展的办法来保证和实现的”②。

① 《马克思恩格斯文集》第5卷,人民出版社2009年版,第605页。
② 《马克思恩格斯文集》第7卷,人民出版社2009年版,第103页。

第一章　资源哲学：对当代资源问题的哲学回应

历史唯物主义认为，生产力和生产关系矛盾运动、经济基础和上层建筑矛盾运动，是人类社会发展的基本规律。这两对基本矛盾围绕、反映的是人类的生产与生活的基本状况。而人类的生产与生活又离不开资源。资源是指能生产出满足人们生存与发展需要的产品的客观事物，因而，资源体现出人与自然、人与社会、人与自身之间的关系——“生命的生产，无论是通过劳动而达到自己生命的生产，或是通过生育而达到他人生命的生产，就立即表现为双重关系：一方面是自然关系，另一方面是社会关系”①。也就是说，人类的生存与发展，始终都是在这双重关系中进行。因而，人类的发展史，就是一部资源不断丰富的历史，一部不断证明和充实人的本质力量的历史。

一、资源：从经济学范畴到哲学范畴

资源与人一起产生，且存在于人们生活其中的客观世界——“只有在社会中，自然界对人来说才是人与人联系的纽带，才是他为别人的存在和别人为

① 《马克思恩格斯文集》第1卷，人民出版社2009年版，第532页。

他的存在，只有在社会中，自然界才是人自己的合乎人性的存在的基础，才是人的现实的生活要素”①。虽然生活于同一个世界，但在不同的人眼中，资源的内涵与外延并不一致。

（一）经济学中的资源界定

资源成为学者研究的主要对象是近代以来的事，且研究成果主要体现在经济学领域。总体上对资源的认识可分为三类。

一是一般大众的观点，资源是某种自然存在物，即自然资源。如，国内较为权威的《辞海》和《现代汉语词典》对资源的界定分别是：“资财的来源，一般指天然的财源”；“生产资料或生活资料的天然来源”。英国的《不列颠百科全书》则解释为，人类可以利用的自然生存物及生产源泉的环境能力，前者指土地、水、大气、岩石、矿石及其积聚的森林、草场、矿床、陆地、海洋等，后者如太阳能、地球物理循环机能和生态的循环机能。联合国环境规划署对资源的理解则是，“在一定时间和技术条件下，能够产生经济价值、提高人类当前和未来福利的自然环境因素的总称”。但在经济学家看来，把所有的自然存在物都当作资源，显然不符合经济学中资源稀缺这一不证自明的前提。在他们看来，只有这样的自然存在物才是资源：由人发现的、自然状态的或未加工过的但可被输入生产过程，变成有价值的物质或者直接进入消费过程，给人们以舒适而产生价值的物质。换言之，一种自然物是资源，不能满足下列两个条件中的任何一个：没有被发现或发现了但不知道其用途的物质；虽然有用，但与需求相比数量太大而没有价值的物质。②

二是一部分经济学家把生产过程的各种有形要素当作资源。在古典经济学家亚当·斯密等看来，资源由三大类组成：人力资源、土地资源（含矿藏、淡

① 《马克思恩格斯文集》第1卷，人民出版社2009年版，第187页。

② ［美］阿兰·兰德尔著，施以正译：《资源经济学：从经济角度对自然资源和环境政策的探讨》，商务印书馆1989年版，第12页。

水等自然资源)、由土地资源与人力资源相结合生产出的人工资源。[①] 诺贝尔经济学奖获得者库普曼斯说得更清楚:(生活)资源是一种维持生命所必需的、不能完全再循环,而且不论现在和将来,在其可得到的剩余时期内没有替代品的东西;[②](生产)资源,就企业而言,包括各种现有设备的生产能力;从国家角度,对主要的投入如燃料、原材料、劳动力服务的配给;在市场经济条件下,一种可供按照给定市场价格购买到的要素。[③]

三是一部分经济学家把与人类自身有关的知识看作重要的资源。随着社会的发展,由于劳动力资源(不需要任何知识和技能的体力劳动能力,所有的劳动者都同样地拥有这种能力)无法解释产出增长率总是大于所测量出的主要资源增长率这种现象,舒尔茨等经济学家于是认为,"使经济持续增长的主要原因,是获得有益于降低生产成本和扩大消费者选择范围的追加知识"[④]。这些知识转化为一种经营能力——"一切可以帮助人们把其他资源组合起来的能力,包括管理、创新、风险承担以及应用分析。土地、劳动和资本本身不会创造产出,因而与这种能力相组合。这种能力越大,产出的潜力也越大"[⑤]。而知识的获得、能力的形成在当今社会则依赖于教育,舒马赫强调,"提供最主要资源的是人,而不是大自然。所有经济发展的最重要因素就是人的大脑……教育是所有资源里最根本的一项"[⑥]。除了可言传的知识,不可言传的知识也是资源。不可言传的知识,尤其是人们通过规则、程序和先例建立起来的社会网络和在这网络中享有平等、公正、参与和民主治理的社会角色以及社

---

① 参见亚当·斯密:《国民财富的性质及其原因的研究》,商务印书馆 1997 年版,第 346—350 页。

② 诺贝尔奖讲演全集编译委员会:《诺贝尔奖讲演全集》经济卷上,福建人民出版社 2003 年版,第 268 页。

③ 诺贝尔奖讲演全集编译委员会:《诺贝尔奖讲演全集》经济卷上,福建人民出版社 2003 年版,第 256 页。

④ 舒尔茨:《论人力资本投资》,北京经济学院出版社 1990 年版,第 124 页。

⑤ 转引自周秋月:《资源配置与金融深化》,中国经济出版社 1995 年版,第 3 页。

⑥ 舒马赫:《小的是美好的》,译林出版社 2007 年版,第 57 页。

会主体共享的规范、价值观、信任、态度和信仰等。这些,在普特南看来,是能够通过推动协调行动来提高社会效率①;科尔曼则认为,具有社会结构的某些特征,能够促使结构内部的参与者——无论私人参与者还是组织中的参与者——都行使某种有效行为②。弗朗西斯·福山指出,若群体内的成员按照这一套价值观和规范能很好地彼此合作,就能促进发展。③

这些对资源的种种认识和界定,反映了人类对自然以及人类自身的历史进程的一定程度的认识与把握,但无法反映出对自然资源存在于其中的自然界的全面认识,也无法揭示人类资源对人类自身发展的深刻认识,也不能揭示资源短缺与生态恶化、社会不公之内在关系。换言之,这样的资源概念无助于理解以资源为媒介的人们之间的错综复杂的社会关系以及人与自然的本质联系,如不能说明当今人类面临的资源问题——“资源诅咒”“拉美陷阱”与全球的生态危机等,更无助于这些问题的解决。

(二)哲学视域下的资源

要使人与自然和谐共处、人与人和睦相处,需要把资源放在人类(或人们)生活本身加以考察,在学术中就是放在哲学中进行审视,才能有更好的解释乃至推动问题的解决。

从哲学上来看,事物要成为资源,必须具备两个要件。第一,事物本身具有某种属性,即满足人们某种需要的属性。这种属性不因人的存在而存在。例如构成生产要素进入社会再生产过程的,或者为再生产提供环境条件和前提条件的;还有进入和没有进入人类视野其他的自然存在物和社会存在物。

---

① Puntnam R., Leonard R. and Naetti R. Making Democracy Work: Civic Traditions in Modern Italy[M]. Princeton: Princeton University Press, 1993, 35-36.

② 格瑞泰特·巴斯特莱尔编,黄载曦、杜卓君、黄治康译:《社会资本在发展中的作用》第1版,西南财经大学出版社2004年版。

③ 弗朗西斯·福山著,刘榜离等译:《大分裂:人类本性与社会秩序的重建》,中国社会科学文献出版社2002年版。

这是它们成为资源的物质前提而不是资源本身。否则,宇宙中的一切事物都是资源。第二,这个事物能够进入生产过程生产出满足人们需要的产品。换言之,资源需要从人们需求的满足中来理解。人们的需要和客观事物进入生产过程,受历史条件的制约。人们前一需要的不断满足以及新的(后一)需要的不断生成,构成了人类社会发展的历史。为了便于说明问题,我们把人们的需要分为两类——生存需要和发展需要。生存需要,针对人的低层次需求即自然需求——人的生命是最高价值,如基本的食物及其安全保障、各种处境下的人身安全(包括危险之中逃生)等。正如马克思指出,"人们为了能够创造历史,必须能够生活。但是为了生活,首先就需要吃喝住穿以及其他一些东西。因此第一个历史活动就是生产满足这些需要的资料,即生产物质生活本身,而且,这是人们从几千年前直到今天单是为了维持生活就必须每日每时从事的历史活动,是一切历史的基本条件"。①。

科学知识与人文素养是人类进步的两个车轮:科学知识使人文关怀获得理性工具、实证方法和技术手段,而人文关怀则向科学知识注入真、善、美的文化底蕴。人一开始就是社会存在,所以有被他人、被社会承认的需要——"获得认可的欲望"来自人的社会性本能,是社会的自我需要,是一种自我肯定,是自己价值的一种外化。历史上的许多冲突并非为了存在,而是为了获得认可,如争夺皇帝位、霸主,等等。马克思主义从来不否认个人的独立价值,但与把个人的价值孤立起来考虑不同,而是把个人命运与人类的命运结合在一起。马克思指出:"人是类存在物……因为人把自身当作普遍的因而也是自由的存在物来对待。"②人的不同规定性总是在人的不同的类存在状态中获得的。否则,这个存在物在社会存在的意义上就不称其为"人"。

也就是说,人们利用资源进行生产和消费,除了获得使用价值,还有满足人的伦理文化需要。当需要和需要的满足与文化伦理相联系时,也就与等级

---

① 《马克思恩格斯文集》第1卷,人民出版社2009年版,第531页。

② 《马克思恩格斯文集》第1卷,人民出版社2009年版,第161页。

相连。它们不仅是一个个体内在的精神体系或价值体系的载体,而且是一个社会关系体系的载体。在社会中处于较高等级的"消费者与物的关系从特别用途上看转变为从它的全部意义上去看,洗衣机等除了作为器具之外,含有另外一层意义——广告、生产的商号和商标加强着一种一致的集体观念,好似一条链子、一个几乎无法分离的整体,不是一串简单的商品,而是一串意义,使消费者产生一系列更为复杂的动机"①。在这里,人们不在于"消费物的本身(使用价值),而是用来当作能够突出你的符号,或让你加入视为理想的团体,或参考一个地位更高的团体来摆脱本团体"②。这是由于,"消费领域是一个富有结构的社会领域。随着其他社会类别相对攀升,不仅是财富而且是需求本身,作为文化的不同特征,也都从一个模范团体,从一个起主导地位的优秀分子向其他类别过渡"③。以奢侈品为例,奢侈品作为一种不为人强烈欲求的物品,拥有它的人会感到不错但没有也不会造成痛苦的东西——在于品质上的精美而不是数量的多少——该物在当时不是生存的必需品,而且可以轻易被取代的东西,但后来被认为是必需品④,享有奢侈品的人在社会中必然有很高的地位。因而,从事物属性和人类自身生存与发展需要来看,现在能够满足人们需要的是资源,没用的或有害的或许在将来成为资源。但这要取决于人类的实践能力,即能否推动——资源自身有限性与人类需求无限性的矛盾——人认识能力有限性与资源无限生成的矛盾——资源有用和有害(处所不当)矛盾的不断解决。

简而言之,资源是与人类实践能力相联系,并在社会历史中形成的,能满

---

① [法]让-波德里亚著,刘成富、全志刚译:《消费社会》,南京大学出版社 2000 年版,第 3 页。

② [法]让-波德里亚著,刘成富、全志刚译:《消费社会》,南京大学出版社 2000 年版,第 4 页。

③ [法]让-波德里亚著,刘成富、全志刚译:《消费社会》,南京大学出版社 2000 年版,第 49 页。

④ [美]克里斯托弗·贝里著,江红译:《奢侈的概念:概念及历史的探究》,上海世纪出版集团 2005 年版,第 27 页。

足人类生存和发展需要的客观事物,或客观世界中一种用以创造物质财富和精神财富的客观存在形态。据此,这里的资源包括,既有能为人类提供生存、发展的一切自然物质与自然条件——自然资源以及转化为人类生活的物质要素和物质力量,还有人类相互间作用所形成的各种社会力量。依据这些资源的存在形态、变化状况以及在人的发展进程中的地位和作用差别,可将资源分为自然物质资源和人类自身资源。除此之外,还可根据不同的划分尺度,将资源划分为有形资源与无形资源、国内资源与国外资源,等等。

需要特别指出,在商品世界中,资源是指使用价值——人与客观世界的关系。没有凝结人类劳动的资源能够满足人们的需要,凝结了人类一般劳动的资源,最终意义上仍然是以其客观属性满足人们的需要。作为价值化身的货币,本质上是一般等价物,促进交换,便于使用价值的实现。若将占有货币作为目的,虽然交换双方平等,但也有可能阻碍使用价值的实现或者效用的最大化。因而,它既可能加速社会的进程,也可能影响人类的发展。

(三)资源的特征

哲学视域下的资源,是立足于以资源为中介来看待人和周围的世界的关系,即人与自然、人与人以及人与社会等关系。因而,资源有以下特征。

1. 资源是生态系统的构成要素或系统本身。我们注意到,经济学对资源的理解,最多是把生态系统中的某一要素看作资源,没有包括系统本身这最大的资源。如,只看到石油、铁矿、土地等单一的物质资源,而看不到这些资源与之共存的其他因素及其生态系统。实际上,这仅仅是把生态系统看作一台机器。第一,这台机器既没有理智也没有生命,因而不能自我运动,只能在人这一外力操纵下运动;第二,机器是构成的,构成的要素是同质的,不同的机器构成之差异纯粹是量上的。因此,机器与组成它的元件是同质的,孤立地从组成元件的特殊性能出发就能描述整体的特性。更为重要的是,机器从它被建好开始,就注定要退化:虽然是由可靠的多元件组成的,但它发生故障的风险等于这些元件损坏的风险的总和。由此,在自然是机器的时代,对自然的关心就是把自然当作一组可以操纵和可以测量的机器,降低损耗。这样,人能占有自然,统治并控制自然,然而却不理解自然。进而,若把他人也看作机器,可以得出同样的结论。

实质上,生态系统是一个有机体,是一个自然组织的整体。该系统由独特的、不同质的、不可还原的要素组成。不同的要素意味着具有不同的质,每一质都承担着独特的功能。例如,湿地不仅是蓄水、防洪的天然海绵,还是生物多样性、自然生命基因库,也是地球化解污染的肾脏和人类精神生活的训练场所。森林,通过绿色植物的光合作用,不但能转化太阳能而形成各种有机物,为人类提供丰富的生物资源,而且靠光合作用吸收大量的二氧化碳和放出氧气,维系大气中二者的平衡,使人类不断获得新鲜空气。自然界中每一种元素都有一个形式来表示,不同质的相互作用构成了复杂的丰富多彩的自然界。因而,它既有结构又有历史,在一段时间里既可能退化,也可能进化,增加其复杂性。生态系统在外部环境的作用下逐渐对环境因素予以选择和吸收,(使其成为一种要素)纳入自己的内部组织结构;在同一过程中,系统逐渐顺应环境的要求,引起系统内部组织结构的改变或器官的变异。

在生态系统内部,各种生物之间、生物与非生物之间,也在进行着物质循环和能量流动,它们相互依赖、相互制约,保持着一定的生态平衡。例如,从无机物到有机物,从植物到食草动物、食肉动物再到人类,构成生命的链条。这链条之间的有序与平衡是地球上所有生命赖以生存的根本和前提条件。一旦该系统的某个环节遭到破坏,例如水是人类生存与发展的“慢变量”,若水因开发、使用不当,超过一定的阈值,不仅造成自身的短缺,而且引起生态系统的恶化,如土地荒漠化等。简而言之,生态系统对人类文明过程有承载能力和包容能力,对人类所释放的废弃物的缓冲能力,对有毒物质的自然降解能力,对于各类干扰和破坏生态系统平衡的抗逆能力和稳定能力,生态系统受破坏后的修复能力和自净能力。

如果说以前人类由于无知和幼稚，对生态系统的整体价值和综合价值的了解非常有限，很难预料改变体系中的某些部分会引起哪些价值的缺失，破坏资源在所难免。但在当代，随着人们生活水平的提高，这两种价值凸显其重要性，再也不能把自然看作一块块碎片了。整个世界就是一个大的系统，该系统由许多子系统组成，作为子系统的地球生态系统，又由更小的系统构成：经济系统、社会系统与自然系统，其中经济系统是社会系统与自然系统的纽带。各子系统之间内在地存在着有机链条，一个把无序物质有序化的循环链。这些关系表明：人来自自然，生活于自然，并在生活境域中获得了更多的自主性；而且在把握这些关系的基础上，加强对资源的综合研究、开发利用，有助于拓展其利用范围和途径，且也会不断提高利用率。

2. 对人类自身资源的重要性有正确的认识。自然资源只为人类生存与发展提供前提，究竟怎样为人类所用、人类用它来满足何种需求，取决于人类自身。人是目的与手段的统一体。人是目的，指人是主体；人是手段，是从自身获取满足需要的资源。只有通过人自身的资源运用才能使客观世界满足人的需要——人是生产力中最活跃的因素。同时，“任何人如果不同时为了自己的某种需要和为了这种需要的器官而做事，他就什么也不能做”①。也就是说，具有一定愿望、意志和目的的人们，决定资源的利用方式和方向。起初“人们自己开始生产自己的生活资料的时候，这一步是由他们的肉体组织所决定的，人本身就开始把自己和动物区别开来。人们生产自己的生活资料，同时间接地生产着自己的物质生活本身”②。

人类历史也就在“已经得到满足的第一个需要本身、满足需要的活动和已经获得的为满足需要而用的工具又引起新的需要”③中展开自己丰富多彩的画卷。“各个人的出发点总是他们自己，不过当然是处于既有的历史条件

① 《马克思恩格斯全集》第3卷，人民出版社1960年版，第286页。
② 《马克思恩格斯选集》第1卷，人民出版社2012年版，第147页。
③ 《马克思恩格斯文集》第1卷，人民出版社2009年版，第531页。

和关系范围之内的自己……然而在历史发展的进程中,而且正是由于在分工范围内社会关系的必然独立化,在每一个人的个别生活同他的屈从于某一劳动部门以及与之相关的各种条件的生活之间出现了差别。"①但是,这些生产,不仅要遵循客观世界本身的规律,还受自身所处的社会关系的制约。但最终,社会与集体以首要的现实的方式为个人的全面发展创造条件。人的全面发展的历程也就是对象化、自我异化和异化的扬弃三个阶段的联结,就是自我和对象由统一到对立再到对立统一的过程,就是"主客体的对立统一"。在某种意义上,人类自身提供的资源不受其稀缺性或排他性的制约。尤其当人们的归属感、被尊重和发展等不同层次的需求得到满足后,其内在的潜力被激发出来(有时候在发挥作用过程本身能量也存在变化)。这一变化总的说来,创造力是逐步增强的。马克思通过他的资本逻辑所揭示的个人的全面发展取决于人自身的发掘程度,给我们打开透视人类自身资源的一个窗口。

然而,如果审视人类历史本身,就会发现人对自身重视不够。历史唯心主义不是把命运寄托给"上帝",就是托付给上帝化身的他人。在阶级矛盾尖锐的环境中,人们往往会得出物质资源比劳动力重要,强调生产资料所有权,进而强化"以物为本",人类自身的力量没有得到完全的确证。究其原因,一是长期以来,人类的需求(包括生活水平和人口数量)可以从自然界中直接获得满足;二是人的认知水平和实践能力有限,无法替代自然资源;三是形而上学的思维方式一直在左右着人类自身,不是上帝创造了人,人为上帝服务;就是人为自然立法,自然是为人服务的。"由于这些条件在历史发展的每一阶段都是与同一时期的生产力相适应的,所以它们的历史同时也是发展着的、由每一个新的一代承受下来的生产力的历史"②。随着市场化、工业化的进程,人的主体性在社会生活中得以彰显。可是,在资本主义社会中,个体能力的增强并没有推动其全面发展,而是造就了"单向度的人"。从"单向度"向全面发展

① 《马克思恩格斯文集》第1卷,人民出版社2009年版,第571页。

② 《马克思恩格斯文集》第1卷,人民出版社2009年版,第576页。

的人转变，需要正确处理个体与共同体、人类的关系。

如把“人”仅仅理解为个人，必然强调以自己为目的，在实践上把他人作为工具。也就是一旦越过个体的平等权利这个边界，便会造成缺乏正当性的、极端化的个人主义行为，出现社会的负面效应。“劳动者在经济上受劳动资料即生活源泉的垄断者的支配，是一切形式的奴役即一切社会贫困、精神屈辱和政治依附的基础。”①在资本主义国家中，资本所有者以追求资本增值为目的，无产者则为资本创造剩余价值，只是资本的工具——不论是舒尔茨的人力资本投资理论、索罗的“技术进步残差”，还是罗迈尔的“内生的特殊性知识”与卢卡斯的“专业化的人力资本”。它们所表现出来的不是人支配物，而是物统治人——人本身的活动对人来说成为一种异己的、同他对立的力量。该种力量仿佛不是为了满足人的需要而生产商品，而是人为了消费商品而存在——不是商品为人服务，而是人围绕着商品活动。由此带来的是物的世界的增值同人的世界的贬值成正比。也就是说，在资本与劳动力相结合的生产力系统中，存在着“一味追求增长的逻辑”——更多的生产、更多的消费、更多的就业。由此，造成了当下的人类生存困境：不可再生资源逐渐枯竭、环境污染与生态破坏——全球气候变暖，等等。正因为如此，人类（还不如说发达国家）提出可持续发展的要求——既满足当代人的需求，又不影响后代人的生存与发展。然而，正如有的学者所言：“所谓人类的可持续性，归根结底不过是人类一部分的可持续性，所谓的平等隐含着严重的种族歧视和国别歧视。所谓的代内平等和代际平等，实际上不过是发达国家和地区国民的代内平等和代际平等，至于作为‘另类’的发展中国家的国民，则被无情地排除在代内平等和代际平等的视野之外。”②

这是因为，走可持续发展道路需要一系列条件：不仅社会成员具有相应的观念，先进的技术及其相关的设备，但更重要的是人与人之间关系的变革和调

---

① 《马克思恩格斯文集》第 3 卷，人民出版社 2009 年版，第 226 页。

② 卢凤、刘湘溶：《现代发展观与环境伦理》，河北大学出版社 2004 年版，第 65 页。

整——有利于社会整体的个人获取,“社会消费力既不是取决于绝对的生产力,也不是取决于绝对的消费力,而是取决于以对抗性的分配关系为基础的消费力;这种分配关系,使社会上大多数人的消费缩小到只能在相当狭小的界限以内变动的最低限度”①。从当下的世界来看,发达国家充分利用他们的技术和成本优势,极力扩大高技术含量与低端产品价格之间的“剪刀差”,以获取发展中国家因经济增长而生成的红利。于是,人类在自觉不自觉中两极分化。在全球关注的气候变暖的哥本哈根会议上,发达国家不愿为减少二氧化碳排放量承担应该承担的责任。一旦这种状况得不到根本转变,经济增长的结果只能是著名历史学家汤因比所说的,人类“通过求生走向毁灭”。由此可以推论,马克思主义之所以具有强大的生命力,就在于它和“整个社会主义理论都要求对与少数人的奢侈和强权形成鲜明对照的多数人所受到的不公正和不平等对待以及遭受剥削的现象,对他们的堕落和苦难进行无情的批判,并作出现实的解释……社会主义理论之所以具有如此大的吸引力,因为它了解了一个不公平的世界的意义”②。

如把“人”仅仅理解为集体或“类存在物”,在实践中就极有可能忽视个体的差异需求,进而失掉社会进步活力之源。因为个体在人类社会的历史进程中,在不同阶段体现出不同的存在状态,即马克思所指出的,“人的依赖关系(起初完全是自然发生的)是最初的社会形态,在这种形态下,人的生产能力只是在狭窄的范围内和孤立的地点上发展着。以物的依赖性为基础的人的独立性,是第二大形态,在这种形态下,才形成普遍的社会物质变换、全面的关系、多方面的需求以及全面的能力的体系。建立在个人全面发展和他们共同的社会生产能力成为他们的社会财富这一基础上的自由个性,是第三个阶段。第二个阶段为第三个阶段创造条件”③。由于选择意愿以及能力的不同,个体

① 马克思:《资本论》第3卷,人民出版社2004年版,第273页。

② 转引自杨雪冬:《全球化时代与社会主义的想象力》,载于《文汇报》2009年4月4日。

③ 《马克思恩格斯文集》第8卷,人民出版社2009年版,第52页。

的生存和发展状态也必然会呈现出一种差异性。在生产力不发达阶段,如果仅仅以社会成员的绝大多数去谋事,不是带来整体利益受损,而是在一定条件下有可能会造成个体具体而实际的利益受到损害,进而扩展到多数个体的发展权利受到限制。每个个体的基本权利与利益的获得不取决于自己,而取决于一系列的社会安排,如准则、制度、法律和能发挥作用的经济环境等。因而,只有根据生产力状况,使每个个体赖以生存和发展的基本权利和利益,如体面的生活水平、足够的营养、医疗以及其他经济增长所带来的社会福利得到保障,即落实到具体的个体那里,才具有真实的和充分的意义。

社会化大生产,也就是“许多人在同一生产过程中,或在不同的但相互联系的生产过程中,有计划地一起协同劳动,这种劳动形式叫协作……通过协作不仅提高了个人生产力,而且创造了一种生产力,这种生产力必然是一种集体力”①。即使“许多人只是在空间上集合在一起,并不协同劳动,这种生产资料也不同于单干的独立劳动者或小业主的分散的并且相对地说花费大的生产资料,而取得了社会劳动的条件或社会劳动的性质”②。也就是说,“个人在这里不过是作为社会力量的一个部分,作总体的一个原子来发生作用,并且也就是在这个形式上,竞争显示出生产和消费的社会性质③。”换言之,个人不仅要以自己活动的成果满足自身、他人和社会的需要,又要通过他人的劳动满足自身的需要。于是,个人、集体与社会三者在复杂的社会关系——合作、竞争和对抗基础上生成各种类型的资源:人力资源、组织资源、社会资源以及它们的综合——知识资源。也正是在人类知识资源的作用下,不断延伸自然资源的宽度、深度和维度。换言之,自然资源有限,而人类认识、利用资源的潜在能力是无限的。

3. 资源有限性与人们欲望无限性之间的矛盾的发展,不但使得人类自身

① 马克思:《资本论》第1卷,人民出版社2004年版,第378页。

② 马克思:《资本论》第1卷,人民出版社2004年版,第377页。

③ 马克思:《资本论》第3卷,人民出版社2004年版,第215页。

之间矛盾重重;更是演进到(扩大到)人所处的生态系统,即人与自然之间的矛盾越来越尖锐。之所以出现这一状况,除了各种资源在空间分布的不均衡,以及其数量或质量上的显著差异,如有的国家和地区某一自然资源富裕,而其他自然资源则相对贫乏,人均可利用资源不均衡之外,主要是现行的经济、政治与社会制度以及由此决定的管理体制、经营方式造成的。这不得不迫使人们深化对资源的认识,进而探求资源的合理开发利用。

在漫长的人类历史中,由于生产力低下,人类的需要停留在较低、较少的层面,自然界留给人们的资源似乎是取之不尽、用之不竭的;即使在一个地方枯竭——例如绿洲变成荒漠,还可以迁徙到别处生活。即使造成影响的也只是局部,没有带来全球性的资源短缺和生态恶化。同样地,社会不公也往往以地区或民族为界限,不至于对整个人类产生毁灭。而在现代化进程中,在资本这个催化剂的作用下,资源突破国家与地区的限制,在全球范围内配置。由此带来的,一是物质资源的大量投入与“隐产品”①的大量产出,不仅加快某些资源的短缺,而且加剧了生态的恶化;二是由于资本有机构成的提高,带来人力资源的大量浪费,失业或没有充分就业者不能取得自己所需要的基本生活资料。于是,一些人从中得到各种满足,并且还有剩余;另一部分人苦苦在为生存而挣扎。这两个问题,一个起源于资源创造的不合理——从自然取得过多,排放的过多;一个起源于资源配置的不合理——资源效用与人们需求的一致性没有得到较好的体现,因而,实质上是一个问题——资源问题,就是资源生成与配置的无序性和不确定性在经济社会与生态系统之间的极大增长。

这种增长仍在继续。资本要求源源不断地从生态系统中取得物质资源和人类社会中攫取人力资源,在有限的环境中实现无限扩张。这种扩张引起系统内部的刚性,使得差别演变为对立,互补演变为对抗:不仅消耗大量物质资源,同时向环境倾倒越来越多的废物,导致环境恶化;同时,必然伴随着剥削和

---

① 参见鲁品越:《汇率与中国经济的深层问题:兼论“隐产品”价格机制》,《学术月刊》2005年第10期。

牺牲当代绝大多数人的利益,和损害后代人的利益。因为,那些对人类社会具有最直接影响的环境条件和因素,诸如水资源及其分配、不可再生资源的分配与保护、废物处理、核能开发以及与工业项目选址相关的要求等,都牵涉到后代人的生存环境。“到目前为止的一切生产方式,都仅仅以取得劳动的最近的、最直接的效益为目的。那些只是在晚些时候才显现出来的、通过逐渐的重复和积累才产生效应的较远的结果,是完全被忽视了”①。

因而,面对当前的困境,人类再也不能形而上地将资源短缺、环境恶化与贫富悬殊割裂开来研究,必须从根源上进行剖析,才有可能找到走出困境的方式。

二、资源与社会结构再生产

资源在人类实践中生成与利用,但资源创造的效率取决的不是主体和客体之间的关系,而是主体间的力量关系。人类社会中这种力量关系在一定意义上都是以资源为中介建立起来的,主体支配多少资源,便拥有多少权力。这种关系影响和制约着主体自身积极性和创造性的发挥,最终以制度形式而存在。也就是说,制度不管形式如何,体现的总是主体创造、利用资源的方式、方法,也体现着有限资源在主体间的分配原则。

资源的创造与利用形式表现出一种社会选择,这种选择既取决于资源的质和量,也取决于该社会的权力结构。马克思说,“不同的共同体在各自的自然环境中,找到不同的生产资料和不同的生活资料。因此,它们的生产方式、生活方式和产品,也就各不相同。这种自然的差别,在共同体互相接触时引起了产品的互相交换”②。

---

① 《马克思恩格斯文集》第9卷,人民出版社2009年版,第562页。

② 马克思:《资本论》第1卷,人民出版社2004年版,第407页。

（一）资源与权力结构

现实生活中的人们，总是处在这样、那样的关系之中，如人与自然、人与人、人与自身的关系。其中人与人的关系体现了人的社会性本质，反映了人与人之间的相互依赖关系。依赖关系的存在，在于一方拥有能够满足另一方需要的资源。一般地，人有多少种需求，相应地产生多少种依赖。于是，社会形成一张依赖网，个人是网中的一个节点，联结节点的纽带就是资源。这个节点的行为直接或间接、或多或少影响网的稳定性。马克思在《政治经济学批判》序言中指出，"人们在自己生活的社会生产中发生一定的、必然的、不以他们的意志为转移的关系，即同他们的物质生产力的一定发展阶段相适应的生产关系。这些生产关系的总和构成社会的经济结构，即有法律的和政治的上层建筑竖立其上并有一定的社会意识形式与之相适应的现实基础。物质生活的生产方式制约着整个社会生活、政治生活和精神生活的过程。"①因为没有人否定稳定社会秩序是人类生存与发展的条件，正如托马斯·霍布斯曾在《利维坦》中所提及的，若没有秩序，"最糟糕的是人们将不断处于暴力死亡的恐惧和危险中，人的生活将孤独、贫困、卑污、残忍而短寿。"而稳定的社会秩序离不开层次有序的社会结构。由于人类的本性，这张网在空间和时间的宇宙架构中扩展。从时间上看，生成代际关系；空间上看，跨越区域、文化的差异形成代内关系。

无论人类演化发展到任何程度，作为一个物种的存在，总有维系其存在的一种本能力量——伦理力量——人区别于其他物种的（"一当人开始生产自己的生活资料，即迈出由他们的肉体组织所决定的这一步的时候，人本身就开始把自己和动物区别开来"②），人之为人的基本规范与要求，内在于人的习惯和风俗之中——协调身心关系、人的社会关系、人和自然的关系，最终使种族

① 《马克思恩格斯文集》第2卷，人民出版社2009年版，第591页。

② 《马克思恩格斯文集》第1卷，人民出版社2009年版，第519页。

可以延续下去。如果无法满足双方的需要……生活富足的一方必须让步,优先考虑和满足得不到这笔财产就无法继续生存下去的一方,尽最大可能保护所有人。伦理秩序框定了人类生存的底线以及人发展的趋向——实现个人与社会共同体的协调发展。当人因剩余产品的出现而与其他物种相区别的时候,衍生出经济权力——谁掌握较多资源(生产资料),谁就有优先发展的机会。于是,经济发展成为人类发展的主轴。换言之,社会形态是一个自组织系统,决定人类从低级向高级发展的是经济力量。生产力与生产关系之间的相互关系,说到底,就是物质财富的不断增加,要求社会成员不断调整乃至改变对财富的支配关系,财产关系的变化反作用于生产力,带来劳动生产率的变化。政治力量是建立在经济秩序基础上的,加速经济秩序的形成与发展,反映着人类的价值取向。一种生产关系体系要成为经济基础,必须在社会生产中占主导地位。当伦理秩序约束不了人们的行为,就需要一种国家暴力来维系。在人类社会发展的历史中,奴隶社会、封建社会、资本主义社会的社会秩序主要是凭借国家权力,通过强制的手段得以维护的。除了国家规定着产权的结构,以宪法和法律等形式规范人的行为,还依赖于人们在相互交往中形成的相同的观念主张——意识形态——以道德和宗教等契约性规则。

人与人之间之所以存在这样的联结,源于人类的实践劳动——“在任何社会生产中(例如,自然发生的印度公社的社会生产,或秘鲁人的多半是人为发展起来的共产主义的社会生产)中,总能区分出劳动的两个部分,一部分的产品直接由生产者及其家属用于个人的消费,另一部分即始终是剩余劳动的那个部分的产品,总是用来满足一般的社会需求”①。“用于个人的消费”的劳动是必要劳动,其成果表现为生存资料,用以维系作为生物物种的人类的生存与繁衍;它是人的社会属性的物质基础——生命的存在——不论在何时,生命的存在都是最重要的。“满足一般的社会需求”的劳动是剩余劳动,其产品

① 马克思:《资本论》第3卷,人民出版社2004年版,第993—994页。

则是生存之上的发展资料，它使人从动物世界中提升出来——不再受肉体需要的支配，不再整天为生存而忙碌，有一定的时间来思考人之为人的事情——对人自身命运的探索、对宇宙为何物的冥想，等等。必要劳动与剩余劳动的统一使人成为处在一定条件下进行的、可以通过经验观察到的发展过程中的人。

也就是说，作为节点的个人维持生存离不开必要劳动，而要发展就需要剩余劳动。在剩余劳动不足以满足每个人需要时，劳动所需要的资源的获得意味着其拥有者拥有一种能力（或权力）。谁掌握资源，谁就拥有权力；掌握资源越多，权力就越大。而权力越多越大，意味着拥有或掌握、支配越多的资源——“权力者具有经济、军事、制度、人口、技术、社会或其他方面的资源，一个国家或群体的权力通常通过衡量它所支配的资源同试图影响的其他国家或群体所支配的资源的对比来估价”①。如，富人与穷人之间不平等的谈判的权力，下层社会中的变相暴力——讹诈、盘剥、绑架等现象，国家通过法律惩罚和预防犯罪和违法行为为权力手段，上帝则以其教义去培养教民服从——“那些占据中心的人已经确立了自身对资源的控制权，使他们得以维持自身与那些处于边缘区域的人的分化。已经确立自身地位的人或者说局内人可以采取各种不同形式的社会封闭，借以维持他们与其他人之间的距离，其他人实际上是被看作低下的人或者是局外人”②。总之，权力的大小与资源的多少之间是一种正反馈机制。以资源为中介的权力结构为基础的社会结构——一种动态的、立体的、多层次的社会关系；由地位、群体和制度三个层次缔结的生态结构，由社会或其他集体中的人们分化了的社会地位构成的多维空间；即拥有资源越多的人，越是在社会生活中处于核心地位，对社会结构的影响力就越强。

只要有新的权力或权力组合的出现，就意味着有新资源的出现和创造资

---

① ［美］塞缪尔·亨廷顿：《文明的冲突与世界秩序的重建》，新华出版社 2002 年版，第 78 页。

② ［英］安东尼·吉登斯著，李康、李猛译：《社会的构成——结构化理论大纲》，三联书店 1998 年版，第 222 页。

源的新的方式出现。如,权力会从那些拥有原料的大量生产者手中,转移到那些握有大量目前重要物资的人那里;并且再从他们手中,转移给那些拥有知识来创造新资源的人。权力的流动性,链的形成、泛化,说明在社会方面增加了可利用的资源;也说明了权力是一个极不稳定的领域。如果每个人不能同时得到他们想得到的东西,选择的就不是有权力或无权力,而是什么样的人拥有权力。

剩余劳动的创造者的生活境况并没有随着剩余劳动的丰富而得到改善,这使得"同它们一直在其中活动的现存生产关系或财产关系(这只是生产关系的法律用语)发生矛盾。于是这些关系便由生产力的发展形式变成生产力的桎梏。那时社会革命的时代就到来了。随着经济基础的变更,全部庞大的上层建筑也或慢或快地发生变革"①。但它们都立足于既有的生产力,结成合适的生产关系以推动历史继续前进。"历史的每一阶段都遇到一定的物质结果,一定的生产力总和,人对自然以及个人之间历史地形成的关系,都遇到前一代传给后代的大量生产力、资金和环境,尽管一方面这些生产力、资金和环境为新的一代所改变,但另一方面,它们也预先规定新的一代本身的生活条件,使它得到一定的发展和具有特殊的性质。"②政治冲突、社会冲突与民族冲突混合在一起,一个唤醒另一个,一个触发另一个,它们有时导致权力机构的重组,有时甚至导致社会组织的重组。

总之,个体的生存与发展等基本权利虽具有自主性和公认性特性,但不会自动获得或得到保护,获得与保护须拥有一种能力。但该种能力又不是孤立存在的,一个人的机会受制于其他人的机会,一个人对利益和资源的选择也受制于其他人在其机会集合内预期的和实际的选择。主体之间的相互作用、相互依赖也不是无代价的,其所需的成本也很少按人口平均分摊。不管怎样,人的生存权与发展权应该优先得到尊重和维护。这需要由道德、法律等社会规

① 《马克思恩格斯文集》第2卷,人民出版社2009年版,第591—592页。
② 《马克思恩格斯文集》第1卷,人民出版社2009年版,第544—545页。

范体系所确认和保障,并以此协调人类的相互依赖性,解决主体之间的矛盾。

(二)以资源为中介的社会结构演进

人并非只存在物质需要,还有政治需求和精神生活等方面,因而由人集合而成的社会是一个多种重叠的权力网络,正如恩格斯所言:"马克思发现了人类历史的发展规律,即历来为繁芜丛杂的意识形态所掩盖的一个简单事实:人们必须吃、喝、住、穿,然后才能从事政治、科学、艺术、宗教等等"①;其中任何一种权力网络都不能完全控制和系统地组织整个社会生活,但每一种权力网络都能控制和改组其中的某些部分,以至对整个人类社会产生影响。换言之,以资源为中介的社会关系存在方式,调整着人们之间的相互关系,以强制性的或潜移默化的方式影响乃至决定资源效用。

若对这些方式进一步考察,不难发现,合理的方式有利于资源的创造和有效配置;而不合理则会出现个体创造性的发挥受阻或置整体利益于不顾,反而会加速资源损耗。一般来讲,如果资源消耗超过资源生成,社会就会从繁荣走向衰落,进而可能因浪费资源而丧失进一步创造新文明的机会。这可从人类发展的历史进程中得到说明。当剩余劳动不足以满足每一个社会成员需求时,就处于各个社会成员或所组成的各种社会力量对它的支配权的争夺之中,由此产生了社会中各种各样的阶级关系(网)结构,以及体现这些社会关系的社会制度与社会意识。这些构成了人类文明内在统一的多样性。

只要存在有限资源,权力冲突就不可避免——"特殊利益和共同利益之间还有分裂,也就是说,只要分工还不是出于自愿,而是自然形成的,那么人本身的活动对人来说就成为一种异己的、同他对立的力量,这种力量压迫着人,而不是人驾驭着这种力量……这种力量现在却经历着一系列独特的、不仅不依赖于人们的意志和行为,反而支配着人们的意志和行为的发展阶段"②。这

① 《马克思恩格斯文集》第3卷,人民出版社2009年版,第601页。

② 《马克思恩格斯文集》第1卷,人民出版社2009年版,第537页。

也就是说,“一切人群关系都是合成的,是由斗争与合作、冲突与互助组成的”①——“人们永远不会放弃他们已经获得的东西……为了不致丧失已经取得的成果,为了不致失掉文明的果实,人们在他们的交往方式不再适合于既得的生产力时,就不得不改变他们继承下来的一切社会形式”②。对剩余劳动的追求不停止,生产力的发展就不会停下脚步。

这就是说,为了避免“丛林法则”和“公地悲剧”,在争夺资源的活动中,主体必然遵循一定的规则进行相互合作,组成了各个层次上的社会利益集团,进而形成相对稳定的社会结构。也就是说,权力一旦形成也就以相对稳定的形式固定下来,由此生成某种社会力量格局以及他们的社会组织形式——这就是恩格斯所说的人类创造历史活动中“力的平行四边形”:“最终的结果总是从许多单个的意志的相互冲突中产生出来的,而其中每一个意志,又是由于许多特殊的生活条件,才成为它所成为的那样。这样就有无数互相交错的力量,有无数个力的平行四边形,而由此就产生出一个总的结果,即历史事变,这个结果又可以看作一个作为整体的、不自觉地和不自主地起着作用的力量的产物”③。

原始社会的发展过程也就是人类的产生过程。人类主要靠采集野生植物的根、茎、果实和猎取小动物为生,采集和狩猎是他们生产活动的主要内容。出现了细石器(制作精细、形状端正、体积较小)、弓和箭,磨光石器广泛流行,已能制作陶器;开始驯养家畜(最早的是绵羊和狗),狩猎逐渐发展为原始畜牧业(猪、羊、牛等先后成为家畜),采集逐渐发展为原始农业(开始栽种大麦、小麦、稻、小米、玉米、马铃薯等)。原始的锄耕农业逐渐变为犁耕农业,原始畜牧业也有了进一步的发展,出现了畜牧部落和农业部落的分工。土地和主要工具公有,氏族公社内部人们的生产关系是共同居住,共同劳动,采集或猎

① [法]弗朗索瓦·佩鲁著,张宁等译:《新发展观》,华夏出版社1987年版,第1页。
② 《马克思恩格斯文集》第10卷,人民出版社2009年版,第43页。
③ 《马克思恩格斯文集》第10卷,人民出版社2009年版,第592页。

取到的食物平均分配,人与人之间的关系是平等的。氏族青壮年男子主要从事狩猎、捕鱼、防御猛兽等活动,妇女主要从事采集和原始农业、制作食物、缝制衣服、养老携幼等活动。原始社会中的共同体,是通过血缘为纽带形成的风俗习惯维护着。即使在现代社会,每个人的生活经验、习惯传承、知识眼界、社会立场、利益取向、思想感情等各不相同,但通过倡导社会风气等把每一个个体整合为一个有机的整体,为人们提供行为准则和行为模式,使社会活动限制在一定的秩序内。

生产的发展、剩余产品的出现为一部分人从繁重的体力劳动中解脱出来提供了可能。在奴隶社会,奴隶主占有一切生产资料,且奴隶是奴隶主的财产,可以自由买卖。在封建社会,地主占有绝大部分土地,占人口绝大多数的农民则占有很少的土地。地主用政治权势和经济手段兼并土地,造成自耕农的破产。小农经济即自然经济是基本生产结构。社会结构是族权和政权相结合的封建宗法等级制度。在这一阶段,土地是核心生产资料,资源配置主要通过血缘关系和地缘关系进行分配。其中以血缘最为重要,比如封建社会的社会地位(官职)、经济地位(财产)都是依照血缘关系来继承的,而物质生产和生活消费是以家庭为单位进行的,合作与交换也都是在以血缘为基础的家庭单位和以地缘为基础的邻里群体之间进行的。在以国家意志为主导的资源配置模式下,人与人之间往往基于相同的政治利益和政治态度形成群体。在以行政分配为主的社会里,社会结构往往是围绕不同的主要领导人形成的庇护关系系统。

在占据人类文明迄今为止的大部分的奴隶社会与封建社会时期,生产力发展缓慢——剩余劳动积累量少。其主要原因是处于统治地位的阶级(奴隶主与地主)把本来就少的剩余劳动,想方设法攫取归自己支配——用在日常消费中,而不是投入社会再生产过程。为此建立起一整套的暴力机构,如军队、法庭、监狱等政治机构和相应的意识形态。随着被统治者争取自己剩余劳动支配权斗争的加剧,官僚机构也越来越庞大。这一庞大的官僚机构的开支日益庞大,终有一天超过社会生产系统的剩余劳动的总和。若遇上天灾,使得社会简单再生产也难以为继。社会由此陷入恶性循环。这在中国的封建社会表现得最为突出。

西方殖民者通过殖民掠夺,如到非洲、美洲、亚洲抢夺黄金白银等财富,贩卖黑人奴隶,屠杀美洲古老居民印第安人、奴役华人劳工等,使社会财富迅速积累起来,实现向资本主义社会的转变。在资本主义社会中,资产阶级占有一切生产资料,雇佣劳动者自由得一无所有,资本家通过雇佣劳动者赚取剩余价值。资本主义社会是人类社会发展中生产力呈加速度发展的第一个社会形态——“已成为桎梏的旧交往形式被适应于比较发达的生产力,因而也适应于进步的个人自主活动方式的新交往形式所代替;新的交往形式又会成为桎梏,然后又为别的交往形式所代替”①。

① 《马克思恩格斯选集》第1卷,人民出版社2012年版,第204页。

第二章　马克思关于资源的社会关系属性的思想

马克思资源哲学思想的最根本特征在于：在社会关系中考察自然资源，而不仅仅把自然资源作为独立于人之外的直观存在。资源不单单是一个经济学概念，更是一个历史概念——内涵随着生产力的发展和人类社会的进步而不断丰富、发展的概念。也就是说，在不同的国家和地区，不同的时代，资源内涵并不完全一致。马克思对"资源"的实践解读，道出了"资源稀缺"这一命题的缺陷，深刻地揭示了人类的进步、个人的自由全面发展源于自身潜力的开发以及自身所处客观环境的开发——"凡是资产阶级经济学家看到物与物之间的关系（商品交换商品）的地方，马克思都揭示了人与人之间的关系"①。

一、资源具有社会关系属性的思想

在马克思的视阈下，自然界是人的自然界，自然界只有对人而言，即人的生存发展方才呈现出自然界存在的价值，自然界对人而言是一个"生成过程"。因而，世界是人类生存与发展的世界，而世界历史也就是"通过人的劳

① 《列宁选集》第 2 卷，人民出版社 1995 年版，第 338 页。

动而诞生的过程。”①换言之，来自自然界的资源也就与人紧密相连；没有人，就没有资源。资源和人相向而行，随着人类实践方式多样化，资源也就多种多样，呈现的社会关系属性也就多种多样。

（一）资源在实践中生成：客观事物向资源的转化

资源，是指那些能够用以生产出满足人们需要的产品的客观事物。客观事物当作资源，标准只有一个：符合人类的需要，包括生活需要和生产需要。据此，资源是自然存在物、人类的需要以及人类对资源的开发利用能力三者有机统一的产物。然而，自然存在物在何种程度上、何时满足人的需要，受制于人类的认识能力、实践能力以及需求能力，在某种程度上就是科学技术的发展水平；人的能力，更有大小、多少之分——不仅不同时代的人们的有明显的差异，就是同一个时代每个人的能力也不同。

1. 资源是客体主体化和主体客体化的统一。客观存在物转化为资源，也就是人们把客观存在物转化为资源的过程：主体为客体塑形，即主体通过实践活动，使客体向着满足主体需要的形态转化，即主体呈现出劳动的能力与技巧，使客体成为主体需要的资源。资源的客体主体化主要指客体从属于主体的目的，人类通过劳动改造自然物质，将自然物质纳入生产过程，转化为主体活动的结果和容器。不论是主体客体化还是客体主体化，都离不开劳动或实践。劳动作为使用价值的创造者是“不以一切社会形式为转移的人类生存条件”；人在劳动过程中“只能像自然本身那样发挥作用”，也就是只能改变物质的形式，“这种改变形态的劳动本身中还要经常依靠自然力的帮助”②。也就是说，作为实践的具体形式的劳动，就是使物质的表现形态或者排列结构发生改变，进而使物质满足人们的需要。自然界本没有机器、机车、铁路、电报、自

① 《马克思恩格斯文集》第1卷，人民出版社2009年版，第778页。

② 马克思：《资本论》第1卷，人民出版社2004年版，第56页。

动走锭精纺机等，人们把它们造出来只不过是“驾驭自然界的器官或者说在自然界实现人的意志的器官的自然物质……是对象化的知识力量”①。换言之，生产活动，是人们移动和重新整理资源，使之更好地、更方便地满足需要。

而在劳动过程中，自然物转化为生产资料，人的能力即劳动力——不论生产的社会形式如何，劳动力和生产资料始终是生产的因素。也就是说，在社会生产过程中，“人和自然，是同时起作用的”。但这两个要素，生产资料从现有的科学理论上讲可以是无限的；劳动力是个人能力的使用，其内在潜能也是无限的，但前提是不能被别人占有和支配，而是为自己劳动。可人毕竟处于一定的社会关系中，在不同的社会发展阶段，是从它作为生产条件的具体形式上来考察，如同把“劳动确定为形成价值的要素”是“一种和雇佣劳动的社会规定性不同的社会规定性上来了解它”②。进而，在衡量劳动量多少时，也不是单凭技术层面把各种劳动化为“简单劳动”那样简单，其决定因素是“生产者背后的社会过程”③。但总的来说，人类认识世界、改造世界的能力在逐步增强。

消费活动，是人们消费使用价值，需要得以满足的活动，存在于人们改造客观世界的经济系统中，“消费，作为必需，作为需要，本身就是生产活动的一个内在要素”④。马克思在《1857—1858 年经济学手稿》中区分了“自然的需要”和“历史形成的需要”。这是两种具有本质性差异的需要。前者即“自然的需要”是人作为生物体存在的本能层次的需要。后者“历史形成的需要”则是超越本能需要的欲望，即人的发展需要，则是在社会发展中形成的。因而，这两者需要都具有一定的合理性——受制于一定的时空之中，且以使用价值的生产为主轴。正如马克思所言，“一定的物品只有在一定的限度内才能被消费，是需要的对象。例如，只能吃掉一定数量的谷物等等。因此，产品作为

---

① 《马克思恩格斯文集》第 8 卷，人民出版社 2009 年版，第 198 页。
② 马克思：《资本论》第 3 卷，人民出版社 2004 年版，第 932 页。
③ 马克思：《资本论》第 1 卷，人民出版社 2004 年版，第 58 页。
④ 《马克思恩格斯文集》第 8 卷，人民出版社 2009 年版，第 18 页。

使用价值在自身中含有某种限制，——即对该产品的需要的限制，——但这种限制现在不是由生产者的需要来计量，而是由交换者的总需要来计量。”①如果说，商品、货币与资本强调价值的话，资源必然突出使用价值。

2. 资源存在于人生活于其中的世界。不论是生产资料还是劳动力，都源于人们生存于其中的世界——由人、环境、各种生物与非生物组成的统一体。不论自然物质还是劳动者，都是现实世界的构成部分。也就是说，人类社会的形成过程，也是“真正的、人本学的自然界”②的形成过程。自然界是“人的无机的身体”和“人的现实的自然界”，是人生活的根基。

基于人自身去看世界，世界是人类生存与发展的世界，是人的“对象世界”。但这个世界在人的实践中并非到处都一样，世界有“自然的世界”与“属人的世界”之分。人作为自然存在物，生存于“自然世界”；人作为社会存在物，生活于自己所创造的“文化世界”——在自己的历史活动中展现新的可能性。人类以实践的方式把握世界，就是逐步把“自然的世界”改造为“属人的世界”，把“世界”变成自己理想的“世界图景”，最为直接地是为人类提供了丰富多彩的、日新月异的“世界图景”。③ 马克思在批判费尔巴哈的“人本主义”时指出，周围的感性世界是“历史的产物，是世世代代活动的结果，其中每一代都立足于前一代所奠定的基础上，继续发展前一代的工业和交往，并随着需要的改变而改变他们的社会制度。”④

也就是说，人类“实践创造对象世界，改造无机界”⑤。实践是人类的根本属性和存在方式，是自然、社会和思维统一的基础——连接着人类与自然界，而连接自然界“无机身体”的则是生产劳动。生产劳动的三个实体性要素即“有目的的活动或劳动本身，劳动对象和劳动资料”都与自然界有关，其中“劳

① 《马克思恩格斯全集》第46卷上，人民出版社1979年版，第405页。
② 《马克思恩格斯文集》第1卷，人民出版社2009年版，第221页。
③ 参见孙正聿：《人的生活世界》，《现代国企研究》2013年7月。
④ 《马克思恩格斯文集》第1卷，人民出版社2009年版，第528页。
⑤ 《马克思恩格斯文集》第1卷，人民出版社2009年版，第190页。

动对象"是人们劳动指向的对象,使之成为满足人们需要的事物;"劳动资料"是劳动者作用于劳动对象的工具。劳动对象和劳动资料直接来自自然界——"一切劳动资料和劳动对象的第一源泉"——"从理论领域来说,植物、动物、石头、空气、光等等……是人必须事先进行加工以便享用和消化的精神食粮……人在肉体上只有依靠这些自然产品才能生活,不管这些产品是以食物、燃料、衣着的形式还是以住房等等形式表现出来。"①而有目的的活动,则是劳动。在马克思看来,劳动是(尚属非社会的和已经有某种社会规定的)人所特有的活动,是人"生命的表现和证实",是人"借以实现人和自然之间的物质变换"②。活动本身也是人(劳动者)的生命力、劳动力、创造力的最终源泉。而劳动者的活动则是生产的一部分,可生产要成为现实,必须具备相应的条件,这条件就是马克思所指出的,"为了进行生产,人们便发生一定的联系和关系;只有在这些社会联系和社会关系的范围内,才会有他们对自然界的关系,才会有生产"③;以及"劳动的主要客观条件……是已经存在的自然"④。这里强调的是,生产的原始条件最初本身不是生产出来的。

从自然界获取物质财富的过程是人和自然之间的物质变换,"为了人类的需要而对自然物的占有……不以人类生活的任何形式为转移,它为人类生活的一切社会形式所共有"⑤。也就是说,在人类这一循环往复的进程中,改变的只是复杂的形式,物质交换这一实质不会变。换言之,再生产,仍离不开主体对客体的占有,同样也表现为对客体的塑形,客体从属于主体的目的,客体转化为主体活动的结果和容器——活动的人同他们与自然界进行交换物质变换的自然无机条件之间的统一,以及他们对自然界的占有。即在再生产的行为本身中,不但客观条件改变着,例如乡村变为城市,荒野变为开垦地等等;

① 《马克思恩格斯文集》第 1 卷,人民出版社 2009 年版,第 161 页。

② 马克思:《资本论》第 3 卷,人民出版社 2004 年版,第 923 页。

③ 《马克思恩格斯文集》第 1 卷,人民出版社 2009 年版,第 724 页。

④ 《马克思恩格斯文集》第 8 卷,人民出版社 2009 年版,第 154 页。

⑤ 马克思:《资本论》第 1 卷,人民出版社 2004 年版,第 215 页。

而且生产者也改变着，他炼出新的品质，通过生产而发展和改变着自身，造成新的力量和新的观念，造成新的交往方式，新的需要和新的语言。

人们不光要生存，还要种的延续。换言之，劳动者在生产物质产品的同时，也用生命生产社会中他人生命：劳动者消耗自己的生命创造资源，进而通过消费过程而转化为他人的生命。在这一过程中，西尼尔认为，人们所消费的东西，是被诸如时间之类的渐进的力量破坏掉的财富。然而，人与其他动物不一样，人不会停留在生存层面，而有多样化欲望的追求，一个欲望的满足会引向下一个新的欲望（新的活动引起新的欲望），而最为根本的、最有力的是优越感的欲望——人类与生俱来、至死而终的、极强的普遍性和永久性。这也就是“适者生存”的另一种表述。马克思认为剩余劳动作为“用生命生产生命”的社会关系现实地编织着人与人的关系，成为社会中人与人的生命之间的内在联系的纽带。也正因为剩余劳动的不同编织的人与人的关系也不一样，这才有历史的纷繁复杂和社会生活的五彩缤纷，才有现实的矛盾与困惑。

这在人类历史的实践中是这样一种状况：人类的生存与发展，不论在任何时代、任何状况下，都离不开衣食住行用，但至于如何生产出这些吃穿住行用，却不一样。生产资料和劳动力结合的特殊方式和方法，“使社会结构区分为各个不同的经济时期”①。这些不同的时期所存在的社会结构之间存在着内在的关联——“每一代都利用以前各代遗留下来的材料、资金和生产力”②。也就是说，劳动资料的变迁意味着社会生产力的发展，而这些劳动资料也承载着社会关系的变化，“劳动资料不仅是人类劳动力发展的测量器，而且是劳动借以进行的社会关系的指示器。”③

3. 社会公平取决于资源配置状况。社会制度的变迁体现着人们对效率与公平统一的不懈追求。原始社会之所以是生产资料公有和平均分配消费品，

---

① 马克思：《资本论》第 2 卷，人民出版社 2004 年版，第 44 页。

② 《马克思恩格斯文集》第 1 卷，人民出版社 2009 年版，第 540 页。

③ 马克思：《资本论》第 1 卷，人民出版社 2004 年版，第 210 页。

首要的是氏族成员要生存;奴隶社会比原始公有制进步,在于战俘也能保存下来,但其生存境遇却没有随着创造能力的增强而得到改善;封建社会中农民虽然依附于地主,但毕竟有了一点人身自由;随着社会财富的增加,可农民的生活条件并没有得到逐步改善。当被资本主义的生产关系取而代之,虽然享有形式上的人身自由,但由于没有物质上的保障,资本主义社会中的劳动者仍然不可能获得公平的待遇;同时,由于资本的特性——使个体陷入了能力的不平等渐渐地被一个成本投入的不平等取而代之,收入的多少不再由个人的能力大小决定,而是被可投入的成本多寡所决定。无论如何,成本让他人、社会承担,是对他人权利的一种侵犯和利益的剥夺,也是对社会公平的侵犯。

由此可知,以资源为中介的公平,指通过社会整合,使人们得其能得,得其应得,既充分尊重人们的选择,最大限度地激发人们的活力,又充分考虑人的先天禀赋、社会背景等个体差异。而这一过程,"每个人在为自己取得、生产和享受的同时,也正为了其他一切人的享受而生产与取得。在一切人相互依赖全面交织中所含有的必然性,现在对每个人来说,就是普遍而持久的财富"①。然而,每个社会成员在资源使用上能否公平,不取决于自身,而由人与人之间的力量对比关系来解释——"贫困不在于财富的量少……建立在人与人之间的具体交流之中的;交流圈没有边际,哪怕是在有限数量的个体之间,交流圈每时每刻都增加交换物的价值"②;换言之,人类实践活动的本性,在于追求人、人的活动与人活动的结果的一致性——人自由配置自己的劳动成果。

资源在人类实践中生成揭示了马克思主义的创新性成果:一是劳动实践活动解释了人和环境是怎样相互作用的,环境的改变和人的改变的一致性——被改变了的环境又改变人,它揭示了人的发展机制,人的发展的秘密,就在被人改变了的环境对人的反作用之中。因而,劳动最光荣,劳动可分为活劳动与物化劳动(或死劳动),物化劳动代表着资源已经生成,活劳动意味着

---

① 黑格尔:《法哲学原理》,商务印书馆 1996 年版,第 210 页。

② 让-波德里亚:《消费社会》,南京大学出版社 2001 年版,第 56 页。

资源正在形成或潜在资源已出现。

二是人类平等的内在机理。人类的平等,是劳动的平等,是一般人类劳动的平等,是等量劳动的平等,建立在可以同质的、可比较大小的劳动之上,进一步,建立在创造同样多财富的劳动基础之上。而这样劳动的前提是劳动者成为生产资料的所有者。马克思指出,“商品形式成为劳动产品的一般形式,从而人们彼此作为商品占有者的关系成为占统治地位的社会关系。”①而这并不是建立在西方经济学中所谓的“理性经济人”“人性自私”等不证自明的前提之下,也不是把资本主义社会中资本所有者与劳动力所有者之间的关系——归结为商品流通所产生的关系,而是建立在商品交换的双方真正处在“劳动等价”的状态——“活劳动”等价的状态。

三是人类不平等的根源。人类不平等,不是劳动不平等,而是支配“活劳动”的“死劳动”不平等,即占有“死劳动”的不平等;也就是说,凝结着“死劳动”的物品不能公平地在社会成员之间流动。因所有权的差异,存在着显性或隐性的剥削关系,奴隶社会、封建社会是显性的剥削社会,而资本主义社会,则是外在的平等,即所谓“等价交换”,而实质是隐性剥削。可由此带来的是直接影响使用价值的消耗,“商品是一个靠自己的属性来满足人的某种需要的物”②。本来,使用价值在最需要的人手中效益最大化,不在于是“作为生活资料即消费品来直接满足,还是作为生产资料来间接”满足人的需要。可因社会关系力量的存在,在人的实践能力一定的条件下,要想资源利用效益最高,就必须要考虑有限的资源优先,即“满足谁的需要,谁有资格获得满足”。

(二)自然资源与人类自身资源在实践中生成

人类的衣食住行用都来自自然界,因而自然界不仅是人类生存的前提,也是人类发展的条件。但自然不会自动满足人的需要,还需要人的实践活动去

① 马克思:《资本论》第1卷,人民出版社2004年版,第75页。

② 马克思:《资本论》第1卷,人民出版社2004年版,第47页。

创造。因而,从资源的生成这一过程的差异来看,资源可分为两类:一类是自然资源,一类是人类自身资源。《资本论》中提及的自然界的“自然力”、人自身的“自然力”、社会劳动的“自然力”在一定意义上就是资源生成所具有的共同属性。

1. 自然资源的社会属性。自然资源主要包括自然力及其作用形成的自然环境和自然条件。自然界的自然力,即自然界本身的力量,诸如风力、水力、电力、原子力等;自然力作用形成的自然条件等包括处女地、原始森林、矿藏等,这往往是以系统的方式存在。

自然资源的社会属性,就是自然资源能够满足人们的某种需要。满足人的需要,就和人千丝万缕地相联结,渗透人的因素。这表现在两个层面:一是自然资源在最直接、最简单的意义上是人们赖以生存的场所,以及提供生活资料,即维持人自身的肉体生存的原料;二是生产的原材料——自然界一方面给人类提供生活资料,另一方面也给人类提供生产资料。“自然界同劳动一样也是使用价值(而物质财富就是由使用价值构成)的源泉。”①

自然界给人类提供生活资料——土地是原始食物仓,也是原始的劳动的资料库。换言之,自然界是人类劳动得以实现、从中生产出和借以生产出自己的产品的材料。人们无论是生产直接供自己消耗的产品,还是为市场生产商品,使用价值形成不可缺少的要素:“一切未经人的协助就天然存在的生产资料,如土地、风、水、铁、原始森林中的树木等等”②。而由人类劳动凝结在上面而成的“商品体本身”,首要的是使用价值,是财物——“使用价值总是构成财富的物质内容”“商品体的这一性质,同人取得它的使用属性所耗费的劳动的多少没有关系……使用价值只是在使用或消费中得到实现”。③ 也就是说,自然资源是社会财富的第一源泉。除此,每一种自然物,在一定意义上,可能不

① 《马克思恩格斯文集》第 3 卷,人民出版社 2009 年版,第 428 页。

② 马克思:《资本论》第 1 卷,人民出版社 2004 年版,第 237 页。

③ 马克思:《资本论》第 1 卷,人民出版社 2004 年版,第 48—49 页。

止一个属性，“每一种这样的物都是许多属性的总和，因此可以在不同的方面有用”。也就是说，能满足人们的不是一个需要而是多个，然而，这需要人付出努力发现这些不同的方面，从而发现物的多种使用方式。就是生活资料的来源，也需经过一定的劳动，只不过是劳动量的多少而已①，是历史的事情。

由于地球地壳运动的不平衡性以及生产力发展水平的差异性，自然资源在自然界中的分布是不均衡的，生态环境的状况也是不一样的，因而人们的生产生活方式也是有差异的——“由于一个国家的气候和其他自然特点不同，食物、衣服、取暖、居住等等自然需要本身也就不同”②。换言之，人类历史的丰富多彩，现实世界的五彩斑斓，在一定程度上都基于自然环境的差异性和它的自然产品的多样性，如地形条件、气候条件、动植物资源、矿产资源、水利资源、海洋资源、土特产品等与地理位置相联系的各种自然条件的总和，只是人类生产活动的前提和基础；而“人依据自己所处的自然环境的变化，促使他们自己的需要、能力、劳动资料和劳动方式趋于多样化”③。例如，开垦的良田、人工运河、人工林产牧场等就是人们加工过的自然条件——这些自然条件只作为自然界限对剩余劳动发生影响，它们“只确定开始为别人劳动的起点”④。

在生产力不发达阶段，“生活资料的自然富源，例如土壤的肥力、渔产丰富的水域等等”具有决定性意义。如历史上的四大文明古国，都建立在容易生存的河川台地附近。如中国的黄河和长江流域、古印度的恒河与印度河流域、古埃及的尼罗河流域以及古巴比伦的底格里斯河与幼发拉底河流域，河流内有丰富的鱼类资源以及两岸有肥沃的土壤。而“在较高的发展阶段，劳动资料的自然富源，如奔腾的瀑布、可以航行的河流、森林、金属、煤炭等等”自然富源具有决定性意义，也就是说，当今世界，在同一科技发展水平线上，那些

---

① 马克思：《资本论》第3卷，人民出版社2004年版，第48页。

② 马克思：《资本论》第1卷，人民出版社2004年版，第199页。

③ 马克思：《资本论》第1卷，人民出版社2004年版，第587页。

④ 马克思：《资本论》第1卷，人民出版社2004年版，第589页。

劳动资料自然富源的国家，人们的生活水平也较高，如中东地区以及东南亚的文莱国家等。

进而，由于资源富源，“维持和再生产生产者所必要的劳动时间就越少，生产者在为自己从事的劳动之外为别人提供的剩余劳动就越多”。① 在漫长的前资本主义阶段，劳动资料的自然富源，如人力、畜力、水力、船磨、风磨、马车磨乃至蒸汽磨，都是生产生活的主要动力源。也就是说，同样是自然基础，自然基础的状况不同，对人们的生产生活的影响也就不同。马克思认为，“劳动生产率是同自然条件相联系的”——“这些自然条件所能提供的东西往往随着由社会条件决定的生产率的提高而相应地减少”，这里的自然条件包括“人本身的自然（如人种等等）和人的周围的自然”。也就是说，自然资源的差别，不仅影响物质生产过程中所生产出来的产品数量，而且影响物质生产过程中所生产出来的产品质量——同一劳动量用在富矿比用在贫矿能提供更多的金属，等等。“作为生产资料，它的耐久性，是它的使用价值的直接要求，生产资料越是需要时常更新，费用就越大，就越需要把更大一部分资本无益地花费在上面。它的耐久性就是它作为生产资料而存在。它的耐久性就是它的生产力的提高”②；“只要提高同样数量劳动力的紧张程度，不增加预付货币资本，就可以从外延方面或内涵方面，加强对这种自然物质的利用”；或随着科学技术的发展，原先不能为生产服务的劣质的、贫瘠的自然资源也可以为人类生产生活服务。

在人类生存的前提下，自然还为人类的发展提供了条件。这主要指自然生产力——自然环境的自然力和生产力——存在于自然环境中，直接或间接提供给人类生产和生活所需的生命物质、非生命物质与能量的能力。其中的自然生产力，包括自然环境的自然力、资源自然力、自然环境的生产力等。具体而言，自然环境的自然力，包括环境承载能力、环境消纳废物的自净能力和

① 马克思：《资本论》第1卷，人民出版社2004年版，第586页。

② 马克思：《资本论》第3卷，人民出版社2004年版，第202页。

环境自我修复能力等。资源自然力，即构成生态环境的各要素，如水力、风力、地力、太阳能以及生物生长环境中的光、热、水、土、气等因素之间的转化力及相互作用力；根据这些要素的利用状况，又可分为可再生性资源自然力（如树木、草原等，风能、太阳能、潮汐能、地热能等，大气、水资源等）和不可再生、不可再利用性资源自然力（如石油、煤等）。自然环境的生产力，指植物通过光合作用生产有机物质，以及动物利用植物合成有机物质的速率或能力。这些自然力为生产提供了自然条件。"生产的自然条件"是一个复杂的系统，是由各个不同的要素构成。这种自然条件并不存在于自然界的每一个地方。剩余劳动是人之为人的前提，正因为有了剩余劳动，以及对剩余劳动的争夺与占有，才构成了复杂的人类社会。然而，剩余劳动是人的劳动，单有生产资料是不会满足财富增长需求的。换言之，所有自然力，再良好的环境、良好的条件，只有在合适的劳动者手中才能提供更多的剩余产品。也就是说，若要进行再生产和合理利用为人类造福，需要借助科技的力量和人类的劳动。马克思指出，良好的自然条件"只提供剩余劳动的可能性，从而只提供剩余价值或剩余产品的可能性，而绝不能提供它的现实性"①。正像马克思也引用过前人的一句话，土地是财富之母，而劳动是财富之父。

在良好的自然生产力作用下，进入生产过程的自然资源，（生产出的产品）能为其使用者带来的超额利润，等于"整个生产部门的一般的、社会的、调节市场的生产价格"减去"处于有利地位的生产者的个别生产价格"②所得到的差额。因为这种自然力，如"瀑布是一种自然的生产要素，它的产生不需要任何劳动"③，也就是不费分文，是相当于一种变相的人类劳动付出。总之，"自然力不是超额利润的源泉，只是超额利润的一种自然基础"④。

---

① 马克思：《资本论》第1卷，人民出版社2004年版，第588页。

② 马克思：《资本论》第3卷，人民出版社2004年版，第739页。

③ 马克思：《资本论》第3卷，人民出版社2004年版，第724页。

④ 马克思：《资本论》第3卷，人民出版社2004年版，第728页。

在再生产过程中,农业生产一般是一个自然再生产过程。农业生产是对自然生物自身发展的模仿,也就是遵循自然生态系统中各种物质循环与能量转化达到动态平衡的规律,换言之,"自然以土地的植物性产品或动物性产品的形式或以渔业等产品的形式,提供必要的生活资料",农业劳动的生产率是由劳动的自然生产力决定的,能够保持整个生物圈的生产能力。因而,就农业经济再生产过程而言,不管社会性质如何,"总是同一个自然的再生产过程交织在一起。"说到底,农业是大自然赋予人类的可再生的、不伤及生态根本的,是人类在吃自然的利息。"农业劳动的这种自然生产率,是一切剩余劳动的基础"道出了农业以及与农业紧密相连的科技对于人类自身发展的极端重要性。在此基础上,可以认为只要遵循自然界中食物链的法则,就可以保持生态系统的稳定。

"生产的自然条件"对不同地区、不同行业的影响程度是不同的,而同样的地区和同样的行业对"生产的自然条件"需求的部分也是不同的。不费分文的自然力,如通过风、水等纯粹的自然力来缩短劳动时间,这些自然力作为劳动过程的因素而参与,是"在它被使用的这一形式上是劳动产品"。由于自然资源本身具有的质的规定性和量的规定性,使得不同的自然资源在促进社会经济发展方面也不同。自然力只有进入生产过程,并经过劳动对它们的开发,同时借助机器体系才能成为生产力的内在因素。自然资源的多少不是国家经济发展水平的尺度;同样地,自然资源在不同的国家,其使用效率也是不一样的。自然资源在一个国家经济发展的初期,通过对其开发利用,能够实现经济快速增长;然而,如果一味依赖自然资源,就很可能发展成为"资源诅咒",即因自然资源的富裕导致人类自身资源的匮乏,使得经济社会发展不可持续。无论如何,自然生产力的存在,在产品生产中利用自然力天然作用的能力是社会生产力正常、持续发展的前提条件和基础。① 为此,马克思曾指出,

① 任暟:《环境生产力论:马克思"自然生产力"思想的当代拓展》,《马克思主义与现实》2013 年第 3 期。

经过对长期的、往往是痛苦的经验的研究，人类“渐渐学会了认清自身的生产活动的间接的、较远的社会影响，也就有可能去控制和调节这些影响”①。

2. 人类自身的资源属性。自然生产力的发展也需要社会生产力的引导。在现实中，人的存在有三种形式：个体（单个人）、共同体与社会。人作为一种社会存在物，生活在多种关系之中：一是与自然的关系，二是与他人的关系，三是与共同体的关系，四是与自己的关系——为自身而存在着，也存在于自己生存的这些自然无机条件之中。据此，人类自身的资源大体上以三种方式存在：个体劳动力、组织资源、知识资源。每种资源在社会发展中所起的作用是不一样的。

个人劳动力或“劳动的自然生产力”，是指人作为有生命的自然存在物的“生命力”或“劳动在无机界的生产力”，是“人自身作为一种自然力与自然物质相对立”的能力，在改造自然界的劳动过程中所展示出的个体人的一种客观物质力量。然而，这一劳动力与劳动者是不可分割的。在劳动作为一种谋生手段的时候，劳动者在劳动过程中依靠心智或身体所做的努力，主要为了从中获取利益，而不是为了直接从这种努力中获取快乐（当劳动为了也成为人自由全面发展的时候）。个人在生产劳动过程中发展自己的生存与发展能力，也在生产行为中支出、消耗这种能力，“为了在对自身生活有用的形式上占有自然物质，人就使他身上的自然力——臂和腿、头和手运动起来”，这同自然的生殖是生命力的一种消费完全一样。然而，除此之外，人的自然力中还包括智力因素，“使自身的自然中蕴藏着的潜力发挥出来，并且使这种力的活动受他自己的控制”；还包括情感、意志等非智力因素——“劳动者越是不能把劳动当作他自己体力和智力的活动来享受，就越需要这种意志”②。这些作为天赋和才能、作为欲望存在于人身上，往往显示出个体能力的差异。个体生产力的发展，会使越来越小的劳动量，推动越来越多的生产资料——每一个商

---

① 《马克思恩格斯文集》第9卷，人民出版社2009年版，第561页。

② 马克思：《资本论》第1卷，人民出版社2004年版，第208页。

品只包含一个较小的、对象化在生产资料中的劳动,或者说,都只吸收较少的活劳动,而且也只包含较少的对象化劳动。

个人不仅占有自身劳动力,也拥有相应社会关系网。劳动者随着物质生产资料、生产力的变化和发展而变化和改变的,即"借以互相交换其活动和参与全部生产活动的条件,依照生产资料的性质而有所不同,构成一个处于一定历史发展阶段上的社会"①。换言之,"一切生产都是个人在一定社会形式中并借这种社会形式而进行的对自然的占有……最初还是十分自然地在家庭和扩大成为氏族的家庭中,后来是在由氏族间的冲突和融合而产生的各种形式的公社中。"②这表明,从原始社会到奴隶社会、封建社会,一直到18世纪,社会联系的各种形式,由于生产力的低下,表现为外在的必然性,不是人与人之间的依赖依存关系,就是赤裸裸的剥削关系——"每个人是手段同时又是目的,而且只有成为手段才能达到自己的目的,只有把自己当作自我目的才能成为手段"。③

当社会发展到一定程度,劳动者自身的生产能力是社会个人的发展,是个性得到自由发展,不再表现为自然的直接劳动与归资本所有者的劳动时间,而这一能力归自己支配,"是对人本身的一般生产力的占有,是人对自然界的了解和通过人作为社会体的存在来对自然界的统治","直接把社会必要劳动缩减到最低限度,给所有的人腾出了时间和创造了手段,个人会在艺术、科学等等方面得到发展。"④换言之,推动人类社会发展的矛盾运动,即生产力和社会关系的对立统一,是个人发展的不同方面,因而,财富越多,给个人的发展空间越多;创造更多的财富意味着个人拥有更大的生产力。个人创造力的迸发不是加法而是乘法,释放的活力是难以估量的。

---

① 《马克思恩格斯文集》第1卷,人民出版社2009年版,第758页。

② 《马克思恩格斯文集》第8卷,人民出版社2009年版,第6页。

③ 《马克思恩格斯全集》第30卷,人民出版社1995年版,第226页。

④ 《马克思恩格斯文集》第8卷,人民出版社2009年版,第216页。

基于社会分工的劳动而形成的资源。劳动的社会生产力，是一种“集体力”，是聚集在一起的劳动者通过一定的生产组织形式而形成的物质力量，它与单个劳动者力量的机械总和是不同的。根据系统论的有关知识，部分和整体之间，进而是要素和系统之间，不仅是量的差异，更有质的区别。马克思指出，“孤立的一个人在社会之外进行生产……就像许多个人不在一起生活和彼此交谈而竟有语言发展一样，是不可思议的。”①这类资源就是那些个人嵌入社会并从社会中获得有利于生存与发展的资源，这些资源不是被个人所占有，但是能被个人通过一定的渠道即直接或间接的社会关系获取。马克思认为，无论是哪种社会，是原始社会或资本主义社会，都存在维持社会存在与发展的社会共同需求——具有社会性、共同性、共享性，只不过是需求的内容和结构不仅受到生产力制约，还受到特定生产关系的制约。现在人们常说的基础设施，如铁路、建筑物、农业改良、排水等，不能被某单个生产者独家使用，不能被卖者当作商品一次性地将整体出售给使用者，而为整个生产或生活过程提供了共同的条件。人们在生产实践中创造出来、在市场交换过程中表现出来、通过消费过程实现，因而是通过自然物质过程结成的社会关系——由各种生产要素所组成的社会生产力系统、生产关系系统以及负载在生产关系身上的社会关系力量，构成了社会的组织架构。

社会劳动的“自然力”，主要以分工与协作的方式存在。分工有自然分工和社会分工之分。前者指人类初期以人的生理条件为基础而形成的，后者基于生产资料和劳动者的技术发展水平，而划分为不同的独立化、专门化的生产功能和劳动方式。也就是与生产力发展水平相适应的组织行为方式，一定的工业阶段需要一定的共同活动的方式，马克思指出，“这种共同活动方式本身就是‘生产力’”。②

“协作”这种劳动形式，是在生产力诸要素质量不变条件下，也就是“人和

① 《马克思恩格斯文集》第8卷，人民出版社2009年版，第6页。

② 马克思、恩格斯：《德意志意识形态》，人民出版社1961年版，第14页。

物方面的材料都是现成的”条件下，仅仅对生产要素进行与原来单个劳作不一样的集体合作形式，即“许多人在同一生产过程中，或在不同的但互相联系的生产过程中，有计划地一起协同劳动”。具体而言，协作带来生产力提高，不外乎以下几种状况：一是提高劳动的机械力，即每一个个体力量之和，二是扩大这种力量在空间上的作用范围，三是在空间上缩小生产场所，四是在短时间内能够动用大量劳动力，五是激发个人的竞争心和集中他们的精力，六是使许多人的同种作业具有连续性和多面性，七是同时进行不同的操作，八是共同使用生产资料而达到节约，九是使个人劳动具有社会平均劳动的性质。这林林总总的力量表现为一种“社会力量”或“新力量”的生产力——“由协作和分工产生的生产力，不费资本分文”①——协作不仅提高了个人的生产力，而且是创造了一种新的生产力（集体力）。

协作的三种形式：简单协作、工场手工业和机器大工业。简单协作有两种形式，一是把不同的人分工在同一工作连续的不同阶段或环节，如瓦匠站成一排，把砖从脚手架的下面传到上面，单个操作成为每块砖在劳动过程中必须通过的各个特殊阶段。这种协作在某种意义上是1+1+1=3，但节省了单个人上下来回取砖的时间，换言之，是用空间换时间。二是把不同的人分在同一工作的不同方面同时劳动，如修筑长城、宫殿等古代庞大的建筑。这些以分工为基础的协作，由于分工和专门化，创造了新的社会劳动生产力。即使是简单协作，只要达到一定的规模，更不用说以分工为基础的手工业工场或大机器工厂，它们需要有更复杂的生产组织形式，才可创造出更强大的生产力。

“工场手工业”组织形式。这种协作的基本形式，一是“不同种的独立手工业的工人……联合在一个工场里，产品必须经过这些工人之手才能最后制成”，如马车工场手工业把与马车相关的手工业者联合在一个工场内，他们在那里同时进行马车制造活动；二是手工业者“顺序地完成制造某种商品所需

① 马克思：《资本论》第1卷，人民出版社2004年版，第443页。

要的各种操作”①，如在英国，将近20个制针匠同时进行工作，每个人只从事一种操作，后来这种操作根据经验又进一步划分、孤立，并独立化为各个工人的专门职能；也就是说，工场手工业是“通过手工业活动的分解，劳动工具的专门化，局部工人的形成以及局部工人在一个总机构中的分组和结合，造成了社会生产过程的质的划分和量的比例”的变化，这样就发展了新的、社会的劳动生产力。②

以机器为基础的大工业协作生产。如果说前两种协作是机械叠加的话，该种“劳动过程的协作性质，成了由劳动资料本身的性质所决定的技术上的必要了”。③ 这一生产过程是“按其本身的性质分解为各个组成阶段，每个阶段由力学、化学等等在技术上的应用来解决”，劳动者的分工与合作取决于机器的科学技术性质和要求，即按照机械本身的性质互相影响，互相作用，实现商品的生产——“同种并同时共同发生作用的工作机在空间上的集结”。这意味着人们在生产过程中借助劳动资料，成为一定意义上的脑力协作。现代社会的社会化大生产，就是在应用机器基础上的大规模协作，使得风、水等自然力大规模地从属于直接的生产过程，从而使得自然力变成社会劳动的因素。也正是分工、机器等基础上的协作，极大地提高了劳动生产率：一是可以增加一个工作日的产品（加快机器价值的折旧，实行轮换劳动制），二是可以在互相连接的生产行为中缩短劳动时间（劳动生产率得以极大提高），三是通过协作的扩大——在许多地点同时施工而缩短劳动时间（以空间换时间），四是缩短资本投资的周转时间（在缩短生产时间的同时，产业资本专门化或交通发达缩短流通时间）。④

知识资源。知识，至今虽没有统一的界定，但一般指人类在实践中认识客

---

① 马克思：《资本论》第1卷，人民出版社2004年版，第390、391页。

② 马克思：《资本论》第1卷，人民出版社2004年版，第392、421—422页。

③ 马克思：《资本论》第1卷，人民出版社2004年版，第443页。

④ 马克思：《资本论》第2卷，人民出版社2004年版，第262页。

观世界(包括自然界和人类自身)的成果。因而,其外延极其庞大。鉴于行文的需要,本文主要论述马克思知识资源中的科学技术与制度资源,前者是“特别是和自然科学及其应用方面的进步”,后者尤其是制度以及信用资源。马克思指出,社会生产力已经在多么大的程度上,“不仅以知识的形式,而且作为社会实践的直接器官,作为实际生活过程的直接器官被生产出来”①,这是建立在人类实践的基础上,社会生活过程的条件已“受到一般智力的控制并按照这种智力得到改造”。

从人类的发展历程看,在前资本主义生产阶段上,劳动过程整个说来从未超出传统的手艺积累的范围,知识和经验是同劳动本身直接联系在一起的,是依赖于一代代一点一点地积累而缓慢地加以扩大的,也就是说,积累的经验随后被继续利用,没有推翻旧的生产方式,成为社会不断进步的源泉和推动力。理解这一过程,就如同理解中国的火药、指南针、印刷术、造纸术等四大发明,也是在漫长的历史中发展的,从最初的统治者追求长生不老,到加速社会的进程——“总的来说变成科学复兴的手段,变成对精神发展创造必要前提的最强大的杠杆”。驯养野马、牛、羊、驴、猪等动物,过程是极其缓慢的,且没有发展成为同劳动相分离的独立力量;磨的发展也是这样,从罗马时期由亚洲传入第一批水磨时起,直到18世纪末美国才大量建造第一批蒸汽磨。这些都意味着“从单个的机器发展到机器体系,即用同一个动力来推动几台磨,这一过程进行得也是十分缓慢”。

然而,靠经验传下来的知识,一旦发展为科学,就不再停留在经验层面,“以自然力来代替人力,以自觉应用自然科学来代替从经验中得出的成规”②;换言之,建立在生产过程的智力同单个劳动者的知识、经验和技能相分离的基础上的,应用于物质生产过程。于是,发生生产力革命——“现代工业通过机器、化学过程和其他方法,使工人的职能和劳动过程的社会结合不断地随着

① 《马克思恩格斯文集》第8卷,人民出版社2009年版,第198页。

② 马克思:《资本论》第1卷,人民出版社2004年版,第443页。

生产的技术基础发生变革”。例如,“可以用化学的方法(例如对硬黏土施加某种流质肥料,对重黏土进行熏烧)或用机械的方法(例如对重土壤采用特殊的耕犁),来排除那些使同样肥沃的土地实际收成较少的障碍(排水也属于这一类)”。①

马克思说过,“科学是一种生产力”,“生产力中也包括科学”。没有科学技术的发展,就没有现代的大工业——科学技术与机械大工业一同发展的。而没有现代的大工业,就没有社会财富的快速积累,也就不会有现代社会。由此,“把科学看成是历史的有力的杠杆,看成是最高意义上的革命力量”——“自然因素的应用——是同科学作为生产过程的独立因素的发展相一致。生产过程成了科学的应用,而科学反过来成了生产过程的因素。每一项发现都成了新的发明或生产方法的新的改进的基础……科学获得的使命是,成为生产财富的手段,成为致富的手段。”②也就是说,成本(包括机器的价格以及机器的维修等费用)支出减少——机器生产不仅能在一定生产期间内减少损耗,而且单个商品也会变得便宜——主要是存在更大规模的工人劳动,工人直接在生产过程中达到了更大规模的结合,提高了社会劳动生产率。如,因铁、煤、机器的生产或建筑业等等的劳动生产力的发展,使得另一些产业部门的社会必要劳动时间减少而使生产资料的价值减少,从而费用减少。换言之,商品作为产品从一个产业部门生产出来后,在科学技术的帮助下,会作为生产资料再进入另一个产业部门,“它的便宜程度不仅是它作为生产资料参加其生产的那种商品变得便宜的条件,而且也是它构成其要素的那种不变资本的价值减少的条件。”③

在生产过程中使用机器所产生的巨大生产力,是通过机器使用了自然界中的“自然力”的结果。人们在生产过程中使用自然界的“自然力”,或把自然

---

① 《马克思恩格斯全集》第25卷,人民出版社1975年版,第733页。

② 《马克思恩格斯文集》第8卷,人民出版社2009年版,第356页。

③ 马克思:《资本论》第3卷,人民出版社2004年版,第96页。

力转换成现实的生产力,需要相应的机器设备,如“要利用水的动力,就要有水车,要利用蒸汽的压力,就要有蒸汽机”等。而研发这些设备,就需要相应的自然科学技术以及应用这些科学技术的手段和设施;要开发利用社会劳动的“自然力”,也需要相应的社会科学技术以及应用这些社会科学技术的手段和设施——蕴含在社会劳动组织内部的客观物质力量。简言之,科学技术把“各种不费分文的自然力”作为各种形式的生产要素,进入生产过程而发挥作用。至于它们在何种程度上发挥效能,取决于科学技术的发展状况。不论是利用自然自然力还是利用劳动的社会自然力,在马克思看来都是“科学劳动”,“它部分地以今人的协作作为条件,部分地又以对前人劳动的利用为条件。”①

社会生产力的发展表现在新的生产借以进行的生产条件的价值量和数量上,表现在已经积累起来的生产资料的绝对量上。在利用自然力的基础上,由劳动力的协作转变为劳动资料的协作,自然科学作为生产力要素并入生产过程,使协作生产力乃至社会生产力获得了巨大的发展空间。这表现为其发展趋势“现实财富的创造较少地取决于劳动时间和已耗费的劳动量,较多地取决于在劳动时间内所运用的作用物的力量,而这种作用物自身——它的巨大效率——取决于科学的一般水平和技术进步,或这种科学在生产上的应用”②。

制度资源。制度是一定时空中约束和规范人们行为的各种规则,协调和整合社会、界定权利边界和行为空间、促进经济效率、物质和精神保障、稳定的预期、伦理教化、维护或发挥组织的手段,是一种有形或无形的要求。有形制度是指有明确规定的,如政治制度、经济制度、法律制度以及一些具体的财务制度等;无形的制度,指社会习俗、惯例等——“社会上占统治地位的那部分人利益,总是要把现状作为法律加以神圣化,并且要把现状的由习惯和传统造

① 马克思:《资本论》第3卷,人民出版社2004年版,第120页。

② 《马克思恩格斯文集》第8卷,人民出版社2009年版,第195—196页。

成的各种限制，用法律固定下来……对任何取得社会固定性和不以单纯偶然性与任意性为转移的社会独立性的生产方式来说，都是一个必不可少的要素。”①马克思最有说服力的分析框架，在道格拉斯·诺斯看来，就是“制度、产权、国家和意识形态”，并且指出，国家“为实行对资源的控制而尽可能地利用暴力”②。而在马克思主义看来，经济基础决定上层建筑，而上层建筑又通过经济基础作用于生产力，形成较为稳定的生产力——“在生产过程以及与之相适应的社会关系的停滞状态中，一种生产方式所以能取得这个形式，只是由于它本身的反复的再生产。如果这个再生产持续一个时期，会作为习惯和传统固定下来”③。中国两千多年的封建社会，就是在小农经济及其基础上所形成的儒家文化起作用，使得上层社会统治变动频繁而社会基层却相当稳固。“当一种制度所付出的代价与其收益相等或大于收益时，这种制度是没有效率的”④。没有效率的制度不是被更替就是被淘汰，虽然这一过程很痛苦，但最终旧制度被新制度取代，新的社会形态战胜旧的社会形态。

作为这些制度载体的共同体，是指社会中存在的、基于主观上和客观上的人们在共同生活和共同劳动的过程中自然形成的相对稳定的社会组织形式（人类历史上形成的由共同生活中某种纽带联结起来的稳定的人群集合体）。简言之，社会共同体同一定的社会生产方式相联系，受着社会生产方式发展状况的影响和制约。共同体在文化认同上——成员从共同体中获得身份、地位和权力，以及从共同体中获得而从自身无法获得的需要在满足，如应付重大的灾害、疾病等带来的困难，获得社会认同和归属感等。共同体包括氏族、部落、家庭、民族、家族、国家、阶级、政党、公开或秘密的社会团体、生产组织、学术组织等。最早的社会共同体是原始人群。随着生产力的发展，逐渐摆脱杂交的

---

① 马克思：《资本论》第3卷，人民出版社2004年版，第912页。
② 参见［美］道格拉斯·C.诺斯：《经济史中的结构与变迁》，上海三联书店1994年版。
③ 马克思：《资本论》第3卷，人民出版社2004年版，第897页。
④ ［法］让-波德里亚：《消费社会》，南京大学出版社2001年版，第22页。

原始状态，明确血缘亲族的界限，产生了氏族、部落和部落联盟。随着私有制的产生，形成了以两性共同生活和婚姻关系为特征的作为生产单位和生活单位的家庭。阶级产生以后，在原始部落和部落联盟的基础上形成古代民族。随着生产方式的发展，在共同的地域、共同的语言、共同的经济生活、共同的文化和心理素质的基础上形成现代民族，进而在世界范围形成人类命运共同体。

政党是一个政治共同体。在现代社会，绝大多数国家都是由政党来领导的，而政党是为了共同的经济利益和共同的政治目的，特别是为了取得政权和保持政权而形成的政治集团。在资本主义时代，个人因分工和竞争而联合在一起，但形成的共同体却是外在的、异己的联合，仅仅是为了一个阶级对抗另一个阶级的联合。在现今的资本主义世界中，不论是两党制、多党制还是一党制，无不体现出是各自利益集团的代表，而一旦成为执政党，就装饰成全体国民的利益代表。由此，各个人不仅是无产者，而且包括资产者彼此之间更加孤立、没有联系。而无产阶级政党，是以争取、维护无产阶级利益的政治组织，是由无产阶级先进分子中最忠诚、最有觉悟的部分没有自身利益，人民群众的利益就是自身的利益组成，是无产阶级实现其伟大历史使命——消灭阶级、消灭自身，实现共产主义社会的核心。人类历史昭示，只有在无产阶级政党的带领下，才能克服虚假的共同体，走向真正的人类共同体，即各个人在自己的联合中并通过这种联合获得自己的自由。

信用指经济活动的当事人之间所建立起来的、以诚实守信为基础的践约行为。信用制度是依附经济活动的当事人之间的一种相互信任的生产关系和社会关系。该制度构成了经济活动的当事人之间的自觉自愿的反复交往的一种资源。马克思曾强调信用在生产中的作用，“由资本主义生产方式向联合起来的劳动的生产方式过渡时，信用制度会作为有力的杠杆发生作用”①。这里的信用杠杠，可理解为资本所有权和经营权发生分离，由社会闲散资本集中

① 马克思：《资本论》第3卷，人民出版社2004年版，第702页。

统一进行扩大再生产，即资本为非所有者使用——资本家获得了非本人资本（他人或社会资本）的支配权，包括对社会劳动的支配权，即利用全社会的各种资源，来扩大再生产过程与规模。但这需要以“个人实际拥有的或公众认为他拥有资本”为基础。如股份制的发展，就离不开信用，“信用为资本家或被当作资本家的人，提供在一定界限内绝对支配他人的资本，他人的财产，从而他人的劳动的权利”①。在现代社会，信用制度越来越成为市场经济发展的必要条件。各市场主体以各种形式筹措资本，都离不开信用，“作为财富的社会形式的信用……由于对生产社会性质的信任，才使得产品的货币形式表现为”②——如国债、有价证券、股票等——“真正的信用货币不是以货币流通（不管是金属货币还是国家纸币）为基础，而是以票据流通为基础”。③ 换言之，不仅市场在创造信用需求——利用信用资源有限性与资本扩张无限性的矛盾，追逐更大利润空间，成为推动社会信用需求的原动力；国家也在创造信用需求——通过增加货币发行量扩大社会消费规模并刺激超前消费，即运用借贷方式持续扩大消费需求，为生产力发展注入活力，使信用关系成为现代经济的基础，深刻影响人类的经济活动。

信用制度的发展不仅增强了实体经济的发展，也开辟了金融业发展的广阔天地，加速推进人类进入新的阶段。然而，信用一旦背离促进经济社会发展的轨道，被某些人用作谋取私利的工具，也并非都是积极效应。马克思曾指出，信用“用剥削他人劳动的办法来发财致富——发展成为最纯粹最巨大的赌博欺诈制度，并且使剥削社会财富的少数人的人数越来越减少”④。

除了科学技术、制度、信用外，知识资源还有普遍的勤劳以及生产过程中的意志力、地方性知识等。由于所经历的资本的严格训练，换言之，在市场经

---

① 马克思:《资本论》第 3 卷，人民出版社 2004 年版，第 497 页。

② 马克思:《资本论》第 3 卷，人民出版社 2004 年版，第 666 页。

③ 马克思:《资本论》第 3 卷，人民出版社 2004 年版，第 450—451 页。

④ 马克思:《资本论》第 3 卷，人民出版社 2004 年版，第 516 页。

济大潮中经受“适者生存”的历练，不断地驱使劳动生产力向前发展，普遍的勤劳发展成为劳动者的一种普遍财产。实际上，这一种资源在人类社会产生和发展，以及不同阶段上会以不同的方式存在——贫困状态下的生存毅力、艰苦朴素的精神风貌等等。恩格斯指出，在合理的社会制度下，“精神要素会列入生产要素中，并且会在政治经济学的生产费用项目中找到自己的地位”①。这突出表现在不同的国家和地区，不仅有不同的道德、宗教、艺术等，不同的国家制度与社会性质的历史变迁，也有相同的国家制度，但其管理的体制与机制也成多样化的差异。

不论怎样，人类从原始、孤立、分散的人群发展到当今，不仅证明人类的发展取决于人类自身——个人的劳动力也属于自然，人只有把自己融入自然中去，才有可能得到更好地发展；未开发的自然资源和自然力只有在人的作用下发挥出来，且与社会生产力共同构成了人类生存与发展的能力，因而应与自然学会共存共荣、与他人和谐相处。

（三）时间资源与空间资源在实践中生成

自然资源和人类自身资源都存在于一定的时空之中。人类在实践中生成自然资源和人类自身资源的同时，也生成时间资源和空间资源，也是在时空中得以衡量——客观事物的资源属性随着科技的发展而逐步显现。人类自身资源，包括能力的提升、道德的形成以及有形制度的完善，也都是在特定时空环境下生成的。再说，任何经济活动都是在特定的时空中进行的。相对于农业社会而言，以机器为基础的社会化大生产是对劳动时间的压缩——时间上相继发生被压缩为同时并存的空间中进行，也是对劳动的空间压缩——生产资料与劳动力的集中；在此环境中的经济活动的顺利进行，也就是空间上的并存和时间上的继起。

---

① 《马克思恩格斯文集》第1卷，人民出版社2009年版，第607页。

1. 时间资源。时间表征物质运动过程的持续性、顺序性，是衡量事物变化发展的一个尺度。也就是说，人生命的长度、生命的丰富内涵也往往通过时间的积淀而展示——时间“不仅是人的生命的尺度，而且是人的发展的空间”①。就单个人而言，生命是有限的，经历出生、成长与发展乃至死亡的过程。如何把有限的生命过得有意义呢？马克思认为，“单个人必须正确地分配自己的时间，才能以适当的比例获得知识或满足对他的活动所提出的各种要求”②。这关涉个人的劳动时间与非劳动时间的分配——“在一切社会状态下，人们对生产生活资料所耗费的劳动时间必然是关心的，虽然在不同的发展阶段上关心的程度不同”③；而个人的劳动时间又不取决于自己，而取决于社会生产力的发展水平以及相应的社会结构。

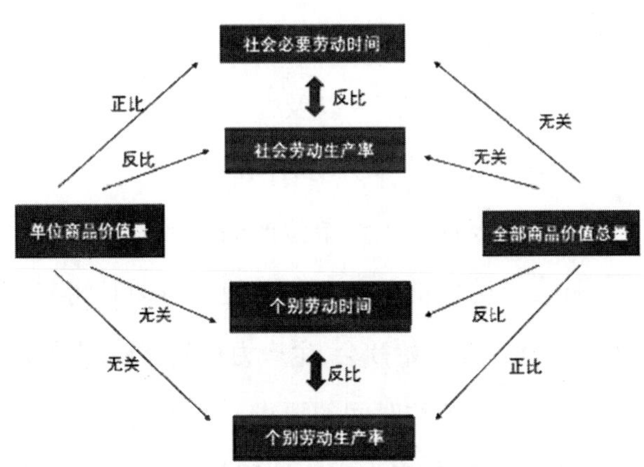

在社会化大生产的按劳分配阶段——劳动时间起双重作用：一是计量生产者在共同劳动中个人所占份额的尺度，进而在共同产品的个人可消费部分中所占份额的尺度，“每个生产者在生活资料中得到的份额是由他的劳动时间决定的”④；二是要推动资源得以高效利用，减少社会层面的资源浪费，对社会总劳动时间进行有计划按比例的分配，“如果某种商品的产量超过了当时社会的需要，社会劳动时间的一部分就浪费掉了”。⑤ 社会必要劳动时间与个别劳动时间密切相关（见左图）。

---

① 《马克思恩格斯全集》第47卷，人民出版社1972年版，第532页。
② 《马克思恩格斯文集》第8卷，人民出版社2009年版，第67页。
③ 《马克思恩格斯文集》第5卷，人民出版社2009年版，第88—89页。
④ 马克思：《资本论》第1卷，人民出版社2004年版，第96页。
⑤ 《马克思恩格斯文集》第7卷，人民出版社2009年版，第208页。

在商品社会里,个别商品生产者生产某种商品都会耗费一定的劳动时间。各部门都有许多生产同种商品的生产者,所使用的生产资料不同和劳动的好坏不同,因此生产同一种商品所耗费的个别劳动时间也不一样。不同生产者所生产的同种商品的个别价值虽然不同,但它们在交换中只能有一个价值。这个价值是由社会必要劳动时间——“在现有社会正常的生产条件下,在社会平均的劳动熟练程度和劳动强度下,制造某种使用价值所需要的劳动时间”决定的。这个社会必要劳动时间不是由偶然的个别交换形成的,而是由社会无数次的交换决定的。

生产力的发展,主要表现为劳动生产率的提高,“劳动生产率,是使新社会制度取得胜利的最重要最主要的东西”①,而劳动生产率的高低是由“工人的平均熟练程度、科学的发展水平和它在工艺上应用的程度,生产过程的社会结合,生产资料的规模和效能,以及自然条件”②以及“一切无用劳动的免除”③来决定的。简言之,劳动生产率的提高带来劳动时间的减少。

劳动生产率的提高,在个体上直接表现为生产单位产品的活劳动和物化劳动的节约,在整体上也体现为社会总劳动的节约。这就使得劳动时间节约规律在不同经济形态下具有了特殊性。在原始社会,生产力极其落后,人们燧石取火、发明弓箭、打磨石器等,都包含了节约时间的要求。到了奴隶社会和封建社会,农耕时代铁器的发明、劳役地租转变为实物地租等,还是劳动时间节约规律在背后起作用的结果。恩格斯指出,“中世纪的农民相当准确地知道,要制造他换来的物品,需要多少劳动时间……他们不会在交换中得不到等价物而把所耗费的劳动时间白白送给别人”。④ 自然经济中劳动时间节约,主要遵循农业发展规律,合理安排时间,有助于提高劳动者的使用价值的消费水

① 《列宁选集》第4卷,人民出版社1995年版,第16页。

② 马克思:《资本论》第1卷,人民出版社2004年版,第53页。

③ 《马克思恩格斯文集》第5卷,人民出版社2009年版,第605页。

④ 《马克思恩格斯文集》第7卷,人民出版社2009年版,第1016—1017页。

平，一般不会引起再生产过程的中断。马克思曾把劳动时间分为必要劳动时间和剩余劳动时间。前者指劳动者创造生存条件的劳动时间，在资本主义社会里指补偿可变资本（即劳动力工资）的劳动时间；后者是创造（满足生存之后的）剩余财富的劳动时间，在资本主义社会中指为资本家带来剩余价值的劳动时间。但是，无论如何，“劳动时间也始终是财富的创造实体和生产财富所需要的费用的尺度。”①

在社会化大生产的市场经济中，因为在竞争的外在压力下，企业为了生存，生产商品的厂家关心的只是商品所包含的、在出售时实现的剩余价值，剩余价值越多越好。这也不排除把个别劳动时间压低到社会必要劳动时间以下，以求获得超额利润；更多的是通过缩短雇佣劳动者的必要劳动时间，以此来延长其无偿劳动的那一部分时间。在这一条件下，劳动时间的节约表现为以下几方面：

一是推动生产资料的节约。对生产资料中的固定资本而言，通过采用各种方式，如采用夜班制度、实行轮休制等，加速固定资本折旧，使机器设备得到充分利用，尽可能避免无形折旧的出现；采用结合劳动的集中形式——共同的生产条件（如建筑物等）的使用比单个雇佣劳动者分散使用的生产条件要节约。尽可能减少废弃物的发生，从源头上做好精心规划，尽可能减少过程中出现的浪费——浪费了的材料或劳动资料是多耗费的对象化劳动量，不被计算，不加入形成价值的产品中。换言之，随着生产的扩大和制度的逐渐完善，外化的成本内部化，推动生产资料的节约。

二是科学技术的发展，是节约单位商品中凝结的活劳动时间的主要机制。科学技术的发展，不仅推动机器质量的提升和更新换代（同时也变得越来越便宜），更推动原材料的节约和废弃物的降低（开采也越来越便捷容易，低品位的原料也会逐渐得到利用）；同时推动资本有机构成的提高，极有可能减少

---

① 《马克思恩格斯全集》第26卷第三册，人民出版社1974年版，第282页。

可变资本的支出——“那种使现有机器的使用更便宜和更有效的特殊改良，例如蒸汽锅炉的改良等等；由于机器的改良，废料减少了”；使得商品的价格不再变得昂贵的不可缺少的条件，是由于“力学和化学上的各种发明”并且得以应用。① 科学特别是化学的进步，是废料再利用、将其重新转化为生产要素的又一个重要途径。这些都只有在大规模生产的条件下才有可能——化学工业通过新的方法来利用各种各样的废料（既有本行业的，也有其他工业的各种废料），例如，把煤焦油变成苯胺染料、茜经染料（茜数），甚至变为药品。②在这里，减少废料就等于节约资源，也就意味着对进入生产中的原料的利用效率得以进一步提高。

三是劳动时间的缩短。生产商品所需要的劳动时间随着劳动生产率的每一变动而变动。但缩短劳动时间不外乎提高生产者的劳动熟练程度、提高原材料的品质以及实行科学的劳动组合。在前两个因素一定的条件下，生产资料、劳动者之间，以及劳动者之间的组合方式就显得非常重要，有效协作劳动形成新的合力。专业化分工提高了劳动熟练程度——使简单劳动（没有专门训练的劳动）转变为复杂劳动（经受专门培养和训练的），二者的结合能达到的劳动效果。在私有制条件下的市场经济，资本所有者使雇佣工人对资本的依附关系从“形式隶属”沦为“实际隶属”，即劳动生产率的提高是以劳动者智力和身体的畸形化来实现的——资本家实行计件工资和增加雇佣劳动者的劳动强度等方式，变相地挤占雇佣劳动者受教育、发展智力、进行正常社交等的时间；甚至霸占雇佣劳动者正常的成长和维持健康（呼吸新鲜空气和接受阳光）等所必需的时间。然而，不容置疑，在私有制主导下的市场经济，这种获取剩余劳动的方式和条件，同以前的社会剥削手段相比，一是表现为“文明的和精巧的剥削手段”③——“人类一方面在努力节约时间，可另一方面又不得

① 马克思：《资本论》第3卷，人民出版社2004年版，第96页。

② 马克思：《资本论》第3卷，人民出版社2004年版，第119—120页。

③ 马克思：《资本论》第1卷，人民出版社2004年版，第422页。

不在浪费时间”;“一切节约归根到底都是时间的节约”发展为“一切节约归根到底都是资源的节约”;二是“都更有利于生产力的发展,有利于更高级的新形态的各种要素的创造”。

四是因商品流通时间的缩短而带来的节约。由资本的生产时间和流通时间构成的资本周转时间,包括:劳动时间、非劳动时间和流通时间。非劳动时间是指劳动过程正常中断的时间即正常停工时间、自然作用时间和生产资料储备时间,该时间的长短取决于技术设备、经营管理和劳动生产率水平的高低。流通时间即生产资料的购买时间和商品的售卖时间,该时间的长短取决于市场供求状况、生产企业距市场的远近,以及交通和信息条件等。随着科学技术的发展,如电脑、机器人、现代电讯、集装箱运输装卸、信息技术等都为缩短生产时间和流通时间提供了物质条件,从而缩短了时间。正如马克思指出,“这种时间也只能看成是由商品状态转变为货币的外部条件……至于在商品转变为货币以前所花费的时间……这段时间是纯损失。”①

而由个体组成的社会,因一代一代的继承,也是在时间的长河中延伸。到社会主义社会阶段,“社会发展仍取决于时间的节省”,社会主义社会之所以比资本主义社会优越,就在于“社会能够合乎目的地分配自己的时间,实现符合社会全部需要的生产。”②

2. 空间是社会实践的产物。空间是物质存在形式,由长度、宽度、高度、大小等表现出来,展现物质所具有的伸张性、广延性。每一个事物都占据一定的空间。人类生产生活的世界,就是一个空间。空间也是人类一切生产和生活的要素——可能既是生产工具也是消费工具,既是生产力也是生产关系,或是再生产的组成部分,等等。在整个经济活动中,生产、交换、分配、消费等活动无不发生在不同的空间当中——产品的生产是在一定的空间,产品流通也需要一定的空间,产品消费没有空间也不行。

---

① 《马克思恩格斯全集》第30卷,人民出版社1995年版,第533页。

② 《马克思恩格斯文集》第8卷,人民出版社2009年版,第67页。

原始部落的人们在各自的空间（自然环境）中生存——通过生产活动，即从自然获取了生产资料和生活资料，逐渐形成了相对差异的生产方式。随着部落之间交往的不断扩大，偶然的物物交换也逐渐发展起来。当畜牧业从农业中分离出来，扩大了交换数量和范围，随着空间范围的扩大，使得部落内部分工从自然分工向社会分工发展——家庭成为生产和生活的主要单位。当家庭手工业成为独立的生产部门，私人劳动转为社会劳动，“许多人在空间上集合在一起，取得了社会劳动的条件或劳动的社会条件这种性质”①；这样使得商品数量增加很快，必然寻找更大规模的市场。

马克思在《德意志意识形态》《资本论》等著作中都提到，为了生产同种商品，“较多的雇佣劳动者在同一时间、同一空间（或者说同一劳动场所），在同一资本家的指挥下工作”，这在历史上是资本主义生产的起点。进入现代社会，也就是随着市场经济的发展，废除了一切妨碍雇佣劳动者自由流动的法律②，促使资本流向获利的洼地，不仅要“夺取新的市场，更加彻底地利用旧的市场”③——资本更容易从一个部门和一个地点转移到另一个部门和另一个地点……劳动力能够更迅速地从一个部门转移到另一个部门，从一个地点转移到另一个地点。

换言之，不断地调整资本主义的生产关系，使其内在矛盾进行“空间转移”，进而拓宽自身的生命。资本产生的利润在不同的资本所有者的手中流动，如产业资本、商业资本、借贷资本、银行资本、金融资本、股份资本与土地。产业资本在追求剩余价值过程中，依次采取货币资本、生产资本和商品资本形式，并在每一种形式中完成着相应的职能——货币资本为剩余价值生产做准备，生产过程中创造剩余价值，在流通过程中实现剩余价值。商业资本是专门从事商品买卖，以获取商业利润为目的的一种资本形式——缩短流通时间，节

① 马克思：《资本论》第1卷，人民出版社2004年版，第377页。

② 马克思：《资本论》第3卷，人民出版社2004年版，第218—219页。

③ 《马克思恩格斯文集》第2卷，人民出版社2009年版，第37页。

约流通费用,加快资本周转。借贷资本是为取得利息而暂时贷出的货币资本形式,银行资本属于借贷资本的一种形式。金融资本对流通时间的改善是对剩余价值进行的交换和重新分配。当资产增值的预期逆转,就会发生资产贬值、商品过剩、经济衰退等困境。负债只是延缓支付时间,并没有实际改变劳动工人的消费能力。股份资本是一种自有资本、权益资本。

随着资本的不断扩张,生产要素(人、财、物、科学技术等)空间聚合的主要场所主要集中在城市,开创了"农村服从城市"、以"城市"为中心的时代。美国85%的GDP集中在城市,GDP只占国土面积的3%。纽约1平方公里1年创造的GDP价值约16亿美元,新加坡1平方公里为4亿—5亿美金。在我国,空间分布非常散,城市化率近60%,多数大中城市1平方公里才创造不到1亿人民币;与美国、新加坡城市相比,我国的经济产能密度还能继续提高,经济发展提升的空间还很大。当城市利润空间比不上农村开发的时候,资本也会放下身段。如全球知名的企业阿里巴巴,把互联网延伸到农村,在中国农村建有电商10万个,通过互联网,把村庄这一级的生产、消费与整个国家,乃至全球联到一起。改革开放40多年来,农村已有很强的消费能力,需要把它释放出来。

在利益最大化的驱使下,资本奔走于全球各地,来不断扩大产品销路。资本扩展把世界不同的领土和社会结构非均衡地嵌入市场之中,一是传统殖民手段,不发达国家与地区依附于发达国家,通过武装掠夺或通过战争重新划分世界空间体系(发达国家之间因市场竞争而带来的国家之间的对抗);资本用技术革新、文化渗透等新殖民掠夺等方法拓展生存空间。从全球范围看,不同国家之间在国际分工领域的等级化趋势出现,经济的空间依附关系依然存在。无论怎样,历史的现实的"地理的调整和重组、空间策略和地缘政治要素、非均衡地理等"的发展,都是资本存在的条件。①

① 马克思:《资本论》第3卷,人民出版社2004年版,第995页。

人的发展空间,除了地理空间外,还有人类社会自身的空间,即人与人、人与社会之间关系发展的空间。人类的发展史就是一部生活空间从自然到社会、从群居到家庭再到阶级、国家和社会的历史,由自然到社会,由私人到公共,由血缘情感调节到法律制度调节的历史。在这历史中,个人生活在部落、村社、民族、国家等不同阶段生存空间的具体形态的共同体中。也就是说,每一个人、每一个共同体(包括社会)、每一个生产方式、每一种生产关系都有自己独特的空间,从一种生产方式到另一种生产方式的变化,从一种社会形态到另一种社会形态的转化,必定伴随着空间上的新旧转换。而这意味着个人的发展空间越来越宽广,进而,也是人类社会进步的空间越来越广阔。

根据人的发展程度把共同体分为自然共同体、货币共同体和人类共同体。在国家存在的历史中,家庭、阶级和国家构成社会空间的主体。家庭、阶级是国家产生的基础,国家共同体是"对付被统治的生产者阶级"的——奴隶与奴隶主对立的古典古代的共同体,农奴(农民)与地主对立的封建共同体,雇佣劳动者与资本所有者对立的资本共同体。然而,这些共同体在马克思看来都是"虚假的共同体"。因为这些共同体,占统治地位的阶级为了加强其统治和消灭竞争对手,往往把自己的利益说成是普遍的利益或共同的利益,但现实中处处又是维护自己的特殊的利益,从而引发阶级矛盾和阶级斗争的加剧。同时,在阶级斗争中形成个人利益与共同利益之间的矛盾,也往往以国家利益的形式所遮掩,由此共同体这一社会关系空间成为"异己的"、外在的强制力量。换言之,生活在这些共同体空间的人缺乏主体性和独立性,成为"狭隘人群的附属物"。而人类共同体则是"人自由而全面发展"的联合体,是真正的共同体——充裕的时间与宽广的空间为人类发展创造更好的条件。

在这一系列共同体的转换中,人们并不能随意选择生存空间,而是"在直接碰到的、既定的、从过去承继下来的条件下"①。在人类历史发展进程中,起

① 《马克思恩格斯文集》第2卷,人民出版社2009年版,第470—471页。

初没有城乡的概念。随着剩余产品归私人所有以及私有制的存在，城乡分离加剧，尤其是资本主导的逐利行为。资本大量攫取农村的自然资源和劳动力，导致乡村发展严重滞后。随着社会持续发展的需要，经济空间上的城乡一体化、不同区域之间一体化明显加强。例如，提升人们的生活舒适度，前者进一步完善公共设施和基础设施，后者进行新领域的技术研发。也是资本本身逐利的需要，总之，人类生存的空间是有限的，即这空间就像一个容器。这个容器（人类生存的生态系统自身的稳定限度）的大小就是资本活动的范围，从而使资本不可能无限的扩张——虽然资本力求整个地球作为它的市场，“把商品从一个地方转移到另一个地方所花费的时间缩减到最低限度”；越是力求在空间上更加扩大市场，越是“用时间去更多地消灭空间”①。

资源的循环利用——垃圾的资源化、废弃物化为再生资源都是在一定的时空中进行。可再生资源（包括生物资源、土地资源、水能、气候资源等）与不可再生资源（在相当长的时间内，各种矿物、岩石和化石燃料，例如泥炭、煤、石油、天然气、金属矿产、非金属矿产等）的划分以及在利用后能否再成为资源，也取决于所处的时间长度和空间广度。

改革开放以来，中国通过空间结构的优化推动经济效率快速改进。大量的生产要素不断地从农村向城市集聚，从小城市向大城市集聚，从中西部向东部沿海地区集聚，从而带来了产业结构的升级和要素效率的提升。党的十九大报告指出，“创新引领率先实现东部地区优化发展”，“加大力度支持革命老区、民族地区、边疆地区、贫困地区加快发展，强化举措推进西部大开发形成新格局，深化改革加快东北等老工业基地振兴，发挥优势推动中部地区崛起”等，进一步释放区域经济效率，缩小区域发展的差距，形成高效、包容、可持续的区域经济格局。中国提出的“一带一路”倡议，就是联通世界各个市场，通过扩大贸易来推动全球增长，能够使大家共享增长中的收益——贸易本身就

① 《马克思恩格斯文集》第8卷，人民出版社2009年版，第169页。

有一个收入平等化的趋势。

总之,人类迄今为止的发展史表明,人类的生产生活,有时候是以时间换空间,有时候则是以空间换时间——空间范围的扩大可以节约时间,时间的缩短压缩空间和消灭空间。党的十九大报告提出,到2049年把中国建成富强、民主、文明、和谐、美丽的社会主义现代化强国。这现代化的过程,在某种意义上就是使地理空间、社会空间日益丰富,人的生活空间愈加丰满的过程。

(四)资源所有权的生成

所有权是人们依法对自己的财产所享有的占有、使用等权利,是一种最完全的物权。该权具有绝对性、排他性特征,是其他物权的源泉。所有权有两种取得方式,一是原始取得,即先占、生产、收益利息、动产的取得、没收等方式所取得的所有权;二是继承他人既存的所有权。

资源所有权是资源归所有人支配的一种权力,以及在此基础上形成的人与人之间的利益关系范畴。资源所有权的主体是人(们),客体是资源。资源所有权的制度化,形成资源所有制。在人类诞生的初期,囿于恶劣的环境,个人无法独立生产和生活,个人依赖于氏族、部落共同体生存——只能直接使用简单加工过的石器、木器等,进行狩猎、捕鱼或采集等共同活动。在这一过程中,逐渐形成一种经济关系,即占有,不过这种占有关系是在生产、生活实践中自发生长的。那时因无剩余产品,个体并未独立出来,且缺乏产生所有关系的经济基础,共同占有的是原始人群和氏族公社,故不可能产生所有关系,更不用说所有制。

随着农业和畜牧业的出现和发展,共同体中出现了对偶家庭,以至小家庭,他们能够独占土地,独自生产。于是,私人占有逐渐出现。马克思在《科瓦列夫斯基〈公社土地占有制,其解体的原因、进程和结果〉一书摘要》中认为,先是个人财产,然后是家庭财产,最后是共同占有的公社疆域内的土地私有化;或住宅地、耕地和草地依次成为私有地。马克思在《黑格尔法哲学批判》说:“私有财产的真正基础,即占有是一个事实,是不可解释的事实,而不是权利:只是由于社会赋予实际占有以法律的规定,实际占有才具有合法占有的性质,才具有私有财产的性质”。[①] 换言之,对于土地的排他性的占有,要以他人和共同体承认为基础,或将这一经济关系外化为一种法律的、条文的规则,使原内生的经济关系具有稳定性和持久性,否则就不能保证占有的有效性。如古巴比伦时期的“汉谟拉比法典”对土地的所有权,以及土地的转让、出租、抵押、买卖都作了具体规定。

以土地为例,一切形态的地租都是“土地所有权在经济上的实现”,即地租是土地所有者出租他的土地每年获得的超额收入——“不论地租有什么独特的形式,它的一切类型有一个共同点:地租的占有是土地所有权借以实现的经济形式,而地租又是以土地所有权,以某些个人对某些地块的所有权为前提”。[②] 不同形式的土地所有权,会产生不同形式的地租。前资本主义地租,先后采取过劳役地租、实物地租和货币地租三种主要形式。实物地租取代劳役地租,农奴制逐步解体;货币地租取代实物地租,封建社会逐步消亡,资本主义开始出现。地租资本化是地租形式长期变迁的结果,土地资本化本质上是地租资本化。土地所有权只是赋予土地所有者有权禁止别人无代价地耕种他的土地。如果土地所有者对土地使用者不收地租或收不到地租,就等于否定了自己的土地所有权。地租,不论何种形式,都必然是以土地所有权为基础的——“土地所有权的前提是,一些人垄断一定量的土地,把它作为排斥其他一切人的、只服从自己个人意志的领域。”[③]

土地这一重要的生产资料被私人占有的时候,人类逐渐进入阶级社会。在奴隶社会,由于生产资料(包括土地)都被奴隶主占有(所有),这就决定了奴隶主对奴隶劳动的所有,以及劳动产品的所有。那奴隶主用何种方式来维

---

① 《马克思恩格斯全集》第1卷,人民出版社1979年版,第382页。

② 马克思:《资本论》第3卷,人民出版社2004年版,第714页。

③ 马克思:《资本论》第3卷,人民出版社2004年版,第695页。

护这一状态呢？这就是国家。国家是从社会分化出来的管理机构，控制政权的统治阶级或集团，用强制性力量来保障自身的利益要求的经济、政治等社会活动的顺利进行。马克思在《路德维希·费尔巴哈和德国古典哲学的终结》中说："社会创立一个机关来保护自己的共同利益，免遭内部和外部的侵犯……对社会来说就是独立的，而且它愈是成为某个阶级的机关，愈是直接地实现这一阶级的统治"。①

随着生产力的发展，社会财富的增加，国家及社会形态也在发生变化，正如马克思认为，"在每个历史时代中，所有权以各种不同的形式，在完全不同的社会关系下发展着。"也就是说，资源所有权不是自然史上(生来就有)的关系，不是一成不变的共有的关系，而是根据生产力状况而不断调整和变革的产物。迄今为止，不论是人类已经经历的还是理论逻辑能够表明的，资源所有权共有三种：共有产权、私有产权和公有产权。共有(社会所有)产权，是指在不存在阶级和国家的人类状态下，资源归全体(社会)成员共同占有；私有产权，是指在阶级和国家存在，即生产力发展处在这一情况下，有了剩余产品但这一剩余不能满足每一社会成员需要，而只能是社会中少数人需要的时候存在，但存在的形式也并不完全一样；当生产力发展到能够满足多数人需要的时候，公有产权就占主导地位。简言之，一种具体的所有制关系是与一定的社会生产力发展水平相适应的。共有经济是在公有制和私有制国家中的一种自发性中间组织，当它发展起来并最终扬弃公有与私有经济时，社会就已进入共产主义时代。

这也就是私有制社会是以私有经济为主体，国有和共有经济并存的社会形态；会被以公有经济为主导的社会形态，私有和共有经济并存，此基础上追求公平和效率相统一而建成的制度所取代。公有制中占主导地位适应社会化大生产需要，在生产的社会化、资本的社会化和管理的社会化诸方面都比私有

① 《马克思恩格斯文集》第4卷，人民出版社2009年版，第307—308页。

经济程度高。当共有经济到代替私有经济，达到一种全社会的共同占有关系——“在共产主义社会高级阶段上，在迫使人们奴隶般地服从分工的情形已经消失，从而脑力劳动和体力劳动对立也随之消失之后；在劳动已经不仅仅是谋生的手段，而且本身成了生活的第一需要之后；随着个人的全面发展，生产力也增长起来，而集体财富的一切源泉都充分涌流之后——在那个时候，完全超出资产阶级权利的狭隘眼界”，①人们完全自觉地创造自己的历史，个人与社会，个人与个人之间不再有利益分歧，真正实现了统一。

资源公有产权与私有产权。在人类进入私有制社会但还没有达到社会化大生产程度阶段，存在着三种私有制状况。一是亚细亚所有形式，即东方主要是中国前现代化的所有制形式——国家是“唯一的所有者，公社却只不过表现为世袭的占有者”；“这种财产，是由作为这许多共同体之父的专制君主所体现的统一总体，通过这些单个的公社而赐予他的”；“公社的财产事实上是作为基础而存在的”。② 也就是说，这并非真正的私有制，资源是属于国家的，只是占有它进行生产活动。

二是古典古代所有形式，即西方的奴隶制社会，个人土地与国家所有的土地并存。公社成员“把自己的私有财产看作土地，也是他自己作为公社成员的身份”；公社（作为国家），是“私有者间的相互关系，是他们对抗外界的联合”；③劳动者本身“直接属于生产的客观条件，而且他们作为这种客观条件被人占有”。也就是说，在该社会中，不但土地等自然条件属于奴隶主的财产，作为奴隶的人与其他家禽都是奴隶主拥有的一种财产。由此所产生的个人（包括家庭）的利益与共同体利益之间的矛盾，“不仅存在于分工的个人之间的相互依存关系现实之中，而且存在于观念之中”。④

---

① 《马克思恩格斯文集》第3卷，人民出版社2009年版，第435—436页。
② 《马克思恩格斯文集》第8卷，人民出版社2009年版，第124页。
③ 《马克思恩格斯文集》第8卷，人民出版社2009年版，第127页。
④ 《马克思恩格斯文集》第1卷，人民出版社2009年版，第538页。

三是日耳曼所有形态，即西欧的封建所有制，公共土地是个人所有的补充物，如猎场、牧场、采樵地等公有地，“充当这类特定形式的生产资料时，是不能加以分割的”；当部落遭敌对部落侵犯，这时部落财产的公共性得以真正的彰显；家庭住宅“通过同本部落其他类似的家庭住宅结成联盟来得到保障，通过在遇到战争、举行宗教典礼、解决诉讼等等时为取得相互保证而举行的临时集会来得到保障。”①这主要体现在封建地主的土地所有权之中，以及农民以自身劳动对自由生产资料的所有权之中——“地产和束缚于地产上的农奴劳动，拥有少量资本并支配着帮工劳动的自身劳动。”这三种“古老的社会生产有机体”比“资产阶级的社会生产有机体简单明了得多”②，但他们彼此之间以及他们同自然之间的关系是很狭隘的——所展示出来的，或者以个人尚未成熟、存在自然血缘的联系，或者以直接的统治和服从的关系。

当社会发展到社会化大生产阶段，“机器的普遍使用、工业化导致的社会的普遍分工，使社会物质利益关系复杂化”——生产资料归资本家所有，劳动力归劳动者所有，而二者结合生产出的产品归资本家所有，由此使得资本利益和劳动利益、个人利益和公共利益之间的矛盾凸显。在社会财富不充分的条件下，各个人所追求的更多是自己的特殊的、而且与他们的共同利益不相符合的利益，“他们本身必须在这种不一致的状况下活动”③。在生产资料的资本主义私有制条件下，资本家把生产资料作为一种支配性力量，从而迫使工人源源不断地为自己创造更多的劳动产品。也因为这种支配性力量的存在，资本主义社会变成一个利益冲突不断加剧的阶级对立社会。换言之，这是商品的使用价值与价值、私人劳动与直接社会劳动、具体劳动与抽象劳动、物的人格化和人格的物化的对立在资本主义阶段得以显现——在交换价值上，人与人的社会关系转化为物与我物的社会关系，人的能力转化为物的能力——经过

① 《马克思恩格斯文集》第8卷，人民出版社2009年版，第133页。

② 马克思：《资本论》第1卷，人民出版社2004年版，第97页。

③ 《马克思恩格斯文集》第1卷，人民出版社2009年版，第537页。

整整一系列的关系，即在资本主义生产关系下成为现实。

随着资本主义社会内部竞争的加剧，为了赚取更多的利润，避免在竞争中处于不利地位，资本家把社会上更多的社会闲散资金集中起来，于是股份制度出现了。在股份公司内，“劳动也已经完全同生产资料的所有权和剩余劳动的所有权相分离……不过这种财产不再是各个互相分离的生产者的私有财产，而是联合起来的生产者的财产”①。换言之，股份制是“对资本主义的私人产业的扬弃——扩大和侵入新的生产部门”②。但是，此时的股份制“并没有克服财富的性质和作为私人财富的性质之间的对立”，只是呈现出新的发展趋势。③ 因为通过生产力的发展化解资源所有权给个体和共同体所带来的矛盾，是指通过生产力高度发展创造极为丰富的社会物质基础，以及塑造出与此相适应的新的生产条件，而这些条件本身又不是一蹴而就的，而是一个长期的、自然而然的发展过程——产生它的这些生产条件（物质的、在经济上和历史上存在理由的、社会生活的生产过程）消失，该生产关系也逐渐消失。

解决这一矛盾的是，在社会化大生产基础上，生产资料（资金、技术等）公有，劳动力归劳动者所有，通过按劳分配激发劳动者的积极性和创造性，生产出极为丰富的物质财富。也就是说，通过建立生产资料公有制来维护社会每一个成员的经济利益与政治权利。在公有制条件下，国家所有权则是社会主义公有制的实现形式，即社会主义社会所实行的“对土地及靠劳动本身生产的生产资料的共同占有”，消费资料的分配只有通过人人参与劳动才能获得。这正意味着，“交换手段拥有的社会力量越小，交换手段同直接的劳动产品的性质之间以及同交换者的直接需要之间的联系越是密切，把个人互相联接起来的共同体的力量就必定越大”④。这正是，生产资料公有制为社会成员对

① 《马克思恩格斯文集》第7卷，人民出版社2009年版，第495页。

② 马克思：《资本论》第3卷，人民出版社2004年版，第495页。

③ 马克思：《资本论》第3卷，人民出版社2004年版，第499页。

④ 《马克思恩格斯文集》8卷，人民出版社2009年版，第51—52页。

消费资料个人所有制的认可以及促进人与人之间的认同和联合创造物质条件——为人的自由全面发展创造条件:“只有当社会生活过程即物质生产过程的形态,作为自由联合的人的产物,处于人的有意识有计划地控制之下的时候”①。

马克思对所有制的研究,不仅揭示了社会性质是由占主导地位的生产关系决定的,也揭示了资本所承载的历史使命,这给处于社会主义初级阶段的中国走社会主义市场经济道路提供了历史的、逻辑的论证——在“不断增强公有制的主体地位”的进程中,“充分发挥非公有制经济的积极作用”。

二、自然资源在社会关系中社会化的思想

自然资源,在一定意义上,是人们各种社会关系之间相互联结的纽带。马克思曾认为,现实世界的事物的存在,是一种人与人之间关系的存在——实物是“他对他人的人的关系,是人对人的社会关系”②。对于资源的商品形式,更是如此。商品形式“把生产者同总劳动的社会关系反映存在于生产者之外的物与物之间的社会关系”③;而商品交换“发展了人类劳动的物质变换,把整整一系列不受当事人控制的天然的社会联系发展起来了”。④ 这些都恰恰证明了资源既具有自然属性,也具有社会关系属性。资源的社会关系表现为:资源的所有权、资源的价格、资源的使用方式、资源的配置方式。本部分主要论述资源的前三个社会关系属性,资源的配置方式将在下一章述及。

(一)自然资源所有权的市场化

商品是用来交换的劳动产品。也就是说,并不是所有的劳动产品都是商

① 马克思:《资本论》1卷,人民出版社2004年版,第97页。
② 《马克思恩格斯全集》第2卷,人民出版社1957年版,第52页。
③ 马克思:《资本论》第1卷,人民出版社2004年版,第89页。
④ 马克思:《资本论》第1卷,人民出版社2004年版,第134页。

品，只有劳动产品，而且是用来交换的劳动产品才是商品。而商品在交换前，必须明确其占有、处置乃至收益的主体即在于“它可以被独占，并且可以让渡”①。也就是，商品交换名义上是物与物的交换，其实质是人与人之间交换对该物的社会权力——“每个个人以物的形式占有社会权力”②。只有拥有这权力的人才能处置该商品——在得不到本人同意的情况下，任何人不得强行占有他的财产。这种权力在经济学上称之为产权。产权界定赋予资源主体明确而对称的权利与责任，权利受到法律保护，同时受到相应的责任约束。

所有权是产权的核心，是产权的母权。马克思指出，“单纯法律上的土地所有权，不会为土地所有者创造任何地租”。产权是由一系列的权利组成的。资源产权是一组权利的集合体，包括所有权、经营权与管理权等。资源所有权是其中最重要的一种权利，面上规定的是人对物的关系，实际上规定的是人与人之间的社会关系，即所有权通过一定社会群体之中的人与人之间的关系表现出来。所有权作为一种制度设计和安排，是怎样控制、怎样受益、止损及其怎样补偿的规则，包括占有、使用、收益和处分四项权利。在社会化大生产没有形成之前，资源产权没有分化（作为整体）、各种权利都属于财产所有者是适应社会发展要求的。资源产权，主要生产资料的所有权，即生产资料归谁所有，所有权、使用权和收益权等归集于一身——只有一个人“把自然界当作属于他的东西来处置，他的劳动才成为使用价值的源泉，因而也称为财富的源泉”③。如奴隶社会中的奴隶主占有一切生产资料包括奴隶本身；封建社会中的生产资料主要归地主所有，农民占有少量的生产资料；资本主义社会中的资产阶级占有生产资料，雇佣劳动者一无所有。

占有权是指对财产的控制，在所有权中具有基础性作用，是实现资产使用权和处分权的前提；收益是通过财产的占有、使用等方式取得效益，是所有权

---

①　马克思：《资本论》第3卷，人民出版社2004年版，第714页。

②　《马克思恩格斯文集》第8卷，人民出版社2009年版，第52页。

③　马克思：《哥达纲领批判》，人民出版社1992年版，第13页。

在经济上的实现形式，实现经济利益和价值增值为目的；处分是指资产的转让、消费、出售、封存处理等方面的权利，对财产在事实上和法律上的最终处置。简言之，产权不仅是资源控制权和流动规则的制定权，还是收益权。合理的产权制度是规范市场主体生产经营行为、优化资源配置、降低市场交易成本、形成良好市场秩序的重要保障——使各种所有制经济和各种类型的产权得到清晰界定、顺畅流转和严格保护，稳定社会预期，增强经济发展的持久动力。

在社会化大生产的现代社会，任何一个生产过程都离不开多种生产要素的结合，如劳动以及土地、技术、管理等的结合。但将所有权、使用权等权能中的一项或若干项权能交由他人行使，实现财产所有权的分离应用，可更促进资源的有效利用。劳动力商品的买与卖这一交换环节，双方是平等的（愿意买和愿意卖），可当劳动力进入生产过程，“资本发展成为对劳动，即对发挥作用的劳动力或雇佣劳动者本身的指挥权”。① 土地的所有权和经营权的分离使土地的所有权在土地所有者地主手中，地租是土地所有权在经济上借以实现即增值的形式，以地租的形式实现——“土地所有权使他有权不让别人去使用他的土地，直到经济关系能使土地的利用给他提供一个余额等。”②租地农场主获得土地的经营权，通过向土地所有者支付地租获得土地经营权，并雇佣农业工人耕种以取得平均利润——级差地租、农产品的需求和价格。由于土地“经过较长时间才损耗尽固定资本”③，契约规定的租期一满，就会变为土地所有者的财产，这要对土地实行的各种改良，并不是租地资本家的明智之举。换言之，这对于租地农场主而言，却不是好的兆头（避免进行一切不能期望在自己的租期内完全收回的改良和支出），因而是合理农业的最大障碍之一。

① 《马克思恩格斯文集》第5卷，人民出版社2009年版，第359页。

② 马克思：《资本论》第3卷，人民出版社2004年版，第856页。

③ 马克思：《资本论》第3卷，人民出版社2004年版，第699页。

于是，从资本主义生产方式的观点看土地所有权，“也是多余而且有害的。”①

由此产生一个根本性的问题，那就是，资源归谁占有和支配，其依据是什么？也就是，为什么资源归部分人而不是另一部分所有？然而，资源产权“不是由出售产生的，而只是由出售转移。这个权利在它能被出售以前，必须已经存在；不论是一次出售，还是一系列这样的出售，反复的出售，都不能创造这种权利”；进而指出，“创造这种权利的，是生产关系”②——在对这些条件的能动的、现实的关系中。马克思在《57—58 手稿》中指出，“把生产条件看做是自己的东西这样一种关系（对于单个的人来说，这种关系是由共同体造成、并宣布为法律和加以保证的）”或“人把他的生产的自然条件看做是属于他的、看做是自己的、看做是与他自身的存在一起产生的前提……人作为某个共同体的成员而存在，因而，也就是这个共同体的存在……以共同体为中介，把土地看做自己的土地，公共的土地财产对个人来说同时又是个人占有物。”这正是，马克思认为的“最初的动物状态一终止，人对他周围的自然界的所有权，就总是事先通过他作为公社、家庭、氏族等等成员的存在，通过他与其他人的关系（这种关系决定他和自然界的关系）间接地表现出来。”③

在原始社会，个人只能依靠共同体（氏族、部落）的力量才能获得起码的生存资料，而生产资料和劳动产品归共同体共同占有。“原始的生产条件包括不经劳动而直接可以消费的物品，如果实、动物等等，消费储备本身就是原始生产储备的一个组成部分。”④也就是说，人们首先占有的是土地上现成的果实，其中包括采集树木果实、狩猎、捕鱼、游牧以及驯养动物等，都以占有土地为前提，或是把土地作为固定住地，或者是供往来游动。因而，土地往往作为资源或财富的代名词。随着剩余产品的出现，个体（家庭）劳动代替全体成

① 马克思：《资本论》第 3 卷，人民出版社 2004 年版，第 702 页。

② 马克思：《资本论》第 3 卷，人民出版社 2004 年版，第 877—878 页。

③ 《马克思恩格斯全集》第 26 卷，人民出版社 1974 年版，第 417 页。

④ 《马克思恩格斯文集》第 8 卷，人民出版社 2009 年版，第 143 页。

员的共同劳动从可能逐步成为现实，相应地，生产资料（土地和其他自然资源）转为个人（家庭）占有（这里的个人，是指在之前共有条件下处于有利地位的人群，如部落首领、氏族长、军事首脑等）。在私有制产生过程中，占有生产资料的那些人逐渐形成阶级，维护既得利益。也就是，政治上占统治地位的阶级必然是经济上处于统治地位的人们。于是，国家也逐渐形成了。

一旦国家形成，国家就发挥维护财产所有者利益的职责。国家通过两种手段，一是明确财产的归属及其不可侵犯，二是发挥强有力的暴力工具以及意识形态功能予以保护，比如，“所有权证书，例如铁路的所有权证书，每天都可以易手，它们的所有者甚至可以在国外出售这种证书而获得利润，因此，铁路本身虽然不能输出，所有权证书却是可以输出的”①。

（二）资源价格的生成

既然资源在现实意义上不是每个人都所有，要使其流动起来，就应有相应的价格：其一，让占有资源的人获取一定的收益；其二，使用资源的人努力使资源效益最大化。也就是说，实现经济增长必然耗费资源，不仅有人力、物力和财力的消耗，还有因这些资源因过度消耗而带来的其他资源损耗的代价。这往往通过价格变化体现出来。

价格是资源价值的货币（固定地充当一般等价物的商品的）表现，即价值符号。而决定价格高低的价值量的大小则由社会必要劳动时间的多少来决定——“在现有社会正常的生产条件下，在社会平均的劳动熟练程度和劳动强度下，制造某种使用价值所需要的劳动时间”。这里，现有的社会正常的生产条件，是劳动的客观条件；平均的劳动熟练程度和劳动强度，是劳动的主观条件。在这样的主客观条件下，生产该资源的劳动时间形成资源的价值——“只要这个产品是社会劳动的表现，他自己的劳动时间表现为整个社会劳动

---

① 马克思：《资本论》第2卷，人民出版社2004年版，第235页。

时间的一部分"①。由此，资源生产的一定的社会劳动时间的差别则是不同历史形态。

既然是市场经济，资源的价格必然受价值规律的制约。劳动时间是以某项使用价值型自然资源为依托的。如果物没有用，那么其中包含的劳动也就没有用，因此不形成价值。即使有用，其价值量大小的实现也不完全相同。价格是由部门内部竞争形成的，"同种商品的市场价格的等同性……一种以个人之间的商品交换为基础的生产基础上借以实现的方式"②；劳动时间除了凝结在商品的价值上，还耗费在簿记上——"簿记耗费对象化劳动，如钢笔、墨水、纸张、写字台、事务费用。"③由于价值规律所影响的不是个别商品或物品，而是社会生产领域的总产品——"在每个商品上只使用必要的劳动时间，而且在社会总劳动时间中，也只把必要的比例量使用在不同类的商品上"。④ 也就是说，在同一商品生产部门内，价格围绕价值上下波动；而从社会总产品看，由部门平均生产成本和社会平均利润构成的价格，即生产价格，市场价格将围绕生产价格而上下波动。

价格除受制于价值量外，还受制于诸多因素——供求关系、货币自身价值、纸币发行量、国家的产业政策、历史的和道德因素、资源的可替代性、消费能力与水平等。在某一商品供求关系中，当供大于求，价格低于价值；供不应求，价格高于价值。这就是每一种商品价值的实现只能在流通领域，而能否实现以及在多大程度上实现它的价值，"这取决于当时的市场条件"⑤。要使商品互相交换的价格接近于符合它们的价值，就要使这些商品按照大体符合彼此需要的数量来生产的，而对方到底需要多少，则由已取得的经验来确定的，

① 马克思：《资本论》第3卷，人民出版社2004年版，第719—720页。
② 马克思：《资本论》第3卷，人民出版社2004年版，第745页。
③ 马克思：《资本论》第2卷，人民出版社2004年版，第150页。
④ 马克思：《资本论》第3卷，人民出版社2004年版，第716页。
⑤ 马克思：《资本论》第3卷，人民出版社2004年版，第720页。

而这个经验，又是从连续不断的交换本身中产生的。这是因为，交换过程中双方是平等的，除非自然的或人为的垄断（当然，这不符合市场交易原则），否则不可能出现“将一方高于价值出售，或者迫使一方低于价值抛售。”①

社会需要的差异，由不同阶级以及各自在社会结构中所处的经济地位来说明，例如，在资本主义社会，即由剩余价值和工资的比率，以及利润、利息、地租、赋税等瓜分剩余价值的比率决定的。具体而言，工资、利息、地租等的大小、多少，会带来不同的需求状况。因雇佣劳动者工资低，有效需求不足，导致周期性的经济危机的爆发；而各色资本家却有能力购置对再生产而言不是必需的奢侈品。②

进而，货币自身价值（金银作为货币的主要存在形态），即生产单位量的金或银的社会必要劳动时间，货币价值量与其衡量的资源价格成反比关系——由于金刚石很稀少，发现金刚石平均要花很多劳动时间，往往很小一块金刚石就代表很多劳动……同一劳动量表现为更多的金刚石，金刚石的价值就会降低；进而能用不多的劳动把煤转化为金刚石，那金刚石的价值就会低于砖的价值。作为国家强制使用的履行货币职能的纸币——是作为货币的一种社会存在，“是对作为商品内在精神的货币价值的信仰，对生产方式及其预定秩序的信仰”③；其发行量的多少也影响资源的价格。也就是，纸币发行过多，价格上涨；纸币发行过少，资源价格下跌。还有，国家的产业政策对资源价格有影响，如开征资源税和环境税。资源税是为国家提供公共物品的管理劳动付费。通过资源税以实现环境保护的功能，以及实现对国家公共管理职能的付费，以解决外部性问题。“环境税”是作为一种减少环境污染的税收手段，一般包括排污税、产品税（消费税），根据产品与环境的关系，存在着税收差别、税收减免等，以此来体现国家对资源使用过程所存在的负效应进行的纠正

① 马克思：《资本论》第3卷，人民出版社2004年版，第198页。

② 马克思：《资本论》第3卷，人民出版社2004年版，第121页。

③ 马克思：《资本论》第3卷，人民出版社2004年版，第670页。

与引导。

影响资源价格的因素还有历史和道德的因素。马克思指出，"和别的商品不同，劳动力价值的决定，含有一个历史的和道德的要素"。这就是，劳动力商品是与其他商品不一样的，其不一样不仅是它的使用价值（创造新的价值），而且它的价值决定有一个历史变化的过程：自给自足的自然经济或私人劳动主导下生存需要的依据在一定程度上影响着——"最初多半是习惯造成的和世代沿袭的价格，逐渐由经济来决定，先是由供求之间的比例，最后则由能够创造出这类活服务的出卖者本身的所需要的生产费用来决定"①；进而国家的文化发展水平也影响其价值，"必不可少的需要的范围，和满足这些需要的方式一样，多半取决于一个国家的文化水平"。这就可以解释，为什么生产力越发达的国家，其劳动力价值也就越大。因为在一定的历史时期，劳动者必要生活资料的平均范围总是一定的。资源的可替代性大小，也在一定程度上影响其价格，"一个产品的交换能力，一般说来，取决于在它之外存在的商品的多样性。"②如在现实世界中，随着科学技术的发展和生产力水平的提高，人们逐渐用人造材料代替天然材料，用较便宜的代替昂贵的，用非金属代替金属，用新型材料代替传统材料等。

这里需要特别指出的是，有些（如古董）不是劳动产品，至少当初没有付出那么多的劳动，本身没有（多少）价值，可却有价格——"没有价值的东西在形式上可以具有价格"，但这个价格是"虚幻的价格形式"，如未开垦的土地的价格，"没有人类劳动对象化在里面"。马克思作出这样的解释，一是人口的增加，二是随之而来的住宅需要的增大，三是固定资本的发展，由此所产生的"对建筑地段的需求和当作各种建筑材料的要素的需求的增加，提升土地作为空间和地基的价值，从而提高建筑地段的地租"③。通过建立交通运输手段

① 《马克思恩格斯文集》第8卷，人民出版社2009年版，第117页。

② 马克思：《资本论》第3卷，人民出版社2004年版，第719页。

③ 马克思：《资本论》第3卷，人民出版社2004年版，第875页。

而让位置变得便利；由于农业和工业的分离——城乡的二元分割，使得城市的现代化和农村的传统化与孤立化，土地的地区位置的差别又会扩大。

进行生产活动时所需要的各种社会资源，包括劳动力、土地、资本、企业家、技术、信息等。这些要素参与分配，是其所有权在经济上的实现，是新生产的价值在不同要素所有者之间的分配。也就是，“这个价值的一部分属于劳动力的所有者，另一部分属于或归于资本的所有者，第三部分属于或归于地产的所有者……它们表示出新生产的总价值在不同生产要素的所有者之间进行分配的关系”①。

劳动力价格是劳动力价值的货币表现，是由维持、延续和发展劳动力所必需的生活资料的价值决定的，雇佣劳动者所得的工资就是劳动力价值或价格的转化形式。该价格是劳动力所有者与资本所有者在市场上讨价还价的结果，是遵循价值规律的。但由于劳动力与其所有者劳动者不可分割，资本所有者购买的是劳动力而不是劳动者，资本社会的不公平的根源也就在这里。资本价格是指资本使用者为取得资本使用权而转让给资本所有者的一定的利息，如贷款利率、股票利率、债券利率等，该利率的高低与资本的短缺程度和机会成本有关，“每一个确定的和有规则的货币收入都表现为资本的利息”；“人们把每一个有规则的会反复取得的收入按平均利息率来计算，把它算作是按这个利息率贷出的一个资本会提供的收益”②。资本是逐利的，只有增加社会财富才能实现其目的，如果金融业不是服务于实体经济而是只停留在虚拟经济中，容易带来经济（金融）问题。

自然资源的价格是开发利用自然资源的成本，是自然资源产品形成过程中所投入的劳动时间如勘探、开采以及生产提炼等各阶段的全部成本货币化，即是资源采掘、开发以及运输中的各项成本，资源被开采或出售的产品价格，包括土地价格、水资源价格、矿物资源价格等。资源提供的产品的生产价格决

① 马克思：《资本论》第3卷，人民出版社2004年版，第993页。

② 马克思：《资本论》第3卷，人民出版社2004年版，第526、528—529页。

定同类产品的市场价格。由此，资源分布占有状况以及资源开发利用的科技水平影响其价格水平。自然资源生产、流通的技术和组织体系特征差别较大，各自的价格形成机制也不尽相同，即与科学技术的发展水平有关。即使对同一种资源，其上中下游的产业技术、产业组织和市场需求的特点也不一样，不同环节的定价机制也存在较大的差别。在工业化初期很长的一段时间，从世界范围看，自然资源是取之不尽、用之不竭的，进入生产过程不是无价就是低价。马克思指出，"资本家像吞并别人的劳动一样，吞并别人的科学"，自然力是超额利润的一种自然基础——"各种不费分文的自然力，也可以作为要素，以或大或小的效能并入生产过程"①。随着资本有机构成的提高，高投入、高消耗模式的推进，所需的自然资源，尤其是非矿物原材料越发显得相对短缺，这引起了原料价格上涨的现象。

自然资源丰裕状况，决定了开发的程度。被独家占有和独家经营，与大众化参与变革，其价格是有差异的；同样资源开发与未开发价格也是不同的。例如，土地不论是被利用来再生产或采掘，或用来搞建筑，其所有权都要求参与分配；进而固定在土地上的资本，不论是比较短期的，如化学性质的改良，施肥等，还是比较长期的，如修建排水渠，建设灌溉工程，平整土地，建设经营建筑物等，也都要参与分配，因而，它与一块具有同样自然性质的未耕土地相比，价格比较高。

严格意义上，原始森林、矿产资源、太阳能的利用等除了计算其开发利用直接投入的成本外，还要包括其生态环境恢复治理成本、安全生产成本以及资源枯竭后的退出成本等一些补偿价值和生态价值（这是基于考虑后代人的需求，使后代人不至于丧失与当代人平等的发展机会）。需要指出的是，这些自然资源本身并不是劳动的产物，劳动只是开发利用而已；而是大自然赐给人类共同的财富——既然是大自然赐予的，共同体的人们就应该有权利来使用它。

① 马克思：《资本论》第2卷，人民出版社1975年版，第394页。

但这些财富又只能由部分人来使用,而未使用它的人们又如何也能获得益处呢?

除了有形的生产要素,生产过程也离不开无形的生产要素。而且,随着生产力越发展,无形要素越来越重要。这些无形要素,有技术、信息价格等。技术价格主要遵从买卖双方生产力水平所规定的对其使用价值的认同。技术的价格包含技术服务费、技术专利费、技术诀窍费、技术设备费以及使用技术进行生产活动的提成费等——技术供应方转让技术的直接费用;技术开发的成本;技术引进方使用引进技术后所能创造的利润。信息价格除了关于资源或产品价格形成和作用的消息,也包括与价格形成及其作用相关的法律、条令、规则及一些必要的知识。

各生产要素之所以价格化,首要推动资源的高效利用——激励人们实现外部性的内在化,降低交易费用。参与收入分配并没有改变生产要素中的劳动是价值创造源泉,"就使用价值来说,交换双方都能得到利益,但在交换价值上,双方都得不到利益——在平等的地方,没有利益可言。"①

(三)自然资源的使用方式

从最终意义上,界定资源产权不是人们的目的,资源归谁所有,由谁支配只是谋取利益的手段,而在于推动资源提高利用效率,更好地满足人的生存、发展等各方面的需要。在某种程度上,资源价格的变化能反映资源的利用状况,而资源利用状况又是生产力发展水平的体现。

在每一个社会历史时期,资源的多少和人的实践能力有关。就像人作为一种劳动力资源一样,"人口是按照极不相同的比例发展的……并不是由数字或生活资料的生产性的绝对界限决定的,而是由一定生产条件设定的界限决定的"。② 如何让这些资源来满足社会成员的需要?换句话说,对资源如何

① 马克思:《资本论》第1卷,人民出版社2004年版,第184—185页。

② 《马克思恩格斯全集》第46卷,人民出版社1980年版,第106页。

使用,才能做到“物尽其用”“人尽其才”？也就是,“在尽量少的劳动时间里创造出尽量丰富的物质财富”,或“用尽量少的价值创造出尽量多的使用价值”①。这就意味着在劳动过程和生产过程上下工夫——劳动过程是劳动力通过劳动资料作用于劳动对象生产使用价值的过程。而这一过程,取决于两个方面,一是科学技术的发展水平;在科技水平一定的基础上,则取决于生产资料和活的劳动力之间的关系,包含产权关系、生产过程中的相互关系以及比例关系。

鉴于此,通过提高劳动生产率,一是通过改善一个、数个或全部生产要素的质量,使投入不变,产出增加;或产出不变,投入减少了——原材料、劳动力等投入减少;二是提高资源配置效率,这又有微观和宏观之分,前者是企业管理、生产部门管理部门的生产效率;后者强调共同体乃至社会的资源配置效率,投入是既定的,效果就看组合方式。而这二者统一于经济发展方式。

经济发展方式是指生产要素的分配、投入、组合和使用的方式。一个国家采取什么样的经济发展方式,是由其“生产的自然条件”、科学技术发展水平以及经济发展水平决定的。“生产的自然条件”,是指人们面对的自然状况,即人本身的自然和人周围的自然,前者主要指人的劳动能力,后者则如土地的肥沃程度、矿山的丰富程度,等等。它不仅关涉可能支持经济增长,甚至是持续地维持经济增长。科学技术水平较低时,往往依靠生产要素,如劳动力、生产资料的大量投入,来产出更多的产品,满足需求。

迄今为止,存在两种经济再生产:简单再生产和扩大再生产。规模不变的再生产被称作简单再生产。这又可分为前资本主义简单再生产和资本主义简单再生产。前资本主义简单再生产包括奴隶制下的生产与封建制下的生产,其主体是直接为了满足生产者及其相关人员的生产与生活需要,即直接获取使用价值而进行的生产——生存资料、发展资料与享受资料,这些资料都取自

① 《马克思恩格斯全集》第26卷,人民出版社1995年版,第281页。

农业生产活动,也就是人类在吃自然的利息。资本主义简单再生产是资本主义扩大再生产的出发点,也是重要组成部分。以土地利用为例,由于土地自身的特点,随着生产力的发展,其利用方式是不一样的——一般地,从简单再生产向扩大再生产转移,现代农业的种植、养殖、加工一条龙,增加农产品的附加值,且附加值留在农户手中。

扩大再生产,除了用于补偿已消耗的生产资料外,还有用于扩大生产的部分。马克思通过三个公式清晰地表明了扩大再生产的现实条件:Ⅰ(v+Δv+m/x)=Ⅱ(c+Δc);Ⅰ(c+v+m)=Ⅰ(c+Δc)+Ⅱ(c+Δc);Ⅱ(c+v+m)=Ⅰ(v+Δv+m/x)+Ⅱ(v+Δv+m/x)。进入现代社会以来,扩大再生产处于主导地位,不仅某种自然资源的多种属性被发现或开采出来,而且消费方式与消费对象日益丰富,人自身的资源属性以及发展空间也逐渐得以确证。扩大再生产又分为粗放型增长方式和集约型发展方式。

1. 粗放型增长方式,通过扩大生产规模即依靠生产资料和劳动力的数量投入,而带来的经济增长。这是一种外延型扩大再生产的方式,建立在依赖资源(包括劳动力资源和自然资源)的不断投入来扩大物质财富,即主要依靠增加物质要素和劳动力要素的投入来实现物质财富的增长为终极目的,这样长期下去,极有可能损害人类赖以生存的自然环境系统,甚至危及人类的长期生存和发展。

这是"以物为本"的方式——死劳动支配活劳动(生产资料支配劳动力)——高速度的经济增长和高积累的社会财富及高消费的物质生活,偏重于市场收入效应。换言之,经济增长是劳动、资本、土地等生产要素的函数,而把劳动、资本、土地等受制于人口、资源、环境等因素,以及把财富增长的真正目的——促进人们的发展,比如健康、教育水平等方面给忽略掉了。

在社会化大生产条件下的初期,即资本主义社会初期的扩大再生产是绝对剩余价值的生产。绝对剩余价值的生产,是通过绝对延长工作日(必要劳动时间不变)的方法所生产的剩余价值。从表面上看,这是通过增加劳动力来扩大再生产的途径。实际上,劳动力的增加必然带来生产资料的增加。在这一层面上,绝对剩余价值的生产就是粗放型扩大再生产。

伴随着科学技术的发展,相对剩余价值的生产也发展起来了。在资本主义社会,这两种生产都以劳动者和生产资料所有权分离为前提,资本主义生产"不仅保持这种分离,而且以不断扩大的规模再生产这种分离"。相对剩余价值,是通过缩短必要劳动时间、相应延长剩余劳动时间(总的工作日长度不变)而生产的剩余价值。其逻辑前提是雇佣劳动者的生活资料价值下降,必要劳动时间缩短,相应地延长相对剩余价值的生产时间。科学技术的发展带来的是劳动力资源的节约,可这一节约是以劳动者的异化和自然资源的巨大损耗为代价的——"在既定的生产规模上,用最少的费用,来实现对他人无酬劳动的这种尽可能大的占用"①。科学通过驱使那些没有生命的机器有目的地运转,进而机器通过运转这一路径而呈现出"自己的灵魂"②,这种科学作为机器本身的力量,而对工人发生作用。这表现在机器使雇佣劳动者"能够把自己的更大部分时间用来替资本劳动,把自己的更大部分时间当作不属于自己的时间,用更长的时间来替别人劳动"。同样地,在这一过程中,知识和技能"同劳动相对立而被吸收在资本当中"③;换言之,创造更多的社会财富越来越多地"取决于在劳动时间内所运用的作用物的力量",即"科学的一般水平和技术进步,或者说取决于这种科学在生产上的应用"④;而不是劳动时间和已耗费的劳动量。

然而,粗放型扩大再生产所带来的,在发展中国家可更多地见到,经济增长整体上能耗、物耗过大——劳动力价格、原材燃料价格上涨等因素上涨过快;矿产资源开发利用不合理(表现在开采回采率和资源综合利用水平低);

① 马克思:《资本论》第3卷,人民出版社2004年版,第97页。
② 《马克思恩格斯文集》第3卷,人民出版社2009年版,第448页。
③ 《马克思恩格斯全集》第31卷,人民出版社1998年版,第92—93页。
④ 《马克思恩格斯全集》第31卷,人民出版社1998年版,第100页。

加工工艺、设备、程序及管理组织落后；产业链短、附加值低，经济发展的资源环境代价过大，经济整体抗御风险能力较弱。资源型产业的比重与环境污染、生态破坏呈正相关的关系。也就是说，此种经济增长方式必然带来生态问题和民生问题。

2. 依靠生产资料和劳动力质量的改进来扩大生产。经济增长方式的转变依赖于人类自身资源积累，使经济增长从自然资源消耗型转变为主要依靠知识、信息、人才、科技、管理等人力资源要素推动的集约型发展模式。从其表现形式看，是高投入、高消耗、高排放的增长转变为低投入、低消耗、高产出、高质量的发展；从这一模式带来的结果看，是人与自然的和谐相处，人与人之间是平等共处。该模式突出"以人为本"——活劳动支配死劳动（劳动力支配生产资料）——以人类的知识、科学技术、组织管理经验与能力作为发展的根本动力，推动经济社会可持续发展。在这里，人既是目的也是手段——人是发展的根本目的，一切为了人，一切依靠人，二者的统一构成以人为本的完整内容，符合唯物辩证法的事物的发展取决于自身的原理。为此，马克思强调指出"培养社会的人的一切属性，并且把他作为具有尽可能丰富的属性和联系的人，因而具有尽可能广泛需要的人生产出来——把他作为尽可能完整的和全面的社会产品生产出来……具有新使用价值的劳动从自身中分离出来"①。

集约型发展模式的形成，首要的是劳动生产率的不断提高——不论是生产工具或生产条件的改善与更新、交通运输工具或条件的升级换代，还是商品交换的新方式方法等，都可归结为自然科学的发展；生产过程中，劳动者或管理者之间的关系改善或改变，一是促使生产在空间不断集中，出现工人的协作效应，带来固定资本的节约——"同样的建筑物、取暖设备和照明设备等等用于大规模生产所花的费用，比用于小规模生产相对地要少"②，"生产资料的集

① 《马克思恩格斯全集》第30卷，人民出版社1995年版，第389页。

② 马克思：《资本论》第3卷，人民出版社2004年版，第96页。

中,可以节省各种建筑物”①;对生产过程与分工的重塑所产生的知识创新效应——结合工人的经验知道“在什么地方节约和怎样节约,怎样用最方便的方法来应用各种已有的发现,在理论的应用即把它用于生产过程的时候,需要克服哪些实际障碍等。”②也就是说,由此产生的不变资本节约,来源于劳动的社会形式的改进,或者是来源于资本有机构成的提高。

二是寻求新的经济模式,比如废弃物资源化路径。基于科学技术的发展和减少成本的需要,成本是效率改进的最终边界。随着原材料的日益昂贵,这些排泄物“再转化为新的生产要素,不论是同一个产业部门或其他产业部门;也就是作为原材料再回到生产从而消费的循环中”。即废弃物资源化,包括生产排泄物和消费排泄物,前者指生产过程中出现的,即工业和农业的废料;后者包括人的自然新陈代谢所产生的排泄物和消费品消费以后留下来的东西。③ 由于企业是要盈利的,因而废弃物再利用的条件,从废弃物本身而言:一是“这种排泄物必须是大量的”,才有可能成为贸易对象,成为新的生产要素;二是低于原初材料的价格,在前一生产过程中,原料损失的数量,已经算在原料的费用中;三是“机器的改良,使排泄物获得一种在新的生产中可以利用的形态”;四是“科学的进步,发现了那些废弃物的有用性质。”④

减少废弃物的产生,就要从源头减少原材料的投入。而这不仅要有先进的理念,更需要有相应的物质手段。这需要提高所使用的工具的质量,工具机器越精确,消耗原料就越少。现在出现的3D打印,相对于流行的制造就有利于原材料的节约——3D是一个加料制造,而传统制造是一个减量制造。马克思指出,“就机器、建筑物、原料等充当劳动吸收器,充当劳动从而剩余劳动在其中对象化或借以对象化的手段来说,它们的变换价值多大,是完全没有关系

① 马克思:《资本论》第3卷,人民出版社2004年版,第93页。
② 马克思:《资本论》第3卷,人民出版社2004年版,第118—119页。
③ 马克思:《资本论》第3卷,人民出版社2004年版,第287页。
④ 马克思:《资本论》第3卷,人民出版社2004年版,第115页。

的。在这里，一方面，它们的数量在技术上要适合与一定量的活劳动相结合的需要，另一方面，它们要合乎目的，因此不仅要有性能好的机器，而且要有优质的原料和辅助材料。"①而好的原料的质量不仅取决于"生产原料的采掘工业和农业的发展"，也取决于对原料的加工处理技术水平，即"原料在进入制造厂以前所经历的过程的发达程度"②。

三是探索新的资源。这里的新资源，一是指客观事物转化为资源，即新的有用物体的发现；二是原有资源发现新用途，即新的使用属性，来满足由社会本身产生的新的需要；如"按照事物的本性来说，发展集约化耕作，也就是说，在同一土地上连续进行投资，这主要或较大程度上是在较好土地上进行的"③。着力发展人类自身资源，不仅提高个体的劳动能力，还需提高团体的组织能力、创新能力。而这需要在激发制度创新，朝着有利于人的发展演进。从大的方面，所有制形式的变化，从私有制到公有制再到社会所有制；从体制机制看，从调动个别人到一部分人再到绝大多数社会成员的积极性和创造性。如建立与推动社会主义现代化建设相适应的资源产权制度，以及在遵循农业发展规律的基础上来推动物质变换的有序进行，避免地力的浪费。

---

① 马克思：《资本论》第3卷，人民出版社2004年版，第97页。

② 马克思：《资本论》第3卷，人民出版社2004年版，第117—118页。

③ 马克思：《资本论》第3卷，人民出版社2004年版，第766页。

第三章　资本资源与资源资本化

资本是现实世界最大的资源。这一资源极大地调动了市场主体的积极性和创造性，加速了社会财富的积累——获取"剩余劳动的方式和条件，更有利于生产力的发展，有利于社会关系的发展，有利于更高级的新形态的各种要素的创造"①。虽然这一过程带来"社会上的一部分人靠牺牲另一部分人来强制和垄断社会发展（包括这种发展的物质方面和精神方面的利益）"②。换言之，资本追逐剩余价值，客观上实现社会财富的增加，即更多的社会剩余劳动。人类社会之所以进入这样的状态，在于资本商品的"使用价值的消费，它的价值和它的使用价值不仅会保存下来，而且会增加"③。之所以增加，在于推动市场主体从形式到内容的"主体之间的平等"、从物质材料的"自由交换"到个人的"自由发展"进发——"平等和自由不仅在以交换价值为基础的交换中受到尊重，而且交换价值的交换是一切平等和自由的生产的、现实的基础"④。这一自由归谁享有，通过何种途径享有，如何享有，在不同的时空中是不一样的——主要看剩余劳动在谁手里，因而，争夺剩余劳动成为一切社会关系和社

① 《马克思恩格斯文集》第 7 卷，人民出版社 2009 年版，第 927—928 页。
② 《马克思恩格斯文集》第 7 卷，人民出版社 2009 年版，第 928 页。
③ 《马克思恩格斯文集》第 7 卷，人民出版社 2009 年版，第 393 页。
④ 《马克思恩格斯全集》第 30 卷，人民出版社 1995 年版，第 199 页。

会权力的核心内容。

一、资本:资源的一种特殊形式

资本,英文为 Capital①,该词还有首都、资源、大写字母之意。顾名思义,不论是首都、资源,还是大写字母,资本不是强调重要就是强调源头。故而,在现实生活中,资本被看作财富的源泉,即"钱生钱"。然而,对于财富的增加,马克思和西方经济学流派却有不同的解释。马克思认为,资本之所以能增值,是承载于物之上的一种社会关系,在这一关系下剥夺、占有劳动者劳动成果。而西方经济学流派则认为,资本仅仅是一种物,依靠这种物,资本家通过勤俭节约、辛苦劳作使财富剧增。本文的资本,是在马克思语境下进行的。资本执行职能,"它除了保存自己原有的价值量,还会生产一定的剩余价值,生产平均利润……资本商品有一种特性,由于它的使用价值的消费,它的价值和它的使用价值不仅会保存下来,而且会增加"。②

(一)资本与资源

资源是能生产出满足人类现实需要的产品的客观事物,是人类社会活动的前提与基础。离开资源,人类的劳动是什么也创造不出来的。人类所进行的活动,也就是对资源进行开发、利用、加工和改造,以满足自己更好地生存与发展。但这一过程,往往也会因资源的无节制耗费,而导致资源枯竭乃至环境恶化。这种状况更多出现在资本时代。资本,是能够带来剩余价值的价值。这里的价值,是人类无差别的劳动的凝结,是商品之所以交换的内在根据——同质化、等量化,体现的是劳动者(生产者)之间的相互关系,进而体现的是人与人之间的关系。而剩余价值,则是指由雇佣工人创造的、却被资本家无偿占

---

① 该词根为 capit=head,意为"头"。

② 马克思:《资本论》第3卷,人民出版社2004年版,第393页。

有的那部分价值。也就是说,既然是资本,就必然存在增加值,而这增加值是不付另外成本的。

资本是为其所有者带来更多权益的物质和条件,这些物质和条件可能包括厂房、机器、设备、原材料、土地和其他有价证券等,也包括劳动者接受教育、职业培训等所获得的各种知识、劳动与管理技能以及健康素质的总和。之所以是可能,是因为只有当这些物质和条件能够带来价值增值,才成为资本——“资本的产物是利润”;或者就不是资本,只能是一种资源。故而,“资本被提供到市场上来,并且货币的使用价值实际上作为资本被让渡;它的使用价值是生产利润。作为资本的货币或商品,其价值不是由它们作为货币或商品所具有的价值来决定,而是由它们为自己的占有者生产的剩余价值来决定”。[①] 那些已经成为人们的生活资源,不再用作价值增值的“源本”,则不是资本;而那些用来使价值增值的,如建筑物、钢铁厂、道路、卡车、机器、铁锤、计算机和洗衣机等则是资本,不增值的则不是。

在资本主导的世界里,为资本服务的国家、自然资源、社会资源(健康、智识、技艺及动机——习惯、规范、情操、传统、程序、记忆与文化),都是资本的存在形式。在经济运行的四个环节——生产、分配、交换、消费,资本在价值生产与实现过程中会经历“货币资本—生产资本—货币资本”的循环。货币资本向生产资本的转化,生产资本是货币资本的源泉。“生产资本—货币资本”循环,表现为“生产资料扩展—农村劳动力转移—利润和工资—消费和资本积累”,随着经济的快速发展,表现为“劳动力转移—房地产—金融—资本积累—劳动力转移”。资本承载着获取剩余价值的使命,要能获取剩余价值,必须源源不断从大自然获得原材料,以及从社会中获取更多的劳动力。在世界全球化的进程中,资本带来财富的急剧增长,如《共产党宣言》中所言,“资产阶级在它的不到一百年的阶级统治中所创造的生产力,比过去一切世代创造

① 马克思:《资本论》第 3 卷,人民出版社 2004 年版,第 397—398 页。

的全部生产力还要多,还要大"①。

拥有资源但不利用资源,也就不可能带来收益,利用了如果也不带来额外的收益,也不是资本。正如同货币作为价值尺度、流通手段等职能一样,只有当货币转化为资本,即资本所有制占有一切生产资料,而雇佣劳动者只有通过出卖劳动力来换取生活资料时,"货币可以转化为各种生产要素,并且实际上只是各种生产要素的抽象表现,是它们作为价值的存在;财富的各种物质要素具有在可能性上已经是资本的属性"②。也就是说,资本,不论是所有者、占有者还是使用者都能带来增加值。资源可作为"资本"的要素而发挥作用,如马克思那里的不变资本、固定资本与部分流动资本,就是自然物质资源形态;而可变资本则是人力资源形态。因而,资源与资本是有紧密联系的。资源是资本的物质前提和基础,资本由资源转化而来。资源禀赋决定使用价值,是资源资本化的基础和根据,这个"转化",即资源化为资本的实物形态是有条件的——人类的物质劳动,即人们在遵守自然法则的前提下,通过对资源的加工,使其使用价值更加聚集。

实际上,在资源与资本之间,还有一个资产。资产是指由企业拥有或控制,预期会给企业带来经济利益的资源——具有商业或交换价值的东西——能以货币计量的经济资源(包括各种财产、债权和其他权利)。也就是说,资产具有交换价值和使用价值。然而,即使有,如果没有给企业带来经济利益增加值的资源不能确认为资产。客观事物转化为资产,意味着客观事物已经凝结有无差别的人类劳动。这就是说,资源、资产和资本三者之间可以相互转化,资源的资本化经营是实现方式和核心,资源、资产和资本三位一体化的管理机制是有效保障。

---

① 《马克思恩格斯文集》第2卷,人民出版社2009年版,第36页。

② 马克思:《资本论》第3卷,人民出版社2004年版,第398页。

（二）资本的历史生成

从学理上来看，资本的前身是商品，用来交换的劳动产品才是商品。而商品则是使用价值和价值的统一体，商品中有一种特殊的、能够充当一般等价物的商品，即货币。而货币就其基本职能而言，只是流通的媒介与价值尺度。也就是在这一点上，货币成为衡量或代表其他财富的代名词。而一旦成为财富的代名词，接下来的逻辑结论就是“如何让这一财富产生更多的财富”，即货币向资本的转化——“货币的这种量的有限性和质的无限性之间的矛盾，迫使货币贮藏者不断地从事法西斯式的积累劳动”①；这一转变的内在机理是什么呢？这需要从社会生产力的发展史以及人的发展趋势这两个方面加以说明。

生产力和生产关系的矛盾运动是人类社会发展的基本动力。而生产力和社会关系又是“社会个人的发展的不同方面”②。其中生产力是人及其活动的物质力量，生产关系是人存在的实体和内容；二者都是实践活动的产物，体现着人的本质力量。也就是说，社会的发展实质是个人的发展，社会的发展史也就是个人的发展史。故而，换言之，生产力发展到一定阶段的资本力量，必然承载着“一定的、社会的、属于一定历史社会形态的生产关系”。也就是说，资本虽然以物的形式存在，但其本质不是物，而是一种生产关系。在该生产关系下，这一物支配着劳动及其产品，更是支配着无酬劳动。也正是这一生产关系，发展社会劳动的生产力，不自觉地创造着一种更高级的生产形式和物质条件——“提高劳动生产力和最大限度否定必要劳动”③。

然而，资本所体现的这一生产关系，不是与生俱来的，不是“绝对的生产方式”，而只是“一种历史的、和物质生产条件的某个有限的发展时期相适应

① 马克思：《资本论》第1卷，人民出版社2004年版，第156页。

② 《马克思恩格斯全集》第31卷，人民出版社1998年版，第101页。

③ 《马克思恩格斯全集》第31卷，人民出版社1998年版，第92页。

的生产方式"①。生产力发展到这一阶段，即商品经济发展到这样一个阶段，该阶段的经济活动是市场在资源配置中起决定性作用。资本萌芽于奴隶社会——从高利贷商人那里寻找源头，孕育于封建社会，发展（或统治）于资本主义社会。换言之，资本力量薄弱时，就在以往的生产方式中寻求拐杖；一旦感到自己强大起来，就"抛开这种拐杖，按它自己的规律运动"。②具体而言，不论在奴隶社会还是在封建社会，都离不开国家暴力机构的支持，是统治者用此来盘剥劳动者的一种手段；就是在资本原始积累阶段，不论是"羊吃人的圈地运动"，还是贩奴运动、屠杀印第安人掠夺财富的运动，都是在国家的强力保护下进行的，更不用说后来的传统的殖民扩张手段，甚至当下的新殖民手段背后都是国家机器的支持。然而，资本无论如何想摆脱国家机器，都是不可能的；在某种意义上还得靠国家为其开路，否则，寸步难行。

资本的运行不仅依赖于国家的扶持，其内在矛盾的克服也需要国家的帮助。马克思曾提到，"在生产力和交往关系发展到足以使资本本身能够开始作为调节生产的原则而出现以后，这些界限成为限制"③。这些界限，从资本运动本身来看，一是增值的界限，一旦由"G—W…P…W′—G′"变为"G—G′"，就意味着离开生产领域，专做虚拟经济，超越资本增值的合理性；二是收入的界限，生产关系成为生产力的限制——体现在分配领域，因生产资料所有权的差异，剩余价值在产业资本、银行资本、商业资本以及土地所有者等之间分配，出现两极分化；三是掠夺更多的自然资源和消费更多的商品。由于资本的扩张本性以及无偿占有剩余价值的内在要求，把（不付成本地）占有更多的自然资源作为逻辑起点，而把生产出来的一切（包括生产和生活）都消费完则是资本循环中的一个节点。

① 马克思：《资本论》第3卷，人民出版社2004年版，第289页。
② 《马克思恩格斯全集》第31卷，人民出版社1998年版，第43页。
③ 《马克思恩格斯全集》第31卷，人民出版社1998年版，第41页。

资本能够到处游走，哪个地方有利可图，就到哪个地方去；哪个行业赚钱，就跑向哪个行业。那作为资本的所有者，能否有这个待遇？在马克思看来，“在自由竞争中自由的并不是个人，而是资本”——“资本”具有独立性和个性，而“活动着的个人”却没有独立性和个性，实质上，这就是“死劳动”与“活劳动”的关系。这是因为，资本是承载着社会关系的一般社会财富的代表。其独立性与个性，是资本和劳动交换的结果，资本是人的主体性的物化，是人的独立性与个性的前提；或资本取代个人成为主体，现实的个体只是作为一般劳动本身，成为一种符号，以符号的存在来标识人的存在，也使人陷入了“依赖物的阶段”——面对自然和社会的无能为力，抹杀了现实的个体劳动的独特性和个性。简言之，资本的独立性与个性体现在它的支配性，反映现实世界其实就是“主体即实体”或“实体即主体”的世界。资本的发展过程与人本身的发展过程密切相关——“个人在资本的纯粹条件范围内的运动，就表现为个人的自由，然而，人们又通过不断回顾被自由竞争所摧毁的那些限制来把这种自由教条地宣扬为自由”①。

在马克思那里，资本所有者，即资本家，并不是“现实的个人”，而是“经济范畴的人格化”，是资本主义社会中资产阶级与无产阶级的阶级关系和利益的承担者——社会上资产阶级垄断生产资料和无产阶级占有活劳动力。而这两者的关系是，“不仅工人的已经转化为独立权力的产品，作为其生产者的统治者和购买者的产品……作为生产者的产品的属性而与生产者相对立”；通过这种对立在资本上人格化了②——“资本追求剩余价值的本性，通过竞争现实地表现出来，即通过竞争把资本的内在欲望互相强加给对方和自己”③。

在资本主导的社会里，私人利益是由社会利益所决定的，即“它的内容以

① 《马克思恩格斯全集》第31卷，人民出版社1998年版，第42页。
② 《马克思恩格斯文集》第7卷，人民出版社2009年版，第922页。
③ 《马克思恩格斯全集》第31卷，人民出版社1998年版，第19页。

及实现的形式和手段则是由不以任何人为转移的社会条件决定的”，进而“只有在社会所设定的条件下并使用社会所提供的手段，才能达到”。① 但社会提供的这些条件在使资本提高生产力趋势的同时，也在使劳动力所有者片面化。资本家动机，不是使用价值和享受，而是交换价值和交换价值的增值。资本家“作为价值增值的狂热追求者，他肆无忌惮地迫使人类去为生产而生产，从而去发展社会生产力，去创造生产的物质条件”②。

克服这些限制需要国家引导，从规划与发展方向，包括基础设施等，创造出资本为大众服务的环境与平台，有利于个人的环境。二是推动科技发展，资本“赋予生产以科学的性质……推动和促进生产力向前发展”③。马克思揭示了资本内在的逻辑演化机理，破除了从商品拜物教到货币拜物教再到资本拜物教的种种“幻象”，进而得出资本发展的必然趋势，“当资本开始感到并且意识到自身成为发展的限制时，它就在这样一些形式中寻找避难所，这些形式看起来使资本的统治完成”；资本“废除同它不相适应的、对它来说成为限制的那些界限……只受自身的限制，只受它自己的生活条件的限制”④。这个“能够变化并且经常处于变化过程中的有机体”必然发展到真正的人类共同体。在《评一个普鲁士人的〈普鲁士国王和社会改革〉一文》中第一次提出“真正的共同体”，并将其界定为人的本质——“脱离了个人就引起个人反抗的共同体，是人的真正的共同体，是人的本质”⑤。也就是在以机器为基础的社会化大生产基础上“建立一个全新的社会组织成为绝对必要的”，这个社会组织，“将不是由相互竞争的单个的厂主来领导，而是由整个社会按照确定的计划和所有人的需要来领导”⑥；而且由于“一切生活必需品都将生产得很多，使得

① 《马克思恩格斯全集》第30卷，人民出版社1995年版，第106页。

② 马克思：《资本论》第1卷，人民出版社2004年版，第683页。

③ 《马克思恩格斯文集》第8卷，人民出版社2009年版，第188页。

④ 《马克思恩格斯文集》第8卷，人民出版社2009年版，第178—179页。

⑤ 《马克思恩格斯全集》第3卷，人民出版社2002年版，第395页。

⑥ 《马克思恩格斯文集》第1卷，人民出版社2009年版，第683页。

每一个社会成员都能够完全自由地发展和发挥他的全部力量和才能”[①]。换言之，在这个共同体中，因为一切有劳动能力的社会成员之间共同承担劳动，不存在一部分人把自己的劳动转嫁给另一部分人的状况；这样，相对于每个人而言，社会工作日中用于物质生产的必要部分时间就很少，而用于自由发展的时间就较多。

从人的生存与发展视角来看，人不仅是一种动物，更是一种与其他动物相区别的高等动物。也就是说，人不仅有生存的需要，更有发展的要求。而人要发展，就得有一定的自由时间和相当的空间，因“时间是人类发展的空间”。否则，一个人“一生中除睡眠饮食等生理上必需的间断以外，都是替资本家服务，那么，他就还不如一头载重的牲畜”[②]。换言之，就是要把资本的“独立性和个性”转变成现实的个人的“独立性和个性”。而现实的个人的“独立性和个性”则表现为其自由全面发展的状态。

对自由发展的解读。市场上商品（包括劳动力）的卖和买，取决于双方所有者的自由意志——从交换行为本身来看，每一个个人“反映为排他的并占支配地位的交换主体——自愿的交易，任何一方都不使用暴力”[③]。在此基础上形成的“自由的观念”扩展成为“只有本人可以决定自己的行动”。而由资本主导的市场，虽然克服了自然神化、满足于重复旧生活方式的状况，以及民族偏见，“创造出社会成员对自然界和社会联系本身的普遍占有”[④]，但仍是一种建立在雇佣劳动者自由的“一无所有”基础之上——财富的尺度是可以自由支配的时间，而不是劳动时间；但是只有占有自己的剩余劳动，而不是被他人占有的剩余劳动所束缚，才能真正拥有自由时间。

---

① 《马克思恩格斯文集》第1卷，人民出版社2009年版，第683页。
② 《马克思恩格斯文集》第3卷，人民出版社2009年版，第70页。
③ 《马克思恩格斯全集》第30卷，人民出版社1995年版，第199页。
④ 《马克思恩格斯文集》第8卷，人民出版社2009年版，第90页。

有自由，就必须有自由时间。马克思认为其是“可以自由支配的、直接用于发展非直接生存需要的本质力量的时间”。① 也就是说，这一时间是自由个性发展的时间，是劳动者根据自己的需要执行各种职能的时间，意味着在社会财富极大丰富的基础上，人获得了自由全面的发展。自由劳动者“本身既不像奴隶、农奴等等那样，直接属于生产资料之列，也不像自耕农等等那样，有生产资料属于他们”，而是共同占有生产资料的自由——自由王国“存在于真正物质生产领域的彼岸”、作为目的本身的人类能力的发挥，才是真正的自由王国。而这一自由王国——“社会化的人，联合起来的生产者，将合理地调节他们和自然之间的物质变换，把它置于他们的共同控制之下……靠消耗最小的力量，在最无愧于和最适合于他们人类本性的条件下进行这种物质变换”，是建立在“自然必然性的王国”之上。② 换言之，自由只存在于人类社会自身，存在于劳动者自己支配自己的劳动成果（或时间），而不是以往劳动者的劳动成果被他人支配。

谈及自由，不得不考虑平等。马克思认为，平等是用等价物交换等价物。③ 也就是说，平等就在于以同一尺度——劳动——来计量，“它们本身的价值相等，并且在交换行为中证明自己价值相等……主体只有通过等价物才在交换中彼此作为价值相等的人”④。交换领域的平等，体现了资本主义社会的进步性，也是社会发展的必然趋势。随着生产力的不断发展，人们生活的多样化使得个体再也不能满足自身的这一需要，换言之，社会分工越来越多样化，“导致交换以及他们在交换中的社会平等化”⑤。也就是说，实现真正平等的根源在经济领域内。进而，平等的内涵随着社会的物质生产方式的变化而不断向前发展。马克思将平等放在具体历史环境中考察，从历史的、生产力的

---

① 《马克思恩格斯全集》第 31 卷，人民出版社 1998 年版，第 23 页。

② 马克思：《资本论》第 3 卷，人民出版社 2004 年版，第 928 页。

③ 马克思：《资本论》第 1 卷，人民出版社 2004 年版，第 204 页。

④ 《马克思恩格斯全集》第 30 卷，人民出版社 1995 年版，第 196 页。

⑤ 《马克思恩格斯全集》第 30 卷，人民出版社 1995 年版，第 197 页。

角度来分析，如在《哥达纲领批判》中指出，共产主义第一阶段的个人消费品分配原则是，“等量劳动领取等量报酬”和“不劳动者不得食”；共产主义高级阶段的平等是，“各尽所能，按需分配”。也在此时，不受生存需要的影响所进行的生产才是人自主、自由的生命活动。

在自由平等的基础上，再来对“全面”解读——“人不是在某一种规定性上再生产自己，而是生产出他的全面性”①。人的全面发展是植根于人的（未完成性和不完善性）自然结构的必然性上。不论是个体人还是群体人、人类，都处于未完成状态。最初从动物界分离出来的人是不自由的，有与别的动物一样的生物本能。但人除了生物本能外，又是社会性动物，离开社会就不能称其为人。这意味着，人必然有与其他动物不一样的潜能。即人虽然是一种自然存在物，但具有非特定化、非专门化、不确定性和未完成性——人的本质是不确定的，自然只完成了人的一半，另一半留给人自己去完成——人不满足于既有的存在，向往着追求未来的理想世界，梦想着超越现实的自我去创造完美的自我。就个体而言，从出生到死亡，在这中间所选择的、经历的，都是一个不断自我发展的过程。就人类的完善而言，这必然是一个长期的、痛苦的、但不断走向自由的过程。总之，人类的发展史，是一部人的自由平等全面发展的时间与机会从无到有、从少到多的历史。个人的全面发展是以社会生产力的充分发展为基础，“人不再从事那种可以让物来替人从事的劳动”②。

这一方面发展阶段也就是马克思提出人的发展的“三阶段说”中的第三个阶段，“能力的发展达到一定的程度和全面性……产生出个人关系和个人能力的普遍性和全面性。”③在人的发展进程中，生产应始终表现为人的目的，财富又表现为生产的目的——“财富是人的创造天赋的绝对发挥，先前的历

① 《马克思恩格斯文集》第8卷，人民出版社2009年版，第137页。
② 《马克思恩格斯全集》第30卷，人民出版社1995年版，第286页。
③ 《马克思恩格斯文集》第8卷，人民出版社2009年版，第56页。

史发展使这种全面的发展成为目的本身”①。换言之，“整个人类的发展，就其超出人的自然存在所直接需要的发展来说，无非是对这种自由时间的运用，并且整个人类发展的前提就是把这种自由时间作为必要的基础”②。

而资本主导的时代，则大大加速了人发展的历史进程，是为自由全面发展创造条件的时代。资本为新社会创造条件，首先是提供物质基础。生产力的发展，“超过必要劳动的剩余劳动本身成了普遍需要，成为从个人需要本身产生的东西”，为人的需要的丰富性和人的发展的全面性创立了坚实的物质前提。资本有两种趋势，一是“利用劳动的各种社会生产力来不断缩减生产产品所必要的劳动，因而要尽量节约直接使用的活劳动”；二是“要把所使用的不变资本的价值缩减到它的尽可能最低限度……同时不断地缩短生产商品所需要的社会必要劳动时间”；由于工作日是固定的，人们用于物质生产的必要部分越小，用于“个人的自由活动，脑力活动和社会活动的时间部分就越大”③。

资本“创造剩余劳动”。对于任何社会的生存，都必然存在着必要劳动；而社会的发展，则表现为剩余劳动的不断增加——“剩余劳动一般作为超过一定的需要量的劳动”。一般剩余劳动/一般必要劳动（可从恩格尔系数角度理解）随着社会的进步而越来越大，占全社会总劳动的比重，既取决于生产力发展的高度，又决定着全社会可支配的自由时间量。剩余劳动与必要劳动之间相互作用的变化朝着有利于全人类解放的方向发展，取决于“剩余劳动的生产率和进行这种剩余劳动的生产条件的优劣程度，并不是剩余劳动时间的长短”④。随着生产力的发展，也就是随着整个社会的必要劳动时间不断缩减，非劳动时间或自由时间就会逐渐增加——“直接把社会必要时间减少到

① 《马克思恩格斯全集》第30卷，人民出版社1995年版，第479—480页。
② 《马克思恩格斯全集》第32卷，人民出版社1998年版，第215页。
③ 《马克思恩格斯文集》第5卷，人民出版社2009年版，第605页。
④ 《马克思恩格斯文集》第7卷，人民出版社2009年版，第928页。

最低限度；与此相适应，由于给人腾出时间和创造了手段，个人会在艺术、科学等等方面得到发展”①。这里把“必要时间降到最低限度”，是既要把社会总的必要劳动时间降到最低，也要把每一个社会成员的必要劳动时间降到最低。在生产力发展的每一个阶段，社会总必要劳动时间是相对确定的，只不过在阶级存在的社会，必要劳动总是落在被剥削的那部分人身上，另一部分人享受着剩余劳动的时光。当人类发展到这一历史阶段——“整个社会只需要用较少的劳动时间就能占有并保持普遍财富，劳动的社会将科学地对待自己的不断发展的再生产过程，对待自己的越来越丰富的再生产过程”②，也有把必要劳动时间分摊在每一个有劳动能力的人身上，才有可能使个人的必要劳动时间减少到最低。而这是以阶级、国家的消亡，科学技术的发展为前提的。

资本不仅推动着科学技术的快速发展，也在创造着阶级与国家灭亡的条件。换言之，资本的历史使命就在于使“人不再从事那种可以让物来替人从事的劳动”——而是使整个社会的劳动时间缩减，不断下降到最低限度，为个人可以利用自由支配的时间从事科学、艺术等活动，从而使个人得到发展创造条件；社会化的大生产为工人成为全面发展的个人创造条件。这就是说，资本创造出一个普遍有用性的体系、一个普遍利用自然属性和人的属性的体系以及普遍的产业劳动，使自然界服从于人的需要。

取代资本运行的社会是共产主义社会，即自由人的联合体。在这个联合体中，劳动者共同占有生产资料、共同劳动、共同享有劳动成果。换言之，劳动者不仅占有自己的剩余劳动，也要从事满足自身需要的必要劳动。当每个劳动者在生活资料中得到的份额是由他的劳动时间决定的时候，劳动时间就起双重作用。一是劳动时间的有计划的分配，调节着各种劳动职能同各种需要的适当的比例；二是由于劳动时间又是计量生产者在共同劳动中个人所占份额的尺度，从而也是计量生产者在共同产品的个人可消费部分中所占

① 《马克思恩格斯文集》第 8 卷，人民出版社 2009 年版，第 197 页。

② 《马克思恩格斯文集》第 8 卷，人民出版社 2009 年版，第 69 页。

份额的尺度。

当然,这必要劳动中包含一部分剩余劳动。只是剩余劳动会越来越多,"增加使个人得到充分发展的时间,而个人的充分发展又作为最大的生产力反作用于劳动生产力"①。这个联合体的总产品"一部分重新用作生产资料,这一部分依旧是社会的。而另一部分则作为生活资料由联合体成员消费";由联合体成员消费的这一部分要在他们之间进行分配,其分配的根据是从"按劳分配"到"按需分配"。此时,社会财富的标尺不再是必要劳动时间,而是劳动者可以自由支配的时间,也就是社会中的所有人都有"'可以自由支配的时间',也就是有真正的财富,这种时间不被直接生产劳动所吸收,而是用于娱乐和休息,从而为自由活动和发展开辟广阔天地"②——"我有可能随自己的兴趣今天干这事,明天干那事,上午打猎,下午捕鱼,傍晚从事畜牧,晚饭后从事批判,这样就不会使我老是一个猎人、渔夫、牧人或批判者。"③也只有发展到这一阶段,劳动对劳动者而言,才是愉悦的、光荣的事情。

二、资源资本化及其实践效应

资源的市场化配置过程也就是资源的资本化过程。资源转化为资本,是在一定的条件下进行的,除了对资源的产权归属清晰、权责明确、流转流畅外,还需要其他的制度安排,如引入市场机制等,让资源流动起来,让市场主体竞争起来,等等。马克思说过,"单纯法律上的土地所有权,不会为土地所有者创造任何地租"。④

---

① 《马克思恩格斯文集》第 8 卷,人民出版社 2009 年版,第 203 页。
② 《马克思恩格斯全集》第 35 卷,人民出版社 2013 年版,第 229 页。
③ 《马克思恩格斯文集》第 1 卷,人民出版社 2009 年版,第 537 页。
④ 《马克思恩格斯文集》第 7 卷,人民出版社 2009 年版,第 856 页。

（一）资源资本化何以可能

资本化是指客观事物转化为资本的过程和趋势，是通过种种措施将对象化的事物转化为能带来剩余价值的资本的过程。资源资本化，是资源变资产、资产变资本的经营过程，是把开发和利用的资源转化为可利用的资本的过程。在某种意义上，各种资源都可以资本化，如自然资源中的土地资源、森林资源、水资源、生态资源等，人类本身资源中的人力资源、智力资源、社会资源等，综合类的如农村资源、旅游资源、农业资源等。但资源要发挥资本的作用和效能，要具备相应的条件。这个条件，一是明确资源的产权，二是赋予资源以价格。

明晰资源产权，旨在让社会民众对资源的性质及其作用和其拥有者的权利与义务等达成共识。在权益界定和产权分割的基础上，搭建资源向资本转化的平台，建立资源和资本等要素有效流动的体制机制，如资本与经营分离，给资源与其他要素的结合提供空间，激发和鼓励各产权主体实施。土地资本化是土地所有权主体、土地使用权主体等收益的工具。资本市场、股票市场、债券市场是在资源配置上最具效率的机制。政府通过法律与政策，对资源作出质量界定和对资源拥有者制定运作规范——健全竞争、开放、统一、有序的现代市场体系，营造各类市场主体平等的市场环境，营造健康、文明、进取的兼容宽容的社会氛围和舆论环境，为创造财富，创造优良生态环境的经济社会提供空间。

而赋予资源以价格，表征等量等质资源，资源在同种条件下，其价值应是同等的；资本等量时应获得同权同利乃至同责。马克思主义认为，价值是人类无差别劳动在商品中的凝结，价格是价值的反映并由之决定，价值取决于社会必要劳动时间；然而，影响价格的并不完全只有价值。商品与价格的关系，不是由于商品形式而有价格，而是被赋予了价格才取得商品形式。也就是说，在市场化且日益商品泛化的时代，尽管一种物品不是劳动产品也没有价值，但却能有一个价格——非商品物若被其所有者用以换取货币，使其取得商品形式——“土地价格起这样一种作用，土地的买卖即土地作为商品的流通发展到这样的程度，是资本主义生产方式发展的结果，因为在这里，商品已经成为一切产品和一切生产工具的一般形式”——一个没有价值而具有价格的商品也就形成了——马克思认为，“任何一定的货币收入都可以资本化，都可以看作一个想象资本的利息”。①

伊利·莫尔豪斯认为，“把土地收益还原为资本价值这个资本化过程，是土地估价问题的核心”。② 土地价格是地租的资本化，“土地价格不外是资本化的因而是提前支付的地租”，是“价值增值的形式”——“土地的购买价格，是按年收益若干倍来计算的，这不过是地租资本化的另一种表现。这个购买价格不是土地的购买价格，而是土地所提供的地租的购买价格，它是按普通利息率来计算的”③——“资本化的地租即土地价格……所有者和实际耕作者之间的关系，以及地租本身发生变革”；④劳动力资本化既由劳动力商品的特殊使用价值决定的，即劳动力商品向劳动力资本转化的前提条件。人类对资源的要求，不是特定物质，而是物质的性能，而某种和某些物质性能，在一定经济技术条件下，可以被另一种或另一些物质替代。由此资源的价格还受到资源的机会成本、替代价格（人类社会对该种资源的需求和消费不断增长，反映其稀缺性）和补偿价格（依据补偿费用来确定）的影响。

资源转化为资本，关键在于市场经济的机制和与之相适应的体制。市场经济体制对资本发挥效能起决定作用——产权合理能使各个相互独立的企业与个人分别掌握一定数量的资本化的资源（个体的独立利益和地位）；在市场

① 《马克思恩格斯文集》第7卷，人民出版社2009年版，第702页。
② ［美］伊利·莫尔豪斯：《土地经济学原理》，商务印书馆1982年版，第226页。
③ 《马克思恩格斯文集》第7卷，人民出版社2009年版，第703页。
④ 《马克思恩格斯文集》第7卷，人民出版社2009年版，第906页。

机制作用下，经济行为主体的收入与生产成本密切相关，一切投资生产经营活动由市场主体自主决定，激励各经济主体的创新行为，每个经济行为主体都追求自我利益的最大化，把各种潜在的生产要素变成现实的生产要素、把各种现实的生产要素整合起来，寻求最大化增值；通过刺激存量资源的盘活，实现资源的价值增值。

说到底，推进资源资本化，就是创造条件，激活各种资源要素，使资源资本成为载体，用有限的资本撬动更多的资源，推动更多的资源完成由使用价值向价值的转化，并投入生产经营过程中，推动经济社会的发展。例如，将土地资源转化为资本，就可以带动其他项目建设，形成经济发展的酵母。人力资源资本化是企业价值形成和价值增值的源泉，是企业最大的资产，关系着其他资产开发利用的效率。当然，这里的人力资源资本化包括自然资源所有者和自然资源资本经营者、技术资本拥有者、政治资本的实际掌握和使用者、经验资本拥有者、劳动力资本拥有者，等等。

资源资本化，无论如何，不仅需要政府打造一个市场机制的作用环境，还需要它引领，即通过公有资本引导，撬动若干倍的社会资本，推动资本优化组合，引领资源优化配置，实现资本对各类要素的聚合，撬动更大增长能量。企业嫁接资本市场，能够依托各种生产要素，发现和激活资源，使企业有动力去解决科技创新、经营管理创新等转型发展问题，增强市场竞争力。不仅如此，资源资本化的状况还受到民风世俗、社会进步程度等人文环境状况的影响，以及资源禀赋及其生态状况、区位的优劣等的制约。

简言之，资源资本化，就是把资源的开发和利用过程作为资本运动的一种形式，各种权利主体从自身利益出发，或站在资本的视角来处理资源的保护、开发和利用问题。换言之，资本增值的本性，促使各个利益主体从自身经济利益出发去开发和利用自然资源，在提高生态、社会效益的过程中获得自身的更大利益，从而实现资源的“经济、生态、社会”效益的统一。

（二）资源资本化的实践效应

唯物辩证法认为，事物运动变化的根据是自身的矛盾运动，而事物运动变化发展的过程则体现为质量互变规律和否定之否定规律。据此，并非所有资本化的资源都能推动经济社会的快速发展。一旦所有资源都资本化，带来的就不是发展而是人类遇到新的困境与挑战。也就是说，资源资本化，在经济领域，通过市场配置资源能促进经济发展；如果在非经济领域的资源资本化，比如政治领域的政府职位市场化，就会出现权钱交易，极有可能导致其越位、错位或不到位，出现诸多资源问题。

1. 资源资本化的积极效应。人类迄今为止的发展史表明，一个国家和地方的经济发展过程，其实质就是资源向资本转化的过程。早期的资本主义国家，是通过殖民掠夺与扩张，从国内到国外，在短期内使得财富剧增，同时也通过圈地运动造成一无所有的劳动者。进而通过这些财富资本化，进一步掠夺更多的财富。发展中国家之所以与发达国家有很大差距，除了遭受发达国家剥削掠夺外，在发展经济学看来，就是因为发展中国家没有对自己的资源进行有效的资本化，只是成为发达国家的原料产地、商品销售市场。因而，发展中国家要想加快经济社会发展，就必须把自己的资源变成经济发展的源头活水，加速财富的社会积累。同样地，在一个国家内部，经济发展不平衡，也是由于资源资本化程度与水平不一样。例如，我国的东部、中部、西部与东北部，经济发展水平并不均衡。其中，西部地区面积约占全国的71.4%；但由于自然、历史、社会等原因，GDP约占全国的15%，人均则相当于全国平均水平的2/3。数据显示，出现这样的状况，主要在于西部地区资本供给较少，远远满足不了发展需求，从而使得西部地区虽然自然资源优势明显但经济发展不快。

在2000年，中共十五届五中全会通过的《中共中央关于制定国民经济和社会发展第十个五年计划的建议》就强调，“实施西部大开发战略、加快中西部地区发展”“关系地区协调发展和最终实现共同富裕”。随后党和政府出台一系列政策措施推进西部大开发，在优惠政策、财政扶持、对口帮扶上，都是挖掘西部地区潜力，发挥资源（自然资源与人力资源）优势，将资源优势转化为资本优势，进而转化为经济优势、科技优势，加快发展。换言之，西部地区在资源资本化的基础上推进资源价格合理化，使西部地区获得更好的发展条件——开发利用自然资源，提高其资源转化效率，从而达到保护节约资源，实现人与自然资源的协调可持续发展。在此意义上，资源资本化是西部地区经济快速发展的重要举措。

改变中西部欠发达地区资源货币化、资本化程度低，市场运作不规范的状况，就要做好：一是产业项目的规划和政策配套；二是完善资源产权，搭建资源交易平台，提高经济的货币化程度，使得资源状态的要素容易与市场中的技术等资本要素相结合，吸引各种投资者，把各种资源的权益转化为经济发展的现实资本；三是依托国控资源和国有资本，发挥杠杆引导作用，用少量国有股权撬动更多的社会资金，引导资源与企业深度融合；四是创新资源转换资本的形式，例如通过探矿权、采矿权竞价拍卖等方式，创造合作开采、租赁经营等投资机会。由此，资源从实物形态向价值形态转化，转化成可进行价值交换的资本化的要素，进而内生出要吸收更多资源的冲动，从而推动经济的快速发展。

再者，当东部经济发展到一定阶段，土地及附属在其上的资源和能源产品价格的攀升，及企业原材料和劳动力成本增加，资本开始寻找获利更多的地方——向西部转移，"把东部沿海地区的剩余经济发展能力，用以提高西部地区的经济和社会发展水平"。① 这既体现了资本流动的规律，也反映了引导资本流动的主观能动性的发挥。经过近 20 年的西部大开发，交通、水利、能源、通信等基础设施建设取得了实质性进展，生态环境保护和建设成效显著，区域产业结构调整和生产的空间配置日趋优化，科技和教育等人才培养措施力度逐步加大。这一过程，也就是资源资本化的过程。一些在国内或国际市场上

① 参见中共十五届五中全会通过的《中共中央关于制定国民经济和社会发展第十个五年计划的建议》，2000 年 10 月 9—10 日。

有一定影响力的品牌企业，通过与西部企业直接投资合作、收购兼并等方式，优势互补，引导产业差别化竞争，杜绝重复建设和恶性竞争，形成有竞争力的产业链，不再停留在单纯依靠卖资源推动经济增长，做到既要“金山银山”，又要“绿水青山”。

区域问题是东西差距问题。而地区本身的问题则是城乡差距问题，也就是工业化水平发展的差距。中国的改革始于农村，而工业化、现代化则始于城市。农村和城市的差距不仅是收入的差距、基础设施的差距，更是人的现代化的差距。造成这一差距的，在某种意义上就是资源资本化的差距。不论是城市的就业机会，还是资产的投资收益，都远远高于农村；而农民最根本的资源是土地（在很长一段时间，宁愿撂荒也没有成为增值的源泉），最大的资源则是自身劳动力（即使形成劳动力市场，但由于该城乡劳动力市场的差异，会出现同工不同酬等）。

党和政府提出“乡村振兴”战略，给乡村带来了历史上最难得的发展机遇。乡村发展，首要的、基础的就是乡村经济发展。推动乡村经济又好又快发展，就是要盘活乡村各种资源，做到人尽其才，才尽其用；物尽其能，能则有效。在当下，要做到这一点，就需要推进资源资本化、货币化，进而发挥其内在的扩张功能。把农村的土地、劳动力等由资源状态变成资产状态——在土地和其他资源的所有者之间建立公平合理的财产关系和收益分配关系——也就是说，让农村的各种劳动者真正占有他们应该占有的资产，通过股份制或股份合作制的方式，土地占有者以土地为要素参与生产过程，劳动力所有者以劳动参与生产过程，其他生产要素也以不同方式参与生产过程，进而获得自己应该获得的收益（或分红）。由此，各方都成了利益相关方，为了获得更多的利益，有利于进一步促进要素优化组合——企业以农民能够接受的方式与其置换土地使用权，节约交易费用，且以最小化的货币投入完成土地和劳力资源的资本化。

具体而言，在这一过程中，依据农民自愿的原则，建立健全农村土地流转机制，发挥产权交易平台资源配置和价格功能，通过专业化市场运作，使土地向有需求的种粮大户、家庭农场流转，推动农业规模化种植、标准化生产、产业化发展；进而推进农村其他各类资源产权的资本化，如使林权、农家房屋产权、集体建设用地使用权、农业类知识产权、农业经济组织股权等资本化，使农民有更多的财产权益。除此以外，还引导农民参与产业化合作，从中获得劳动力收益。据报载，湖南沅陵农交中心创新农村产权流转模式，促进农村资源资本化、提高生产要素流动性，全力服务"乡村振兴"战略。该中心围绕乡村发展，全力促进林权、农村土地承包经营权、农房及宅基地、"四荒"地使用权与特色农产品等农村综合产权的有序流转，全面激活农村要素市场，源源不断地为乡村发展注入活力。

以乡村振兴为目标，集中人力、物力和财力，以农民增收为手段，积极发展农村产业各形态——新产业方兴未艾、新业态层出不穷、新模式形式多样和新组织不断涌现。乡村发展中涌现出各种各样的促进资源资产化、资产资本化、闲置资源市场化的举措，如"电商+农户""合作社+农户"立足资源禀赋和产业发展基础，开发特色农业、中药材等种植业以及水产养殖、养蜂产业等传统产业或新兴产业，呈现出公司拉起农户共同发展的格局。通过"公司+村两委+贫困户"等运行模式，将村集体经济发展资金和集体资产入股到企业，解决贫困户既缺资金又无技术的就业问题，或财政扶贫资金的基础设施项目，吸纳贫困户参与工程建设而获得报酬，村集体通过资金入股分红，壮大村级集体经济。

以产业发展为载体，构建新型合作经济组织，培育新型经营主体，盘活农村资源要素，将资源优势转变为经济优势，形成带动能力增强、产业分布较广、服务领域渐宽、覆盖贫困户面广的产业发展态势。为了更好地发展，在公司内部建立党支部，在专业合作社设立党小组和集体经济监督小组，使集体资源资产顺利进入了产权交易市场，也催生了农村特色产业发展，让返乡创业能人的身份实现由"农民兼业"向"产业工人"的转变。

不论是欠发达地区的资源资本化，还是实现乡村资源的资本化，其核心都是人力资源的资本化。当今时代，人才是核心竞争力要素。谁拥有人才以及人才的知识产权（尤其是核心技术），谁就在竞争中脱颖而出。而人力变成人才是需要投资的，是一种资本化的投资。人力资源可通过下列途径如正规学校教育、普及性教育、专业性教育；培训、就业前培训、在职培训、社会化教育；岗位间的流动、职业间的流动、单位之间的流动、产业之间的流动、地区之间的流动、国际间的流动来实现资本化。进而，人力资本可通过知识产权而获得较多的利益；也可在诸如工资、福利、奖金、休假、职位晋升等方面优于一般的人力资源。简言之，人力资本高于物质资本的投资收益率。

2. 资源资本化的负面效应。随着人类进入市场经济阶段（主要指以私有制为基础的资本主义阶段），即在工业化进程中，社会财富迅速积累。换言之，这一进程也是资源资本化的转化过程。只要资本涉及的地方，资源也都逐渐资本化。西方发达国家在此期间凭借已有的资本，不断把国内资源以及资本涉及地方的资源资本化。在这一过程中，也伴随着资源的巨大消耗，由此带来资源枯竭、环境退化。

这是因为，不论在何种条件下，资本都是追求财富增值的。在科学技术不发达阶段，资本带来的财富增值只能通过延长劳动时间或提高劳动强度而获得，虽然此时是粗放型经济增长阶段，靠的是高投入、高消耗、高排放得来的，即“资源—产品—污染排放”模式，人们把资源开发出来，在加工和消费过程中对资源的利用是粗放的，又把污染和废物大量地排放到环境中去，采用一种单向的线性开放式过程，通过把资源持续不断地变成废物来实现经济的数量型增长。但由于受到劳动力资源自身的限制（劳动力所有者此时受到的伤害最大），自然资源（能源与资源）的消耗还处在生态系统自我平衡的阈值内。当科学技术发展到一定程度时，经济增长仍停留在粗放型模式下，人力资本在科学技术的帮助下，为了获得更多的财富和在竞争中处于有利地位，加速自然资源的消耗。如果这只在一定的区域内，必然打破生态系统的稳定；若这一模式在全球范围内寻找资源投入,可能影响不大,但随着时间的积累,会影响整个生态系统的稳定。这发生在全球范围内的生态问题,始见于《寂静的春天》《增长的极限》等。随着科学技术进一步发展,产业结构升级,经济结构优化,更多地依赖于人类自身资源,自然资源的消耗逐渐减少。

资源在资本化的过程中,由于存在产权界定的偏颇,如先占先得、暴力掠夺等手段,导致资源在少数人手中积累,从而社会出现两极分化的状况。当今大到世界范围内的贫富差距,小到一个国家和地区的贫富差距,从根源上来看,都是产生于资源占有的不均、利用的不均。一个国家或地区内的自然资源,从理论上来讲,应归这个国家或地区的全体成员所有,资源的消耗应给全体成员带来福祉,因为资源的价格在某种意义上只是占有者或利用者消耗在其上的劳动,远不足以代表其真正价值。简言之,从自然资源消耗中获得收益的少数人逐渐富起来,而其他人则没有收益,随着时间的延长,此种状况必然导致社会问题的出现。

由于在资源产权方面不完善,在逐利的背景下,人们过分利用公共资源,导致公共资源遭到破坏,如过度捕捞的渔业资源、过度砍伐的森林、过度放牧的草原以及被严重污染的河流和空气,等等。换言之,公共资源因竞争而被过度使用造成枯竭。此外,也会出现因某一种自然资源丰富反而导致发展缓慢的经济现象,即资源诅咒或“荷兰病”——丰富的资源导致社会财富剧增,使得创新动力萎缩,逐渐丧失竞争力;或因资源产业有巨大优势,而出现盲目投资、重复建设等布局不协调、不合理等问题。

第四章　马克思关于资源配置方式的思想及其发展

自然资源，在马克思语境看来，是人类共有的资源，但并不等于每个人都同等占有和支配。可每个人的生存与发展都离不开自然资源，拥有自然资源在一定意义上就是拥有生存权利。正因为如此，自然资源成为人们争夺的目标。然而，仅有自然资源还不能满足人们的需求。于是，在一系列争夺中，逐渐形成了围绕自然资源与人类劳动力等生产要素相结合的生产、分配、占有和使用的经济关系，其中占主导地位的经济关系形成了相应的社会制度。这就是说，社会生产过程“生产和再生产着这个过程的承担者、他们的物质生存条件和他们的互相关系即他们的一定的经济的社会形式的过程。”①

从原始社会到亚细亚的、古代的和日耳曼的资源配置，到资本主义市场配置，再到设想在未来社会的“有计划按比例”的资源配置，反映了资源社会关系属性的历史演变。伦理型、市场型、政治权力型是配置资源的三种主要力量。既然自然资源是人类共有，那人们的权利理应“是同他们提供的劳动成比例的——当一个人在体力或智力上胜过另一个人，因此在同一时间内提供较多的劳动，或者能够劳动较长的时间”——获得较多的权利。② 换言之，以

---

① 《马克思恩格斯文集》第 7 卷，人民出版社 2009 年版，第 927 页。

② 《马克思恩格斯文集》第 3 卷，人民出版社 2009 年版，第 435 页。

劳动为衡量的权利,只承认每个人是劳动者。因而,一切权利都是处于一定条件下的权利。

中国特色社会主义市场经济的资源配置,从"市场起基础性作用"到"市场起决定性作用",是在坚持公有制为主体,多种经济成分共同发展的基础上,科学把握社会主义经济发展规律和市场经济的一般规律,辩证吸取现代西方经济学的有用成分,充分发挥社会主义市场经济中政府、社会、市场主体的积极性和创造性,协调各方利益和矛盾,化消极因素为积极因素,化不和谐因素为和谐因素,推动政府、社会、市场主体同心同向行动,使政府有形之手、市场无形之手、社会成员勤劳之手同向发力,完善我国社会主义市场经济体制。

一、资源配置方式及其演变

人类的生存与发展都离不开资源,由于实践能力的差异,资源的不断生成和社会再生产过程的不断扩大,总体上取决于人类劳动时间的长短。而这又取决于社会劳动生产率和与之相关的生产条件的优劣程度。其中,最主要的是生产资料所有制及其决定着资源配置机制及其构成的主导力量——决定资源配置机制的制度性质。如果不考虑社会力量的差异,只考虑到每一个社会成员都一样,即共同的需要、相同的能力等,就会出现如保罗·萨缪尔森所指出的:"经济学研究的是社会如何利用稀缺的资源以生产有价值的商品,并将它们分配给不同的人"①,该经济学就有解释力与说服力。

(一)资源配置及其方式

在生产力不发达、有限的资源不能充分满足人的需要的条件下,应该优先

① 转引自程恩富:《马克思主义经济学五大理论》,人民出版社 2012 年版,第 163 页。

满足哪些人的哪些需要？以人的需要为目的的生产活动又是否可以充分利用当前有限的资源？这决定着经济活动应该生产什么，各种产品应该分别生产多少。① 基于历史的考察，不同的资源配置将产生不同水平的人类需要满足程度。但总的来说，资源的占有与分配状况适应历史本身的发展。换言之，不同社会发展状况都有与之相适应的资源配置方式。但适宜的资源配置方式，能更好地推动人类实践能力的增强，即资源总量也不断增加。

人的实践能力的有限及无限与人的需求的无限及有限的矛盾使人们努力探求更多的资源。人类迄今有两种获得资源的方式：一是通过生产和交换获得，二是通过掠夺或以其他方式直接占有他人的资源。前者可以增加社会资源总量，后者是在社会资源总量不变的基础上的重新分配。资源配置，国家或社会主体对其所拥有的各种资源（如自然资源、劳动力、技术等），通过一定的方式在其不同用途之间分配或在不同部门之间的流动与使用，生产出一定量的产品和劳务，以满足社会成员的需求。马克思指出，"要想得到和各种不同的需要量相适应的产品量，就要付出各种不同的和一定量的社会总劳动量。"②究其实质，资源配置是社会劳动时间的分配。

具体而言，资源配置有两个层次，即微观领域的资源配置和宏观领域的资源配置。前者指企业等微观主体这个层次运用各种资源进行生产经营活动，市场对微观领域的资源配置起决定作用——企业的生产经营活动应该由市场来决定；后者指宏观调控即国家层面，包括总需求与总供给的平衡、主要经济部门的比例关系的平衡、产业结构的调整等等——这是发挥社会主义市场经济体制优势的内在要求。

资源配置效率是指在一定的条件下，各投入要素资源在各产出主体的分配所产生的效益，有微观层次的资源配置效率和宏观资源配置效率之分。前

① 陈奇斌：《现代马克思主义经济学的"资源与需要双约束"假说》，《华南师范大学学报》（社会科学版）2011 年第 2 期。

② 《马克思恩格斯文集》第 10 卷，人民出版社 2009 年版，第 289 页。

者即资源使用效率，通过生产者内部生产管理和提高生产技术实现；后者取决于资源的各种使用价值是否得到充分的利用，即社会总劳动时间在各个部门之间的分配是否恰当。在一定的生产力发展水平下，微观资源配置效率的高低最终体现在单位使用价值的生产所消耗的劳动量；宏观资源配置则体现在社会总供给与社会总需求基本平衡，或社会生产与需求基本一致。

一个社会，其资源究竟采用何种方式配置，受制于其内在力量的博弈。资源配置机制由若干相互关联的部分有机构成，并通过各构成的相互关系实现人类资源配置，包括社会经济技术条件、资源禀赋和文化价值观念、人的行为理性在内的环境条件，一个社会所拥有的包括自然资源、劳动力在内的资源禀赋。而在阶级社会中，主要归结为三种影响、制约资源配置的力量——经济权力、政治权力和社会伦理权力。经济权力是人们凭借手中掌握的物质资源，影响他人来实现自己目的的能力。政治权力是经济权力的延续，凭借手中掌握的政治权力来影响或制约资源的流动。社会权力主要表现为伦理、道德的力量支配资源的能力，体现在宗教、家庭和行业协会等各种非官方、非营利的社会组织中。三种力量相互作用，形成资源配置机制的内核。一般地，在经济上占主导地位的阶级，必然在政治上也占统治地位。政治权力界定资源归谁所有、占有、使用、收益等，以及社会成员自身的资源禀赋差异，决定了资源配置效率。

迄今为止人类配置资源的四种主要形式包含自然经济、市场经济、计划经济和混合经济。在社会化大生产基础上产生三类资源配置方式，即市场配置、计划配置和混合经济。自然经济，突出的是使用价值，自给自足，商品交换也有，但是很少。该种经济形态占统治地位的持续时间涵盖原始社会、封建社会以及早期的资本主义社会与半殖民半封建社会。生产的根本推动力，是自身需要的满足，所有的生产都是简单再生产；主要特征是生产技术落后，基本上没有技术革新和创造，生产规模小。资源在社会间的分配，完全融入主要的生产和分配过程。

社会生产力有了较大的发展,市场范围不断扩大,进入市场的产品种类和数量越来越多。换言之,“家长制的,古代的(以及封建的)状态随着商业、奢侈、货币、交换价值的发展而没落下去,现代社会则随着这些东西同步发展起来”①。这一进程中,市场对资源的配置作用越来越大。市场之所以能够配置资源,就在于市场是成为“支配别人的活动或支配社会财富的权力”②,这集中体现在“财富的随时可用的绝对社会形式”③的货币身上。谁占有货币,谁就占有权力;占有的货币越多,其权力就越大。

市场配置资源是通过价格反映供求关系,从而围绕价值或生产价格波动来实现的,即价值、价格、供求、竞争的相互作用构成市场机制。企业根据市场上产品供求关系的变化——通过产品价格上下波动的信息,在竞争中实现生产要素的有效配置。竞争可细分为同类资源的竞争和不同资源间的竞争。前者为部门内的竞争,后者为部门间的竞争。部门内部和部门之间两种不同范围的竞争会迫使所有资本所有者采用先进技术和生产方法,使新的生产方法普遍化;通过市场交易资源能配置到最能发挥其价值的生产经营者手中,商品能配置到效用最大的消费者手中——调节着个别企业内部的资源配置方向,调节着整个社会内部的资源配置比例,推动社会生产力向前发展。马克思曾这样提到,“竞争斗争,特别是在发生决定性变革的时候,又迫使旧的劳动资料在它们的自然寿命完结之前,用新的劳动资料来替换。”④

市场是人的活动的产物,是企业活动的产物。在市场经济中通过市场配置资源,仍是人在市场背后起作用。市场参与者因需要的差异进行分工与合作。供给和需求把其参与者划分为不同的利益群体——生产者和消费者作为相互对立的利益竞争,也在不同态势上形成买方内部的竞争和卖方内部的竞

① 《马克思恩格斯文集》第 8 卷,人民出版社 2009 年版,第 52 页。

② 《马克思恩格斯文集》第 8 卷,人民出版社 2009 年版,第 51 页。

③ 《马克思恩格斯文集》第 5 卷,人民出版社 2009 年版,第 154 页。

④ 《马克思恩格斯文集》第 6 卷,人民出版社 2009 年版,第 190—191 页。

争。竞争就有规则,竞争各方就得遵守共同的规则和空间。而这,需要政府与社会提供一个良好的竞争平台。换言之,市场配置资源机制作为一个系统处于社会经济环境之中,包括资源产权制度、市场交易机制和市场治理机制,还包括创新机制、淘汰机制以及退出机制(破产、兼并、重组等方式),加速资源的优化配置。

计划配置资源的方式。1906 年列宁在《土地问题和争取自由的斗争》一文中最早使用"计划经济"一词,是针对私有制基础上的市场在资源配置中起决定性作用所带来的种种问题,力图在公有制基础上实行计划经济,消灭不平等和剥削,消灭贫富差别。在该资源配置方式中,政府有关部门根据社会需要,以计划配额、行政命令来统管资源和分配资源。这种方式,在一定条件下从整体利益上协调经济发展,集中力量完成重点工程项目。[①] 然而,这个模式蕴藏着极大的压抑个体和导致社会僵化专制的负面因素。

混合经济。市场起决定性作用,更好发挥政府作用。国家根据经济发展的长远目标制定有关经济发展结构、方向和比例关系的规划,弥补市场调节的短期性质,"国家的计划调节和宏观调控的作用,具有明确的长期导向的作用……需要依靠长期的供给性政策、结构性政策和政府的调节"。这些主要体现在,供需总量的综合平衡、部门和地区的比例结构、自然资源和环境的保护、社会分配公平等方面,以及涉及国家社会安全、民生福利等领域的资源配置。而在这些方面,市场机制存在明显的缺陷和不足,需要国家、政府来矫正、约束和补充市场的行为,用"看得见的手"的长处来弥补"看不见的手"的短处。

马克思揭示了"理性经济人"的假设的内在缺陷,指出了资源配置受制于历史条件。现代西方经济学是对资本主义市场经济的理论抽象和概括:市场有效,社会是一个无摩擦的社会,市场的麻烦是国家造成的,没有国家干预,一

---

① 赵杭莉:《转型期中国优化农地资源配置机制分析》,《西安交通大学学报》(社会科学版)2013 年第 6 期。

切通过市场的运作，随着可供利用资源的增长和生产力的发展，资源总是得以充分利用，社会会更加完善——人类需要的满足程度逐渐提高，政府干预经济降低了效率。奥地利经济学派的米塞斯和哈耶克根据经济信息的分散性和人的行为理性，从资源配置的决策机制的信息有效性和动力机制的激励相容性，否定了公有制下价格机制的有效性。无论资源产权是由少数人垄断或是由国家垄断，都有损资源配置效率与公平。

（二）前资本主义的资源配置方式

马克思在《1857—1858 年经济学手稿》对资本主义以前的资源配置形式——亚细亚的、古代的、日耳曼的社会形式作了较为详细的研究——资源配置受制于劳动者与劳动的客观条件之间的关系。

1. 原始社会的资源配置。原始社会的人们是以群居的方式——自然形成的氏族、部落共同体——具有共同的血缘、语言、习惯等的——“家庭、家庭间相互通婚，部落的联合”①。也就是说，原始共同体“依种种外界的（气候的、地理的、物理的等等）条件，以及他们的特殊的自然习性（他们的部落性质）等等”——进行生产和生活的。这样的生存方式——游牧，是生存方式的最初形式；“部落不是定居在一个固定的地方，而是在哪里找到草场就在哪里放牧”——主要是自然界直接提供的生活资料，基本上能够满足很少需要的、仅限于生存的人们。这正是，这一阶段的个人，“也是进行生产的个人，表现为不独立，从属于一个较大的整体：最初还是十分自然地在家庭和扩大为氏族的家庭中；后来是在氏族冲突和融合而产生的各种形式的公社中”②。

土地是氏族、部落共同体的基础，也是共同体的财产，而且是活劳动中生产并且再生产自身的共同体的财产——“土地是一个大实验场，是一个武库，

① 《马克思恩格斯文集》第 8 卷，人民出版社 2009 年版，第 123 页。

② 《马克思恩格斯文集》第 8 卷，人民出版社 2009 年版，第 6 页。

既提供劳动资料，又提供劳动材料，还提供居住的地方，即共同体的基础"①。换言之，这里的土地，是一切生产资料和生活资料的总称，因为不论是生产资料还是直接的生活资料，最终都来自土地——生活资料直接生长在土地上，所以"土地是以原始的无穷无尽的形式出现的"。因而，他们把土地看作自己的财产，但从来没有把这种财产固定下来即占有和再生产的，"每一处停留地上土地都是被暂时共同使用的"②——作为原料和原始的工具，如在土地上放牧畜群；而是对土地上自然生长出来的果实却有所有权要求。此外，部落成员对部落土地的关系，还部分地"取决于部落的天然性质（受物理条件决定的土壤开发方式），取决于同敌对部落或四邻部落的关系，以及引起迁移、引起历史事件等等的变动"③。

部落以所有者的姿态对待土地，作为其成员的劳动者则用劳动来获取土地的果实。单有土地还不行，还需有劳动者，此时部落成员也是该共同体的财富——"占有那种再生产自身和使自身对象化的活动（牧人、猎人、农人等的活动）"④。因而，人们要花费劳动去占有已经现存的生活资料，以及把一些自然物变成弓箭、石刀、独木舟之类的生产资料。此外，被这个部落所征服或制服的其他部落的财产，以及"剩余产品——这在立法上被规定为通过劳动而实际占有的成果——属于这个最高的统一体"⑤。同一氏族或部落内的资源，即对以土地为中心的劳动资料和劳动材料的配置，是按血缘、语言、习惯等——由社会伦理力量配置的。换言之，在氏族，帮助遭到非常事故的生存不下去的同氏族人，是其他氏族成员应尽的义务。

人类历史从"游牧生活"起步。最初原始的氏族公社实行土地共同所有

① 《马克思恩格斯文集》第 8 卷，人民出版社 2009 年版，第 124 页。
② 《马克思恩格斯文集》第 8 卷，人民出版社 2009 年版，第 141 页。
③ 《马克思恩格斯全集》第 30 卷，人民出版社 1995 年版，第 478 页。
④ 《马克思恩格斯文集》第 8 卷，人民出版社 2009 年版，第 124 页。
⑤ 《马克思恩格斯全集》第 30 卷，人民出版社 1995 年版，第 124 页。

制和集体劳作的方式。马克思经过研究认为，原初的人们是在原始的公社所有制下活动，该活动状况在罗马人、日耳曼人、克尔特人那里都曾有一些记载；就是在当下，在印度人那里还能见到这种形式的一整套图样，虽然其中一部分只留下残迹了——这种公社所有制的存在形式，“存在于公社成员每次集会的形式中”①，以及体现在他们的家世渊源、语言、共同的过去和历史等等当中。最初的商品交换是在共同体的边界，即在它们与别的共同体相交接或接壤，能够接触的地方进行的。例如，某一共同体有剩余的果实，而相邻的共同体则有多捕获的鱼，两者进行交换。

从原始的公社所有制的不同形式中，产生出它的解体的各种形式——带有这种公有制种种痕迹的社会，包括“建立在奴隶制上和农奴制上的一系列社会”。② 在马克思看来，就是“大体说来，亚细亚的、古代的、封建的和现代资产阶级的生产方式可以看作是经济的社会形态演进的几个时代。”③例如，罗马和日耳曼的私人所有制的各种原型，就可以从印度的公社所有制的各种形式中推出来。

2. 亚细亚的资源配置。在马克思看来，亚细亚生产方式属于原生的社会形态的最后阶段，是从“原生的社会形态”向“次生的社会形态”过渡的一种形式，作为一种特定的生产者和生产资料结合的方式，在历史上没有形成以土地私有制为基础的社会。根据对马克思提出的“亚细亚生产方式”的研究，这种形态主要存在于爱琴海以东的亚洲地区，即“太阳升起的地方”。

亚细亚共同体通过直接的自然血缘关系或外在的宗法性关系把个人联系起来。马克思指出，单个的人“只有作为这个共同体的一个肢体，作为这个共同体的成员，才能把自己看成所有者或占有者”；也就是说，不存在个人所有，

① 《马克思恩格斯文集》第 8 卷，人民出版社 2009 年版，第 135 页。

② 《马克思恩格斯文集》第 3 卷，人民出版社 2009 年版，第 144 页。

③ 《马克思恩格斯文集》第 2 卷，人民出版社 2009 年版，第 586 页。

只存在个人占有，“个人只不过是公社财产的占有者”①；单个的人则同自己的家庭一起，“把自己作为公社成员再生产出来，把自己作为小块土地的所有者并以此资格作为公社成员再生产出来”②。公社是真正的实际所有者；“财产只是作为公共的土地财产而存在”③；公社是使单个的人只表现为偶然因素的实体。这种共同体的存在，“是组成共同体的那些自由而自给自足的农民之间保持平等”，以及“他们把自己看做劳动的自然条件的所有者”。在这样的社会结构中，个人的目的“不是发财致富，而是自给自足”。换言之，单个人生产的范围限于自给自足，农业和手工业结合在一起等。因劳动能力的增强而出现的剩余劳动，用于公共储备、支付共同体本身的费用（如用于战争、祭祀等等）以及用于修筑灌溉渠道或制作交通工具，等等。

鉴于上述分析，在亚细亚形式下，所有小的共同体之上的财产的总和都属于最高的统一体——那些通过劳动而实际占有的公共条件，如灌溉渠道以及制作交通工具等，就表现为高居于各小公社之上的专制政府的事业——“财产形式是建立在自给自足的农业统一之上的……作为公社统一体的体现者的那个人的财产”④。

在生产力水平极低的情况下，亚细亚共同体中，个人和共同体的这样一种关系极具很强的内生动力。虽然个体在一定程度上依附于整体，但这恰恰说明了在个体能力有限的状况下，发挥整体的能量——“共同体的目的就是把形成共同体的个人作为所有者保持下来，即再生产出来……这种客观存在方式既形成公社成员之间的关系，同时又因而形成公社本身”⑤；同时，这种客观方式也具有一定的张力，既能把旧形式重新再生产出来，同时又在破坏旧形

① 《马克思恩格斯文集》第 8 卷，人民出版社 2009 年版，第 127 页。
② 《马克思恩格斯文集》第 8 卷，人民出版社 2009 年版，第 128 页。
③ 《马克思恩格斯文集》第 8 卷，人民出版社 2009 年版，第 132 页。
④ 《马克思恩格斯文集》第 8 卷，人民出版社 2009 年版，第 143—144 页。
⑤ 《马克思恩格斯文集》第 8 卷，人民出版社 2009 年版，第 144 页。

式。正如马克思所列举的案例,自给自足的公社,简单的生产机体,不断地按照同一形式,在同一地点以同一名称把自己再生产出来——"亚洲各国不断瓦解、不断重建和经常改朝换代,与此截然相反,亚洲的社会却没有变化,这种社会的基本要素的结构,不为政治领域中的风暴所触动变化"①。

以中国古代社会的土地所有制为例,"国有土地财产和私人土地财产相对立的形式,后者以前者为中介,或者说,国有土地财产本身存在于这种双重的形式中"②。中国奴隶社会中,土地实际是国王所有,即"普天之下,莫非王土"——土地所有权属于国王,诸侯下臣能世代享用,奴隶主驱使奴隶集体耕种。封建社会的土地所有制有三种形式:地主土地所有制、封建国家土地所有制和自耕农土地所有制:地主土地所有制是地主阶级凭借对土地的垄断,迫使无地或少地的农民不得不依附于他们;国家土地所有制——王田制、屯田制、均田制三种形式,社会上存在大量无主荒地和劳动力,政府把掌握的土地分给农民,屯田民只有土地使用权,兵农合一——农民对国家承担租赋徭役,贵族地主无此负担;自耕农土地所有制,是对封建生产关系内容的重要补充,是专制主义中央集权制度建立和长期存在的重要基础。简言之,该所有制不妨碍把土地本身"当作活的个体的无机自然,当作他的工作场所,当作主体的劳动资料、劳动对象和生活资料"。③

3. 古代古典的资源配置。古代古典社会也是从"原生的社会形态"向"次生的社会形态"过渡的形式。古典古代的土地所有制形式是公有和私有并存,人与人之间的联系主要表现为以血缘关系为基础的地方性联系和对自然的崇拜,因而个人对共同体的依赖性比亚细亚方式弱。土地财产除了其上的无机物,还包括其上的有机产物财产,人本身是土地的有机附属物。这些作为生产条件被夺取和占有,就是奴隶制。奴隶制很快改变共同体的原始形式,形

① 《马克思恩格斯文集》第5卷,人民出版社2009年版,第415页。
② 《马克思恩格斯文集》第8卷,人民出版社2009年版,第133页。
③ 《马克思恩格斯文集》第8卷,人民出版社2009年版,第126页。

成自己存在的基础——劳动主体“把劳动的自然前提看做属于他所有这种关系的前提”，即“公社财产——作为国有财产——即公有地”①。

公社成员“把自己的私有财产看做就是土地，同时又看做就是他自己作为公社成员的身份；而保持他自己作为公社成员的身份，也是保持公社的存在”②。而共同体所遭遇的困难，也是公社以所有者的资格而存在的依据，往往是由其他共同体带来的，“或者是已先占领了土地，或是到这个共同体已占领的土地上来骚扰”，由此该共同体为了保证自身的存在，“按军事方式组织起来的，是军事组织和军队组织”③。进而，全体公社成员“通过在对内对外方面保持联合体这种共同利益所进行的劳动协作来再生产自己”④；通过“服兵役等等形式的剩余劳动来保障”公社；通过“对自己劳动的所有权，劳动条件的所有权即一块耕地的所有权来作中介的”。需要指出的是，这里的公社成员，是指奴隶主而不是奴隶。

就目前对人类历史研究来看，就资源配置而言，奴隶社会中奴隶只是奴隶主会说话的工具，与其他的不会说话的生产工具没有区别。奴隶社会在某种意义上是剥削、压迫最严重的社会形态。但这一社会，却是人类文明时代的开启——出现了剩余产品，战俘不再被杀死而被作为奴隶保留下来，奴隶主从繁重的体力劳动中摆脱出来进行思考自身的问题。换言之，人类的命运开始掌握在自身手中。马克思曾在《1857—1858 年经济学手稿》中这样评价奴隶制，要使人们“超出自己的需要劳动，要使一部分居民为无偿地养活另一部分居民而劳动，就只有通过奴隶制才能做到”；在国家形成后，需要有人为保卫国家以抵御敌人侵扰的人提供食物，即“必须找到一种方法来为不劳动的人取得食物……人们被迫从事劳动，因为他们是别人的奴隶”⑤。

---

① 《马克思恩格斯文集》第 8 卷，人民出版社 2009 年版，第 127 页。
② 《马克思恩格斯文集》第 8 卷，人民出版社 2009 年版，第 127 页。
③ 《马克思恩格斯文集》第 8 卷，人民出版社 2009 年版，第 126 页。
④ 《马克思恩格斯文集》第 8 卷，人民出版社 2009 年版，第 129 页。
⑤ 《马克思恩格斯全集》第 31 卷，人民出版社 1998 年版，第 184 页。

4. 日耳曼的资源配置。日耳曼也是从“原生的社会形态”向“次生的社会形态”过渡的形式。私有土地是土地所有制的基础,公有土地是对私有土地的补充,个人对共同体的依赖性小。这是通过征服奴隶制的西罗马帝国直接发展出的封建社会。

日耳曼所有制,是一种联合而不是联合体,表现为以土地所有者为独立主体的一种统一。联合中的单个人,“只有作为这个共同体的一个肢体,作为这个共同体的成员,才能把自己看成所有者或占有者”①。也就是说,公社是“个人所有者的共同财产”②。“公社的存在和公社财产的存在表现为以他物为中介,表现为独立主体互相之间的关系”③。“这种公社只存在于公社为着共同目的而举行的实际集会中……被每一个个人所有者以个人所有者的身份来使用”;劳动与所有直接的一致对象是整个共同体,劳动是共同体的劳动,劳动产品由共同体所有。劳动是个人的劳动,所有是共同体的所有,个人只有属于某一共同体,成为其成员,承担共同劳动的一部分,才开始有资格成为所有者。

换言之,公有土地,部落共同占有物——猎场、牧场、采樵地等等,是不能加以分割的,此时只是个人财产的补充。每一个家庭就是一个经济整体,它本身单独地构成一个独立的生产中心。公社财产只表现为各个个人的部落地和所占有土地的公共附属物。这种形式的基础是孤立的、独立的家庭住宅,以及通过再发生战争、举行宗教活动、解决讼诉等为取得相互保证而举行的临时集会来得到保障。

即使这样,个人的独立性只存在于血缘或宗法式的共同体之中。个人是实现共同体要求的工具,个人依赖于共同体,并为共同体服务,而且个人只有在为共同体服务中才能形成自己的技能、能力和关系等——个人之间的关系表现为“具有某种规定性的个人而互相发生关系,如作为封建主和臣仆、地主

① 《马克思恩格斯文集》第8卷,人民出版社2009年版,第124页。

② 《马克思恩格斯文集》第8卷,人民出版社2009年版,第133—134页。

③ 《马克思恩格斯文集》第8卷,人民出版社2009年版,第132页。

和农仆，或作为种姓成员，或属于某个等级等"①。日耳曼共同体孕育的个人要素在随后的历史变迁中逐渐放大，即个人主义的物质基础——私有制逐渐孕育而成。行会是在城市产生的手工业的封建组织，包括各种手工业行会和商人行会。行会组织中充斥着严格的等级制度和等级关系——"作为行会师傅，他继承、赚得、积蓄这种消费储备，而作为徒弟，他不过是一个学徒，还完全不是真正的、独立的劳动者，而是按照家长制寄食于师傅"②。

在封建社会里，物质生产系统总体上处于维持生存的简单再生产状态，造成社会生产力发展缓慢；经济既没有停滞不前，也不是平稳地线性进步，而是不规则地长期波动。封建地主阶级主宰了人类实践活动，各种物质产品从帝王的殿宇陵寝到官僚贵族的礼器用品，直到百姓生活用品无不打上等级烙印。中世纪行会在于维持某种有序的生活方式，决定于习俗，竞争受到严格的限制，利润保持规定的水平，避免成员间不受限制地竞争而导致垄断结果，只是一种简单再生产从前物质福利的手段，而不是一种扩大再生产的手段。简言之，此阶段，个人私有产权逐渐占主导地位，但人类共同的活动场所是其不可缺少的组成部分，个人和共同体的关系倾向于突出个体，形成了遵循不以人的意志为转移的客观逻辑。

5. 前资本主义的资源配置以使用价值为目的，再生产出生产条件。不论是亚细亚的、古代的，还是日耳曼的这些社会形态中，换言之，公社存在由个人对劳动的客观条件的所有制的形式所决定，一是"以公社成员身份为媒介的所有制"，二是"国家所有同私人所有相并列的双重形式"，三是"公社所有制仅仅表现为个人所有制的补充"③——取决于部落的自然性质和怎样的经济条件下取得土地的果实——气候、土壤的自然特性、土壤利用方式、同四邻部落的关系等种种因素。在以自给自足的自然经济或以自然利息为生存来源的

① 《马克思恩格斯文集》第8卷，人民出版社2009年版，第28页。
② 《马克思恩格斯文集》第8卷，人民出版社2009年版，第149页。
③ 《马克思恩格斯文集》第8卷，人民出版社2009年版，第135页。

状态下,劳动的客观条件与劳动是自然而然的关系,劳动的客观条件表现为自然前提,即"土地这种最初的劳动工具、实验场和原料贮藏所"不是劳动的产物,而是"劳动的前提"①。换言之,劳动者的自然生存条件——是主体的自然,是客体的自然;因为,此时的劳动者虽然在改造自然,从中获取生存发展的原料,但人类在相当程度上还是靠"天"吃饭。

进而,就是人类还有一部分命运掌握在自己手中,但也不是在劳动者②手中,而是在非劳动者手中。劳动者(不论是奴隶还是封建社会的农民)只是生活资料的所有者,而无论是土地,还是工具,甚至劳动本身,都不归自己所有;而归另一部分人(非劳动者)所有。在奴隶制和农奴制关系中,社会的劳动者(不论是奴隶还是封建社会的农民)被社会的另一部分非劳动者当作只是自身再生产的无机自然条件来对待,或者是土地的附属物。③ 把生产的客观条件当作自然存在,当作以公社为中介的单个人的客观存在这样一种特殊的所有制形式和一定的劳动方式——个人之间的相互联系以及对无机自然的一定的能动关系。这些生产形式容易把"这些客观存在条件中并连同这些客观存在条件一起把生产者再生产出来"④。人类的实践史证明,保持越久的生产方式,占有的实际过程越是保持不变,旧的所有制形式,从而共同体本身,也就越是稳固——在个人对公社的一定关系中把个人再生产出来。这一历史关系,归根到底归结为生产力发展到一定阶段,而和该阶段相适应的是公社成员相互间的一定关系和他们对自然的一定关系。⑤

原始公社的生产力水平,决定了分配劳动产品必须从人的自然需要出发。这是人类历史上迄今为止唯一出现过的直接根据需要而进行的共同劳动、生

① 《马克思恩格斯文集》第8卷,人民出版社2009年版,第134页。

② 参见肖安宝:《基于劳动价值论的贫富差距分析》,《当代经济研究》2013年第4期,关于劳动、工作、生产三者的区分。

③ 《马克思恩格斯文集》第8卷,人民出版社2009年版,第139页。

④ 《马克思恩格斯文集》第8卷,人民出版社2009年版,第147页。

⑤ 《马克思恩格斯文集》第8卷,人民出版社2009年版,第146页。

产和共同享有劳动成果分配的制度。由于生产资料被奴隶主阶级占有，这决定了奴隶主阶级需要被满足的优先性，即奴隶主的需要决定着有限的资源配置。同样地，在封建社会地主阶级直接占有产品的剩余——以具体产品的使用价值的形式。在生产关系中占优势的是使用价值，以直接使用为目的的生产；它体现在人作为主体与之相对立的那种物即物质产品中。在这相当长的时段内，财富是政治、军事或宗教权力或地位的报酬，而不是经济活动的报酬。这是因为，社会总是倾向于把最高报酬给予对其最有价值的活动，在长期动荡的古代，社会生存更需要政治领导、宗教保护和军事威力，而不是贸易专长。

漫长的前资本主义社会历史表明，人类社会中，不论是个体与公社（共同体）的关系如何——个体隶属于、依附于共同体，还是共同体是对个体的补充，都必须依靠土地为生。进入现代社会，人类也必须要处理好与土地的关系，即要善待土地——“一切以直接使用价值为目的的生产，既会减少交换者的人数，也会减少投入流通的交换价值总额，而首先是减少剩余价值的生产”①。也就是说，随着现代社会中社会化大生产的发展，从事农业生产的人口养活越来越多的非农业人口，但这一过程伴随着损耗土地的可持续发展能力。

（三）资本主义社会的资源配置

如果说前资本主义的自然经济条件下的生产是以使用价值为直接目的，那以市场为主的资本主义生产则以交换价值为直接追求。也就是说，“商业的目的是谋取交换价值，即谋取货币”②。换言之，在资本那里，交换价值占据统治地位，“一切产品都是交易品”，“生产本身在一切方面都从属于交换”③。

① 《马克思恩格斯文集》第 8 卷，人民出版社 2009 年版，第 89 页。
② 《马克思恩格斯文集》第 8 卷，人民出版社 2009 年版，第 46 页。
③ 《马克思恩格斯全集》第 31 卷，人民出版社 1998 年版，第 143 页。

当商品交换发展到一定程度,出现“最大的交换是劳动同商品的交换”①——雇佣劳动者通过出卖自己的劳动,获得用以购买生活资料的交换价值占主导地位时,不仅意味着同以前的奴隶制、农奴制等形式相比,“更有利于生产力的发展,有利于更高级的新形态的各种要素的创造”;也表明一个新的时代的开启,推动着历史向世界历史的转变。② 正如《共产党宣言》所指出,资产阶级在它不到一百年的阶级统治中就创造了史无前例的巨大的社会生产力。

资本主义社会初期的资源配置。在私有制基础上的市场经济,即资本主义生产方式,不是从天上掉下来的,而是从生产关系自然而然演变而来的,是历史结果和产物——雇佣劳动,或是从公有制的崩溃,或是从奴隶制和农奴制的解体中,或是从行会制度、等级制度、劳役和实物收入、作为农村副业的工业、仍为封建的小农业等等的衰亡中产生的③。这表明,“在物质生产力和与之相适应的社会生产形式的一定的发展阶段上,一种新的生产方式会自然而然地从一种生产方式中发展并形成起来”。④ 这也意味着,在人类发展史上,资本主义生产方式的出现有其历史必然性,资本主义社会的存在有其自身的合理性,由此可以这样说,到资本这一历史阶段,即在资本主义生产方式的基础上,“奴隶制是非正义的”⑤。然而,却有一种另外,有人认为美国“资产阶级社会不是在封建制度的基础上发展起来的,而是从自身开始的”。这是一种割断历史的形而上学的观点,或者是变相地承认侵略扩张的产物。虽然在美国这片土地上没有经历封建社会,但建立美国的那些人的先辈们有没有经历那段生产力的发展史?简言之,他们本是欧洲人,而欧洲大陆积淀的最为丰富的资本发展因子,却在属于他人的生存空间建立自己的国家。

---

① 《马克思恩格斯全集》第 30 卷,人民出版社 1995 年版,第 105 页。
② 马克思:《资本论》第 3 卷,人民出版社 2004 年版,第 927—928 页。
③ 《马克思恩格斯全集》第 30 卷,人民出版社 1995 年版,第 41 页。
④ 马克思:《资本论》第 3 卷,人民出版社 2004 年版,第 499 页。
⑤ 马克思:《资本论》第 3 卷,人民出版社 2004 年版,第 379 页。

资本与国家构成矛盾的统一体。在资本的原始积累过程中，政治力量不仅保护着本国的资本主义经济不受到他国的破坏，而且为资本主义生产关系的发展创造条件——推动失去土地的人们到工厂去做工，打造资本雇佣劳动的空间。马克思曾指出，失去土地或“丧失财产的人宁可不愿意当工人而成为流浪者、强盗和乞丐”；但为了有劳动力，资本拥有充分的劳动力，国家“让丧失财产的人转变成工人，因为这些条件当时还没有通过工人之间的相互竞争而被强加给他们。”①爱德华六世时，对身强力壮而不愿劳动的劳动者制订了更加严厉的法律——“凡能劳动而拒绝劳动并且三天无所事事者，应以烧红的烙铁在其胸前打上 V 字样的烙印，并将其判给告发这种游惰者等等的人做奴隶 2 年”；“如果逃离自己的主人达 14 天，就应成为主人的终身奴隶，并在额头或脸颊打上 S 字样的烙印，如果他第二次逃亡而且有两个可靠的证人作证，就应被宣告为罪大恶极而处以死刑”。在伊丽莎白时期，1572 年采用了类似的残酷法律——“用暴力将大部分人口变成雇佣工人，通过纪律将他们的生活变成纯粹工人的生活”。从亨利七世以来的 150 年间，英国立法编年史上用血腥的文字记载着：“为了把大批已变成无产的和自由的居民变成自由的雇佣工人，曾采用种种强制措施。解散家臣，没收教会地产，废除行会并没收其财产，通过变耕地为牧场的办法，用暴力把居民从土地上赶走，圈围土地，等等，这一切使劳动者变成单纯的劳动能力。但是，他们当然宁肯流浪、行乞等等，也不愿从事雇佣劳动，只有采取暴力才使他们不得不习惯于这种劳动”。② 在英国只是在 18 世纪末，随着学徒法的废除，雇佣劳动才在形式上得到完全实现——在资本和劳动之间成为形式上自由的交换。马克思在《资本论》第一卷德文第一版序言中说：“工业较发达的国家向工业较不发达的国家所显示的，只是后者未来的景象”③，或者说，“在建立大工业，开办用机器进行

① 《马克思恩格斯全集》第 31 卷，人民出版社 1998 年版，第 136 页。

② 《马克思恩格斯全集》第 31 卷，人民出版社 1998 年版，第 172—173 页。

③ 马克思：《资本论》第 1 卷，人民出版社 2004 年版，第 8 页。

生产的工厂时，类似现象又重演了"①——没有卷入大工业的工人，"被大工业置于比在大工业中做工的工人更糟的生活境遇"②。随着资本逻辑的逐步展现，资本走出国门，流向世界。于是，非工业的国家也无法置身事外，不论是主动还是被迫都被卷入普遍竞争的斗争中。

在这一过程中，剩余价值规律、平均利润率和生产价格规律等发挥作用。伴随着小规模的分散的劳动过程向大的社会规模的结合的劳动过程的转化，加速资本的积聚和资本主义制度的独占统治；而这使得原来还掩盖着资本统治的陈旧的形式，也被代之以无掩饰的直接压迫形式，同时使反对这种压迫的直接斗争普遍化。为了减少这种斗争，作为保护工人阶级身体和精神的手段的工厂普遍实行立法，力图限制和规定劳动者的工作日。然而，这只不过是为资本家提供更多剥削的机会。进而，资本家由于追逐利润的需要，在不延长工作日的前提下，不是提高劳动者的劳动强度，就是加强技术研发扩大机器与劳动者的竞争。由此带来的是，逐渐破坏传统的小生产和家庭劳动既有秩序，把劳动者都嵌进激烈的竞争之中，"消灭了过剩人口的最后避难所，从而消灭了整个社会机制的迄今为止的安全阀"③，加重整个资本主义生产的无政府状态和灾难。

资本家为了获取剩余价值，生产的产品都是通过交换来满足他人的生产需要或生活需要——资本不断推动生产和扩大流通范围。通过交换获取的劳动能力，"使用价值本身是创造价值的要素，是价值的实体和增值价值的实体"，而劳动能力的发挥是"价值增值的要素……资本借助交换的形式，不经交换就占有了他人的劳动时间。"④资本不付等价物而获得了劳动时间——这个时间不仅有购买的必要劳动时间，还包含剩余劳动时间。

---

① 参见《马克思恩格斯全集》第46卷（下），人民出版社1980年版，第292页。
② 《马克思恩格斯文集》第1卷，人民出版社2009年版，第567页。
③ 马克思：《资本论》第1卷，人民出版社2004年版，第576页。
④ 《马克思恩格斯全集》第31卷，人民出版社1998年版，第69页。

垄断资本主义时期的资源配置是通过剩余价值规律、平均利润率和生产价格规律等实现的。随着资本主义的发展，生产资料越来越集中到少数资本家手里，生产规模不断扩大，每一个产品都是许多工人共同生产的结果。

代替独立生产者的孤立劳动的（直接生产过程具有社会形态的）劳动——直接生产者的劳动者和生产资料所有者之间的对立上的，在一个指挥的意志上的“许多个人进行协作的劳动”，都必然产生政府的监督劳动和全面干涉。这包括“由一切社会的性质产生的各种公共事务的执行和由政府同人们相对立而产生的各种特有的职能”①。这是因为，“现代生产方式和交换方式下的生产力和交换手段日益超出了个人交换和私有财产的范围”。②

一种方式是，政府向私人垄断企业进行采购、订货或提供资金等各种生产资料和服务等，或向私人垄断企业提供各种财政补贴，如价格补贴、出口补贴或税收减免，或通过投资科技研究向私人企业提供科研成果，或保证社会资本再生产所必需的劳动力的再生产以及帮助剩余价值的实现。二是国家购买私人垄断企业的部分股票或吸收一部分私人垄断资本的股份，或共建“混合”企业，把私人垄断资本吸引到需要加紧发展的部门和地区。股份制度也是资源配置的一种形式和资本的一种实现形式。股份公司通过所有权和经营权相分离的方式，把社会上一切可用的，甚至可能的、尚未积极发挥作用的资本实现运营。三是国家用高价收购或其他补偿损失的办法，把某些私人企业收归国有。如新加坡在建国初期制定了经济发展计划和相应的一系列法令、政策，依靠国有企业，通过直接投资或间接投资设立了一批公共企业，投资兴建大型公共工程和基础设施，发展军事工业、风险性工业，对此由专门设立的政府部门或具有法人地位的半官方机构进行干预。我国台湾地区的经济起飞更是大大得益于政府的直接干预，其范围与强度都超出了一般资本主义政府的水平。韩国政府对经济实行严格控制，通过强化经济领导机构、采用行政手段、加强

---

① 《马克思恩格斯文集》第5卷，人民出版社2009年版，第431—432页。

② 《马克思恩格斯文集》第1卷，人民出版社2009年版，第672页。

计划指导、重视经济立法等措施，实现经济起飞。

资本主义从自由竞争阶段到垄断阶段的发展表明，资本主义生产方式是一种具有历史规定性的生产方式——“人们在他们的社会生活过程中，具有一种独特的、历史的和暂时的分配关系”①。这一生产方式，既使“生产工厂的物质条件和社会结合成熟起来，也使生产过程的资本主义形式的矛盾和对抗成熟起来，也使新社会的形成要素和旧社会的变革要素成熟起来”②。这就是，作为联合的生产方式的工人自己的合作工厂，是在资本主义生产方式内产生的一种新形式——没有从资本主义生产方式中产生的工厂制度，没有从资本主义生产方式中产生的信用制度，就没有资本主义的私人企业逐渐转化为资本主义的股份公司——被看作是由资本主义生产方式转化为联合的生产方式的过渡形式。虽然它再生产出资本主义制度的一切缺点，但“他们利用生产资料来使他们自己的劳动增值”③。资本的扩张逐渐成为资本主义生产方式的桎梏——生产资料的集中和劳动的社会化，达到了资本主义生产关系不能相容的地步。既然生产力与生产关系不相容，资本主义私有制就应被一种新的生产关系所取代，即“剥夺者就要被剥夺了”。

资本的无止境的致富欲望不断地驱使生产力向前发展，以致整个社会只需用较少的劳动时间就能占有并保持普遍财富。这在于，社会生产力的一切增长，或者说劳动本身的生产力的一切增长，“只会使支配劳动的权力更加增大，只会使资本的生产力增长，只会增大支配劳动的客体的权力。”④生产出来的产品不再是生产者自己消费，而是供社会消费的；各个生产单位相互之间存在密切的联系，整个国民经济联结成为一个有机的整体，生产力的社会性质，客观上要求由社会来占有生产资料，由社会根据满足社会需要的要求来调节

① 马克思：《资本论》第3卷，人民出版社2004年版，第994页。
② 马克思：《资本论》第1卷，人民出版社2004年版，第576—577页。
③ 马克思：《资本论》第3卷，人民出版社2004年版，第499页。
④ 《马克思恩格斯全集》第32卷，人民出版社1998年版，第220页。

整个经济的运行。

（四）未来社会的资源配置方式

依据马克思的历史逻辑或历史唯物主义的基本观点，代替资本主义的未来社会将是共产主义社会。但这一社会的实现，除了“在思想中已经认识到的那正在进行自我扬弃的运动”，还要“有现实的共产主义行动……在现实中将经历一个极其艰难而漫长的过程。”①在共产主义社会中的资源配置，依据《共产党宣言》，无产阶级夺取资产阶级的全部资本，或一切生产工具集中在成为统治阶级的无产阶级国家手中——“废除继承权”“没收一切流氓分子和叛乱分子的财产”“通过拥有国家资本和独享垄断权的国家银行，把信贷集中在国家手里”“把全部运输业集中在国家手里”等等。之所以这样做，一是生产力的发展并没有完全让社会财富充分涌流，即并没有能够满足每一个社会成员的需要；二是共产主义社会“刚刚从资本主义社会中产生出来的，因此，它在各方面，在经济、道德和精神方面都还带着它脱胎出来的那个旧社会的痕迹”，换言之，消除落后的资本主义意识形态等需要生产力的进一步发展；三是“尽可能快地增加生产力的总量”——消除普遍贫穷、极端贫困的土壤，即努力避免“在极端贫困的情况下，必须重新开始争取必需品的斗争，全部陈腐污浊的东西又要死灰复燃”②。没有生产力的发展，就不会有共产主义生产关系的巩固和发展。

《共产党宣言》中，国家占有生产资料，不仅在于消除不公平的、带来两极分化的社会发展状况，也在于努力减少资源的浪费。取代资本主义社会的未来社会初期，鉴于社会财富还未充分涌流，社会化大生产（共同生产）也就必然存在，既然如此，“劳动时间的调节和社会劳动在不同的生产类别之间的分

---

① 《马克思恩格斯文集》第1卷，人民出版社2009年版，第232页。

② 《马克思恩格斯文集》第1卷，人民出版社2009年版，第538页。

配”“与此有关的簿记”①意义上仍起支配作用。换言之,“时间的节约,以及劳动时间在不同部门之间有计划的分配”②,仍然是共同生产基础上的首要的经济规律。“节约劳动时间可以看作生产固定资本,这种固定资本就是人本身。”③这是因为,从一般的意义上来看,“社会发展、社会享用和社会活动的全面性,都取决于时间的节省……正像单个人必须正确地分配自己的时间,才能以适当的比例获得知识或满足对他的活动所提出的各种要求一样,社会必须合乎目的地分配自己的时间,才能实现符合社会全部需要的生产”。④

《共产党宣言》也作出了发展生产力的设想。一是“剥夺地产,把地租用于国家支出”“通过拥有国家资本和独享垄断权的国家银行,把信贷集中在国家手里”“把全部运输业集中在国家手里”这几条措施都是强化资产的国有化,国家获取各种资产收入——以土地为例,社会主义实行土地国有化,土地是国家的,不论是谁使用土地,都应向国家交纳地租。地租作为国家财政的一项重要收入,最终通过提供公共服务交还给社会;二是“征收高额累进税”与“废除继承权”,马克思认为通过此措施以拉平社会贫富鸿沟,缩小贫富差距;恩格斯在《共产主义原理》中也希望用累进税等来达到目的——累进税纳税人的负担程度和负税能力成正比,具有公平负担的优点;三是“按照共同的计划增加国家工厂和生产工具,开垦荒地和改良土壤”——鉴于资本“破坏着人和土地间的物质交换……破坏城市工人的身体健康和农村工人的精神生活”,在无产阶级取得政权后,尽可能通过生产力的均衡布局,促进工农结合、消灭城乡分离;四是“实行普遍劳动义务制,成立产业军,特别是在农业方面”——由于资本给农村、农业的发展带来诸多问题,不仅在生产力方面,也在农民思想意识方面——农民本身就是小私有者,通过义务劳动,逐步提高素

① 马克思:《资本论》第3卷,人民出版社2004年版,第965页。
② 《马克思恩格斯文集》第8卷,人民出版社2009年版,第67页。
③ 《马克思恩格斯全集》第31卷,人民出版社2009年版,第108—109页。
④ 《马克思恩格斯文集》第8卷,人民出版社2009年版,第67页。

质；五是“把农业和工业结合起来，促使城乡对立逐步消灭”——由于资本带来城乡二元分离，城市相对发达，而农村极显落后，通过城乡结合（或融合，或一体化），推动城乡共同发展；六是“对所有儿童实行公共的和免费的教育，取消现在这种形式的儿童的工厂劳动，把教育和物质生产结合起来等”。① 此政策旨在克服资本主义社会中的资本所有者追求剩余价值最大化而雇佣儿童为其劳动，儿童鉴于种种原因被迫到资本家那里做工。要有合格的社会建设者，一是要给儿童提供教育的机会，毕竟儿童是社会的未来；而教育最有效的途径就是教育与生产劳动相结合，培养出适应社会发展的人才。

马克思在《哥达纲领批判》中把共产主义社会分为第一阶段和高级阶段，且认为“在经过长久阵痛刚刚从资本主义社会产生出来的共产主义社会第一阶段，是不可避免的”。而这个阶段，也就包含《共产党宣言》中所提到的取代资本主义社会后大力发展生产力的阶段。

进而，在共产主义第一阶段的后半段，即社会主义社会阶段，直接的计划调节赖以建立的经济基础，是单一的社会一切成员占有全部生产资料的所有制，不存在公有制之外的其他所有制形式和商品货币关系。也就是说，生产资料的全国性的集中成为“生产者将按照共同的合理的计划进行社会劳动”的基础，“按照统一的总计划协调地安排生产力”，即根据产业的特性和资源的属性，“按照最适合于它自己的发展和其他生产要素的保持或发展的原则分布于全国”。② 进而，社会主义在促进社会生产力发展的同时，也将带来“人不再以宗教的扬弃为中介的积极的自我意识”。这里需要指出的是，社会主义社会是建立在分工这种特殊的劳动技术组织形式上的，共产主义社会是以消灭分工、个人实现自由全面发展为基础的。也就是说，在社会主义社会，无产阶级以统治阶级的资格消灭阶级对立和阶级本身的存在条件，或阶级差别在发展进程中已经消失，也就从而消灭了它自己这个阶级的统治，也就进入共产

① 《马克思恩格斯文集》第2卷，人民出版社2009年版，第53页。

② 《马克思恩格斯文集》第9卷，人民出版社2009年版，第313页。

主义社会。

劳动者联合起来运用社会所有的生产资料有计划地劳动,共同生产社会产品。在一个集体的、以生产资料公有为基础的社会,即在“劳动资料是公共财产,总劳动是由集体调节的”社会里,除了个人的消费资料,没有任何东西可以转为个人的财产。① 具体而言,由工人组成的整个社会成为他们劳动的总产品的所有者,把社会总产品分为社会生产基金和社会消费基金。生产基金用以补偿和增加自己的生产资料,以及储存起来作为生产和消费的后备基金。在总产品中首先应当扣除的,“用来补偿消耗掉的生产资料的部分”“用来扩大生产的追加部分”和“用来应付不幸事故、自然灾害等的后备基金或保险基金”,共同占有。消费基金在进行个人分配之前,需扣除:“同生产没有直接关系的一般管理费用”“用来满足共同需要的部分,如学校、保健设施等”“为丧失劳动能力的人等等设立的基金”等②;“分配给自己的成员去消费”③——“供直接生命再生产用的劳动产品”,况且这消费基金不可能成为支配他人劳动的工具或机会。对“社会消费基金”剩余部分的分配,以及再生产过程中必然存在的劳动或产品的交换,通行的仍然是以劳动时间为尺度计算的等量劳动相交换的原则。这只不过是由自发转为自觉驾驭曾“威慑和驾驭着他们”的“完全异己的力量”——“世界市场的力量”。④

整个社会包括所有的工厂、部门在内的全部生产,都必须培养、造就一种全新的人,各方面都有能力的人、能通晓整个生产系统的人。在马克思看来,资本主导下的各级管理者“都只能发展自己能力的一方面而偏废了其他各方面,只熟悉整个生产中的某一个部门或者某一部门的一部分”。而未来社会

① 《马克思恩格斯文集》第 3 卷,人民出版社 2009 年版,第 432 页。

② 《马克思恩格斯文集》第 3 卷,人民出版社 2009 年版,第 433 页。

③ 《马克思恩格斯文集》第 3 卷,人民出版社 2009 年版,第 259—260 页。

④ 《马克思恩格斯文集》第 1 卷,人民出版社 2009 年版,第 541—542 页。

中的生产，“由整个社会共同地和有计划地来经营的工业，需要各方面都有能力的人，即能通晓整个生产系统的人”①。也就是说，个人的全面自由发展不仅需要丰富的社会财富及其物质条件，还需要自由的个人联合起来的共同体以及适应时代的交往方式——实践一再表明，即使在资本主义社会，占有巨大社会财富的那些资本所有者，也没有自由发展的时空条件——“权利决不能超出社会的经济结构以及由经济结构制约的社会的文化发展”②。而建立在社会所有制（社会占有生产资料）之上，即社会成员根据自己的需要把它们直接应用于生产，无论其特殊用途是如何的不同，总是考量使用价值的消耗（出发点就是产品的使用价值）。个人的全面自由的发展体现在人与人之间的联系，“每个人的自由发展是一切人的自由发展”；“一切人的自由发展，在现有生产力基础上的个人的共同活动方式”③。

实现共产主义高级阶段的前提条件，正由于社会财富的极大丰富，高水平生产力的形成，劳动者奴隶般地劳作的情形（阶级差别）已经消失，脑力劳动和体力劳动的（社会分工）差别也逐渐消失，劳动本身成了生活的第一需要；集体财富的一切源泉都充分涌流；此时的社会分配方式为：各尽所能，按需分配，而该社会中的每一个社会成员，都获得了全面发展的时空条件。这就是说，每个社会成员无论是在社会地位，还是个人与他人的关系即人与社会分工的关系方面，都从各种奴役的形式摆脱出来。换言之，社会成员不再受他人的呼来唤去，命运掌握在自己手中——任何社会成员不再把自己生存与发展的所需要的劳动推到别人身上，社会中的每一个成员不仅“参加社会财富的生产，而且参加社会财富的分配和管理，并通过有计划地经营全部生产，使社会生产力及其成果不断增长，足以保证每个人的一切合理的需要在越来越大的

① 《马克思恩格斯文集》第 1 卷，人民出版社 2009 年版，第 688—689 页。

② 《马克思恩格斯文集》第 3 卷，人民出版社 2009 年版，第 435 页。

③ 《马克思恩格斯全集》第 3 卷，人民出版社 1960 年版，第 516 页。

程度上得到满足”①。于是,劳动就不再是奴役人的手段,而成了“给每一个人提供全面发展和表现自己全部的即体力的和脑力的能力的机会,就从一种负担变成一种快乐”②。——个人可以不再每天重复地从事某一工作,劳动也不再是作为异己的力量压迫着人,“把个人的自由发展和运动的条件置于他们的控制之下”。③

在共产主义社会高级阶段——一个自由人联合体,资源的配置以人的全面发展为核心,即自然—人—社会的共同协调发展。只不过这一规律在社会更高的发展阶段,具有全新的表现形式——通过社会计划而实现。为了保证社会生产的持续,生产资料还要由社会共同占有和使用,不能分给劳动者个人;“用公共的生产资料进行劳动,并且把他们许多个人劳动力当作一个社会劳动力来使用……这个联合体的总产品是社会的产品”④。属于生活消费的产品则要分配给个人,由个人占有和使用。劳动时间节约规律调节的主要对象将是人的全面发展所花费的自由时间。换句话讲,由于社会成员在体力和脑力方面得到有效合理的发挥,“不仅生产的东西可以满足全体社会成员丰裕的消费和造成充足的储备,而且使每个人都有充分的闲暇时间去获得历史上遗留下来的文化——科学、艺术、社交方式等等”;进而,还要把“这一切从统治阶级的独占品变成全社会的共同财富并加以进一步发展”⑤。简言之,在共产主义社会中,人与人的关系是“社会化的人,联合起来的生产者”;而人们“将合理地调节与自然之间的物质变换,把自然置于他们的共同控制之下,而不让它作为一种盲目的力量来统治自己;靠消耗最小的力量,在最无愧于和最适合于他们的人类本性的条件下来进行这种物质变换”。而人和自然的关系

① 《马克思恩格斯文集》第3卷,人民出版社2009年版,第460页。
② 恩格斯:《反杜林论》,人民出版社1995年版,第323页。
③ 《马克思恩格斯文集》第1卷,人民出版社2009年版,第573页。
④ 《马克思恩格斯文集》第5卷,人民出版社2009年版,第96页。
⑤ 《马克思恩格斯文集》第3卷,人民出版社2009年版,第258页。

与人和人的关系两者之间存在着——“自由王国只有建立在必然王国的基础上，才能繁荣起来”①；换言之，人在与自然的物质变换中只有成为“联合起来的生产者”“最无愧于和最适合于人类本性”的行为者，才可能从必然王国走向“真正的自由王国”。

总之，没有迄今为止的全部历史，特别是没有资本的充分发展，就没有共产主义。也就是说，共产主义的产生是基于以下的人类发展：一是大工业以及由大工业带来的后果，二是世界市场的形成，三是伴随其中的不可遏制的竞争，四是已经完全成为世界市场危机的那种日趋严重和日益普遍的商业危机，五是无产阶级的形成和资本的积累，六是无产阶级和资产阶级之间的阶级斗争。

二、主导资源配置的力量

马克思对原始社会、亚细亚、古代古典、日耳曼以及资本主义社会形态中资源配置方式的考察，揭示了资源配置与社会形态之间的内在关联。这就是，虽然不同的生产力发展阶段，其资源配置的方式是不一样的；同一个生产力发展阶段，因历史的、文化的等因素的影响，其资源配置方式也是不完全一样。这也就是说，决定资源配置方式的力量是存在差异的。

这个差异来自生产力与生产关系、经济基础与上层建筑的矛盾运动。历史唯物主义认为，对历史进程发生影响的有诸多因素，其中决定性因素“是现实生活的生产和再生产”即经济状况，但还有上层建筑的各种因素，如“政治、法律、哲学、宗教等”也对经济基础发生影响。② 这一切因素间的交互作用，“是在归根到底总是得到实现的经济必然性的基础上的互相作用”。③ 换言

① 《马克思恩格斯文集》第7卷，人民出版社2009年版，第929页。

② 《马克思恩格斯文集》第10卷，人民出版社2009年版，第668页。

③ 《马克思恩格斯文集》第10卷，人民出版社2009年版，第668页。

之,生产力水平决定了剩余劳动的数量,而剩余劳动的数量决定了各种可能出现的社会成员之间的生产、分配、占有与使用的关系。由此产生了上层建筑与经济基础之间的矛盾及其解决办法。上层建筑的权力归根到底来源于剩余劳动及其生产、占有与使用的社会结构。也就是说,起作用的基本上是三种力量:政治力量、经济力量以及社会伦理力量。

一般来说,社会越发展,社会经济结构就越复杂,资源利用与消费也就愈加多样化。社会经济结构中的三种力量究竟如何分割总量一定的资源,才能使社会在保持稳定的基础上继续发展?换言之,在社会生产力发展的一定阶段,如何推动资源充分利用——体现在不断满足人们日益增长的物质和文化生活需要。只是从一个社会内部寻求其发展变迁的原因,而忽视了周围环境、外部条件以及时代特点对于该社会的影响,就不能对社会发展客观规律作出科学的说明。

(一)伦理力量主导型

人类社会自公元前 170 万年就已经产生了,“市场的出现大概是几千年前的事情,政府的形成要晚于市场的出现,至多也不过几千年。在远古时代,既没有市场调节,又没有政府调节,人类社会是如何能存在并延续下来?”①靠的是人类自身的伦理力量。

伦理力量,说到底,就是伦理规范和道德底线所具有的力量。有人如果一旦违背道德准则,就会受到谴责,进而处于不安状态。该力量通过约束人类自身行为而推动资源在社会关系中流动。社会伦理力量在资源配置中主要是从事某种共同事务的伙伴通过非强制性的协商谈判和舆论监督来实现的对资源配置的约束机制——其存在形态为无政府而有管理,无市场而有自治和协调。这种力量,在福柯看来是“一种与经济权力不同的权力,这种权力不进行买和

① 厉以宁:《超越市场与超越政府:论道德力量在经济中的作用》,经济科学出版社 2010 年版,第 3 页。

卖,也不进行雇佣和投资,而是引导空间和时间”①;在布尔迪厄那里则是“社会范围内的理性协作”的一种方式,在生产、管理和健康等领域中运作;新制度经济学家诺斯则认为,“个人的日常行为受一组习惯、准则、行为规范所支配。这些习惯、准则、行为规范最初来自于家庭,而后得自于教育过程和教会一类其他制度”②。文化的内核是社会伦理力量,人们的行为在这种文化传统的影响下,逐渐有序和规范化。伦理力量就是文化调节,文化调节就是每个人都自律,都遵守公共规则。它主要是通过遵循共同价值原则的相互监督来实现各方对自己行为的自我约束。很多行会都是民众自发组成的,用来维护共同的利益。社区文化建设、企业文化建设都促进了人类道德力量的自律。

社会伦理的约束力量来自社会共同的利益,以共同利益为基础,使用公共资源所形成的行为规范。共同血缘以及建立其上的共同利益、共同地区等社会成员之间的共性形成的力量是一种认同性力量,比如同情、节俭等,实现人们对资源的有效利用,进而社会成员在互动中会形成相互依存的互补性利益——由这种互补性利益关系所产生的力量则是一种理性规则力量,以此为基础,逐步形成了平等互利、守信践约等道德规范。由于人处于多种社会关系中,由血缘关系构成的家庭及家庭之间,由群居构成的农村和城市社区(以及各农村与各社区之间),由结社构成的社会团体内部,等等——各个层次的社会单元之间,都存在着这种既不属于权力机构、也不属于私人的资源。例如,社会的绿化环境,邻里间的噪声干扰,朋友间的礼尚往来,民间社团内的公共事务与资材,在大多数情况下都属于这类资源。③ 社会伦理力量可以说是最广泛存在的、无所不入地弥漫于各个层级的人际关系的配置资源的一种社会

① 转引自[法]雅克·比岱:《一个新自由主义及其主体:一个元结构的视角》,《哲学动态》2016 年第 2 期。

② [美]道格拉斯·C.诺思:《经济史中的结构与变迁》,上海三联书店 1994 年版,第 57 页。

③ 鲁品越:《论协理:社会资源配置的第三机制——当代和谐社会的基本建构机制》,《上海财经大学学报》2006 年第 2 期。

关系力量。

人的需要，一般而言，是有一定规律可循的。生产力极不发达阶段，劳动者只能停留在满足自己甚至整个家庭的需要；随着生产力的发展，满足自己甚至整个家庭的需要，也并不一定要占用更多劳动的时间。那剩余的劳动时间哪里去了？古代社会中的国家更替为什么那么频繁？马克思给出了自己的答案，是因为那些国家“达到骇人听闻和荒诞无稽的程度的消费过度和疯狂的消费”①。自给自足的公社不断地按照同一形式把自己再生产出来，当它们偶然遭到破坏时，会在同一地点以同一名称再建立起来，这是简单的生产的有机体——“亚洲各国不断瓦解、不断重建和经常改朝换代，与此截然相反，亚洲的社会却没有变化”②。虽然统治者的更迭频繁，但执政的伦理基础及其生产力水平没有变化。此外，在近现代社会，在某些未同外界接触或同外界接触不多的部落里，在边远的山村、孤岛上，甚至在开拓荒芜地带的移民团体中，社会伦理力量也是配置资源的主导社会关系力量。

随着生产力的发展，商品经济在自然经济中孕育、发展起来。不同的共同体在各自的自然环境中，找到不同的生产资料和不同的生活资料。因此，“它们的生产方式、生活方式和产品，也就各不相同。这种自然的差别，在共同体互相接触时引起了产品的互相交换，从而使这些产品逐渐转化为商品”。③ 商品经济得以正常运行的伦理基础——信用、诚信，也是一种伦理力量。商品交易取决于商品交易双方的自由意志，而不是强制或非经济因素。信用更是商品经济高级阶段即市场经济中资源配置的重要力量。在信用和股份制度下，产生虚拟资本——有价证券形式，主要由债券和股票等构成——作为一种所有权证书，可以定期取得收益，可以买卖——资源的重组。斯密在《道德情操论》中研究了善恶、责任等反映人类的情感和同情心的概念，揭示了人类社会

① 《马克思恩格斯全集》第30卷，人民出版社1995年版，第419页。
② 《马克思恩格斯文集》第5卷，人民出版社2009年版，第415页。
③ 《马克思恩格斯文集》第7卷，人民出版社2009年版，第407页。

赖以生存和发展的机理。然而，资本在加速现代化的进程中也带来道德问题——因建立和维持社会等级差别的社会秩序来“钦佩或近于崇拜富人和大人物”，而“轻视或至少是怠慢穷人和小人物”。虽然市场经济追求“利益最大化”，但也是在一定的道德力量（获得更多认同）基础之上。只有关注“他人、朋友和国家的幸福”“关注更崇高的事情”，自己才能获得“更多幸福”。斯密认为，有智慧和有美德的人心中的正义准则和仁慈力量，愿意为了他人的更大利益而牺牲自己的利益；“乐意在一切时候为了他那阶层或社会团体的公共利益，甚至国家乃至全世界更大的利益（一切有知觉和有理智的生物）而牺牲自己的私人利益。”法国作家托克维尔也认为，物质财富至上是现代社会最大的弊端，它不仅会让人变得狭隘冷漠，更会消解人们的公共精神、侵蚀人们的创造力。

需要对伦理力量的性质进行说明。积极的伦理力量对资源配置起到提高经济效率或社会效益、推动社会公平的作用，但落后的伦理力量，如中国封建社会的“三纲五常”“学而优则仕”等不利于市场经济的健康发展。马克思指出，“由于古老的、陈旧的生产方式以及伴随着它们的过时的社会关系还在苟延残喘……死人抓住活人”①。在经济快速发展的当下，因财富增加带来人群的分化，导致人与人之间的矛盾与纷争，在某种意义上就与传统观念跟不上时代要求有关。从人类的社会发展过程来看，社会伦理力量作用的范围经历了一个U型曲线的过程。在人类社会发展初期的很长一段时间里，生产力水平低下，市场、政府不是未出现，就是没有得到发展，社会伦理力量则在这段时间内成为配置资源的主导力量，使得人类的社会经济活动得以存在和发展。这是基于获取生存资料极为困难，只能通过平均分配消费品才能生存所决定的。这也就是说，此时的人类没有能力创造出巨大的剩余财富，生存只是像动物一样在自然生产中维系自身的生命。随着生产力水平的提高，市场力量和政府

① 《马克思恩格斯文集》第5卷，人民出版社2009年版，第9页。

力量得到发展，社会伦理力量的作用越来越深藏在两者的背后。当市场经济被产品经济所取代，阶级对立被消灭和国家消亡，社会伦理力量在社会经济活动中也会起着越来越重要的作用。

在前资本主义社会，自然经济是一种生存型经济，也是主导型经济。人们的生产资料和生活资料基本上都是从自己生产的产品中获取的。而此时的人，"只是在狭小的范围内和孤立的地点上发展着"①——人的生产水平和规模都是极有限的，产品主要是用来消费的，而不是用于扩大再生产。此时也存在商品经济，人们交换是为了获取使用价值，直接消费这种产品以满足生产需要或生活需要，"虽然他们也可能从事剩余劳动，以便为自己换取他人的产品"；而以财富为目的，"这只是少数商业民族——转运贸易的垄断者——中才有的情形，这些商业民族生活在古代世界的缝隙中"②；同时，城市的手工业受到蔑视，即使"生产的直接的主要的目的，是保证手工业者、手工业师傅的生存，因而是使用价值"③。比如在古希腊人和罗马人那里，"工业已被认为是有害的职业（是释放的奴隶、被保护民、外地人干的事情）等等"④；而且只有僧侣和王室他们才配占有财富，"积累金银"。⑤

而在物质财富极大丰富的共产主义社会里，"一方面由社会直接占有，作为维持和扩大生产的资料，另一方面由个人直接占有，作为生活和享乐的资料"。⑥ 这种所有制是社会占有和个人占有的有机统一。而介于这两者之间的社会里，伦理力量起作用但不起主导作用。农业经济时代，农民的苦干和难以置信的忍耐力，是习俗力量的外在要求，使得简单再生产的生存系统得以延续。工业经济时代，因资本逻辑即经济力量的扩张，一方面，使得人和自然的

① 《马克思恩格斯文集》第 8 卷，人民出版社 2009 年版，第 52 页。
② 《马克思恩格斯文集》第 8 卷，人民出版社 2009 年版，第 137 页。
③ 《马克思恩格斯文集》第 8 卷，人民出版社 2009 年版，第 166 页。
④ 《马克思恩格斯文集》第 8 卷，人民出版社 2009 年版，第 145 页。
⑤ 《马克思恩格斯文集》第 8 卷，人民出版社 2009 年版，第 242 页。
⑥ 《马克思恩格斯文集》第 9 卷，人民出版社 2009 年版，第 296 页。

关系逐渐紧张,威胁着人的生存;另一方面,使得人和人的关系也日趋紧张。于是,伦理力量化身的社会组织,如各种非政府组织、志愿性社团、慈善组织、协会等非官办、非营利、志愿性、自治性等元素,采取各种行动力图缓减或减轻这一紧张的状态。虽然这一力量很弱小,但也能唤醒民众不能置此种状况于不顾——在应对重大社会危机时,往往能转化为推动社会成长发育的持续动力。

(二)市场力量主导型

市场力量是一种以商品为载体、以交换价值为内容的能够支配社会他人的关系力量,是一种物化的经济权力。这一权力产生于社会分工体系中各种劳动之间的依赖关系,劳动产品承载了与他人等量劳动进行交换的权力。社会中的劳动者以占有商品的形式来占有社会权力,通过对商品的支配或处置来实现的人与人的权力大小。也就是说,占有商品多少或能够支派多少商品,就有多少权力。换言之,“用货币这一特殊的商品形式,把一般社会权力和一般社会联系……货币把社会权力当作物品交到个人手里,而私人就以私人身份来运用这种权力。”①

物物交换最初出现于部落的边缘地带、共同体的边缘地带。氏族或部落用多余的产品与邻近的氏族或部落多余的产品相交换,交换是以使用价值为中心或起支配作用。正是这样,商品经济只能缓慢地发展扩大着,“生产处处从属于作为前提的消费,供给从属于需求,而且只是缓慢地扩大着”②。随着分工的进一步发展,逐渐出现以创造交换价值为基础的交换,例如城市手工业出现、发展,也正是在此意义上,“家长制的,古代的(以及封建的)状态随着商业、奢侈、货币、交换价值的发展而没落下去,现代社会则随着这些东西同步发

① 参见《马克思恩格斯全集》第 31 卷,人民出版社 1998 年版,第 317 页。
② 《马克思恩格斯文集》第 8 卷,人民出版社 2009 年版,第 166 页。

展起来。”①也就是说，生产的目的从使用价值转向交换价值——商品发展中产生了资本主义经济关系（市场经济是在商品经济的基础上形成和发展的）。交换价值逐渐成为人类社会中的支配性的力量。人们之间的社会联系表现在他们互相交换劳动成果的交换价值上，又从一般等价物发展到货币时，人与人的关系经交换中介而物化——“活动和产品的普遍交换已成为每一单个人的生存条件”。

在社会分工、市场分工日益细化而又紧密相连的链条中，每个人的利益都是在满足他人、团体、社会的需要中得以实现的。每一个利己的目的都要通过利他行为才能更好实现，利己是满足利他之后自然而然的回报。换言之，只有首先实现了他方的利益，才能最终实现自己的利益；在团体中，只有满足了整体需要或公共需要，才能满足个人需要。这说明，市场经济的社会分工能实现合作，人们各展所长，整个社会被有效组织起来，人类具有合作中利他因子。也正是这种因子、利他精神，维系着人类社会的经济制度和政治制度，维系着人类社会的合作效率和组织效率。

市场机制遵循的基本原则是“规则平等”和“自由自愿”。产品交换就本身而言是市场权力的等量交换。然而，社会中的人都是现实的人，都是处于特定生产关系中的人。任何一种产品的市场都是在一定的社会关系下进行的，只不过已经生产出来的产品人们往往忽视其来源。于是，这两者之间出现了一定程度的不一致性。也就是通过形式上“自由交换与平等交换”程序，市场力量（或资本力量）使产品脱离其具体的使用价值形态而用货币形态表现出来，便形成了特殊的社会权力——支配生产要素的市场权力——不变资本（生产资料）是“市场权力放大器”的物质构造，可变资本成为权力的来源。在这个系统中，资源流动表面上是物的流动，是物与物的关系，是资源按照其自然属性进行的技术配置；在物与物关系的背后，是人们的利益关系。而且，市

① 《马克思恩格斯文集》第30卷，人民出版社2009年版，第52页。

场机制是市场主体“合力”的一种表达形式，是市场主体追求利益的动机与力量，在市场中角逐资源的运动形式，最终力量强的一方吸引更多的资源，资源配置体现的是市场主体之间的力量对比关系。

进而，市场经济是市场组织社会生产、迫使雇佣劳动者生产剩余价值并进行全社会的剩余价值分配的一种经济关系。资本主义的市场经济，是雇佣劳动者“把劳动力的特殊表现出卖给某个特殊的资本家，由此雇佣劳动者独立地同这个作为单个人的资本家相对立”，虽然雇佣劳动者“有选择和任意行动的广阔余地，形式上的自由的广阔余地”①；但劳动者与劳动力天然地绑在一起，受资本的操控。非资本的资源一旦与货币相结合，投入到生产过程中，便被资本化……经过这样的资本化，资源的社会属性却发生了根本的变化。

在市场主导配置资源的过程中，大批的劳动者个人，“唯一的财产是他们的劳动能力”——他们是作为自由的、在法律上平等的人缔结契约的。而土地所有者，在现代世界，只是随着资本主义生产的发展才出现“可以像每个商品所有者处理自己的商品一样去处理土地”②。然而，并不是经济领域都可以通过市场来配置资源提高资源效率。马克思认为，资本主义生产方式与土地可持续要求不相适应；而相适应的经济形式，则是封建的土地所有权，克兰的所有权，或马尔克公社的小农所有权。③

市场力量的约束力的强弱随着社会历史发展而变化，经历了先发展后减弱的过程。在商品经济发展初期，市场力量处于萌发状态；当商品经济发展到市场阶段，也就是市场力量成为经济结构中的重要力量，该交换力量在资源配置中逐渐处于主导地位；而到共产主义社会的第一阶段，市场在资源配置中还起着作用，但作用出于慢慢削弱的一种状态；到共产主义社会，市场交换力量

① 《马克思恩格斯文集》第8卷，人民出版社2009年版，第114页。
② 《马克思恩格斯文集》第7卷，人民出版社2009年版，第696页。
③ 《马克思恩格斯文集》第7卷，人民出版社2009年版，第696页。

则不存在。直到社会大大小小的活动都有了价格标签,购买和销售、买价和卖价均渗透到社会最底层之前,财富积累仍然是一个政治、军事或宗教权力问题。在前市场社会,财富倾向于跟着权力走;到了市场社会出现之后,权力才倾向于跟着财富走。

曾有一些学者(完全市场主义者)认为,应该让市场在资源配置中完全起决定作用,无须政府干预。自由贸易会由"看不见的手"自动实现贸易平衡,幻想"道德情操"可以弥补市场竞争产生的社会问题。比如在以科斯为代表的制度经济学看来,如果社会不存在交易成本,企业这一组织形态也不会存在。因为资本所有者、土地所有者与劳动提供者能够在市场上自由达成契约,进而执行这一契约。企业的边界实际上就是资源组合的最优边界。个体—企业—国家这三层级在一定意义上就是各自一定数量的资源组合在一定条件下实现经济效益、社会效益最大化的边界。因为市场上存在各种交易成本,例如信息的搜寻成本与监督成本、合同的签订与执行的成本,等等。除此之外,还有机会成本、沉没成本,等等。在产权明晰且交易费用为零时,初始的分配不影响经济效率。只有在个别生产者必得调整自己的活动以适应价格的变化但不能控制价格的变化,且没有市场规模限制时,价格体系才能完成这种职能。可在现实世界中,不同的产权界定和分配对经济效率有重要影响;接近市场规模就会产生垄断,争夺市场规模不但可以用价格策略,也可以动用资本和军事的力量,必然产生争夺市场规模的殖民主义和帝国主义。

单一的资源配置带来诸多问题。如果完全让市场来决定资源配置,招致的后果是"社会趋向于自行毁灭";如果听任市场机制纵横社会,自然"将导致对社会的破坏——劳动力可能被任意驱使、利用甚至舍弃而不影响刚好是这一特殊商品承担者的个人——在处置一个人的劳动力时,制度总是面对着人那个称号下身体、心理和道德的统一体……人们大概会沦为严重社会混乱——通过堕落、悖乱、犯罪和饥饿——的受害者而死去。大自然会被分割成七零八落,周围景观污损不堪,河流被污染,军事安全没有保障,粮食和原料的生产能力遭到破坏”①。

（三）政治权力主导型

政治力量是从社会伦理力量中分离出来的一种社会关系力量，是一种公共权力，主要通过各种国家政权机构履行其职能，或在其行动过程中表现出来。马克思认为，国家是阶级矛盾不可调和的产物，是阶级统治的工具，以经济上占统治地位的阶级建立起来的维护本阶级利益的工具，是有组织而且团结的集团。因而，国家控制着积聚起来的个人资源，其权力能实现的目标远远超过个人能力所及；还比无组织人群的权力以及最有权势的个人权力更为持久。

政治权力除了国家暴力机构之外，还有意识形态上的认同与规范。意识形态来自“最初起因于跟环境作斗争的团体有各自不同的地理经验，后来，这种差异发展成不同的语言、宗教、习俗和传统”②。政治权力宏观调控方向、力度以及大小，取决于国家的性质及其价值观念，即意识形态（维护统治者利益的话语系统及其所内涵的价值导向）。意识形态包含三个方面的内容，一是一种节省的方法，个人用它来与外界协调，并靠它提供一种世界观，使决策过程简化——参与者相信现存制度是合法的、合理的情况下，“维持现存秩序的成本，实施规章和产权的成本大幅度下降”；二是与个人所理解的关于世界公平的道德伦理判断不可分割地交织——“它说明现存产权结构和交易条件怎样成为一个大系统中的一部分”；三是当个人的经验与他们的意识形态不一致时，他们便改变自己的思想观念——“成功的意识形态必须是灵活的，以便赢得新团体的忠诚，或随着外部条件变化而得到团体的忠诚”。③ 简言之，意

① 参见卡尔·波拉尼：《大转型：我们时代的政治与经济起源》，浙江人民出版社 1957 年版，第 73 页。

② ［美］道格拉斯·C.诺思：《经济史上的结构和变革》，商务印书馆 2005 年版，第 235 页。

③ ［美］道格拉斯·C.诺思：《经济史上的结构和变革》，商务印书馆 2005 年版，第 60—62 页。

识形态既包含理解世界的一种综合方法,又内在地包含着一种内在联系、通观世界的看法信念,是实现决策过程简化,并使社会稳定和经济制度富有黏合性;但“意识形态的差异也能造成冲突的基础和国家内部、国家之间财富收入的持久紧张”①。

政治权力主导资源配置,首要的是掌握、行使国家权力的人们占有支配绝大部分资源;国家除了其统治职能之外,还有维护社会稳定等公共服务职能,在这一层面上,就有其他社会成员能否占有、支配一定量的资源,如果能,接下来就有何时得到、如何得到的问题。其次,国家权力的行使总会落到具体的机构以及具体的人身上,按照规定的权力和行使的程序配置资源可以达到预期的目的,一旦权力行使发生错位、越位,超出了规定的范围,就会导致不良后果的发生,严重的危及权力本身。

随着社会物质财富的增加,原有的平均分配被打破,但增加的财富又不能满足每一个社会成员需要的时候,需要一种新的力量,即政治力量维系社会的稳定,防止“丛林法则”带来的“公地悲剧”。这一过程,是伴随着氏族首领为代表的集团演化而来的奴隶主阶级,控制着积聚起来的资源(不仅仅是生产资料,而且包括奴隶本人),集体权力实现的目标远远超过个人能力所及——用它来满足其他需要,与权威地位相联系的声望越大,通常得到的物质报酬越高,从而加强了权力溢出特定领域界限的倾向。也就是说,国家是不同于原始社会公共权力的一种“特殊的公共权力”组织,是实行阶级统治的社会公共权力组织,是形式上表现为超然于社会之上的独立力量——政治管理只是国家实现阶级统治的表现手段。

而从历史上看,国家分为两种类型:君主专制型、民主制类型。而由氏族首领演化来的国王(进而是皇帝),在某种意义上只不过是把本来不多的社会剩余劳动较多地集中在一个人手中的制度——若用他在某些无法预见、无法

① [美]道格拉斯·C.诺思:《经济史上的结构和变革》,商务印书馆2005年版,第235页。

确定的情况下来为公众谋福利,比那些确定的、不可更改的法律显得更有效。但若用他来谋取私利,则更便利。而由氏族成员演化而来的奴隶(进而是农奴),一般情况下服从权威与法律。在这一历史阶段,社会财富是政治、军事、宗教权力或地位的报酬,而不是经济活动的报酬。换言之,财富倾向于跟着政治权力走。这往往被称为"英雄时代"。

一般地,政治力量在资源配置中主要采取以下几种形式。一是直接以法律的形式规定来配置资源。统治阶级将自身阶级的伦理情感上升为国家意志,并慢慢用法律的形式将其固定下来。国家在掠夺奴隶之后,就必须"安排得容许使用奴隶劳动,或者必须建立一种适用于使用奴隶的生产方式(如在南美等等)"以及"罗马法规定奴隶是不能通过交换为自己取得任何东西的人"①,这不仅把奴隶束缚在土地上,或者束缚在所在的地区,还把其束缚在某一个奴隶主上。当农民开始脱离土地成为自由工人,但是"仍旧有封建关系作为后盾,资本还不能以资本的身份把他们的工资压低到最低限度。因此要用法律规定工资。只要工资还是用法律规定的,就不能说资本已经作为资本使生产从属于自己,也不能说雇佣劳动已经获得了适合自己的存在方式。"②

二是以暴力机构为依托,直接配置资源。共同体首先是按照一种军事方式组织起来的,通过组织军队"保卫国家以抵御敌人的侵扰,因此,无论如何必须为不劳动的人(即军人)取得食物",这一食物来自其他劳动者的劳动,因而,"必须找到一种方法来增加他们的劳动,使之超出劳动者的需要程度。奴隶制就是为此目的而建立的"——"使用暴力方法迫使人辛勤劳动以获得食物"③。原始积累的方法为城市工业造成了不受法律保护的无产阶级,"掠夺教会地产,欺骗性地出让国有土地,盗窃公有地,用剥夺方法、用残暴的恐怖手段把封建财产和克兰财产变为现代私有财产——为资本主义农业夺得了地

① 《马克思恩格斯全集》第30卷,人民出版社1995年版,第39、200页。

② 《马克思恩格斯全集》第31卷,人民出版社1998年版,第135—136页。

③ 《马克思恩格斯全集》第31卷,人民出版社1998年版,第183—184页。

盘,使土地与资本合并”。① 在一切古代民族那里,“积累金银最初表现为僧侣和王室的特权,因为商品之神和商品之王只属于神和王。只有他们才配占有财富本身。此外,这种积累一方面只是用来炫耀富裕,即把财富当作不寻常的节日的用品来炫耀;用作向神庙及其神灵贡献的贡品;用作公共的艺术品;最后,用作应急的保障手段,购买武器等等。”②

三是采取雇佣的模式。这一模式分为两类,一是有些社会成员将全部劳动时间出卖给国家以换取工资(把他们的全部劳动能力用来交换维持他们的生活所必需的工资),形成“一个由国家使用的特殊的筑路者”队伍阶级;二是一部分暂时失业的居民作为受过高级训练的奴仆来为国家工作,“在这种情况下,国家并不是把他们当作雇佣工人,而是当作雇佣奴仆来使用的。”③此外,从古希腊时代到当下,都有一支名叫雇佣军的群体的存在。14 世纪初叶,拜占庭帝国雇佣西班牙边民,19 世纪初期英国向外扩张时大量使用,冷战时期美国在一些特殊的军事行动中也使用。近十几年来,在世界各个热点地区,都能够找到雇佣军的踪影。

四是国家配置资源来修筑道路以及其他公共工程等一般生产条件。国家一般“用徭役劳动来筑路,或者换一种形式,利用赋税来筑路,是用强制手段把国家的一部分剩余劳动或剩余产品变成道路。”这种劳动“是为了使他把他自己作为共同体成员再生产出来,从而也把共同体再生产出来,而共同体本身则是个人从事生产活动的一般条件。”④国家在资源配置中,如修筑铁路对于资本所产生的直接利益可能如此微小,以致投资只能造成亏本,于是资本“就把这些开支转嫁到国家肩上,或者,在国家由于传统而对资本仍然占有优势的地方,国家还拥有特权和决心来迫使全体拿出他们的一部分收入而不是

① 《马克思恩格斯文集》第 5 卷,人民出版社 2009 年版,第 842 页。
② 《马克思恩格斯全集》第 30 卷,人民出版社 1995 年版,第 184 页。
③ 《马克思恩格斯全集》第 30 卷,人民出版社 1995 年版,第 527 页。
④ 《马克思恩格斯全集》第 30 卷,人民出版社 1995 年版,第 523 页。

一部分资本来兴办这类公益工程”；资本“把共同的条件作为全国的需要推给整个国家。”[①]迄今进入资本主义社会的国家经历表明，一是国家在确立私有制加速财富聚集（积累）和创造劳动力市场方面往往依赖国家的暴力功能；二是那些新兴的资本主义国家，更是通过国家权力甚至是军事专制，加速资本化过程，力图缩短资本原始积累的“缓慢的过程”。

（四）伦理力量、市场力量与政治力量之关联

人类社会是一个系统，不仅有伦理力量配置资源、市场力量配置资源，还有政治力量配置资源，这三种力量配置资源之间是何种关系呢？

伦理力量、市场力量与政治力量统一于人类的生存与发展。马克思在《政治经济学批判》导言中指出，“人们在自己生活的社会生产中发生一定的、必然的、不以他们的意志为转移的关系，即同他们的物质生产力的一定发展阶段相适应的生产关系……物质生活的生产方式制约着整个社会生活、政治生活和精神生活的过程”[②]。也就是说，在构成人类社会的矛盾中，生产力与生产关系的相互作用构成社会的基础，这一基础与建立在其上的上层建筑共同形成社会的架构。

马克思曾谈到，凯里所描述的美国属于资本主义制度已经建立起来，作为占统治地位的资产阶级要求自由放任的经济，国家只在他们需要保护的时候再出现，即国家只充当保护者的作用，“国家成了‘经济和谐’的最后避难所”。否则，国家对资产阶级社会的影响，就是“侵犯和干涉……必须抽调政府的影响，即赋税、国家的垄断等等……除去国家的影响”。如果要给国家一个明确的职能定位，那就是亚当·斯密曾指出的那样，作为“守夜人”的国家承担着，一是国防事务，“使其不受其他独立社会的侵犯”；二是保护个人，“尽可能保护社会上各个人，使其不受社会上任何其他人的侵害或压迫”；三

① 《马克思恩格斯全集》第30卷，人民出版社1995年版，第529页。

② 《马克思恩格斯文集》第2卷，人民出版社2009年版，第591页。

是保护社会,"建设并维持某些公共事业及某些公共设施(其建设与维持绝不是为着任何个人或任何少数人的利益)。"①可实际上,公债、国税等等本身是从资产阶级关系中产生出来的——在英国,表现为封建主义的瓦解和被制服的结果;在北美,中央政府的权力是和资本的集中一起增长起来的。进而,美国的经济学家萨缪尔森在他的《经济学》著作中指出,虽然美国的大多数决策都是在市场中进行的,但是政府在监督市场运行方面扮演着重要角色:政府制定法律来监管经济生活,提供教育和治安服务,并管制污染。②

在市场经济演进的过程中,政治权力提供了极大的帮助。不论是创造一种新的劳动力的圈地过程和贩奴运动,还是到东方掠夺财富的航海运动,都离不开政府的作用。同样地,后来的国家走上市场化道路,都依赖于政府推行"私有化""市场化""自由化",通过制度安排推进劳务与资本存量、产品之间的有序发展。简言之,政府不是凌驾于一个经济体系之上,负责解决协调失灵的外在的、中立的全能机构,而是整个经济体系相互作用的一个内在参与者。国家的作用应该尽可能限制在最小范围(国家的工作人员毕竟是一个不创造物质财富的团体),但必须为市场交易提供法律基础及极少数市场无法提供的公共产品,如规定着产权的结构并最终对产权结构的效率负责;政策的职能在于促进或补充民间部门的协调能力,从而克服市场缺陷,增进市场机制的力量。

单靠国家机构来配置资源,或国家包办一切,不论在理论上还是在实践上都证明了费用或成本高昂,高昂到节约、创造资源的速度跟不上消耗、浪费资源的速度。为此,必须更好地利用意识形态的力量。在现代化国家中,推行民主制度,即通过法律来保障权利人权利的实现,也是一种意识形态——"只要权力的最终来源是多数人的意志,这种权力就不会是专横的"——力量的控

① [英]亚当·斯密:《国民财富的性质和原因的研究》,商务印书馆1974年版,第253页。

② [美]保罗·萨缪尔森、威廉·诺德豪斯:《宏观经济学》(第16版),华夏出版社1999年版,第9页。

制者如果将自己定位于创造条件，一是“能最充分地发挥每一个人的知识和创造力”；二是“使竞争尽可能有效，在不能行之有效的地方给竞争提供补充”，这二者“为国家提供了广阔的和无可置疑的活动领域”①。创造条件，说到底，就是建立一套有效的制度体系（一个有效的竞争制度，一种明智规划的法律框架）。具体而言，一是“政府在一切行动中都受到事前规定并宣布的规则的约束”，“留给执掌强制权力的执行机构的行动自由减少到最低限度，即只限于确定那些决定现有资源得以使用的条件，以防止政府采取特别的行动来破坏个人的努力。二是个人有可能十分肯定地预见当局在某一情况中会怎样使用它的强制权力，和根据对此的了解计划它自己的个人事务”；由个人决定使用这些资源的目的；“法律成为人们可能用的以追求其目的的手段”②。如果没有这些思想信念约束个人最大限度追逐利益，会使国家的活力受到威胁。

在生产力没有高度发达的前提下，如果完全让国家来配置资源，即实践过的“计划经济”来配置资源，历史已给出结论。从理论上讲，这是非常完美的方案，但与现实差距太大。正如有学者指出，“根据一个单一的计划指导我们的一切行动，就预先假定了我们的每一种需要都在一个价值序列中占有一个等级，这个价值序列必须完整，足以使计划者在必须加以选择的各种不同的方针中有可能做出决定”；实际上这一点，无论是谁做不到；这也就如同“一个民族的福利，如同一个人的幸福，依赖于许许多多的事物，这些事物被以无数种组合形式提供出来。它不能充分地表达为一个单一目标，而只能表达为一个种种目标的等级、一个每一个人的每种需要都在其中占据一席之地的全面的价值尺度”③。

作为执行政治权力的政府，不仅仅是一个资源配置的机构，更是有深厚的

---

① 哈耶克：《通往奴役之路》，中国社会科学出版社 1997 年版，第 40、43 页。

② 哈耶克：《通往奴役之路》，中国社会科学出版社 1997 年版，第 73—74 页。

③ 哈耶克：《通往奴役之路》，中国社会科学出版社 1997 年版，第 60 页。

执行权力的基础。依据历史唯物主义原理，政府是经济上占统治地位的阶级为了更好地维护或实现自身的利益的工具。但这个工具不仅需要意识形态工具，更需要一定的伦理道德基础，如同法律（法律也是政府履行职能的一种手段），没有一定的道德伦理为基础，其成本或费用将很高，甚至使该法律失效或政府崩溃，道德伦理行为准则，构成制度约束的一个重要部分，是“为约束在谋求财富或本人效用最大化中个人行为而制定的一组规章、依循程序和伦理道德行为准则”①。也就是说，任何社会的稳定性，都要求有一个思想的上层结构以使竞赛章程合法化。

这三种力量——经济力量、政治力量和伦理力量构成社会秩序的基本架构，三点形成一个较为稳定的三角形。但其中有一个起主导作用，其他两个起不可或缺的作用。例如在现代社会中，资本主义社会是资本（死劳动支配活劳动）起主导、决定作用，社会主义社会虽然让市场在资源配置中起决定性作用，但是活劳动支配死劳动。然而，两者都需要尽可能地运用竞争力作为协调人类各种努力的工具，创造出有效的竞争是指导个人努力的最好方法②——进入市场的通道平等地向所有人开放，“市场上各方自由地按照他们能找到交易伙伴的价格进行买卖，自由地生产、出售和买进有可能生产和出售的东西”③。也就是说，计划与竞争只有在为竞争而计划而不是运用计划反对竞争的时候，才能够结合起来。总之，只有相互一致和相互支持的制度安排才富有生命力和可以维系，即一个耐久性的国家整体制度安排伴有共有信念。而引起社会变化的，从根本上讲是财富的积累引起的——不是技术创新，就是国家内外关系的调整。制度转型，就是一个国家的某一项或几项制度发生变革，其他的制度进行相应演变，不同制度之间存在互补性而呈现为一个有机整体，从

---

① ［美］道格拉斯·C.诺思：《经济史上的结构和变革》，商务印书馆 2005 年版，第 227—228 页。

② ［英］哈耶克：《通往奴役之路》，中国社会科学出版社 1997 年版，第 40—41 页。

③ ［英］哈耶克：《通往奴役之路》，中国社会科学出版社 1997 年版，第 41 页。

而，制度使人们能够正确地预测他人的行动，即使在某种特殊情况下，虽然觉得它是没有道理的。

人类历史的实践证明，除了原始社会，迄今为止的阶级存在的社会，在某种意义上都存在三种力量。在自然经济中，农民受传统经济规则的支配，其变化的主要动力“叫干啥就干啥”——更恰当地说在于服从；而社会获得的剩余生产潜能，可以用于许多领域：如果用于农业改良，农业产量便能得到进一步增加；如果用于改进城市工匠的工具和设备，工匠们的生产能力便能得到进一步提高；也可用于支持运转不良的宗教秩序，或侍臣及贵族阶层的享乐。可进入现代社会，则成为创造更多社会财富的工具。简言之，市场占主导地位后，政治权力倾向于跟着财富走。

一般说来，在当代人们的生产生活中，一方面在形式上努力营造所有社会成员在法律面前都是公平和平等的，另一方面又力图实现实质上的公平和平等的各种理想①，这两者之间的冲突需要时间去化解。实际上，“要为不同的人产生同样的结果，必须给予他们不同的待遇；给予不同的人以同样客观的机会并不等于给予他们以同样主观的机会”。②

三、中国特色社会主义社会资源配置

马克思对人类社会资源配置的历史变迁的研究，揭示了资源配置的内在机理及其运行机制，尤其是《共产党宣言》中对无产阶级取得政权以后的十项措施以及在《哥达纲领批判》中关于共产主义第一阶段的论述——公有制与私有制并存，而且在相当长的一个历史时期，相互包容、共同发展。这对于我们认识、理解和完善中国社会主义市场经济有着极为重要的意义。

逻辑上，取代资本主义社会的是社会主义社会，是在资本主义高度发达阶

① ［英］哈耶克：《通往奴役之路》，中国社会科学出版社 1997 年版，第 80 页。
② ［英］哈耶克：《通往奴役之路》，中国社会科学出版社 1997 年版，第 79 页。

段进入社会主义社会。可历史与逻辑本身并不完全等同。在进入社会主义社会的条件下，历史所呈现出来的是一幅在曲折中前进的画面。也就是在历史实践中率先进入社会主义阶段的不是生产力发达国家，而是生产力不发达国家。一是列宁领导的十月革命（在资本主义链条最薄弱的环节，即并不是高度发达的生产力，而是生产力低下）后的俄国开启了社会主义的征程。经过短暂的新经济政策，苏联采用了计划体制——国家对各种经济社会资源实行全面的掌控，政治权力渗透于各个领域，以政治整合替代社会整合，是政治、经济、社会、文化一体化的社会。而计划配置资源，曾在一定程度上加速经济的发展，即计划体制的优势一度盖过了劣势，可终究问题多于成就，问题终究暴露出来——国家直接面对原子化的民众，中间缺乏缓冲地带，缺少自下而上的沟通机制，民众的意见凝聚和表达缺少必要的制度渠道。换言之，国家无所不能，而社会无所作为。苏联在寻找新的资源配置这一方式的过程中以解体的方式而结束。

如果说苏俄是在资本主义不发达阶段进入社会主义，而中国在进入社会主义社会之前，则是一穷二白的、半封建半殖民地的状况。这就是说，中国社会主义初级阶段就不能照搬马克思对未来社会（社会主义社会）设想的资源配置方式，也不用沿用以前的资源配置方式。马克思设想能够克服资本主义社会出现的问题，在未来社会的资源配置方式并不符合当下的社会主义初级阶段的现实要求。两千多年的封建社会之所以发展缓慢，马克思认为“因农业和手工制造业的直接结合而造成的巨大的节约和时间的节省，在这里对大工业产品进行了最顽强的抵抗；因为在大工业产品的价格中，会加进大工业产品到处都要经历的流通过程的各种非生产费用。”①据此，在自然资源开发利用方面，自给自足的经济形态（托夫勒语，人类吃“自然的利息”）比市场经济形态（人类吃“自然的老本”）要优越得多；然而，在人类自身资源的开发利用

① 《马克思恩格斯文集》第7卷，人民出版社2004年版，第372页。

方面，市场经济形态则显得更加优越。

但在此条件下，社会主义国家不得不继续寻找推进自身发展的适合的资源配置方式。经过30年的社会主义探索，中国则成功地探寻出一种新的资源配置方式——社会主义市场经济，即在更好地发挥政府的作用的同时，使市场在资源配置中起决定性作用。也就是说，在生产力落后的国家建设社会主义，首要的是发展生产力；而发展生产力最有效的路径——被实践已经证明了的——发展市场经济，利用商品货币关系、利用市场手段发展生产力；发展经济是为绝大多数人谋利益的，也就必须坚持社会主义方向。说到底，中国特色社会主义社会是“通过自觉地使自行调节的市场服从民主社会来超越自行调节的市场”。

（一）计划经济向市场经济转变的理论和实践依据

以十月革命为代表的20世纪世界范围内的社会主义革命都是在经济文化落后的国家取得胜利，这与马克思设想的“在发达的资本主义国家同时进行革命”来进入社会主义社会不同。因而，在进入社会主义社会后，采取何种方式推进社会主义建设，路径也是不完全相同的。由于各种因素的存在，苏俄在残酷的战争环境和物资极度缺乏的特殊条件下，被迫采取一些临时性的战时共产主义政策，为战争的胜利提供了物质保障。但由于发展生产力即资源配置方式没有调动社会成员的积极性，使得总的财富增加有限，导致老百姓的日常生活日趋困难，使得人们对列宁领导的俄共产生怀疑。这种情况下，“新经济政策”成为苏俄发展经济，摆脱当时困境的临时性措施。但由于“新经济政策”是用商品货币乃至资本的办法，而马克思认为在未来的共产主义社会中是没有资本的，因而资本被等同于是资本主义社会的。到1928年，苏俄的“新经济政策”被计划经济所取代。

计划经济，也是指令型经济，是通过掌控资源分配来对生产以及产品消费事先进行计划的经济体制，换言之，生产什么、怎样生产和为谁生产，由政府说了算,不受市场影响。这一资源配置方式,曾给苏联带来高速发展——很快跃居欧洲第一和世界第二,对第二次世界反法西斯战争取得胜利功不可没,但在随后的发展中,并没有让老百姓的日子一天天好起来。苏联的解体或多或少都与此有关。中华人民共和国成立的头 30 年,该资源配置方式也使得完备的工业体系得以建立,经济社会取得了较快发展,但因不能调动社会成员的生产积极性和主动性,其优势慢慢减退。换言之,计划经济在一定程度上是模仿经济,是在现存资源基础上的一种尽可能最大化的利用;而在新资源生成方面不是长处。计划经济无法使集体目标和个人目标达成一致,无法使各经济活动单位意见统一和融洽,也无法克服地方与个人的惰性。为此,取代资本主义的社会主义怎样才能体现出比资本主义社会优越,克服资本主义社会的内在矛盾?很早就有人研究公有制经济能否发展市场经济这一问题。

1. 公有制与市场相结合的理论探讨。最早对市场经济与社会主义能否相结合进行研究的是市场社会主义者。奥斯卡·兰格的计划模拟市场的理论模型:生产资料公有制基础上可有小私有,存在不完全的市场体系,实行国家、地方、家庭参与的多重决策体系,实行双重价格定价体系。波兰经济学家布鲁斯提出市场机制的计划经济模式——生产资料必须用于满足社会利益,社会必须对其占有的生产资料具有有效的支配权。捷克的经济学家锡克曾提出,劳动者是集体资本的所有者,以自治的方式管理企业,共同参与对利润的分享,即资本中立化理论。此外,还有罗默的"证券的市场社会主义"理论、米勒的"合作制的市场社会主义"理论、斯韦卡特的"经济民主的市场社会主义"理论,等等。

这些理论表明,市场经济与社会主义可以结合,关键是理顺个人与集体的关系。市场经济依靠各种生产要素,包括知识的发现、积累和使用。市场主体是社会财富的创造者,是经济发展内生动力的源泉。参与市场交易活动的主体,有企业、家庭(含劳动者个人)、机构(含政府、社会组织)。资源在各个市场主体(企业、机构、家庭、个人)之间配置,市场价值规律可以通过供求变动和竞争机制促进效率、发挥作用。作为市场主体的企业，围绕市场，调配各种生产要素，组织生产，供应各种产品服务。在此场合，政府只应起辅助监管作用。政府要运用行政、法制、经济等手段进行调节，以实现资源的优化配置，实现社会主义所追求的社会正义、更大程度的平等和保障等。哈耶克指出，“有意识控制的可能性只限于存在真正一致的领域中，而在一些领域中必须听任事情自由发展”。①

生产社会化程度高，生产要素在国民经济各个部门、各个产业和成千上万企业之间的配置，不可能由一个计划来安排，只能让价值规律通过市场供求关系的变动来调节。市场经济是通过供求、价格和竞争的作用来调节资源配置的经济体系，在资本、劳动力和自然资源等生产要素的配置中，既可发挥市场主体的积极性和能动性，使市场主体面临竞争的外在压力、具有提高经济效益的内在动力，从而使市场经济充满活力，促进资源的合理有效配置；而市场主体一旦仅仅为了赢利，有可能做出诸如制售假冒伪劣产品、破坏资源环境、偷税漏税、滋生权钱交易等违反市场正常秩序、损害他人利益或社会公共利益的行为。

马克思语境中有没有解决此问题的思路？马克思在1866年8月写的《临时中央委员会就若干问题给代表的指示》中指出，社会主义的生产方式和生产关系因素，是在资本主义生产方式内部“自然而然地”出现的工人自己的合作工厂的基础上发展起来的一种新的生产方式。进而，马克思在1877年《给〈祖国纪事〉杂志编辑部的信》中也说，资本主义给社会劳动生产力和一切生产者个人的全面发展以极大的推动，已经创造出了新的经济制度的要素。换言之，资本主导的生产条件正在扬弃自身，正在为新社会制度创造历史前提的生产条件——即社会化大生产为基础的生产资料资本主义私人所有制转变为社会所有制（自由平等的生产者联合的造福人民的共和制度）②——既包括资

① ［英］哈耶克：《通往奴役之路》，中国社会科学出版社1997年版，第70页。

② 《马克思恩格斯全集》第21卷，人民出版社2003年版，第271页。

本主义社会内部形成的建立社会主义社会所需要的物质技术条件，也包括资本主义社会内部自发地孕育和形成的社会主义的生产关系因素。这是由市场经济的内在特点所决定的。马克思指出，“这种按一定比例分配社会劳动的必要性，决不可能被社会生产的一定形式所取消，而可能改变的只是它的表现方式，这是不言而喻的。在不同的历史条件下能够发生变化的，只是这些规律借以实现的形式。”①

2. 公有制与市场相结合的实践探索。新经济政策是以列宁为首的布尔什维克党人根据当时的俄国的国情，提出恢复商品的生产与交换，“应当把商品交换提到首要地位，把它作为新经济政策的主要杠杆。”②这表明，鼓励小生产发展，允许自由贸易，社会主义国营企业必须按照商品生产的基本规律来组织经营，即遵循“商业化原则”。1952 年，斯大林在《苏联社会主义经济问题》一书中，肯定商品生产和商品流转在苏联当时的经济条件下仍然是十分必要的。③ 社会分工的存在决定了必须要实行商品经济。商品经济条件下价值规律必然发挥作用，对市场需求作出反应，而且能够激发生产的活力等。

中华人民共和国成立后，毛泽东主席在计划经济的实践中逐渐认识到，当时的中国，价值规律不仅要在流通领域起调节作用，而且在生产领域也应起调节作用——我们有些人向往共产主义，可一提商品生产就发愁，觉得这是资本主义的东西，这是“没有分清社会主义商品生产和资本主义商品生产的区别，不懂得在社会主义条件下利用商品生产的作用的重要性”；进而明确地指出，商品生产不能与资本主义混为一谈，“现在是国家同人民公社做生意，早已排除资本主义，怕商品生产做什么？不要怕，我看要大大发展商品生产。”④

推动改革开放的邓小平认为，“计划和市场都是经济手段”，中国利用市

① 《马克思恩格斯文集》第 10 卷，人民出版社 2009 年版，第 289 页。
② 《列宁选集》第 4 卷，人民出版社 1995 年版，第 533 页。
③ 《斯大林选集》下，人民出版社 1979 年版，第 550—552 页。
④ 《毛泽东文集》第 7 卷，人民出版社 1999 年版，第 439 页。

场经济来发展社会主义生产力，主要在于一是对发展生产力有好处，二是为社会主义服务；那“日本有个企划厅，美国也有计划”①；也就是说，“计划经济不等于社会主义，资本主义也有计划；市场经济不等于资本主义，社会主义也有市场”②。我们把“计划经济和市场经济结合起来”，既不鼓励懒汉，也不因两极分化而打内仗；而是促进生产力解放，加速经济发展。③ 为此，邓小平进一步指出，社会主义同资本主义比较，它的优越性就在于“能做到全国一盘棋，集中力量，保证重点”④；就是“四个坚持，坚持集中表现在党的领导”；就是“体现社会主义本质的共同富裕，不搞两极分化”。为此，邓小平还语重心长地指出，“如果导致两极分化，改革就算失败了”——“中国有十一亿人口，如果十分之一富裕，就是一亿多人富裕，相应地有九亿多人摆脱不了贫困，就不能不革命啊！”⑤

我国的改革是在生产力落后，而且发展不平衡的前提下进行的。从生产力视角来看，一是十亿多人口，八亿在农村；二是少数现代化工业同大量落后于现代水平几十年甚至上百年的工业并存；三是少数经济比较发达的地区同广大不发达地区和贫困地区并存；四是少量具有世界先进水平的科学技术同占人口近四分之一的文盲半文盲并存。⑥ 从生产关系以及上层建筑来看，建立在社会主义社会形态基础之上，“以生产资料公有制为基础，坚持人民民主专政和马克思主义在意识形态领域中的指导地位”。基于此，改革开放旨在推动社会主义制度的自我完善与发展——“社会主义的本质，是解放生产力，发展生产力，消灭剥削，消除两极分化，最终达到共同富裕”。

---

① 《邓小平文选》第3卷，人民出版社1993年版，第203页。

② 《邓小平文选》第3卷，人民出版社1993年版，第373页。

③ 中共中央文献研究室编：《邓小平年谱（1975—1997）》（下卷），人民出版社2004年版，第1357页。

④ 《邓小平年谱（1975—1997）》（下卷），人民出版社2004年版，第832页。

⑤ 《邓小平年谱（1975—1997）》（下卷），人民出版社2004年版，第1317页。

⑥ 参见《沿着有中国特色的社会主义道路前进》，人民出版社1987年版。

1978 年至 1992 年,进行市场取向的改革,即在公有制基础上发展商品经济实践探索。改革首先在农村开始实施家庭联产承包责任制,并取得了显著成果,进而从农村转移到城市(从扩大企业自主权实行企业承包制入手),从经济领域扩展到政治领域(政治体制改革)、科技教育及其他社会生活领域,进行了综合和专项改革试点。这一系列的改革的指导思想,都在于如何在公有制基础上或在计划经济的基础上发挥价值规律以及市场调节的作用:从十一届三中全会提出"重视价值规律的作用"到党的十二大的"计划经济为主,市场调节为辅",再从党的十二届三中全会的"有计划商品经济"到党的十三大的"国家调节市场,市场引导企业的机制""按照所有权经营权分离的原则,搞活全民所有制企业",建立有计划商品经济新体制的基本框架,进而在党的十三届四中全会上提出"建立适应有计划商品经济发展的计划经济与市场调节相结合的经济体制和运行机制"。

在这一阶段中,不得不提一下价格双轨制。它是实现中国价格模式转换的一种过渡形式。从 1981 年开始,同一商品中国家计划内的部分按国家规定价格统一调拨,企业自销部分产品,其价格由市场决定。先后有原油、石油、煤炭、橡胶、炭黑以及其他工业生产资料的超产部分按市场价格出售。1989 年开始并轨,有的商品并入国家定价,有的商品并入市场调节价。价格双轨制在一定程度上推动了价格形成机制的转换,把市场机制逐步引入了国有大中型企业的生产与交换中。

(二)让市场在资源配置中起基础性作用

14 年的发展商品、市场取向的改革,虽然中间经历种种波折,但带来了经济社会的变化以及当时的国内国际环境的变化,推动了党的十四大作出建立"让市场在资源配置中起基础性作用"的社会主义市场经济体制的决定。这是一种充分调动人民群众从事社会主义现代化建设积极性和创造性的体制机制。换言之,通过改革,即通过政府逐步放权,建立起政府、社会与市场各自在自己最优的边界活动，且相互补充、相互制约，共同履行经济社会可持续发展的职责。

1. 正确理解社会主义市场经济体制。社会主义市场经济体制是社会主义基本制度与市场经济体制的内在结合，既保证公有制的主体地位，也发挥市场机制充分调动社会成员积极性的优点和长处，从而增强经济发展的活力。换言之，社会主义市场经济既遵循市场经济的规律，又体现公有制的要求；既发挥市场经济的长处，也彰显社会主义制度的优越性。这一经济体制的哲学底蕴是，社会主义市场经济强调个体与整体有机统一。现实的社会性的个人，追求的是自己的个人利益，并在此前提下实现社会利益；在这种制度中，个人利益的实现以增进社会利益为前提，在社会利益增进的同时有利于个人利益的实现，个人和社会在现实的发展中获得了内在的统一。

一是坚持公有制为主体。国家作为生产资料公共所有权和社会公共利益的总代表，以所有者的身份向国有企业收取资本收益。建立健全国有资产投资、管理、考核、使用等体制——建立起明晰产权、保护严格、流转顺畅、保值增值的公有资产管理制度。着力于从经济社会发展的全局和长远利益出发，统筹兼顾各方面的重大比例关系，国有资本重点提供公共服务、发展重要前瞻性战略性产业、保护生态环境、支持科技进步、保障国家安全，促进经济社会的持续稳定发展。完善各级政府以及社会对国有资本管理过程的监督机制，完善劳动者参与企业民主管理的机制。

公有资本承担重大专项任务，关系国家安全、国民经济命脉的重要行业和关键领域，必须做大、做优、做强。公有资本是“全民所有、为民服务”，承担重要的社会责任，如保障民生需求、维护经济安全、实施宏观调控和推动自主创新等，满足社会的共同利益。社会主义市场经济最终是通过市场经济的办法，快速发展社会生产力，壮大社会主义公有制经济。

二是坚持“以人民为中心”的宗旨。社会主义公有制经济是劳动者在共同占有生产资料基础上平等劳动的生产关系。在生产过程中，管理者和劳动者在生产资料占有上是平等的，只不过分工不一样，劳动者有权对生产经营活动进行民主管理。

形成了平等互利、互助合作的新型关系。劳动者进入企业与生产资料相结合，享有了作为生产资料的共有者中的一员应当具有的权益，劳动者根据按劳分配原则共同分享企业的经营成果，其收入主要取决于他们的劳动贡献和企业的经济效益，承担着保障人民共同利益的社会责任。

以公有制为主体，不仅是为了保证经济发展是来解决“人民日益增长的物质文化需要同落后的社会生产之间的矛盾”，更是在遵循规律，尤其是人的发展规律，为人的自由全面发展创造条件。这就是让市场机制在资源配置中发挥基础性作用，培养市场主体在经济社会活动中的自由意识和平等意识，换言之，在市场交易中逐渐形成，人们的市场状况在很大程度上推动着人们之间社会关系的发展。

2. 通过市场配置资源，调动市场主体创造财富的积极性。这里的商品市场，是由消费品和部分生产资料组成。党的十四大提出我国经济改革的目标是建立“社会主义市场经济体制”，由此进入建立社会主义市场经济体制阶段。党的十四届三中全会提出了“市场经济五十条”确立社会主义市场经济的总体构造：一是所有制状况，二是劳动成果分配状况，三是建立现代企业制度，四是统一开放的市场体系，五是完善宏观调控，六是建立多层次的社会保障制度，等等。

党的十五大强调指出，“着重发展资本、劳动力、技术等生产要素市场，完善生产要素价格形成机制……尽快建成统一开放、竞争有序的市场体系。”党的十六大提出“健全统一、开放、竞争、有序的现代市场体系；发展产权、土地、劳动力和技术等市场；创造各类市场主体平等使用生产要素的环境。”党的十七大提出，“从制度上更好发挥市场在资源配置中的基础性作用，形成有利于科学发展的宏观调控体系”。党的十八大提出，“更大程度更广范围发挥市场在资源配置中的基础性作用。”总之，在这一历史进程中，着力完善社会主义市场经济体制。但到党的十八大，还存在市场化改革不彻底，市场作用不够充分——市场体系不够完善，生产要素市场发展滞后、市场秩序还不够规范；在资本市场中既有证券市场，又有地下融资市场；土地市场中的城乡二元的市场分割；要素价格不完全由市场供求决定，定价规则透明性不够。存在地方保护主义、部门保护主义，以不正当手段谋取经济利益的现象，经济增长方式粗放落后，产业结构严重不合理，城乡差距、收入差距过大，环境恶化等交加，政府经济职能设置的原点坐标错位、运行机制严重扭曲、动力结构严重混乱，等等。如中小企业融资难、农地补偿纠纷甚至豪华办公楼和超前城市广场等现象。比如，行政审批范围过大，重要资源和生产要素的价格还未理顺，城乡体制分割①；一些地方为追求物质财富的数量，忽视教育、医疗、社会保障事业的发展。

3. 深化改革面临的问题。在完善社会主义市场经济体制过程中存在的问题，如何才能真正得到解决？实际上要解决这些问题，必须弄清楚产生这些问题的根源，进而深化改革来解决。

市场不是万能的，其“无形之手”所能触及的也只是盈利的空间。具体而言，市场机制即价值规律发挥作用，而价值规律不仅带来马太效应：市场自身不能自动投资事关长远的项目（产能过剩、金融风险），不能解决有支付能力的购买力不足的问题，不能引导生产要素向贫困地区、少数民族地区、边疆地区流动等，也不能保证交换是公平的，贫富差距、食品药品安全、民生建设和社会保障不足，更是由于为了自身利益，只讲微观投入产出效应，企业往往将成本外溢：破坏资源和环境——环境污染和矿产资源滥采乱挖，无法解决假冒伪劣产品损害劳动者合法权益、损害消费者利益。

从政府这一视角来看，虽然政府一直在放权，但由于历史的诸多因素，政府往往直接承担着经济建设的责任。政企经济关系中，政府是经济活动

① 张宇：《论公有制与市场经济的有机结合》，《经济研究》2016年第6期。

的大老板，政府干预过度现象表现在政府主导经济增长的政府倾向和由此产生的行政权力扩张具有普遍性。生活消费品等商品价格逐渐走向市场，但生产要素市场如劳动力、资本、土地等发育并不充分，一些重要资源和生产要素的价格还未理顺，国有资本的所有权、占有权、经营权之内在关系还没有很好地理顺。各级政府在配置生产要素方面拥有过大的权力，使具体承担这项工作的官员往往掌握过大的自由裁量权和寻租机会。据广东省省情调查研究中心发布的《2006年省情调查报告》显示，广东省同工不同酬现象相当严重，一些国有企业在薪酬分配上，往往按职工、合同制工、临时工等"身份"来分配，而不是按岗位、技能、业绩等个人素质和对企业的贡献来分配。除劳动力外，土地、资本、国有企业产权等生产要素也存在不同程度的"价格双轨"。经营性用地实行"招拍挂"——按照市场规律来运作，而非经营性用地则采取"协议出让"的方式——土地的供给和需求是一种行政行为。此外，根据最高人民法院的司法解释，对死者或伤残者的赔偿，是以其户口所在地的居民可支配收入来确定的。这样，由于城乡收入差距较大，使得城镇居民和农村居民的死亡赔偿金相差很多，等等。[①] 这些问题的存在，是因为政府过多聚焦于经济发展，使得本该承担的职能却无力顾及，如司法制度建设、教育、医疗、基础科研等公共产品和准公共产品供应不足和公共服务缺位。

此外，也许主要精力放在经济上，使得政府与国有企业的关系非同一般，在实践中无法做到用同一把尺子衡量市场经济中的主体，无论在享受资源和政策方面，都偏爱国有、国有控股的经济成分，却没有让其出现更高的效率和示范性的做法。由此，从社会主义市场经济发展来看，政府推动发育市场来发展经济是为了弥补当时社会力量之不足的权宜之计，因为中国历史上没有市场经济的传统。可随着掌握政治权力的人利用寻租尝到甜头之后，在许多经

① 胡湾：《价格双轨制名亡实存》，《经济导刊》2006年第11期。

济活动场合政府可不出现，但不乏政府的身影；而在该出现的时候又不见身影。也就是说，政府部门存在越位、缺位、错位等问题，即管得过多、管得过细，管了很多不该管的事，导致政府放权至今还没有到位。

在社会伦理力量上，中国文化现代化面临着三重背景："前现代"、"现代"和"后现代"。这三者共时并存，纠结交错，异常复杂。一方面，适合社会主义市场经济的文化没有建立起来，换言之，优秀的中华传统文化没有得到现代化转化和创新性发展。中华优秀传统文化尤其是以"仁"为核心的传统伦理价值跟市场经济体系是共容的。这是因为，市场经济从本质上来讲，是他人好自己才好。也就是说，要想获得价值，必须有人认可你商品的使用价值。五千年来，以"仁"为核心的传统伦理价值体系始终绵延不断，如从孔子的"仁者爱人""己所不欲，勿施于人"、为人"讲诚、讲信"到当下共产党人的"不忘初心，牢记使命"的"以人民为中心"的工作导向。然而，这一理念却没有随着社会主义市场经济的发展而发展。也就是说，并不是每一个市场主体在由熟人社会转向陌生人的社会中都讲诚信。众所周知，在熟人社会里，违约成本太高。陌生人即使违背了基本的道德规范，还可改头换面在另外一个地方重新开始。此外，对传统文化的一概否定，对外来文化一概赞扬，导致中国传统文化的中断，使得现代文化与传统文化之间有了很大的裂痕；五四革命的一种延续——"文化大革命"。反传统的思潮，使得传统中的各项权威，原有的各种道德规范荡然无存，也非常薄弱。由此，有些企业失去了敬畏之心，为了获得自身的利益，假冒伪劣横行，学历造假、牛肉造假、奶粉造假、泡菜造假、药品造假，等等。这些造假的行为虽自身付出的代价非常低，可对社会秩序具有严重的破坏作用——社会上充斥着广泛的不满情绪。

另一方面，虽然剥削阶级已被消灭，但他们的意识形态在一定范围内仍存在，与之相关的落后的腐朽的文化有时沉渣泛起。马克思指出："除了现代的灾难而外，压迫着我们的还有许多遗留下来的灾难。"究其原因，我国社会主义社会是在半封建半殖民地的基础上建立和发展起来的。由于认识上的误区,新中国成立后长期把很多封建主义的东西披上社会主义的外衣。如“官本位”、轻法制、民主制度难以推行、科学技术发展缓慢等都与封建主义的思想体系和风俗习惯有关系;直观的系统整体性、朴素混沌的辩证性、思维取向的实用性等传统的思维方式,往往引起经验主义和迷信思想的流传,扼制开拓创新精神;中国的传统价值观在个人与群体(社会、国家、民族)的关系、物质生活与精神生活的关系上,比较注重群体与精神,如“重义轻利”“存天理,灭人欲”“崇德贱力”“为政以德”的价值观影响更为深广。而市场经济虽然也强调“君子爱财,取之有道”,但往往彰显个人,以个人为本位。也正因为市场经济是一个陌生人的社会,其社会生活空间、公共场所也就越来越多。而这些空间中存在的事物不仅仅停留在政府部门,也需要民间组织发力,广泛实行各种社群的自治。然而,传统的“大政府、小社会”使国家权力充分扩张而民间社会活动空间被尽量压缩了。

此外,针对社会主义市场经济演进过程中存在的问题,有些是利益问题,是利益调整问题,是制度改革问题,而不是技术问题。如果是制度问题,而用技术的方法解决,只能是越往后解决起来越困难,越往后经济发展问题越大。而我们当前所努力的主要解决措施在进行技术性调整,即通过技术性的政策调整来解决问题,力图用技术调整维持经济的持续发展。如经济新常态,削减政府审批,启动政府市场引擎,提倡万众创新、大众创业等政策取向。然而,这些措施带来的只是一种增量,是以承认现存体制框架合理有效为前提的。实际上,在制度框架不变的条件下,技术上的调整是把问题向后推,是让后来的人到非解决不可的时候再解决。由此,必须深化改革,推动制度调整,推动经济社会发展的“责权利”相统一的制度的形成,对时时处处出现的矛盾和问题的影响及时消解,不让问题积累甚至呈递增趋势,达到难以解决的程度。这需要一种精心设置的制度框架,但现存的制度具有一定的缺陷——“在短时间内我们为多样化和选择的自由必须付出的代价有时可能很高,但在长时期内即使是物质福利的进展也得有赖于这种多样性,因为我们不能预见从那些可以提供商品或劳务的许多形态中，究竟哪一种可能发展出更好的东西”①。

（三）市场在资源配置中起决定性作用，更好发挥政府作用

经过改革开放以来的探索，人们深刻认识到，社会主义市场经济就是既要发挥个体的积极性和创造性，也要使集体、共同体的凝聚力和向心力得到充分体现。而这就需要我们完善社会主义市场经济体制，就是要处理好政府和市场的关系。正如党的十八届三中全会通过的《中共中央关于全面深化改革若干重大问题的决定》中提出，“使市场在资源配置中起决定性作用和更好发挥政府作用”以及习近平同志在党的十九大报告中强调“经济体制改革必须以完善产权制度和要素市场化配置为重点”，这是为了更好地解决新时代我国社会的主要矛盾——“人民日益增长的美好生活需要和不平衡不充分的发展之间的矛盾”。

1.“使市场在资源配置中起决定性作用”，就是要形成统一、开放、竞争、有序的市场体系。这一命题告诉我们，市场起决定性作用是在经济的资源配置领域，不是其他方面。也就是说，市场机制发挥作用不能深入政治权力和社会伦理领域，而是在商品市场和生产要素市场发挥决定性作用。习近平同志指出，“市场起决定性作用，是从总体上讲的，不能盲目绝对讲市场起决定性作用，而是既要使市场在资源配置中起决定性作用，又要更好发挥政府作用。有的领域如国防建设，就是政府起决定性作用。一些带有战略性的能源资源，政府要牢牢掌控，但可以通过市场机制去做”②；他进一步强调，“我国实行的是社会主义市场经济体制，我们仍然要坚持发挥我国社会主义制度的优越性，发挥党和政府的积极作用。市场在资源配置中起决定性作用，并不是起

① 哈耶克：《通往奴役之路》，中国社会科学出版社 1997 年版，第 54 页。

② 《习近平关于社会主义经济建设论述摘编》，中央文献出版社 2017 年版，第 57—58 页。

全部作用。”①

为此，市场在资源配置中起决定性作用，就是把市场中的市场机制搞活，让市场机制来配置资源，推动资源效益最大化和效率最优化——建设“统一开放、竞争有序、诚信守法、监管有力的现代市场体系”和“进行权责明确、公平公正、透明高效、法治保障的市场监管体系”。具体而言，一是深化要素市场改革，逐步推进资本、货币、技术市场化，健全公平、开放、透明的市场规则，反对垄断和不正当竞争；完善土地资源和环境产权，资源资产、公共资源有偿使用和收益共享，建立二氧化碳排放权、水权、排污权等的市场交易机制，有效规范各类市场运行；推进劳动力、管理等要素市场建设，完善主要由市场决定价格的价格生成机制，保障市场体系竞争有序。

二是完善市场机制，增强市场主体对市场需求变化的反应和调整能力，提高市场主体对资源要素配置效率和竞争力。习近平同志强调，“全面深化改革，就要激发市场蕴藏的活力……激发市场活力，就是要把该放的权放到位，该营造的环境营造好，该制定的规则制定好”；“我们强调要更好发挥政府作用，更多从管理者转向服务者，为企业服务，为推动经济社会发展服务”②。只要市场能做得到的，就由市场来做；能由市场形成价格的都要交给市场，最大限度地发挥市场决定价格的作用，通过市场竞争形成价格，进而调节供求关系，优化资源配置。

让市场在资源配置中起决定性作用，可以减少僵尸企业的存在。由于种种原因，一些企业虽然生产率低、利润率低，甚至亏损的，仍能吸纳宝贵的信贷资源，不具有偿债能力的，只有依靠继续借债或补贴才能生存。换言之，此类企业虽然占有大量的土地、设备、劳动力等资源，却无发展能力，只能靠外界不断地“输血”（吸纳大量的银行贷款）生存。由于这些企业没有发展能力，却还

① 《十八大以来重要文献选编》（上），中央文献出版社2014年版，第500页。

② 习近平：《谋求持久发展　共筑亚太梦想》，《人民日报》2014年11月10日。

在占有新资源的过程中，企业债务不降反升，降低了整个经济的生产率和经济长期增长速度。

之所以出现僵尸企业，很大程度上靠政府或金融机构的不断输血，靠市场外的因素，陷入“死不了、活不好”的境地。如果让有竞争能力的企业占有、使用这些资源，则能创造更多的财富。这就需要把这些企业推向市场，将错配的金融资源从中释放出来——通过债务清理、重组，推进资产证券化等方式，盘活长期被占用土地、资金、劳动力等大量社会资源，让其自动流入有市场需求的“企业池”里。企业的进入与退出，让市场说了算，让市场来决定谁“活”谁“死”——优胜劣汰，有市场的企业在竞争中脱颖而出，没有营利能力的企业自然倒闭。

经济结构调整与产业优化升级。经过多年的努力，2016 年第一产业增加值占国内生产总值的比重为 8. 6%，第二产业增加值所占比重为 39. 8%，第三产业增加值所占比重为 51. 6%。第三产业主要是服务业，即劳动密集型企业，是自然资源消耗最少但能取得更多收益的产业，主要依赖于人类自身的资源。在自身资源得以形成的过程中，人的主体性会得到进一步彰显。换言之，市场经济，通过激发社会成员的活力来增加社会财富，而这一过程也正是自由平等个体形塑的过程——不断催生一个个新型的自由职业者、个体商户通过各类平台进行兼职或是服务外包，劳动合同不再成为就业过程中的必需品，短暂的劳务关系成为新兴就业市场中的主流——人们可以依照自己的兴趣和技能，灵活选择工作机会，以劳动者的身份参与到经济活动中，而无须依托于相关企业。尤其是网络发达的时代，经济越发展，越能够吸纳产业升级过程中的大量冗余人力资源，无论是脑力劳动者还是体力劳动者，在网络分享平台上，动动手指，就能将闲置资源在全社会分享，并获得合理的收入。

2. “更好发挥政府作用”，就是以遵循社会主义发展规律、市场经济规律为前提，履行政府的职能。换言之，政府成为市场公平竞争、各类经济主体合法权益的维护者。政府在宏观层次上进行资源配置，如供求总量的综合平衡、自然资源和环境的保护、社会资源（财产、收入）的公平分配等方面，以及涉及国家社会安全、民生福利（住房、教育、医疗）等公益性领域。

“更好发挥政府作用”，一是要科学界定政府职能范围，深化权力清单，通过权责一致，克服政府职能错位、越位、缺位现象，严格依法行政，进行责任清单管理，加强市场活动监管特别是事中事后监管，把该管的事管好管到位，把该放的权放到位。政府的职能，“保持宏观经济稳定，加强和优化公共服务，保障公平竞争，加强市场监管，维护市场秩序，推动可持续发展，促进共同富裕，弥补市场失灵。”①既包括从事法律、政策、规划等顶层设计，提供一个公平的制度和竞争环境；也提供基本的管理和服务，以保障公民的基本生存和发展权——既包括成熟市场条件下提供公共物品和补充市场失灵，也包括解决不成熟市场机制和不完善制度环境下的市场失效问题；调控宏观经济的职能，制定国民经济发展规划等。

政府使经济活动遵循价值规律和有计划按比例分配规律的要求，达到资源的优化配置——经济持续稳定增长、比例协调、充分就业、价格水平基本稳定和国际收支基本平衡。社会主义国家宏观调控的手段不局限于财政政策和货币政策，还包括许多由国家直接掌握和实施的调节手段，如制订发展计划、协调区域关系、创建战略性产业、监管国有资本、投资基础设施、推动科技创新、调整产业结构、调节收入分配等。

二是完善资源产权，推动生产要素市场化，包括资本、土地、货币、管理、劳动力、资源环境、技术等“要素市场”。完善物权、债权、股权、知识产权等各类产权的相关法律法规制度，形成清晰界定所有、占有、支配、使用、收益、处置等产权权能的完整制度安排。

国务院《关于全民所有自然资源资产有偿使用制度改革的指导意见》（国发〔2016〕82 号）中指出，全民所有自然资源，主要包括国有土地资源、水资源、

① 《关于〈中共中央关于全面深化改革若干重大问题的决定〉的说明》（2013 年 11 月 9 日），《十八大以来重要文献选编》（上），中央文献出版社 2014 年版，第 500 页。

矿产资源、国有森林资源、国有草原资源、海域海岛资源等。在坚持全民所有制的前提下，完善国有土地资源、水资源、矿产资源、国有森林资源、国有草原资源、海域海岛资源有偿使用制度及其使用权体系，推动其所有权和使用权分离，明确占有、使用、收益、处分等权利归属关系和权责，适度扩大使用权的出让、转让、出租、担保、入股等权能，以适应经济社会发展多元化需求和自然资源资产多用途属性。

中共中央、国务院关于《生态文明体制改革总体方案》中规定，坚持资源公有、物权法定，清晰界定全部国土空间各类自然资源资产的产权主体——划清全民所有和集体所有之间，全民所有、不同层级政府行使所有权之间，不同集体所有者之间，全民所有中央政府直接行使所有权、全民所有地方政府行使所有权等的边界；着力解决自然资源所有者不到位、所有权边界模糊、所有权人权益不落实等问题。

按照成本、收益相统一的原则，将反映市场供求和资源稀缺程度、体现自然价值和代际补偿的资源有偿使用等纳入自然资源及其产品价格形成机制，着力解决自然资源及其产品价格偏低、生产开发成本低于社会成本、保护生态得不到合理回报等问题。理顺自然资源及其产品税费关系，实行资源税从价计征，合理确定税收调控范围，将资源税扩展到占用各种自然生态空间。此外，完善知识产权归属制度，保护发明人的产权权益；健全农村产权交易流转和退出机制，完善农村承包地、宅基地、农房、集体建设用地的确权登记颁证，保护农民的合法利益；合理界定土地、房屋等财产征收征用适用的公共利益范围，给予被征收征用者公平合理补偿的法律安排。

劳动力作为生产要素，既包括城乡二元，也包括城镇职工与农民工二元，还包括国有民营二元等。十八届三中全会对劳动市场的发展强调平等权利理念。国有企业职工能进能出，管理要对接职业经理人市场，提高市场选聘比重等。调动人的积极性，需要着重地培养四种人：新型农民——“第一产业+第二产业+第三产业”，新型企业家，新型管理者，新型营销者。搭建一个平台，让社会上的创业精神自由流动,让创业者可以尽情发挥自己的创新力和想象力。政府整合社会上可用的交叉学科资源,通过推动国家实验室、国家重大专项的建设,促进科研创新。政府扮演“新技术践行者”的角色,政府率先使用,形成样板,之后向全国推广,继而向全世界推广。

产权保护用法律的形式作出可信的承诺,减少政府对微观经济活动的直接干预,打掉权力的寻租漏洞与空间,让企业家能够安心经营下去。健全完善市场体系和法治体系,依法保护民营企业特别是企业家的合法权益,保护合法的私有财产不受侵犯。我国实行市场准入负面清单制度,构建了各种所有制企业自主经营、公平竞争,消费者自由选择、自主消费,商品和要素自由流动、平等交换的现代市场体系;打造法治化、国际化、便利化的营商环境,使我国成为全球最具吸引力的投资东道国。

三是建设一个能够为市场的有效运转提供支持的法治环境。积极推广负面清单管理而不是正面清单管理。后者是指政府允许的市场准入主体、范围、领域等均以清单方式列明。把企业可以自由进入和活动的领域或情况以清单的形式清晰列出来,清单之外的领域或情况则是企业受禁止的或者受限制的,而政府则有广阔自由活动的空间。该模式压缩了市场的自发活动空间,导致企业的自发性行为受到极大的限制,压制了企业的创新欲望和创新能力,降低了经济的内在活力;过分地放大了政府的权力作用空间,导致政府权力的滥用以及强化了政府决策的随意性和权变性,进而不断滋生权力寻租和腐败,扭曲了资源的优化配置和提高了经济社会运行成本。

在负面清单管理模式下,只有法律法规明确禁止的领域,市场主体才无法进入,凡是清单没有列明的领域,市场主体均可以进入;负面清单管理模式赋予了市场主体更充分的行为自由——凡是法无禁止的,即推定市场主体有行为的自由,政府机关也不得设置额外的审批程序,变相规避行政许可法定的原则;保证所有政府官员在执行自己的职能时严格遵纪守法,防止他们以国家的名义侵犯公民的基本权益;市场经济条件下的政府职能范围是有限的,它所掌握的资源与公共物品的提供有关;政府在纳税人的监督之下,改善政府的管理,做到低成本、高效率地为公众提供服务。① 国家需要综合运用法律手段和经济手段,发挥规划、计划、产业政策的导向作用,加强科学规划、政策指导和信息发布,并通过技术、环境、能耗标准及科技创新等手段规范市场准入。公有制经济中非营利性的公益类的企业,如公共基础设施管理、水利、环境、教育、卫生、社会保障和社会福利业,以及文化、体育和娱乐业等居民服务和其他服务业等,在依靠国家财政拨款基础上实行独立的经济核算,提高资源的利用效益。也就是说,这些行业及整个宏观层次上的资源配置,主要依靠政府的调控,而市场起辅助作用——既不能按照市场竞争的原则来经营,也不能依靠市场起决定作用。除此之外,企业中包括工资、奖金、福利等的个人收入,也需要国家的宏观指导——规范企业内部经营者与劳动者之间的收入比例关系,推动劳动者的收入增长率不低于企业的经营收益增长率。

关于"使市场在资源配置中起决定性作用和更好发挥政府作用"二者的关系,习近平同志指出,"既不能用市场在资源配置中的决定性作用取代甚至否定政府作用,也不能用更好发挥政府作用取代甚至否定市场在资源配置中起决定性作用"②;"继续在社会主义基本制度与市场经济的结合上下功夫,把两方面优势都发挥好,既要'有效的市场',也要'有为的政府',努力在实践中破解这道经济学上的世界性难题"③。也就是说,市场作用和政府作用是相辅相成、相互促进、互为补充的。发挥政府作用,不是简单下达行政命令,要在尊重市场规律的基础上,用改革激发市场活力,用政策引导市场预期,用规划明确投资方向,用法治规范市场行为④。总之,用"看得见的手"来弥补"看不见的手"的缺陷,但首先要让"看不见的手"发挥作用。

---

① 吴敬琏:《未来方向》,《中国经济报告》2013 年 1 月。

② 《习近平关于社会主义经济建设论述摘编》,中央文献出版社 2017 年版,第 59 页。

③ 《习近平关于社会主义经济建设论述摘编》,中央文献出版社 2017 年版,第 64 页。

④ 《习近平关于社会主义经济建设论述摘编》,中央文献出版社 2017 年版,第 69—70 页。

3. 加强国有企业的主导地位。国有企业发展壮大不仅与坚持中国特色社会主义道路紧密相连,而且也与社会主义市场经济体制的完善有关。坚持中国共产党的领导,坚持社会主义道路,就必须发展壮大国有经济。因而,必须增强国有经济对关乎国家安全和国民经济命脉等特殊行业的控制力;必须提高国有企业运营效率,要通过相关制度设计,提升消费者福利,并从机制上找到真正提升国企技术创新动力的触发器。习近平指出:"我们是在中国共产党领导和社会主义制度的大前提下发展市场经济,什么时候都不能忘了'社会主义'这个定语。之所以说是社会主义市场经济,就是要坚持我们的制度优越性,有效防范资本主义市场经济的弊端"①;"国有企业不仅要,而且一定要办好。各地区各有关部门和广大国有企业要按照党中央关于推进国有企业改革发展的决策部署,适应国内外经济形势发展变化,坚持有利于国有资产保值增值、有利于提高国有经济竞争力、有利于放大国有资本功能的方针,推动国有企业深化改革、提高经营管理水平,加强国有资产监管,坚定不移把国有企业做强做优做大"②。

完善国有企业公司法人治理结构,使国有企业成为真正意义上的市场经济主体,通过竞争等市场手段平等获得要素资源。党的十八届三中全会明确提出,进一步深化国有企业改革,推动国有企业完善现代企业制度,以致力于确保国有企业在市场经济的主导作用和主体地位。也就是说,想办法克服国有企业还存在的下列问题:一是国有企业的分配制度不健全,干好干坏差别不大;二是国有企业领导者与被领导者薪酬差距很大;三是国有企业负责人是上级任命而不是通过企业的业绩来选拔,国企负责人缺乏担当精神;四是国有企业生产和服务不能让消费者很满意,国有企业的公益性发挥不足。总之,国有企业在整个经济中应有的作用尚未得到完全发挥。

2015 年,国资国企改革的顶层设计"1+N"方案出台,在总体要求、分类改

---

① 《习近平关于社会主义经济建设论述摘编》,中央文献出版社 2017 年版,第 64 页。

② 《习近平关于社会主义经济建设论述摘编》,中央文献出版社 2017 年版,第 69 页。

革、国资管理体制等方面提出国企改革方向和举措,并要求到2020年,国有企业改革在重要领域和关键环节取得决定性成果。全国国有企业改制面超过80%,股权多元化比例达67.7%;建设规范董事会中央企业数量已达87家;国有资本更多向关系国家安全和国民经济命脉的行业和领域集中,国有资产在军工、电信、民航、能源等重要领域占比达到90%以上。①

党的十八届三中全会在《中共中央关于全面深化改革若干重大问题的决定》中指出,社会主义基本经济制度在市场经济环境下的重要实现形式,有"国有资本、集体资本、非公有资本等交叉持股、相互融合的混合所有制经济"。这一实现形式有利于国有资本放大功能、保值增值、提高竞争力,有利于各种所有制资本取长补短、相互促进、共同发展。资本运营公司与所持股国有企业的关系是经济关系、民事关系。对国有企业的整合兼并,运营公司只能起到股权运营职能,但不可以把自己视为兼并主体。对国有企业如有进退调整方向、所持国有资本投入方向等重大问题,依据国家政策和国资监管机构的决策。《中共中央、国务院关于深化国有企业改革的指导意见》提出,以业绩为导向,科学评价不同岗位员工的贡献,合理拉开收入分配差距,切实做到收入能增能减和奖惩分明,充分调动广大职工的积极性。国有企业经营管理经验,如"鞍钢宪法",并借鉴西方适合中国国有企业管理的经验,探索出一套适合中国国有企业管理的制度,同时进一步加强外部监督和内部管理。例如,2015年《财富》世界500强中,中国名列前三名的企业分别是中国石油化工集团公司、中国石油天然气集团公司、国家电网公司,在500强中排名分别为第2、第4和第7名,在国内同行业中处于龙头地位。②

为了壮大公有制经济,改善公有制经济的经营状况,发挥不同所有制各自的特点,积极发展混合所有制经济。不论是理论上还是实践上都表明,如果机制上设计合理,公有成分和私有成分不仅能够优势互补,而且能够限制彼此的

---

① 《中共中央国务院关于深化国有企业改革的指导意见》,《人民日报》2015年9月14日。

② 曾宪奎:《国有企业的双重特性与混合所有制改革》,《红旗文稿》2015年第24期。

缺点,从而提升企业竞争力——有利于在企业内部树立自我发展意识,促使企业改进内部的经营管理等诸多问题,提高生产和服务效率,提升企业自我发展的空间;能够增强国有企业与非国有企业的经济联系,推动企业之间建立联系紧密的联合体,一旦构建更紧密的企业联合体,在一定程度上提升产业链竞争力。

农业是国民经济的基础,农民是农业发展的主力军,农村是农民的家园,是中华优秀传统文化的根。改革开放前的农业"组织起来"发展,即人民公社化运动,奠定了国家公有制经济的基础,但另一层面则是超越了当时的农业生产水平,不得不通过剥夺农民的自主权来强行推进。改革开放以来,通过家庭联产承包责任制(将土地所有权和承包经营权分设,所有权归集体,承包经营权归农户)和统分结合的双层经营体制,通过所有权和经营权的分离,再到土地承包经营权可分为承包权和经营权,实行所有权、承包权、经营权分置并行——在维护集体、承包农户、经营主体权益的基础上,促进土地资源合理利用,发展多种形式适度规模经营,提高土地产出率、劳动生产率和资源利用率,推动现代农业发展。发展现代农业,就是要促进农民在自愿的前提下重新"组织起来",让"一亩三分地"进入农场,成为自己可以掌握的资本,释放农业生产力。党的十九大以后,国家将对土地承包法进行修改,着力稳定农村土地承包关系并长久不变,推动土地经营权入股,维护进城务工和落户农民的土地承包权益等内容。

4. 加强社会主义核心价值观的培育与践行。社会主义市场经济发展过程中出现或存在的一些问题,与没有建立和社会主义市场经济相适应的伦理文化有关。任何一种经济发展方式或模式,都会有一种文化底蕴,而转变经济发展方式,不仅是高效增加物质财富的需要,也是精神文化生活提升的需要,更是生活于其中的时空环境的要求。如我国当下正在推进的经济发展方式转变,不仅是传统资源的短缺,而且是生态环境、可持续发展的要求,即从"以物为本"到"以人为本"的转变,即增强经济发展的内生动力,充分释放社会成员自主创新和转型升级的能量，在国际产业分工中不断迈向高端。

如果说一种文化、一种价值取向对应着一种经济体制、一种发展方式，那社会主义核心价值观就对应社会主义市场经济。社会主义市场经济，要求个体在追求自我利益的过程中，遵纪守法，履行必要的社会责任，并且合乎职业道德要求，通过竞争提高经济效率；国家通过自身的优势，适时对经济社会发展进行宏观调控。这也就是说，市场经济是法治经济，但法治如果没有社会道德为基础，那法治成本不仅巨大，而且效率低下。社会主义市场经济建立发展到今天，出现的一些如假冒伪劣商品、诚信缺失等问题，就是传统的优秀文化中的诚信因子因种种缘由没有上升为现代的陌生人之间的契约理念。故中国共产党人审时度势，在总结经验的基础上，于党的十八大报告中提出社会主义核心价值观，从三个层面提出要求。一是国家目标上，富强、民主、文明、和谐，二是社会取向上，自由、平等、公正、法治，三是个人准则上，爱国、敬业、诚信、友善。通过三者共同作用，确立“个体、共同体、人类与大自然”的相互关系理念等，凝聚和引导中华民族精神。正如美国学者艾伯特·赫希曼在《欲望与利益》中所言，“对人们合法地追求利益给予肯定，并用这种健康的欲望去平衡破坏性的欲望”，也不失为一种路径。

培育和践行社会主义核心价值观，通过春风化雨、润物无声的方式，与人们日常生活紧密联系起来，自然而然地融入我们的生活，深入我们的内心。通过教育引导、舆论宣传、文化熏陶、实践养成、制度保障等，从娃娃抓起、从学校抓起，做到进教材、进课堂、进头脑。运用各类文化形式，形象地告诉人们什么是值得肯定和赞扬的，什么是必须反对和否定的。正如习近平所指出的，要利用各种时机和场合，形成有利于培育和弘扬社会主义核心价值观的生活情景和社会氛围，使核心价值观的影响像空气一样无所不在、无时不有。进而，习近平同志在党的十九大报告中指出，培育和践行社会主义核心价值观，就是要强化教育引导、实践养成、制度保障，把社会主义核心价值观融入社会发展各方面，转化为人们的情感认同和行为习惯，发挥其对国民教育、精神文明创建、精神文化产品创作生产传播的引领作用，培养担当民族复兴大任的时代新人……公务员兢兢业业为群众办好的每一件实事；商家为消费者提供的每一件商品，都是诚信的表达。总之，建立有效的信用激励和失信惩戒制度，有助于强化全社会的信用意识和诚信行为，有利于营造诚实守信、公平竞争的市场环境。

在完善社会主义市场经济进程中，逐步实现政府、社会、市民共同建设、治理社会，使社会、市民享有城乡发展决策的知情权、参与权、监督权，鼓励企业和市民通过各种方式参与城乡管理；进而政府鼓励和市民通过各种方式参与城乡建设，特别是投身大众创业、万众创新的热潮，积极参与城乡建设，包括物质文明建设、精神文明建设、生态文明建设；政府关注短板、补齐短板，帮助困难人群、困难家庭、非户籍人口共同分享城乡发展建设的各类成果和基本公共服务。简言之，通过社会主义市场经济的发展，逐渐形成人与自然的关系和谐稳定，个体成员在社会化大生产中多方面的需求得以逐步满足，以及全面发展的能力体系得以建立，也就是说，为个人自由全面和社会的共同富裕奠定物质基础。

第五章　资本积累与“自然力”贫困化积累

资本追求剩余价值关涉个人之间、个人与社会之间的社会关系，也触及人与自然的生态维度。一旦资本获取剩余价值突破社会的合理空间，就会加剧社会成员间的对抗分裂；突破生态自我修复的底线，就威胁到人类的可持续发展。由于人和自然之间复杂的关系，突破一个界限，必然也会打破另一个界限，如资本主义生产“破坏着人和土地之间的物质变换……破坏城市工人的身体健康和农村工人的精神生活”，“破坏了一切财富的源泉——土地和工人”①。因而，资本的无限欲望与有限时空之间的矛盾若不控制在一定的范围内，必然导致资本自身的灭亡。资本吮吸客观物质世界的“自然力”——自然界的“自然力”②“人的自然力”“社会的自然力”，推动“资本积累”与社会生产力发展，但与此同时也导致各个方面的“自然力”贫困的积累。

资本积累不仅带来两极分化——财富越来越集中在少数人手中，大多数人越来越贫困，而且，与之相伴随的还有经济危机、金融危机、生态危机与人的发展危机。要解决这一系列问题，从发展的视角而言，还得依靠资本创造条

① 《马克思恩格斯文集》第5卷，人民出版社2009年版，第579—580页。

② 自然力是科学可以解释的力量。现代物理学认为，自然力包括引力、电磁力、弱力和强力基本类别。

件。资本积累“先是造成了无限度的压榨,后来反而引起社会的监督,由法律来限制、规划”①,完成自身的历史使命。

一、资本积累与“自然力”贫困化积累及其危机

资本积累,即剩余价值的资本化,用于购买扩大生产规模所需追加的生产资料和劳动力。通过占有资本,资本家“攫取这些无偿的生产力:未开发的自然资源和自然力,以及随着人口的增长和社会的发展而发展起来的劳动的全部社会力”②。换言之,资本吮吸着自然力以及在生产过程中进行的——生产过程的社会结合——结合劳动的生产力或社会劳动生产力,体现在分工和协作上,而分工和协作又主要体现在劳动组织上,前者为“自然界的自然力”,后者为“人的自然力”和“社会劳动的自然力”。

资本既是物又不是物。资本是物,以生产资料和劳动力形式存在,生产资料最终存在于自然界之中,劳动力来自人类社会自身;资本不是物,是一种生产关系,是承载于物之上的生产关系——资本家占有生产资料,雇佣劳动者一无所有,只能通过出卖劳动力换取生活资料。正是由于这种生产关系,资本家才能够买到劳动力。也正是这一生产关系,体现出——社会需要“本质上是由不同阶级的相互关系和它们各自的经济地位决定的……第一是由全部剩余价值和工资的比率决定的,第二是由剩余价值所分成的不同部分(利润、利息、地租、赋税等等)的比率决定的”③。也就是存在阶级剥削与阶级压迫的资本主义社会,推动其变革乃至革命的不仅是贫穷(生存不下去)的群众,还有生产力发展的界限。因剩余价值规律作用而带来的生产资料限制、生态系统

① 《马克思恩格斯文集》第5卷,人民出版社2009年版,第345页。
② 《马克思恩格斯全集》第47卷,人民出版社1979年版,第553页。
③ 《马克思恩格斯文集》第7卷,人民出版社2009年版,第202页。

的限制、生存环境的限制——生产无限扩大的趋势和劳动群众有支付能力的需求相对缩小的矛盾。

（一）资本积累与自然“自然力”的贫困化积累及其危机

既然使用价值是商品价值的物质承担者，那作为使用价值来源的土地、海洋、矿山、森林等自然界的存在物，以及这些存在物之间的有机联系，在资本积累或资本逻辑的运作下，或迟或早成为资本的承载者。因为无论如何，剩余价值的产生离不开生产过程，而生产过程则是生产资料与劳动力结合的过程。在资本的时代，如果说劳动是剩余价值的源泉。而生产资料则是使用价值的源泉，“自然界同劳动一样也是使用价值的源泉”。

1. 资本肆意吮吸自然的“自然力”。马克思把资本分为不变资本和可变资本。其中，不变资本是生产资料要素，劳动力是可变资本。生产资料，在最终意义上是一种自然资源。自然资源本身内含的自然力，包括自然界中客观存在的风力、水力、生物力等，阳光、空气、水分、湿度、土壤等自然因素（包括时间因素、环境因素与其他不可预测的因素）的作用力，是自然界本身就存在的一种力量，对生产过程乃至产品都具有直接或间接的作用和影响。

自然力或自然物质，在马克思看来，是提高劳动生产率的重要因素——“它们不直接加入劳动过程，但是没有它们，劳动过程就不能进行，或者只能不完全地进行”。如风、水、蒸汽、电等纯粹的自然力之所以会增加生产力，就是这些自然力作为劳动过程的因素①；且这些用于生产过程的自然力，是不费分文的。进一步，在一定的时代环境中，自然资源的价格越高，占有者从中能够分割的超额剩余价值远远超过其劳动价值的社会剩余价值；于是，这就会驱动社会上的各种利益集团设法通过各种非劳动途径来获取这种生产资料的所有权。

---

① 《马克思恩格斯文集》第 8 卷，人民出版社 2009 年版，第 356 页。

自然资源的所有权是瓜分社会剩余价值的工具。资本主义生产方式确立以前,新兴的资产阶级和新贵族通过暴力等非正当手段使生产者与生产资料分离,如英国的圈地运动,使生产资料聚集在少数人手里,使大批生产者转化为雇佣工人,为资本主义生产方式准备了前提条件。此外,用武力征服殖民地,抢劫金银财物、贩卖奴隶等手段来聚敛财富,如16世纪的奴隶贸易。

资本将自然界的“自然力”资本化,即将尽一切可能地开发和利用各种自然力来实现价值增值。自然力本身不费分文,但利用它们需要的相关设备是要耗费劳动价值的,“正像人呼吸需要肺一样,人要在生产上消费自然力,就需要一种‘人的手的创造物’。如利用蒸汽的压力,就要有蒸汽机。利用科学也是如此。”①在生产过程中利用自然科学规律,就“需要有极昂贵的和复杂的设备”。科技成为高效制造商品、高效消费商品、高效消耗、高效污染的工具。在机械化的生产中,生产剩余价值的工人劳动在机器体系中得到扩大和延伸,科学技术成为榨取“自然界的自然力”的工具。只要提高同样数量劳动力的紧张程度,加强对这种自然物质的利用,一旦该自然资源不断被疯狂占有,最后就会面临枯竭和灭绝的命运。

把资源和环境纳入生产体系之中,通过技术变革和扩大劳动分工不断提高生产率,使物质产品以前所未有的速度和种类生产出来;通过商品零售体系的“创新”形成庞大的商品消费机制,造成巨大的资源消耗、垃圾制造和环境污染。企业利用先进的机器设备或科学技术,会使雇佣劳动者的生活资料变得便宜,根据资本有机构成提高规律,必然消耗更多的生产资料,从而获得更多的剩余价值。在人类实践中还存在另一种情况,在自然资源丰裕的地方,产权制度不清晰、法律制度不完善、市场规则不健全的环境下,因生产者占有大量的自然资源,故在商品生产过程中过多地依赖于自然资源的投入,而不注重提高劳动者的素质和技能培训,不积极进行科学技术研发,最终导致人力资源

① 马克思:《资本论》第1卷,人民出版社2004年版,第444页。

挤出效应——要么没有高技能人才，要么高技能人才流失；资本积累只能靠生产资料高消耗、劳动力资源的高投入来进行，这必然造成大量的资源浪费和掠夺性开采。

资本高消耗资源以及掠夺性开采，打破生态系统自身的循环链接，使被消耗的物质无法再回归到生态系统中，在周围环境中游荡。尤其突出的是工业与农业的分离，破坏了原来农业生产中的资源—废弃物—资源的循环过程。工业生产过程中的生产排泄物（“副产品”）和消费排泄物不能正常回归到自然循环中，停留在城市成为污染物；如果正常回到农田，则能成为肥料。这就是按工业方式经营的大农业更直接地滥用和破坏土地的自然力——“产业制度在农村也使劳动者精力衰竭，而工业和商业则为农业提供使土地贫瘠的各种手段”①；为了榨取更多剩余价值，农业资本家必然要掠夺性地使用自然力，可以说“对土地的改良根本没有做一点事情”。由此相随的，资本主义农业的任何进步或现代农业的发展，是以“劳动力本身的破坏和衰退为代价的，是掠夺劳动者的技巧的进步，而且是掠夺土地的技巧的进步，在一定时期内提高土地肥力的任何进步，同时也是破坏土地肥力持久源泉的进步……资本主义生产发展了社会生产过程的技术和结合，只是由于它同时破坏了一切财富的源泉——土地和工人”。②

消费是资本积累过程中的重要一环。资本环境下，消费与生产的关系不可分割，一是通过扩大消费、加快消费的节奏或增加消费品的种类，进而维护和推动资本积累；二是生产者和经营者积极开发新产品或力图将以前由少数人享用的奢侈品推向大众，同时有一部分社会成员出于炫耀的目的而追求奢华商品的消费，于是，奢侈品逐渐变成日常生活用品。③ 消费社会的消费是炫耀性的消费，是消费者有意炫耀自己的消费行为，所消费的商品已经超越了一

① 《马克思恩格斯文集》第7卷，人民出版社2009年版，第919页。

② 《马克思恩格斯文集》第5卷，人民出版社2009年版，第580页。

③ 俞金尧：《资本主义与近代以来的全球生态》，《学术研究》2009年6月。

般的生活需要。加快产品更新换代符合资本的要求,即有意规定商品的使用寿命和有计划地推出商品的新款式。前者使商品在规定的时间后成为废物;后者则不断使新款式变旧款式,从而使旧款折价而弃用。在加快产品更新换代的过程中,人类享受着愈益高档的物质生活,满足着自己"无边无际"的欲求,信贷消费把消费者挥霍性消费、炫耀性消费推到极致。更多的资源被消耗,更多的物品遭废弃。企业主和商人便借助于经过巧妙安排和设计的广告和电影、电视等媒体,煽动和刺激人们的物欲,并用"时尚"来诱导人们的消费观念,鼓动人们追求时尚,不断将时尚大众化,以扩大时尚用品市场,把大众培养成为消费者。

2.资本积累损害自然"自然力"动力源。空气、水、土地、生物等具有价值,是"自然—社会"系统的共同财富。它们之间相互影响、相互制约,构成的统一整体——生态系统,是人类生存和发展的基础。

生态理论与系统理论认为,在一个复杂的生态系统中,生态系统中的各种生物扮演着不同的角色,相互影响、相互制约,且有规律地结合。这样,某一种生物的消失往往不会引起整个生态系统的失调,但会使生态系统的稳定性有某种程度的下降。而一个简单的生态系统会在外力(环境的改变)作用下引起剧烈波动。也就是说,成分多样、能量流动和物质循环途径复杂的生态系统自我调节能力强;而结构与成分单一的生态系统自我调节能力弱。与此同时,抵抗力、稳定性强的生态系统有较强的自我调节能力。而一旦生态系统遭到破坏,其复杂的生态系统恢复力、稳定性不高,复杂的结构需要很长的时间来重建,而自我调节能力过低的生态系统抵抗力、稳定性也很低。

因而,生态系统为了维系自身的稳定,需要不断输入能量,否则就会因自身能量耗尽而崩溃。在生物圈系统中,生产者、消费者与分解者构成食物链——生产者从环境中得到二氧化碳和水,在太阳光能或化学能的作用下合成碳水化合物等物质和能源,成为消费者和分解者生命活动的能量。因资本逐利的本性,使得其主导的生产方式、生活方式无法顾及自然资源的有限性及其修复生长的周期，逐渐破坏了正常的人与自然之间的物质变换过程——“破坏着人和土地之间的物质变换，也就是使人以衣食形式消费掉的土地的组成部分不能回归土地，从而破坏土地持久肥力的永恒的自然条件”①。资本为了降低物化劳动和活劳动的生产成本，利用手中挟持的日益强大的科学技术，对不可再生的能源资源等进行掠夺性开采——“越是以大工业作为自己发展的起点，这个破坏过程就越迅速”②，以地力或自然力的不可持续为代价的，“在一定时期内提高土地肥力的任何进步，同时也是破坏土地肥力持久源泉的进步”③，由此产生的“工业和商业则为农业提供使土地贫瘠的各种手段”④，不断破坏系统的稳定性。

也就是说，物质变换的途径被阻断，不仅使得人与自然的物质交换被隔断，就是物与物的转换也被破坏，由此出现了生态环境问题。而生态环境问题的产生，从时空来看，资本把人类和自然界之间变成了单纯的物质消耗和污染的关系。资本为了利益，不管是不是可再生资源，使得资源与系统还没来得及修复，继续强化利用，导致有些资源枯竭、土地使用过度而沙化、森林因大量消耗而消失、气候因排放二氧化碳等过多而出现异常，许多物种适应不了环境的变化而灭绝，资本遭遇到了自己的自然极限。

就农业而言，一方面因农药等现代要素过度使用带来问题，另一方面则是畜禽粪便、农作物秸秆等农业废弃物不合理处置造成问题。联合国粮农组织的统计数据显示，中国每公顷土地的化肥施用量已经超过了美国，21 世纪初钾肥施用量是 20 年前的 3. 5 倍。农业本身的污染——来自农药、化肥、激素、生长素、除草剂等现代要素。例如，化肥的过量使用会造成土壤的酸化，进而会诱发土壤重金属离子活性的提高。中国化肥、农药用量相当大，生产和使用

① 马克思：《资本论》第 1 卷，人民出版社 2004 年版，第 579 页。

② 马克思：《资本论》第 1 卷，人民出版社 2004 年版，第 580 页。

③ 马克思：《资本论》第 1 卷，人民出版社 2004 年版，第 579—580 页。

④ 《马克思恩格斯文集》第 7 卷，人民出版社 2009 年版，第 919 页。

量都是世界第一，但其利用率比世界发达国家却低 15%—20%。根据农业部的一份调查，农业化学品的大量投入会导致土壤中养分、重金属以及有毒有机物富集引起土地污染，直接威胁农产品质量安全。其中中东部省份主要是化肥、农药过量施用造成水体环境富营养化，南方省份主要是畜禽和水产养殖过程中的排泄物对土壤和水体环境造成污染。此外，还有地膜技术虽带来作物产量的提高和收入的增加，但农田残膜破坏土壤结构、降低农产品品质、降低作物产量、污染环境的问题却越来越突出。

因资本逐利，非农业的生产也影响、损害农田的可持续再生能力。一是工业污染向农业渗透。据环境保护部和国土资源部公布的《全国土壤污染状况调查公报》，部分地区土壤污染较重，耕地土壤点位超标率为 19.4%，工业废弃物排放造成的土壤重金属污染，主要污染物为镉、镍、铜、砷、汞、铅、滴滴涕和多环芳烃。此外，废水对土壤的侵蚀也非常严重，仅 2012 年工业废水排放量就达到 462.7 亿吨。2013 年 5 月，国家环保部通报华北六省市地下水污染专项检查结果，受检查的 2058 万多家企业中，55 家企业存在利用渗井、渗坑或无防渗漏措施的沟渠坑塘，排放输送或者存贮污水的违法问题。环保部门对 88 家企业处以总额 613 万余元罚款，平均每家污染企业罚款 7 万元。如果罚款不能让企业感到“肉痛”，资本牟利的冲动击退环保责任简直就是“正常”。2006—2013 年，环保部会同国土资源部调查发现，部分地区土壤污染问题严重，环境质量堪忧，工矿业废弃土壤污染问题突出。其中，南方土壤污染重于北方，长江三角洲、珠江三角洲、东北老工业基地污染问题严重。

在电子产品日益丰富的今天，废弃的电子产品成为损坏土壤肥力的重要来源。从 20 世纪 90 年代初开始，广东贵屿有逾 5000 家拆解作坊、超过 10 万从业人员，涉及旧五金电器拆解工作，用 1200 年前的工艺来处理 21 世纪的电子垃圾——硬盘、手机以及电脑配件——以原始落后“酸洗”“烧板”的方法拆解，废气废液未经处理直接排放，导致河水被污染，土壤中重金属含量超标。

电子垃圾不仅损害土壤,更是对人体有直接的损害。研究表明,人如果长期接触多氯联苯会损害中枢神经系统、免疫和生殖系统,或致癌,甚至导致出生缺陷。而高浓度多氯联苯是电子废物和生物医学废物在堆积中产生的联合效应所导致的。作为IT大国的印度饱受多氯联苯废物的侵蚀。印度兰马斯瓦米纪念大学提取了新德里、孟买、钦奈、班加罗尔、加尔各答、果阿和阿格拉七大城市的土壤样本,研究表明,这些城市及周边地区存在的多氯联苯浓度较高,约为全球平均水平的两倍。这些电子产品中,手机回收率最低,不足2%,但这不仅对环境造成污染,而且也是极大的浪费。①

工业中原材料的开采,如果不遵循开采规律,也会破坏生态系统的自然力。采掘业所开发出来的原材料,本身不是人类的劳动产品,而是大自然赐给人类的,如果说有价值,也只是人们在开发过程中所付出的劳动。正是在这一层意义上,马克思说,“原料不是预付资本的组成部分,不是过去劳动的产品,而是由自然无偿赠予的,如金属矿石、矿物、煤炭、石头等等”。② 我国现有生产矿山90%以上是小型矿,大多数采选装备水平较低,开采回采率、选矿回收率和综合利用水平不高,不仅资源产出率低,而且资源利用率、综合利用水平低。《中国生态城市建设发展报告(2014)》显示,2012年我国一次能源消费量为36.2亿吨标煤,消耗了全世界20%的能源,单位GDP能耗是世界平均水平的2.5倍,美国的3.3倍,日本的7倍,同时高于巴西、墨西哥等发展中国家。在资源利用率这么低的条件下,我国还大量出口商品。也就是说,出口的商品消耗了大量的各类资源,如生产1吨电解铝耗电1.5万千瓦时。这种以消耗资源能源的产品或直接以资源形式对外出口,造成了我国资源能源对外的单向流动,使我国国土范围内的物质变换更难以实现。

资本支配劳动曾推动社会生产力的巨大发展,但这一发展也日益成为人类和地球的“不能承受之重”——“自然界作为一个水龙头已经或多或少地被

---

① 苑基荣:《印度面临治理电子垃圾难题》,《人民日报》2017年3月20日。

② 马克思:《资本论》第1卷,人民出版社2004年版,第696页。

资本化了;而作为污水池的自然界则或多或少被非资本化了;水龙头成了私人财产,污水池则成了公共之物”①。也就是说,自然界作为人类财富的源泉,人们千方百计想把它占为己有;而一旦成为废弃物的堆放地,政府则责无旁贷。前者这一做法,逐渐触及人类生存的底线,全球出现草原退化、水土流失、沙漠扩大、水源枯竭、环境污染、生物多样性锐减、能源资源枯竭等问题,内在地掏空发展潜能。换言之,无止境的资本增值,使得劳动过程无止境地榨取自然资源。而所对自然界的无限度开发利用,则干扰和破坏着自然生态的自我循环与修复,逐渐损害着生态系统自身的物质变换或循环关系,日趋危害到自然生态的自我维持与可持续发展,威胁到整个地球生态系统的存续与发展,不断加剧人与自然的对抗关系,威胁到人类的永续发展。

(二)资本积累与人的“自然力”的贫困化积累及其危机

资本对自然“自然力”的破坏,是以它对人的“自然力”的掠夺为前提和中介的。资本积累离不开生产资料的消耗,更离不开对劳动力的占有和使用,是劳动过程中对劳动力的消耗。人口的增加会使劳动生产力增加,这正是“人口的增加是劳动的一种不用支付报酬的自然力”②;但是在资本环境下,却无法给予全面发展。

人的“自然力”,一是作为基础的人的生命力——人的活的机体的生理过程所展现出的力量,从事劳动的那些器官不断进行生理学的消耗,靠生活资料来进行再生产;二是人们适应环境变化而改造自身的学习能力、创造性能力以及实践能力。简言之,人的自然力或人的生命力,是自然过程所具有的劳动能力。马克思在《1844 年经济学哲学手稿》中指出,人是“肉体的、有自然力的、有生命的、现实的、感性的、对象性的存在物”;在《资本论》中提到,人的自然

① [美]詹姆斯·奥康纳著,唐正东等译:《自然的理由——生态学马克思主义研究》,南京大学出版社 2003 年版,第 296 页。

② 《马克思恩格斯文集》第 8 卷,人民出版社 2009 年版,第 85 页。

力是人的“把劳动力或劳动能力，理解为人的身体即活的人体中存在的、每当人生产某种使用价值时就运用的体力和智力的总和”①。

人的“自然力”的多样性和可能性都是人的结构本身所特有的东西。不在于人具有天然的已经形成的能力，而恰恰是人具有其发展空间——提供了学习能力、创造能力和实践能力实现的空间。个人自然力主要体现在，一是劳动的熟练程度——表现为劳动者的生产经验和劳动技能方面，二是劳动的复杂程度——体现为劳动者掌握科学技术的能力，即把握“科学的发展水平和它在工艺上应用的程度”。此外，还有在整个劳动时间内作为“注意力表现出来的有目的的意志”——尤其是在劳动者不是把劳动当作自己体力和智力的活动来享受，以及劳动的内容及其方式和方法又不能吸引劳动者的时候，就越需要这种意志。②

作为生产力来源的人自身的“自然力”被资本化。资本在市场上所购买的劳动力“一进入劳动过程，便并入资本；他们本身只是资本的一种特殊存在方式”。资本进一步利用人类这种学习能力，让劳动者适应新的环境，从而使资本自身不断获得新的扩张能力。资本竞争性地吸收劳动者的“自然力”以最大限度地将其转化为资本，在实现自身资本积累最大化的同时，在总体上最大化地压低劳动者收入而产生贫困积累——“大土地所有制使农业人口减少到一个不断下降的最低限量，而同他们相对立，又造成一个不断增长的拥挤在大城市中的工业人口；大工业更多地滥用和破坏劳动力，即人类的自然力；也使农村劳动者精力衰竭。”

然而，资本要想获得更多的剩余价值，就必须保证劳动者具备一定的劳动能力，保证一定的必要劳动时间。在此基础上，要求尽可能缩短必要劳动时间，以便增加剩余价值。一方面，通过缩短必要劳动时间缩短劳动者生活资料的价值，进而增加剩余劳动时间，寻找更多的消费领域，以扩大自身积累的需

① 马克思：《资本论》第1卷，人民出版社2004年版，第195页。

② 马克思：《资本论》第1卷，人民出版社2004年版，第208页。

要；另一方面，却因劳动者的购买能力不能随着商品的增加而增加，从而把劳动者的需求限制在自己劳动力的交换价值的范围内——劳动者在“社会条件的逼迫下，按照自己的日常生活资料的价格出卖自己一生的全部劳动时间，出卖自己的劳动能力本身，为了一碗红豆汤出卖自己的长子继承权”①。也就是说，无生产资料的雇佣劳动者为了生存，不得不出卖劳动力。换言之，资本所有者凭借对生产资料的所有权而对雇佣劳动者进行剥削。

异化劳动是资本主义社会特有的现象——从表面上，资本所有者与劳动力所有者处于平等地位，等价交换的是劳动力而不是劳动者。可实质上，劳动者与劳动力是不可分割的统一体，劳动者在哪，劳动力才能在哪；换言之，资本支配劳动力，其实质是资本支配劳动者。故这才有，在生产过程中，不是雇佣劳动者“把生产资料当作自己生产活动的物质要素来消费，而是生产资料把雇佣劳动者当作自己的生活过程的酵母来消费，并且资本的生活过程只是资本作为自行增值的价值运动……使生产资料转化为占有他人劳动和剩余劳动的合法权和强制权”②；换言之，劳动资料“在劳动过程中作为资本，作为支配和吮吸活劳动力的死劳动而同雇佣劳动者相对立”③；同样地，“利息把单纯的资本所有权表现为占有他人劳动产品的手段”④，总之，这种条件下的生产“只为资本而生产，而不是反过来，生产资料只是生产者社会的生活过程不断扩大的手段”；异化劳动的这种现实化也就表现为“工人的非现实化，对象化表现为对象的丧失和被对象奴役，占有表现为外化”⑤。

从这里可以看出，雇佣劳动者在劳动过程中使自己的身体、使自然界同自己异化，“使自己精神本质和自己的本质同自己本身”异化⑥；同自己的劳动成

① 马克思：《资本论》第1卷，人民出版社2004年版，第312—313页。

② 马克思：《资本论》第1卷，人民出版社2004年版，第359—360页。

③ 马克思：《资本论》第1卷，人民出版社2004年版，第487页。

④ 马克思：《资本论》第3卷，人民出版社2004年版，第429页。

⑤ 《马克思恩格斯文集》第1卷，人民出版社2009年版，第157页。

⑥ 《马克思恩格斯文集》第1卷，人民出版社2009年版，第163页。

果异化——作为劳动者生存所必要的而不是作为人的那一部分，只得到为繁衍劳动者这个奴隶阶级所必要的那一部分而不是为了繁衍人类的①，也就是说，得到的是产品中最小的、没有就不行的部分。简言之，异化不仅表现在生产活动的结果上，还表现在生产行为中，表现在生产活动本身中。劳动条件转化为同劳动相对立并且支配着劳动的资本权力，雇佣劳动者“把劳动和别人的劳动为一个共同目的的结合，看成一种对他来说是异己的权力实现这种结合的条件”②。

在资本支配劳动的条件下，决定劳动力的价值量的变化的因素，包括自然的生理因素和历史的文化因素所决定的生活必需品的价格和范围、劳动者适应环境以及技术提升所需要的教育费用、妇女劳动和儿童劳动给劳动者带来的压力程度、社会劳动生产率的高低以及劳动者所提供劳动的外延量和内涵量。

具体而言，一是通过延长雇佣劳动者的剩余劳动时间和提高劳动强度。随着生产力的发展和原有的生产关系不再适应，而新的资本主义生产关系的逐步形成，也出现了新的剥削方式无限度的压榨——“在现代生产方式的最初产物——棉、毛、麻、丝等纺织业中，资本无限度地、放肆地延长工作日的欲望首先得到满足”③。即使在科学技术得以快速发展的时候，科学技术也成为资本提高劳动强度、变相延长劳动时间的工具，“机器消灭了工作日的一切道德界限和自然界限……把工人及其家属的全部生活时间转化为受资本支配的价值增值的劳动时间”④。然而，由于雇佣劳动者有自身的生存界限，如需要吃饭补充能量，需要休息恢复体力等，简言之，不可能一天 24 小时都用来劳动。可延长劳动时间、提高劳动强度等是“人，对活劳动的浪费，却大大超过

① 《马克思恩格斯文集》第 1 卷，人民出版社 2009 年版，第 122 页。
② 马克思：《资本论》第 3 卷，人民出版社 2004 年版，第 100 页。
③ 马克思：《资本论》第 1 卷，人民出版社 2004 年版，第 345 页。
④ 马克思：《资本论》第 1 卷，人民出版社 2004 年版，第 469 页。

任何别的生产方式,它不仅浪费血和肉,而且也浪费神经和大脑”。资本主义的发展本身,再一次展示了人类的发展只是通过极大地浪费个人发展的办法来保证和实现的①——一是人为带来的,二是无意识的。如马克思指出,“把未成年人变成单纯制造剩余价值的机器,就人为地造成了智力的荒废,这和自然的无知完全不同,后者把智力闲置起来,并没有损坏它的发展能力、它的自然肥力本身”②。

二是通过雇佣妇女和儿童进入生产过程,压低雇佣劳动者的工资。当生产力发展到一定阶段,工场手工业以及后来的大工业阶段,工业活动分解成生产各阶段与各部分,有的操作可以适应于发育不同程度的“劳动器官的年龄和体力”,这为雇佣妇女和儿童提供了前提,也为降低工人的教育费用,从而降低了工人的价值③提供由头。这样做,不仅有源源不断的就业者大军,而且在一定程度上通过简单劳动而不是科技研发而获取更多剩余价值,由此带来劳动力资源的极大浪费。由于妇女劳动力和未成年劳动力也有自身的生理界限和社会界限,前者受制于健康等,后者受制于社会接受程度,于是,“单靠滥用妇女劳动力和未成年劳动力,单靠掠夺一切正常的劳动条件和生活条件,单靠残酷的过度劳动和夜间劳动来实现的劳动力的便宜化,终究会遇到某些不可逾越的自然界限。”④因而,自 18 世纪最后三十多年大工业出现以来,资本通过摧毁“习俗和自然、年龄和性别、昼和夜的界限”⑤来获取更多剩余价值,也不是长久之策,资本必然寻求获取剩余价值的新的途径。

三是通过节约不变资本——雇佣劳动者恶劣的劳动条件,加强对雇佣劳动者的剥削。马克思在《资本论》中详尽地介绍了煤矿、纺织、建筑、印刷、制衣等行业的工人所遭受的噪音、毒气、水污染等恶劣情况。从雇佣劳动者的劳

---

① 《马克思恩格斯文集》第 7 卷,人民出版社 2009 年版,第 103 页。
② 马克思:《资本论》第 1 卷,人民出版社 2004 年版,第 460 页。
③ 马克思:《资本论》第 1 卷,人民出版社 2004 年版,第 425 页。
④ 马克思:《资本论》第 1 卷,人民出版社 2004 年版,第 541 页。
⑤ 马克思:《资本论》第 1 卷,人民出版社 2004 年版,第 320 页。

动场所看，傅立叶称工厂为“温和的监狱”，马克思描述到，“人为的高温，充满原料碎屑的空气，震耳欲聋的喧嚣声等等，损害着人的一切感官，更不用说在密集的机器中间所冒的生命危险了”①。从雇佣劳动者所吃的食物来看，更是惨不忍睹，所吃的面包“含有一定的人汗，并且混杂着脓血、蜘蛛网、死蟑螂和发霉的德国酵母，更不用提明矾、沙粒以及其他可口的矿物质了”②。与其说，资本家努力节约生产资料和生活资料，还不如说资本家努力“对工人在劳动时的生活条件系统的掠夺，对空间、空气、阳光以及对保护工人在生产过程中人身安全和健康的设备系统的掠夺”③。换言之，与其说资本家努力节约不变资本，还不如说这一节约是以“浪费工人的生命和健康，压低工人的生存条件本身”④为前提的。马克思所处的时代，与其说资本给自然环境造成了严重的破坏，还不如说资本扩张更多的是带来大批工人职业病的加剧，甚至死亡。

雇佣劳动者不仅在肉体上受到折磨，而且在精神上也饱受煎熬。建立在资本运动之上的、围绕资本所生成的思想文化，是为资本增值服务的——为了生产而生产，为了消费而消费，生产和消费都是为了实现资本增值。换言之，拜金主义盛行，金钱成为衡量一切的工具。《共产党宣言》中有一段经典的描述，“资产阶级在它已经取得了统治的地方……使人和人之间除了赤裸裸的利害关系，除了冷酷无情的‘现金交易’，就再也没有任何别的联系了……把人的尊严变成了交换价值，用一种没有良心的贸易自由代替了无数特许的和自力挣得的自由”。换言之，商品本来是有严格限制的，即用来交换的劳动产品。可在资本主义社会里，本来不是商品的，在资本积累的作用下，也都成为商品，进而被资本化，如水、空气、阳光等一切自然资源，器官、血液、基因等生命资源，以及披上商标、知识产权的外衣或经过专利和特许权的历史、地理、文

① 马克思：《资本论》第1卷，人民出版社2004年版，第490页。

② 马克思：《资本论》第1卷，人民出版社2004年版，第289页。

③ 马克思：《资本论》第1卷，人民出版社2004年版，第491页。

④ 《马克思恩格斯文集》第7卷，人民出版社2009年版，第101页。

化、艺术和智力等成果，甚至战争、国土安全、灾后重建、污染治理等被打包成商品。

“单向度的人”盛行。资本家眼中除了金钱，没有别的东西；雇佣劳动者成为承担一种社会的局部职能的局部个人，技术的奴隶，成为一颗螺丝钉，没有灵魂和信念，心理机制被异化，出现精神疾患。马克思还指出，资产阶级“把医生、律师、教士、诗人和学者变成了它出钱招雇的雇佣劳动者”①。也就是说，在资本积累的范围内，不光是生产和消费、工作和生活，还包括科技、教育、医疗、体育、文化、娱乐等等，资本通过分工的专业化而最大化地发掘人的各种局部性潜能。劳动能力只需要有片面的发展，并且这种发展的费用部分地说不需要资本家负担，工人的熟练程度会通过职能本身发展起来，并且随着分工的发展而变得越是片面，它就发展得越迅速。

利己主义盛行。莱博维奇指出，资本主义所有的重要决策都是根据私人利益而不是由人的需要来决定，“广告中厚颜无耻的浪费、对地球的破坏、与儿童饥饿相伴的职业运动员令人憎恶的薪水、专制的工作场所、与人类共存的大量垃圾和无用资源、失业和未被满足的需求”等不正常的现象……由于私人决策的驱动，原本用来满足人类需要的资源被大量闲置，自然环境在追求私人利益的过程中被大规模地破坏；生产资料私有权制度强迫一部分人被另一部分人奴役。在迈克尔·哈特和安东尼奥·奈格里看来，正是在资本对人的全部时间占有的情况下，劳动者才成为与资本对抗并成为毁灭资本的主体力量②。马克思曾引用资本“有50%的利润，它就铤而走险；为了100%的利润，它就敢践踏一切人间法律；有300%的利润，它就敢犯任何罪行，甚至冒绞首的危险”③。所有这一切，都淹没在利己主义之中。

---

① 《马克思恩格斯文集》第2卷，人民出版社2009年版，第34页。

② ［美］迈克尔·哈特、［意］安东尼奥·奈格里：《帝国》，江苏人民出版社2005年版，第318页。

③ 马克思：《资本论》第1卷，人民出版社2004年版，第871页。

（三）资本积累与社会“自然力”的贫困化积累及其危机

人是个体的，更是社会性的。商品的出现与生产是建立在社会分工与生产资料归属于不同的所有者基础之上。当私人生产的商品交换出去以后也就成为社会劳动。作为商品经济高级阶段的市场经济，更是建立在社会化大生产基础上。由于分工、协作以及劳动和自然科学的结合而组织成为社会劳动，其中，人们在劳动过程中的分工与协作所形成的社会劳动的“自然力”就是社会“自然力”。社会的劳动生产力表现为，一是因同种工种具有连续性和多面性，许多人可以“共同使用生产资料，同时进行不同的操作”，使个人劳动具有社会平均劳动的性质和达到一定程度的节约；二是以生产资料的集中及其大规模应用、工人的聚集和协作，“产生于大规模结合的总体工人的生产所提供的，并且是社会的经验可以感觉到的和观察得到的”。①

一般地，社会“自然力”并不是个人劳动力的简单相加，而是个人劳动力之间、资本之间、资本与劳动力之间相互作用，形成一个整体合力。换言之，个人劳动力、资本等是要素，要素之间相互作用，构成一个（各要素所不具有的新功能）系统。工人劳动本身属于个人劳动，但当生产资料不表现为直接劳动者的财产而是转化为社会的生产能力时，工人劳动也就变为劳动的社会生产力。这一合力所取得的成效，并不是单个劳动力相加就能得到的。就是简单协作这样一种最直接的社会“自然力”，也高于个人劳动力的简单相加，“由于许多力量融合为一个总的力量而产生的新力量……单是社会接触就会引起竞争心和特有的精力振奋，从而提高每个人的个人工作效率”②；而且该生产力是工人“无须支付报酬而发挥出来”，即不费资本分文，而且还能带来更多生产资料节约。

当社会分工发展到工场手工业阶段，生产这些工具的行业也日益分

① 马克思：《资本论》第3卷，人民出版社2004年版，第93—94页。

② 《马克思恩格斯文集》第5卷，人民出版社2009年版，第379页。

化——“工场手工业的生产扩展到某种商品的一个特殊的生产阶段，该商品的各个生产阶段就变成各种独立的行业”①；而这种分工不仅“扩展到社会的其他一切领域”，还促进“专业化、专门化的发展”。相对而言，工场手工业者取得了一种最适合于狭隘活动范围的形式，“经常重复做同一种有限的动作……能够从经验中学会消耗最少的力量达到预期的效果”，“在局部劳动独立化为一个人的专门职能之后，局部劳动的方法也就完善起来”，这种分工“成为特殊工人的专门职能”，但“失去了全面地从事原有手工业的习惯和能力”②。

在资本主导的条件下，工人作为社会工人所发挥的生产力，是资本的生产力；人们共同活动所形成的力量表现为资本的力量，“由各种劳动的结合所产生的生产力表现为资本的生产力”——许多劳动者在简单协作中形成的“劳动体是资本的一种存在形式”；在工场手工业中的“局部工人”形成的“社会生产机构”也隶属于资本。雇佣劳动者作为协作的人，作为一个工作有机体的肢体，是资本的一种特殊存在方式。这些也可以这样理解，单个资本的互相交错的运动构成了社会的再生产和流通的表现方式，是资本内在的生产力。

资本积累带来劳动的社会自然力的贫困化积累，就是资本运作破坏了人与人之间的社会关系力量，破坏了人与人之间平等合作的前提与基础，导致人在生命的社会发展空间上的“贫困积累”——如果说资本积累带来人的“自然力”贫困化使雇佣劳动者不能正常生存发展，劳动的社会自然力的贫困化则使人们构成机械的或虚假的共同体，而不是有机的联合体，无助于人的自由全面发展。

由于资本对剩余价值的狂热追求，资本及其自行增值，“表现为生产的起点和终点，表现为生产的动机和目的……资本为它自身的目的而必须使用的

① 马克思：《资本论》第1卷，人民出版社2004年版，第409页。

② 《马克思恩格斯文集》第5卷，人民出版社2009年版，第391—394页。

并旨在无限制地增加生产，为生产而生产”①；而要生产源源不断进行，除了生产资料的供给充分外，还得劳动力充分，由此出现相对过剩人口。一方面，资本所有者付给雇佣劳动力的工资只是生活资料的价值，是内在压力，二是相对过剩人口（处于后备状态的、可供支配的、大量的贫穷工人人口）的存在给雇佣劳动力一种外在的压力；除此之外，还有监工的出现。这些都加剧了劳动的社会自然力的贫困化。

在资本原始积累时期，圈地运动、贩奴运动、强占殖民地活动，不仅积累了“第一桶金”，而且也出现了“自由劳动者”。随着资本积累的持续推进，农村的劳动力源源不断地流向城市，使城市人口大大增加起来。这一方面使得相对过剩人口丰富起来，另一方面城乡二元格局逐渐形成（一部分人变成了城市动物，另一部分人则变成了乡村动物）——工业人口的衰退的缓慢“只是由于不断从农村吸收自然生长的生命要素”；农业工人虽然自然选择的规律起着作用，“可以吸到新鲜空气”②，也已经开始衰退了。虽然一部分雇佣劳动者脱离了农村的愚昧状态，但却让其日益完全依附于劳动，而且是极其片面、机械性的特定劳动，劳动成为凌驾于个人之上的力量。这一进程伴随着农民小私有生产者逐渐破产转化为无产者，也加剧城市的分化——原有的许多中小资本家因各种原因也逐步沦为雇佣劳动者。本来农民的劳动是私人的、孤立的，因市场而成为社会劳动。随着资本的扩展，农民失去土地，沦为雇佣工人，而乡村因劳动力的减少而显得凋敝。现代资本更多地借助于国家、区域、部门的不平衡发展来实现——资本主义生产方式在生产出城市空间内部两级化的空间构型、一定区域内的城乡分裂。

在资本积累下，家庭成为工场或工厂的一部分。家庭是社会的细胞，是社会稳定和谐发展的基石。可在资本追逐剩余价值环境中，妇女和儿童也成为

① 《马克思恩格斯全集》第46卷，人民出版社2003年版，第278—279页。

② 马克思：《资本论》第1卷，人民出版社2004年版，第311页。

雇佣劳动力的组成部分。儿童还处在身体发育期，正是接受教育的年龄，若过早地进入生产过程，不利于其健康成长，更不利于劳动的社会自然力的积累与丰富，可资本主义通过"消灭与亲权相适应的经济基础，造成了亲权的滥用……大工业使妇女、男女少年和儿童在家庭范围以外"①。由此使得社会自然力的持续发展受到阻碍。

在资本主义社会中，科学往往和资本捆绑在一起，与直接劳动相分离，表现为与雇佣劳动者异己的、敌对的、统治的权力，成为资本的帮凶，成为资本获取更多剩余价值的必不可少的工具。在社会化大生产过程中，资本迫使科学为自身服务，"唤起科学和自然界的一切力量，唤起社会结合和社会交往的一切力量——劳动力、科学和土地（未经人的协助而自然存在的一切劳动对象），成为资本的有弹性的能力"②。劳动的社会自然力"使机器的大规模使用、生产资料的集中、生产资料使用上的节约成为可能"。但这一集中，也使得大量的雇佣劳动者"既是资本家利润增长的源泉……也是造成生命和健康浪费的原因"③。然而，恶劣的工作环境和极不健康的食物使得劳动者共同产生厌烦、抵制乃至破坏情绪与行为。换言之，劳动者在共同劳动、共同生活中本可以取长补短，共同发展；可事实是，单个劳动者原有的积极性与创造性逐渐消失，成为一种无可奈何却又不得不为之的状况，这一情绪又可在劳动者之间流传，这就谈不上劳动的社会生产力的发展。

由于在这一社会化的大生产中，雇佣劳动者的劳动不是肯定自己，更不是彰显自己，因而就不可能是"自由地发挥自己的体力和智力"④。就资本主义劳动本身而言，一边是社会创造的价值、产品、文明、力量、机巧愈多，愈丰富；一边是雇佣劳动者愈加变得没有价值、畸形、野蛮、无力、愚笨，似乎越来越成

① 马克思：《资本论》第1卷，人民出版社2004年版，第563页。

② 马克思：《资本论》第1卷，人民出版社2004年版，第703页。

③ 《马克思恩格斯文集》第7卷，人民出版社2009年版，第106页。

④ 《马克思恩格斯文集》第1卷，人民出版社2009年版，第159页。

为奴隶。就资本主义社会生产结果而言，一边的劳动结果出现了奇迹般的东西、宫殿、美、用机器代替了手工劳动、智慧，一边劳动力的所有者却与赤贫、棚舍、畸形、野蛮、机器、愚钝和痴呆①有关。简言之，资本主义社会生产力的富有，是以雇佣劳动者“在个人生产力上的贫乏为条件的”②，与“不关心雇佣劳动者的生存与发展的实际需要”相联系。更进一步，资本支配劳动，使雇佣劳动“越来越片面化和越来越有依赖性”③，更多地滥用和破坏劳动力，即人类的自然力。在资本主义生产过程中，雇佣劳动者所呈现出来的，只是被动的机器零件，一种外在的、自我牺牲与自我折磨的，非自主的、非自己的状态，使得雇佣劳动者的生存与发展残缺化与片面化。人的这一异化状态在进入现代社会后被进一步发展为物化，人不仅无法实现个人的真正的自由，而且更加屈从于作为商品的“物”。

资本不只是创造了一个生产世界，更是创造了一个消费、奢靡的世界。生产出的商品要实现剩余价值，必须有人把商品消费掉。作为雇佣劳动者，本身鉴于劳动力价值的原因没有能力来消耗这些商品。而消费掉的群体，必须是能给资本带来剩余价值的，也就是有能力消费掉的。因而，在资本世界本身，也形成了新的空间——开辟了千百个突然致富的源泉，即创立了一个享乐世界——把已经习以为常的挥霍，作为“炫耀富有从而取得信贷的手段，甚至成了不幸的资本家营业上的一种必要。”④这在一定程度上进一步加剧了社会的分裂。

生产资料所有制关系决定的阶级关系是社会群体在物质生产过程中的不同经济地位和相互关系。法国经济学家皮凯蒂在《21 世纪资本论》中，通过20 多个国家纵贯 300 余年的大数据研究得出的结论认为：市场机制必然造成财富分配的两极分化，而财富分配不平等状况的缓和则是政府对市场进行有

① 《马克思恩格斯文集》第 1 卷，人民出版社 2009 年版，第 158—159 页。
② 马克思：《资本论》第 1 卷，人民出版社 2004 年版，第 418 页。
③ 《马克思恩格斯文集》第 1 卷，人民出版社 2009 年版，第 121 页。
④ 马克思：《资本论》第 1 卷，人民出版社 2004 年版，第 685 页。

效干预的结果。经济学家皮凯蒂、塞斯和祖克曼 2016 年末发表研究指出,美国的贫富差距正在进一步扩大。1%富人的年平均收入是 50%底层平民的 81 倍,36 年前这一差距仅为 27 倍。美国媒体指出,自里根时代以来,没能从偏向财阀利益的税收政策中得到好处的大众,以及薪酬下降的工人阶级,被迫承担了越来越多的债务;而华尔街精英却从“穷忙族”身上“抽血”。《赫芬顿邮报》30 日刊登“全球政策解决方案中心”创始人兼总裁玛雅·洛基摩尔指出,“美国深陷种族主义、仇外心理、经济不平等、人口变化、机构腐败和地缘政治不稳定的潮汐之中。”

由此,雇佣劳动者不仅在劳动过程中被异化,就是在日常生活中身体上的孱弱与精神上的贫乏也日趋加重。在资本主导劳动基础上生成的思想观念,也束缚无产阶级的精神世界。资本眼中只有剩余价值,没有别的。资本家与雇佣劳动者的关系是以剩余价值为纽带,与其他之间的关系也是以剩余价值为纽带。这就是说,资本所有者为了自身利益不惜损害他人利益、公共利益,从而导致了人与人之间关系的冷漠,出现了享乐主义、拜金主义、利己主义、报复社会的极端暴力行为等一系列社会问题。享乐主义、拜金主义、利己主义等强调的是,只关注货币或物质财富,从自私的个人目的——获取金钱出发,时刻想着不择手段地追逐名利、地位和享受。

为了摆脱社会的“自然力”贫困化积累这一状况,雇佣劳动者“必须作为一个阶级来强行争得一项国家法律,一个强有力的社会屏障,使自己不致再通过自愿与资本缔结的契约而把自己和后代卖出去送死和受奴役”①。也就是说,必须变革资本主导下的劳动过程,从而变革生产方式本身,“通过提高劳动生产力来降低劳动力的价值,从而缩短再生产劳动力价值所必要的工作日部分”②;或工人阶级采取“一种暂时和低级的形式”——劳动雇佣资本的工人合作制企业,“在合作工厂中,监督劳动的对立性质消失了,因为经理由工

① 马克思:《资本论》第 1 卷,人民出版社 2004 年版,第 349 页。

② 马克思:《资本论》第 1 卷,人民出版社 2004 年版,第 366 页。

人支付报酬,他不再代表资本而同工人相对立。”这样的限制发展到“资本发展的阶段时,会使人们认识到资本本身就是这种趋势的最大限制,因而驱使人们利用资本本身来消灭资本”①。生产过程的智力同体力劳动相分离,智力转化为资本支配劳动的权力,是在以机器为基础的大工业中完成的。

总之,人与自然、人与人、人与社会之间的关系逐渐紧张起来——人类自身的生存受到威胁,人们之间的贫富差距日趋拉大,人处于片面发展状态。这并不是人类想要的生活——必须改变“为生产而生产”的“以物为本”的生产模式,劳动者以生产过程的监督者和调节者的身份同生产过程本身发生关系——生产资料随着社会生产的发展,“在联合起来的生产者手中,是他们的社会财产”②,树立以人为本的,在生态系统自我维系、自我净化能力之内的发展方式。

二、“自然力”贫困化积累的解决路径

资本积累造成“自然力”的贫困化,根源在于资本这一社会关系力量即市场力量极大渗透并主导了人与自然关系、个人与社会关系以及个人自身发展的关系。换言之,资本追求利益最大化,总想使成本最小化,而要使成本最小化,在成本一定的状况下,只能转嫁成本。转嫁给谁呢?生产资料的前所有者(大自然或生态系统,在当下归国家占有与管理)和劳动力的所有者。要缓解乃至解决“自然力”的贫困化,必须更好地发挥政治力量与社会伦理力量,使国家—市场—社会三方力量在各自最优的边界内发挥作用,使市场主体的责权利相统一,形成个人、政府以及社会等共同搭建经济社会可持续发展的格局。

建立促进资源生产与再生产的社会关系体系,既使资源的消费必须付出其再生与替代所需要的经济成本、生态成本和社会成本,也使资源再生产有利

① 《马克思恩格斯文集》第8卷,人民出版社2009年版,第91页。

② 《马克思恩格斯文集》第7卷,人民出版社2009年版,第498页。

可图。这就要，一是国家建立健全资源保护与生成的制度体系，完善市场体系，让资源价格的变化反映资源生成与消费的状况；二是推动全社会形成资源创造与节约的观念，尤其是"以人为本"的资源消耗的"责、权、利"相统一的观念；三是进一步确立"科学技术也是生产力"的战略，推进科技研究，加快新兴产业的出现和新的经济发展方式的形成。进而通过上海外滩由老工业区变为世博园区与工业纪念馆，以及德国鲁尔区的经济社会发展转型等典型案例分析，说明新的产权关系、产业生态关系的构建非常重要。

（一）资源的行政与立法保护

在经济发展中，要使自然资源的消耗不损害人类的生存环境，就必须要发挥好人类自身资源的作用。因而资源的生成与消耗，不仅单指自然资源，也指人类自身资源。资源的行政与立法保护主要指人类自身资源中的有形制度资源。该制度资源是造就人才、推动新技术产生的最主要动力机制。建立合理的资源收益分配机制，减少资源开采和使用的外部效应，增加资源价值的贡献。党的十八届四中全会提出"依法治国"新方略，将彻底改变环保行业过去靠潜规则、靠关系的运作方式，彻底改变环保产业的成长生态和组织方式，引领环保产业转入健康轨道。

1. 健全资源产权，完善市场体系。不论是自然界的自然力，还是人的自然力与社会的自然力，要想得到高效开发与利用，就应有相应的产权安排。也就是通过一定程序的产权运作而使资源产权所有人获得产权收益的相关制度，资源产权界定是对资源产权作出明确的界定和制度安排，包括资源归属的主体、份额以及各种权利的分割情况，如资源权益保障制度、资源用途管制制度、生态区域功能规划制度和环境影响评价制度、生态补偿制度和公益诉讼制度、资源用益物权制度，包括建立健全自然资源统一登记制度、自然资源用益物权流转制度和同一自然资源上存在数个用益物权的权利运行机制；侵犯自然资源权益的法律责任制度，侵犯自然资源权益的法律责任形式、自然资源侵权责任的归责原则与构成要件、国家作为自然资源所有者的法律责任；等等。

自然资源的产权边界基于所有权归属边界、物理性边界与非物理性边界。物理性边界是自然资源资产空间立体分布的客观状况，而非物理性边界是指资源具有多功能性的客观事实。任何一种自然资源都不可能脱离于土地之外而独立存在，任何一种自然资源类型的存在都为其他自然资源提供了存在的物质基础和前提。同一种资源的不同用途之间，或者不同资源的产权之间；同种资源的不同种产权之间，排他性越低，不同产权之间发生矛盾的可能性越大。因而，非物理性与物理性的产权交叉，自然资源使用权的边界模糊及权利冲突问题大量存在，造成同一区域不同权利主体的利益冲突与矛盾，由此造成了巨大的生态环境代价。因而，建立健全归属清晰、权责明确、监管有效的产权制度，保障各类市场主体按照市场规则和市场价格平等使用资源，从而提高资源的利用效率。简言之，通过完善资源要素市场，让资源价格反映资源稀缺程度和供求关系的同时，推动经济社会可持续发展的形成。

人们开采或挖掘，凝聚在其上的社会必要劳动，并不就是它的使用价值，而只是它的价值。可资源出售时的价格往往高于这一价值，我们并不怀疑其中供求关系在起作用，可更多的是大自然赐予人们共有的部分被所有者独占。国家基于自身的职能，通过法律规定，对应税自然资源征收资源税。中国于2016 年 7 月 1 日起，矿产资源税从原来的计量征税调整为从价计征，进一步完善绿色税制，理顺资源税费关系，构建规范公平的资源税税制。从价计征建立了税收与资源价格直接挂钩的调节机制，使资源税收入与反映市场供求和优劣的资源挂钩，则能真实地反映矿产品的价格变动情况和稀缺程度，促进资源合理开发利用，保护非再生、不可替代资源及环境；调整资源丰富地区在区域利益分配，使资源优势转化为经济优势——自然资源属于初级产品，在贸易条件上缺乏价格弹性，以资源生产开发为主体的国家和地区，通过贸易使得资源价值大量流失——抑制了国家和地区经济增长；以资源消费为主体的国家和地区，通过资源与资本、人才、创新等要素结合，把资源转化为社会福祉，促进了国家和地区的经济增长。于是,资源生产地区赚取了廉价的资源租金,却承担了巨大的生态代价;而资源消费地区享受了资源转化的利益。

建立完善资源开发生态环境损害补偿机制,解决因矿产资源禀赋、开采条件和产品质量等因素引起的税收负担倒挂问题,变资源优势为经济优势,促进经济社会发展。例如,矿山废弃地转化过程是矿山废弃地与人力资本、货币资本相结合的过程,使矿山废弃地从废弃的自然形态变为社会形态,融入生产过程,使潜在的矿山废弃地资源成为经济活动中现实的生产要素,重新参与经济社会活动,最大化发挥土地资源的功能,从而提高矿区土地利用效率,实现土地集约利用。投资某些产业,比如产业升级的部分、基础设施不足的部分、环境改善的部分、城市化的部分等,那些方面的产能并没有饱和,投资就不会导致产能过剩,反而是在补短板。

建立健全保护知识产权的法律法规。商标、无形资产保护,科学家人力资本的保护和释放。在创新的过程中,选什么人、选什么项目,朝什么方向发展,出多少钱,怎么出,谁做这些决定等,都是制度决定的,不同的制度提供不同的机制。为了进一步营造"大众创业,万众创新"的市场主体万箭齐发的格局,中办、国办联合印发的《关于进一步完善中央财政科研项目资金管理等政策的若干意见》规定,下放预算调剂权限,劳务费不设比例限制,参与项目研究的研究生、博士后、访问学者以及项目聘用的研究人员、科研辅助人员等,均可开支劳务费,这样科技资源配置更显得科学、使用更高效。创造有利于创新的环境,包括充分发挥知识产权制度的作用,并使市场参与各方形成稳定预期,促进要素之间的合理流动。通过税收优惠鼓励企业加速折旧和加大研发投入基础设施建设。发展服务业和完善公共服务,确定各个主体的行为界限,带来行为主体之间的明确预期,以及随之而来的信任关系,提高公民素质,提高公民参与公共事务的热情和经验,对各种权力形成有效制衡。

首要明确公有产权。这是基于经济社会发展的一定历史阶段以及资源本身的属性而得出的——资源产权明晰是要提高其使用效率,而一旦明晰却需要更多的资源去实现或维护，那产权明晰就失去了意义。国防、外交、国家安全、出入境管理、国防公路、国界、河湖治理等关乎国家安全，与国家内每一个公民都密切相关；全国性重大传染病防治、全国性大通道、粮食安全、跨省（区、市）重大基础设施项目建设和环境保护等关乎国家生存与稳定的基础；义务教育、高等教育、科技研发、公共文化、基本养老保险、基本医疗和公共卫生、城乡居民基本医疗保险、就业、跨省（区、市）且具有地域管理信息优势的基本公共服务等关乎国家未来发展，都是公有资产。

在一个国家领土范围内，所有的自然资源都是国家的，即自然资源属于国家。这是因为，不论何种自然资源，都客观存在于自然界之中，其属性被人们发现与认可，是生产力和人们的认知能力达到一定阶段才出现的。国家对于其领土范围内的一切是有主权的。至于国家把某种资源分给谁开采和使用，由其国家性质来决定。历史唯物主义认为，国家是阶级统治的工具，是统治阶级维护自身利益的工具。国家代表谁的利益，往往就会把资源分给谁，让谁谋取利益。当今世界的资本主义国家，奉行“先占先得”——谁最有资格？当然是资产阶级。而社会主义国家，则是人民当家作主，国家是代表人民的，当然人民对自然资源有占有和使用权。然而，人民是一个集合概念、整体概念，人民对资源的使用并不意味着构成人民的每一个成员都有资格支配这些资源。于是，出现两种公有制的基本形式：全民所有制即国有经济、集体所有制经济。前者是国家代表全体人民经营管理经济，后者是共同体全体成员选出代理人从事经营活动。而由于社会主义国家处在初级阶段，生产力发展水平没有达到完全公有制的水平，也就必然存在非公有制的经济成分。

那国家如何在这些所有制之间配置自然资源呢？换言之，各种所有制下的人们如何取得自然资源？在公有制为主体，多种经济成分共同发展的前提下，中共中央国务院在《关于完善产权保护制度依法保护产权的意见》（2016年11月4日）就“加强各种所有制经济产权保护”“完善平等保护产权的法律制度”“严格规范涉案财产处置的法律程序”“加大知识产权保护力度”“健全增加城乡居民财产性收入的各项制度”“营造全社会重视和支持产权保护的良好环境”“完善政府守信践诺机制”等方面作出了具体规定。总的来说，一是坚持权利平等、机会平等、规则平等，保证各种所有制经济依法平等使用生产要素、公开公平公正参与市场竞争、同等受到法律保护、共同履行社会责任；二是完善相关法律制度，将平等保护作为规范财产关系的基本原则。

上述提及的《意见》明确指出，国家根据经济社会发展的状况和需要，自然资源归国家所有的，尤其是全国性战略性自然资源，属于当家作主的人民群众依法对自然资源享有占有、使用、收益和处分的权利；集体所有的自然资源用来满足权利主体的权益需求。明晰国有产权所有者和代理人关系（克服两者关系不清晰、内部人控制、关联交易等），推动国有企业股权多元化和公司治理现代化，健全涉及财务、采购、营销、投资等方面的内部监督制度和内控机制，严格规范国有资产登记、转让、清算、退出等程序和交易行为，保障促进国有产权保护（以防止国有资产流失）。进而，进一步发挥国有经济的主导作用，增强国有企业的竞争力和控制力。企业的本质就是赚钱，虽然国有企业不如民营企业好调头、好经营，但国有企业只要能找到好的经营策略，正确处理好政府与其关系——国有企业在市场中与民营企业平等竞争，遵循市场法则；政府只是国有企业的资产所有者，参与要素分红，经过不断探索，就一定能找到不断壮大公有资产的路径。

全面实施市场准入负面清单制度。完善涉企收费、监督检查等清单制度，减少各级政府的自由裁量权，切实减轻企业负担。探索以知识产权的市场价值为参照确定损害赔偿额度，完善诉讼证据规则、证据披露以及证据妨碍排除规则。依法保障企业自主加入和退出行业协会商会的权利。自然资源所有权的用益物权化，体现在财产的使用权、收益权、转让权，越来越集中到转让权。这组权利是对产权关系实现有效的组合、调节和保护的制度安排。随着生产社会化的发展，产权理论呈现出从以所有为中心向以利用为中心转变的趋势。也就是说，自然资源的多重价值与多重功能性蕴藏着未来的经济利益，用益物权会逐渐优先于所有权。

在坚持农村集体土地所有制的前提下，分类建立健全集体资产清产核资、登记、保管、使用、处置制度和财务管理监督制度，规范农村产权流转交易，扩大集体资产。实行所有权、承包权、经营权“三权分置”，使农民的土地权利成为获取利益的合法手段，土地承包权与土地经营权分开，权利人也可将其用于出资、抵押、租赁和转让；将土地经营权定位为用益物权，改变农村土地碎片化经营方式，避免土地撂荒，经营权必须通过合同方式取得，即土地承包权人与受让人应订立合同。这样，可以促成农村土地权利自由流转，激活农村土地的资本潜能，扩大农民的融资渠道，增加农民收入。

在农村集体土地所有权基础上，用工业思维来经营农业，村社集体土地或农户剩余承包期限内的土地经营权“一次性”转让给农业大户，粮食生产的每一个环节——耕地、播种、施肥、灌水等，都制定了精细化的管理细则和生产流程，实现收益最大化。如重庆市巴南区构建了农户土地承包经营权、林权、宅基地使用权、集体经济收益分配权的“四权”自愿有偿退出机制；浙江省乐清市在不改变集体经济成员身份的前提下，赋予农民对农房的处置权，并明确了流转程序和范围，以农房抵押转让为突破口，探索建立农村宅基地有偿退出机制；浙江省桐庐县实现农民房屋所有权和经营权的分离和利益共享，有效破解农村“建新不拆旧”等现象，降低管理成本，还增加村级集体收入。

建立健全排污市场交易权制度。排污权，指排放者在确保该权利的行使不损害其他公众环境权益的前提下，依法享有的向环境排放污染物的权利。排污权交易是一种以市场为依托的经济政策和经济刺激手段，充分发挥了市场机制配置资源的作用。完善排污权交易，明确排污权的所有权、使用权、经营权后；制定排污权交易的法律法规，原始排污权有偿核发，占有排污权按期缴纳补偿费，排污权交易与总量控制紧密结合，提高环境监测水平，加强环境监管。由于该交易离不开政府的参与——保证交易的目的而进行的行政指导、交易过程中的行政审核、交易后的监测监督，这就需要政府制定出符合经济社会发展要求的权利保障。所有企业、单位和居民,排放污水要缴纳污水处理费,产生垃圾要缴纳垃圾处理费,向环境排污的要依法缴纳排污费,提高资源综合利用效率。

建立责任机制,加强绿色发展目标考核,完善生态环境损害责任追究制度,完善生态补偿机制,形成推动绿色发展的正向激励。垃圾分类得靠法律和制度的约束。要有与垃圾处理相匹配生态补偿机制,推动实施垃圾分类处理。如广州就明确了“污染者付费”的原则,并确定“生活垃圾终端处理设施所在区”为受偿区,生活垃圾输出区为补偿区,已经产生显著效果。即便居民已对生活垃圾实施分类投放,而并未将可回收物与其他垃圾分别运输。有关部门、地方政府和企业要因地制宜、因城施策,不断创新技术,推进集中供暖、燃气供暖、电供暖、地热供暖和生物质能源供暖,逐步提高清洁取暖的比重。鼓励建立第三方介入治理机制,引入社会资本参与燃煤锅炉清洁能源改造,并在享受市级燃煤锅炉清洁能源改造补助资金的基础上,区级财政按照 1∶1 配套进行资金补助。参与垃圾分类可以倒逼垃圾的分类投放等各环节的立法、制度化,如生活垃圾处理的相关法律法规的修订、包装废物管理条例的出台,快递行业、餐饮行业作业规范的制定等。对于积极参加垃圾分类或拒不参加垃圾分类的单位,监管部门还将通过公示等手段,给予激励或曝光;推动建设一批以企业为主导的生活垃圾资源化产业技术创新战略联盟及技术研发基地,提升分类回收和处理水平。

实施优化产业结构、构建低碳能源体系、发展绿色建筑和低碳交通、建立全国碳排放交易市场等一系列政策措施,形成人和自然和谐发展现代化建设新格局。中共中央办公厅、国务院办公厅 2016 年 12 月印发的《生态文明建设目标评价考核办法》要求,在绿色发展指标体系中,资源利用权重占 29.3%,环境治理权重占 16.5%,环境质量权重占 19.3%,生态保护指标权重占 16.5%,增长质量权重占 9.2%,绿色生活权重占 9.2%。该考核办法,采取评价和考核相结合的方式,实行年度评价、两年考核,依据地方资源利用、环境治理、环境质量、生态保护、增长质量、绿色生活、公众满意程度七个方面的变化趋势和动态进展，生成绿色发展指数。

与国家层面的环保制度建设相配套，各类环境政策工具，如绿色信贷、绿色保险、绿色电价、生态补偿、绿色贸易等也陆续出现。公共财政对再生资源回收利用给予必要支持，在政策上鼓励企业回收和利用，为企业直接融资创造条件；对资源回收加工处理中心、再生资源信息网络等方面的示范项目，优先安排技改投资并给予财政贴息。践行环境恢复司法，对进入检察环节的破坏环境资源类犯罪案件，依法监督犯罪嫌疑人、被告人或单位与受损方达成生态修复协议，以给付货币、承担劳务、亲友代替修复等方式恢复生态原貌。发挥环保基金引导作用，开展环境污染第三方治理，发展生态环保产业。实行省以下环保机构监测监察执法垂直管理制度，制定部门生态环境保护责任清单，全面开展环保督察。

1994 年瑞典议会通过《转向可持续发展》的法案，该法案以生态循环为目标，鼓励材料回收等生态化的垃圾处理方式。瑞典的“生产者责任制”——生产者对其生产的产品承担有关的环境责任，生产者负责垃圾回收，其回收的费用则包含在产品里，由消费者埋单；消费者有义务对废弃产品（从最初的产品包装，扩大到废纸、废轮胎、报废汽车和废弃电子电器产品）及包装按要求进行分类，并送到相应的回收处；这一规定产生了一批新型废弃物回收利用企业；欧盟数据显示，瑞典人制造的生活垃圾中，被填埋的非可再生垃圾只占 1%，36%可得到循环利用，14%再生成化肥，另外 49%被焚烧发电——产生大量热能，通过连接着城市四通八达的供暖管道为城市居民供暖；每 10 公斤厨房垃圾，经过处理可产生相当于约 1 升汽油的沼气，此外，保留下来的食物渣滓可制成液态生物肥料。① 这一切，归功于瑞典先进的垃圾处理循环系统、健全的法律和政府投入。

对于垃圾分类处理的法律法规的制定，一些国家很严厉。例如日本的

---

①　参见《“榨干”垃圾的“油水”　瑞典模式让垃圾“变废为宝”》，人民网，http://world.people.com.cn/n1/2017/0420/c1002-29225294.html。

《废弃物处理法》第25条14款规定，胡乱丢弃废弃物者将被处以5年以下有期徒刑，并处罚金1000万日元（约合人民币613000元）；德国则采取的是“连坐式”惩罚措施，垃圾分类没有做好，可能会连累整片居民区的垃圾清理费提高；在美国乱丢垃圾是一种犯罪行为，不但会面临高额罚款，还有可能会被判处入狱或社区服务。① 这些先进的做法，只是在表明，单一的市场，不能解决垃圾问题；单一依靠人们的思想觉悟，也不可能得到有效解决；同样地，单一的法律如果没有利益驱动、认识到位，也不可能得到有效解决。最有效的方式，是三方形成合力，达成共同的作用机制。

农业部《关于打好农业面源污染防治攻坚战的实施意见》要求，体现出，从制度法规层面，通过发展节水农业，严格控制农业用水总量；通过倡导畜禽粪便、农作物秸秆、农膜基本资源化利用等，来减少化肥和农药使用量，实施化肥、农药零增长行动。既然养殖业是农业面源污染的重要源头，就需从养殖场地的选择（既要有利于畜禽粪便返回农田，也要防止其污染地下水等）、圈舍设计（既要使生物与粪便分离，更要防止瘟疫等灾难发生）、雨水处理等方面，再处理末端生产产生的污染，形成全链条式环保处理模式。过去农村依靠自然环境的自净力就消化了垃圾，但垃圾和污水都必须要有配套的处理设施和科学的管理手段。依据各地现实状况，选取科学、有效的治理方式，形成合理的成本负担机制，在根本上解决农村生活垃圾问题。

2. 政策推动收入差距保持在合理的区间。坚持按劳分配为主体、多种分配方式并存，坚持初次分配和再分配调节并重，多渠道增加居民财产性收入，在社会总财富增加的情况下，普遍提高人民的富裕程度，落实国家发展成果为全体人民所共享。中国共产党人始终体现出“以人民为中心”的情怀，以进入新千年为例，2002年党的十六大报告中提出“以共同富裕为目标，扩大中等收入者比重”，党的十七大、十八大报告分别提出“使收入分配格局合理有序，中

① 刘峣：《强制分类，生活垃圾处理必须“动真格”》，新华网，http://www.xinhuanet.com/politics/2017-05/08/c_129591076.htm，2017年5月8日。

等收入者占多数”“中等收入群体持续扩大”的政策；十八届三中全会强调要“增加低收入者收入，扩大中等收入者比重，努力缩小城乡、区域、行业收入分配差距，逐步形成橄榄形分配格局”。初次分配中提高劳动者分配的比重，通过再分配来扭转居民收入和劳动报酬占比下滑趋势，妥善处理好国家、企业、居民在分配中的关系，保证居民的收入增速不低于 GDP 的增速。

在这些原则指导下，中央出台了许多具体的政策措施：从劳动者的角度，规定劳动者最低工资标准，企业要为劳动者（员工）缴纳五险一金；包括采取协商薪酬、灵活工时、培训转岗等方式，稳定现有工作岗位；支持创业平台建设和职工自主创业，提升创业服务孵化能力，引导职工创业就业。对就业困难人员加大就业援助力度，通过开发公益性岗位等多种方式予以帮扶。对符合条件的失业人员按规定发放失业保险金，符合救助条件的应及时纳入社会救助范围，保障其基本生活，等等。通过继续教育和职业培训，提高劳动力技能和素质。开展技术扶植活动，从人力和财力上保障技术创新；提高教育水平、教育投入，吸引并留住高素质的人才，开展劳动力的技能培训来促进劳动力生产技术的积累和工作效率的提高。我国 2.7 亿农民工文化程度和劳动技能普遍较低，加上每年 700 多万应届大学毕业生，完全有可能用“人力资源红利”接续“人口红利”。对于各种类型的企业安全生产，不仅有法律法规明文规定，政府还定时或不定时地进行安全检查。2006 年中央提出推动城乡基本公共服务均等化，努力解决民生问题：增加教育、医疗、社会保障、住房、就业等社会性支出，实现基本公共服务均等化。

构建全民共建共享的社会治理格局，推动公共服务决策机制，以自下而上的群众实际需求为导向，增强公共服务的针对性、有效性，不断满足广大群众日益增长的多元化、个性化的公共服务需求。这在全国各地都有创造性的做法。例如，上海市浦东新区塘桥街道创新“潮汐式”停车模式，解决社区居民与企业员工停车难的问题；上海市徐汇区长桥街道完善社区公共服务评估机制，群众代表通过协商提出公共服务需求，由政府牵线整合辖区资源提供服务，通过第三方对公共服务的执行进行监督和评估；上海浦东沪东社区开展的“微公益点亮微心愿”、福州军门社区开展的“微公益”等活动，以普通人帮助普通人的形式，解决一些贫困家庭的实际困难。诸如此类的“微服务”，成本小，可行性强，贴合群众需求且易于调整，可以充分激发群众的创造性，也有利于完善基层群众自治①，更有助于提高社会成员的政治觉悟和道德水平。

当前最大的、最根本的缩小贫富差距的措施就是实施精准扶贫。贫困地区的人们不脱贫，就不可能全面建成小康社会。以习近平同志为核心的党中央审时度势，广泛动员全社会力量参与精准扶贫，在扶贫的策略上，要求扶志同扶智相结合；在扶贫的途径上，要求通过扶持生产和就业、教育、生态保护、政策兜底、易地搬迁安置等途径，使贫困户走上小康之路。

仅就易地搬迁安置而言，一是立足资源禀赋，依托工业园区、产业基地、小城镇、旅游景区、乡村旅游区加大劳务输出培训投入，实行“订单式”“定向式”培训，以及补贴补助等扶持政策措施，使每个家庭都有脱贫产业，每个劳动力掌握一门劳动技能，发展特色农牧业、劳务经济、现代服务业；二是搬迁人口以农村土地承包经营权、林权、宅基地使用权、大型农机具等折价入股专业合作社和龙头企业，带动搬迁人口增收；三是发挥县城、小城镇、中心村等区位优势，扶持搬迁人口从事农副产品营销、餐饮、家政、仓储、配送等服务业；四是积极发展物流服务业、“互联网+”、电商扶贫培训力度，深入实施乡村旅游扶贫工程等产业，实现收入来源多样化。此外，确保搬迁居民与当地城镇居民享有同等教育、养老保险、社会救助、社会福利等社会保障政策。

把多项用地政策与扶贫开发、新农村建设、土坯房改造、迁村腾地等结合起来，推动稀土深加工、脐橙、旅游、油茶加工等产业发展。外向的新兴产业不受地域限制，如互联网+、旅游、外包产业等，中西部地区发展的条件和空间甚至比东部地区更大，有望成为新的经济增长点。此外，很多贫困地区生态环境

---

① 李德：《公共服务供给应注重“耦合度”》，《人民日报》2015 年 12 月 22 日。

优良，在保护生态环境的基础上大力开发旅游、生态有机产品、中草药材等高附加值产业，可以与东部地区优势互补、错位发展，成为拉动经济增长的新引擎。贫困人口集中在偏远山区，交通落后、基础设施极其不完善，发展旅游成本高，企业不愿意投资。乡村旅游很多产品的开发停留在传统旅游产品的设计与组合上，或者乡村旅游建设偏城市化，失去了本土特色，失去了韵味，浪费并破坏了资源。国家、地方政府、旅游规划公司、企业、村民每一个环节都要根据扶贫点的具体情况，考虑旅游扶贫的延续性，科学分析扶贫点的市场空间，找准扶贫点的市场吸引点和发展突破方向。

为振兴乡村提供各种制度保障——通过产业政策、金融政策联动起来，解决农业资源要素的错配扭曲问题，形成有力的保障政策体系。一是完善农产品价格形成机制和利益联结机制，从选种、种植、收割、仓储，到加工、营销，帮助农民打通农业全产业链的各个环节，用工业的方式发展农业，产品销往全世界；鼓励发展规模种养业、农产品加工业和农村服务业，推进生产、加工、物流、营销等一体化发展，延伸价值链，提升农民市场搏击能力。对于市场脉搏，种什么，多大规模合适，把更多决策权还给市场，从田间到餐桌，提升农业产业核心竞争力，让农民专业合作社等新型经营主体和农民说了算；强化农产品市场预警，推广农业保险，让好产品卖出好价钱，让从事农业的企业和农民分享更多收益。二是提高土地效益，按股份制、合作经营的方式，把田埂打掉①，采用大型农机，深翻深耕到40厘米，不仅能扩大耕作面积，而且大大缓解过度使用化肥的问题。以安全、环保、质量、能耗等标准，引导公共消费型基础投资与产业转型升级，包括公共消费型基础投资——高铁、地铁、城市基础建设、防灾抗灾能力、农村的垃圾和水处理、空气质量的改善、公共保障性住房的建设等；信息——电网油气网络，生态环保——清洁能源、能源矿产资源保障、交通运输、

---

① 李克强总理在一次调研中指出，广大农村，往往是巴掌大的一小块土地，仅田埂就占了将近20%！如果能去掉田埂，将会多出多少土地啊！再者田埂不打掉，大型机械就下不去，也就无法推进农业现代化。见《不拘一格推进适度规模经营》，《农机科技推广》2015年第8期。

粮食水利、健康养老服务,来克服城内轨道交通、地铁和道路建设不足,地下管网明显老化,许多城市被堵车和城市内涝困扰;节能减排和治理污染等短板,城镇化可以释放更大的内需潜力——中国目前城镇化率刚过 50%,发达国家的城镇化率在 80%至 90%之间。据 IMF 的数据,2010 年中国人均基础设施拥有量是西欧的 38%,北美地区的 23%,日本、韩国的 18%。

推进供给侧结构性改革,促进产业结构优化升级,使之经济结构(供需结构、产业结构、城乡结构)合理,使得资源在经济活动的各组成部分、各个环节有机连接和相加、分解和分化,生成使用价值链。生产和消费构成经济活动的两极。生产一极需淘汰落后产能、压缩过剩生产能力,推进传统产业技术改造,发展现代农业与服务业,支持节能环保、新能源、新材料、新医药、生物、信息等战略性新兴产业的发展,通过这些促进经济结构不断优化、升级;消费一极需提高消费对经济发展的贡献,积极开拓国内市场,改善农村居民的生活状况等,实现经济发展方式的转变。僵尸企业退出,为其他优质企业发展腾出空间,优化行业的资源配置和生产力布局。

(二)资源生成观念的培育

资源生成,是指资源在人类的实践中生成,在节约中生成,在创造中生成;强调资源的生成具有过程性、开放性和发展性,突出资源的潜在性。人类的发展是在不断地消耗资源,同时又不停地把潜在的资源变为现实的资源。换言之,人类的文明,就是在资源消耗与生成中实现的。如果创造的资源多于消耗的资源,人类则呈现一片欣欣向荣的景象;消耗超过生成,经济就会出现衰退现象。

全社会普及保护自然环境、资源生成的观念。先进的资源思想理念对经济社会的可持续发展具有前瞻性和指导性。价值取向、思维方式、生活方式方面的变革比技术层面的革新更重要。人类从关注物质财富的增长,到关注生存环境,推动他们逐渐摒弃自身有害于生态环境的浪费资源的传统生产生活习惯,自觉地积极地参与生态治理,积极建立勤俭节约、绿色低碳、文明健康的生活方式和消费模式——把生态文明纳入社会主义核心价值体系，形成人人、事事、时时崇尚生态文明的社会新风。

提高民众节约、创造资源的意识。节约资源本身就是创造资源。在节约中创造，在创造中节约。通过各种方式与途径推动人们的生活方式向绿色低碳转变，形成全民参与、共建共享的良好社会风尚。一是宣传党和国家平等保护各种所有制经济产权的方针政策和法律法规，使平等保护、全面保护、依法保护观念深入人心，营造公平、公正、透明、稳定的法治环境；在此基础上，提炼宣传一批依法有效保护产权的好经验，推动社会尊重遵守资源产权氛围的形成。二是在提倡勤劳致富、弘扬企业家精神等方面加强舆论引导，发挥工商业联合会、行业协会等在维护企业合法权益方面的作用，建立对涉及产权纠纷的中小企业维权援助机制。三是立足于政府机关带头、增进各级各类学校教育、完善市民公约和村规民约，把绿色低碳理念渗透进社会生活的方方面面，营造绿色发展人人有责、人人参与、人人共享的良好社会风尚。

他山之石可以攻玉，瑞典、美国、澳大利亚等国家在这方面的做法值得借鉴。①将有关资源利用和节约的知识列入中小学教材，垃圾分类成为中小学劳动课程的一部分，把垃圾分类效果作为学生社会公共生活能力评价的标准；进而通过“小手带大手”的方式培养公众珍惜资源、爱护环境的观念；组建垃圾分类指导义工队伍，担当生活垃圾入户宣传指导员、桶前督导员、垃圾分类监督员，担负起

① 瑞典的大多数幼儿园每周都会带孩子们去森林，在大自然中学习如何将森林里的垃圾进行分类；有的社区和学校会邀请垃圾分类公司给小朋友们讲述环保和垃圾分类的知识。因而每个瑞典人都知道垃圾就是能源，4 吨垃圾等于 1 吨石油。美国旧金山环保部门在年轻人中推广垃圾减量分类的宣传教育活动，推出环保型花园的家庭设计理念，创立了旧金山环保基金会以及旧金山有机食品社区；通过海报、报纸、网络以及公交移动等媒体等，长期开展城市垃圾治理的宣传推广活动。澳大利亚通过多种途径加强公民环保意识，包括开设公共咨询和设计相关政府网站等各种方式进行宣传、推广。新南威尔士州开设社区回收中心为居民解决垃圾回收问题，对居民进行问卷调查并推出数据、报告，通过反馈信息提升相关信息传达力度。悉尼市政府通过发放宣传单、开设热线电话、社交媒体平台等方式对全民进行知识普及，鼓励有效的废物回收再利用。例如，发放市政环保简报《绿色村落》，向民众宣传其他独立运营的废物管理与回收举措。居民如有不正确的回收方法，政府会进行针对性宣传，还会对非法倾倒废物的行为处以重罚。

环保宣传教育、日常指导培训等责任，使人们认识到，每一次循环再利用，不仅是减少浪费，也是对自然资源的一种保护，从而引导市民转变观念，废品回收就是垃圾分类，政府给予适当的财政补贴和税收优惠，积极参与垃圾分类活动。要充分利用大众媒介，进行高强度和高频率的宣传，我国的各种媒体，从报纸期刊到广播电视、网络媒体等现代化的宣传工具，可以推出资源利用和保护的科普知识和公益广告，组织出版一批资源利用和保护的科普读物，对全球和全国生态环境的关注，对生态理念、生态法规、循环经济的宣传，对野蛮生产、恶意浪费、危害环境、危害百姓利益的环境破坏典型案件的揭露和批判，对保护生态环境，发展循环经济，实现低碳发展、绿色发展以及低碳生活、科学合理消费的经验总结、褒扬，为传递生态文明建设正能量，作出积极贡献。

与此同时，还需提高、增强人们利用资源、节约资源与创造资源的能力。这一能力的提升，既是对人们关于资源生成观念形成的检验，也是落实资源生成理念的要求。马克思在《资本论》中指出，智力劳动是比社会平均劳动较高级和较复杂的劳动。也就是说，智力劳动需要较多的时间积累以及教育培训成本，它创造的价值也远远超过社会的平均劳动。智力资本在新时代是一个企业、组织乃至国家最有价值的资产，智力资本是通过过程中的无形资产形成有效的价值增值，这里包括核心技术、人才结构、运行模式与经济融合。在一定意义上，资本主导劳动的时代，即使科学技术的发展能够推动保证资源的循环利用，但由于劳动力不论从自身的能力上，还是思想认识和价值倾向上，都不足以让自然资源得以高效利用——“从工厂制度中萌发出了未来教育的幼芽，未来教育对所有已满一定年龄的儿童来说，就是生产劳动同智育和体育相结合，它不仅是提高社会生产的一种方法，而且是造就全面发展的人的唯一方法”①。

发展教育和职业培训，提高劳动力整体人力资源水平。人力资源水平的提升要依靠建立公平的教育体系。社会底层成员通过公平的教育机制，进而

① 《马克思恩格斯选集》第3卷，人民出版社2012年版，第710页。

有了成为中等收入群体的机会和通道，教育制度直接影响到中等收入群体的发展壮大——“提高教育质量，推动义务教育均衡发展，普及高中阶段教育，逐步分类推进中等职业教育免除学杂费，率先从建档立卡的家庭经济困难学生实施普通高中免除学杂费，实现家庭经济困难学生资助全覆盖”①；对一般劳动者而言，健全面向全体劳动者的职业培训制度，提高劳动者职业技能，加强职业培训和在岗培训——加强农民工职业技能培训，帮助其提高就业创业能力和职业素质，鼓励他们取得职业资格证书和专项职业能力证书，提高人力资本水平。

城乡基本公共服务均等化。在一些城市，公共文化服务已颇具规模，百姓参与度和满意度也比较高。然而在一些经济欠发达地区，公共文化基础设施建设还不完善，群众需要的内容文化站不提供，文化站提供的东西群众不爱看、用不着——造成大量公共文化资源浪费；百姓的业余文化生活和日益提高的文化需求无法得到满足，只能自己想办法去弥补缺失。中等收入群体安全感增强，虽拥有一定财富却面临着贬值风险；低收入者需要克服“害怕生病、畏惧失业，无法向上流动”，时刻担心自己会被淘汰。政府持续重视、统筹协调、加大投入、推动“人人能参与、人人想参与”，实现共建公共文化服务共享，还可以将更多社会力量调动起来。《中华人民共和国公共文化服务保障法》明确，“国家鼓励和支持公民、法人和其他组织兴建、捐建或者与政府部门合作建设公共文化设施，鼓励公民、法人和其他组织依法参与公共文化设施的运营和管理”；“国家倡导和鼓励公民、法人和其他组织参与文化志愿服务”；通过志愿服务等方式，发挥他们各自领域的特长优点，共同参与到公共文化服务当中去。

弘扬企业家精神②、工匠精神。经济发展靠产业，产业发展靠创新，创新

① 《十八届中央委员会第五次全体会议公报》，见 http://news.hexun.com/2015-10-29/180220828.html。

② 中共中央国务院：《关于营造企业家健康成长环境弘扬优秀企业家精神，更好发挥企业家作用的意见》，《人民日报》2017 年 9 月 26 日。

要靠人才。发展阶段决定了高度重视智力资本的作用,发挥智力要素对经济社会发展的作用,让将才、帅才、领军人物发挥出更大的创造力。按照由市场决定资源配置,强化智力劳动成果具有交换价值的理念,承认智力劳动成果的付出需要得到合理的回报,从而建立起智力劳动成果价值补偿机制。

企业只有尊重和满足利益相关者的利益,与各个利益相关者建立良性、和谐的互动关系,才能营造良好的内外部环境,增加企业盈利的机会。企业社会责任是一项成本或一种约束,也是孕育机会、促进创新、获得竞争优势的源泉。选择利用可再生能源的产品,购买低碳产品,为减缓气候变化作贡献;拒绝皮草服饰,反对虐杀动物;购买环保节能型家庭用品,如无磷洗衣粉和无氟冰箱;重视回收和重复利用;等等。企业通过履行社会责任来实现产品差异化,能得到广泛的社会认同。例如,46%的欧洲消费者声称愿意为"道德产品"支付明显更高的价格。一项调查表明,有94%的中国大陆受访者表示愿意以更高的价格购买环保产品。建立开放的人工智能文化——信任、开放和透明;商业领袖塑造企业文化和指导方针,以最大限度地减少混合劳动力的风险。

企业家只有诚信守法、以信立业,依法依规生产经营,才能在市场上有生存与发展的空间,才能做大做强,打造知名品牌。企业家要依法合规经营,依法治企、依法维权,强化诚信意识,绝不做逃税漏税、制假贩假、偷工减料、缺斤短两、以次充好、污染环境、侵犯知识产权等违法行为和理亏之事,在遵纪守法方面争作社会表率。进而建立企业家个人信用记录和诚信档案,实行守信联合激励和失信联合惩戒。企业家做强不仅要有诚信意识,还要有创新精神,弘扬敢闯敢试、敢为天下先、勇于承担风险的精神;还要有敏锐捕捉市场机遇,拼搏奋进,提供人无我有、人有我优、人优我特、人特我新的具有竞争力的产品和服务。① 与此同时,对企业家合法经营中出现的失误可以理解;失败给予更多帮助,营造包容失败的社会氛围,为担当者担当、为负责者负责、为干事者撑腰。

① 中共中央国务院:《关于营造企业家健康成长环境弘扬优秀企业家精神,更好发挥企业家作用的意见》,《人民日报》2017年9月26日。

越是全球化就越是地方性。随着经济全球化推进，“地方性”制度安排也在发展，这其中主要作为其重要内容的意会知识获得较大发展空间。信息通信技术的发展增加了意会知识的相对价值。以远程化、网络化等提高基本公共服务的覆盖面和均等化水平。围绕教育文化、医疗卫生、社会保障、住房保障等民生领域，构筑立体化、全方位、广覆盖的信息服务体系，扩大公共服务和产品供给，创新服务方式和手段，为城乡居民提供均等、高效、优质的公共服务。变文化中的消极因素为积极因素，如敢为天下先，善于思辨和创造。公共文化服务上克服“重设施建设，轻管理利用”——一些新建公共文化服务设施远离居民住宅区、远离人群聚集区，提供公共文化服务，提高老百姓的兴趣。随着社会文化的不断进步和人民生活水平的日益提高，人们的业余文化生活有越来越高端化和专业化的需求。而一些公益性的公共文化设施过度商业开发，从事商业收费、商业运作。

权宜衍成习惯，习惯衍成自然。通过对失信行为的联合惩戒和守信行为的联合激励，营造互联网金融发展的良好环境。凡是在其他领域有严重失信行为的主体，将不得进入互联网金融领域。在全社会形成一个守信者人人受益、人人都愿意守信的格局。加强社会化信用服务体系的建设，充分发挥市场机制、社会力量在信用建设当中的重要作用。2016 年国务院印发《关于建立完善守信联合激励和失信联合惩戒制度　加快推进社会诚信建设的指导意见》，要求建立一个诚信的互联网金融体系，推进诚信建设网络全覆盖。

实践催生资源生成观念。观念生成于实践之中。在开发自然资源的同时，提高资源利用水平，发展循环经济，实现资源的减量化、循环化和再利用；使资源采掘与高附加值的下游产业相结合，实现资源产业上下游一体化，在区域内完成资源的生态价值转化，通过提高资源产品的附加价值减少资源生态价值外溢。延长资源产业链，可以带动人力资源、投资、技术创新，建立健康的产业结构体系。

据中国城市环境卫生协会的统计数据显示，全国城市生活垃圾每年超过

1.5 亿吨,并以每年 8%—10%的速度递增。[①] 全国城市每年因垃圾造成的资源损失价值在 250 亿—300 亿元。这些垃圾,一是可携式电子产品更新换代越来越快,电子垃圾持续增加的同时,相应的回收处理及其资源化的机制跟不上。某些地方对此类垃圾的处理还是用 20 世纪 80 年代的方法,造成消费者、拆解商和回收商成为非法倾倒主体。二是快递垃圾。从现有的状况看,平均一个包裹包装箱大约是 0.2 公斤;以塑胶袋来看,不可分解的一个成本 0.08 元人民币,但可分解的价格却是其 4 至 5 倍。[②] 快递包装的耗材用量惊人,环保包装成本过高,这和快递包装生产、使用缺乏标准等有关,而这一层面是制度理念跟不上实践的发展——对于垃圾分类宣传存在"雷声大、雨点小",垃圾分类宣传、指导和监督不力,居民意识不到垃圾分类,缺乏自觉性;垃圾分类指导员、保洁员习惯"亲力亲为"。而人们的生态(资源节约与创造)理念也跟不上实践的要求——电商的社会责任(生态)意识很关键。

西方发达国家在提高居民的生态、资源观念方面的成功做法值得学习。发达国家的垃圾分类管理经历了从最初政府被动式的、自上而下的管理体制,逐步转变为以全体公民、社会团体、非政府组织、专业化企业等社会主体协同治理体制。美国垃圾分类(是垃圾资源化的第一步)的严格执行与政府的教育推广和细致的法律法规是分不开的。美国国会于 1976 年通过《资源保护及回收法》——分别对固体废物、危险废物和危险废物地下贮存库的管理提出要求,以应对日益增长的城市和工业废弃物问题。进而,美国环保局制定了上百个关于固体废物、危险废弃物的排放、收集、贮存、运输、处理、处置回收利用的规定、规划和指南等,形成了较为完善的固体废物管理法规体系。在美国,各州都有禁止乱扔垃圾的法律,乱丢杂物属三级轻罪,可处以 300 美元到 1000 美元不等的罚款、入狱或社区服务(最长一年),也可以上述两种或三种

① 刘晓:《垃圾强制分类中国动了真格》,《人民日报》(海外版)2017 年 4 月 24 日。

② 《中国快递垃圾泛滥 年用胶带可绕地球 425 圈》,新华网,http://www.xinhuanet.com/fortune/2017-02/10/c_1120440952.htm。

并罚。

结合我国当下的实际，需要创造条件，使得消费者、生产者、电商、政府等都作为垃圾资源化的重要参与者，逐步建立起相对完善的产业链条——需要不同主体分摊环保提升的成本，包括国家政策扶持，企业和物流给予补贴，消费者也应承担部分费用。换言之，建立起与垃圾分类参与者切身利益挂钩的管理机制，比如垃圾处理收费制度和奖惩制度，确定垃圾投放、收集、中转、运输、处理整个过程中各方的责任和义务。也就是说，在这一链条上的任何一方都能够尽到自身的责任，如，消费者对自己的消费剩余物交纳处置费，对生产者则推行产品责任延伸制，政府提供公共品（包括制度、必要的公共服务等），或由政府采购垃圾分类服务，再拨付相应的垃圾减量化补贴。电商则要对产品的外在包装负责回收或采取相应的处置措施等。或者让其他企业参与进来，给予可回收物进行资源利用的企业一定补贴。基本的做法是，在实践中提升社会成员的节约、创造资源的意识。一是想方设法增加消费者回收意愿，部分电商和快递业者发起回收包装换积分，积分兑赠品点子；加强回收包装和垃圾分类宣传；地方政府建立 APP 平台，提供网上预约回收废品。二是针对纸箱、档封、运单、贴纸采用可分解材料，可重复使用帆布袋或塑胶中转箱代替传统编织袋，减少垃圾产生。与此并行的，建立生态补偿机制，树立资源受益者付费的发展理念，将资源开采造成的生态价值流失内化为生产成本。

上海按照逐步建立完善“技术系统、政策系统、社会系统”的工作路径，逐步形成“规划引领、政府引导、市场运作、社会参与”的基本思路，依托“绿色账户”正向激励机制，探索生活垃圾分类减量的整体框架和推进模式。实行“绿色账户”模式，建立“定时、定点、定投诉电话”的志愿者服务社区公示制度。强化市、区、街镇对“绿色账户”管理情况的检查监督，检查结果报各级政府并向社会公示。对于参加“绿色账户”的居民，街道办事处或小区管理部门都会给每户发一卷垃圾袋、100 个条形码，只要居民定点准确分类投放垃圾，就可获得相应积分存入“绿色账户”，进而登录绿色账户网站，兑换由政府部门及社会公益组织提供的各类公益小礼品，诸如各类公园门票、生活必需品、食品饮料及不时举办的各类趣味抽奖活动；对不擅长使用网络的老年人，会通过兑换点，定期为居民提供现场兑换服务。到2016年底，全市生活垃圾分类覆盖500万户家庭，每天约2500吨垃圾被分流利用和处理，进入焚烧和填埋设施的人均生活垃圾处理量比2010年降低了20%。

政府在完善规章制度的同时，采用各种方式引导居民正确投放垃圾，进而给垃圾分类。通过建立居民“绿色账户”“环保档案”等方式，对正确分类投放垃圾的居民给予各种形式的奖励。国家发布的《生活垃圾分类制度实施方案》提出，鼓励社会资本参与各类垃圾分类收集、运输和处理，积极探索特许经营、承包经营、租赁经营等方式，通过公开招标引入专业化服务公司。为优化垃圾分类终端计量办法，提高居民积极性和参与度，各城市探索了各具特色的垃圾分类激励机制。杭州出台实施《杭州市生活垃圾管理条例》，并配套发布《生活垃圾分类管理规范》，规定居民垃圾分类不到位，最高可罚款200元；宁波为《生活垃圾分类管理条例》立法。深圳市推动物业服务企业责任制，开展低值可回收物处理补贴政策研究。桂林市推广激励机制，包括居民积分机制、抽奖机制、表彰机制。在一系列的活动中，社会公众逐渐形成“我的垃圾我负责”的意识——对不自觉分类投放垃圾的居民进行引导、罚款乃至适当的刑事处罚。

简言之，垃圾资源化，需要公众共同参与，需要公共政策制定者在顶层设计、政策制定、宏观调控、激励机制以及公民教育上下功夫，形成以法治为基础、政府推动、全民参与、城乡统筹、因地制宜的垃圾分类制度，建立政府为主导、企业为主体、全民参与的垃圾分类体系。

（三）集约型资源开发利用的科技研究

虽然科技在资本主导下成为剩余价值最大化的工具，但科技的发展确实加快了资源的生成与消费。同样地，科技掌握在人民手中，也能提高人民群众的生活水平。科技创新对经济增长的贡献率为30%。这主要表现在，科学技术在生产、分配、交换、消费四个环节运行中，在一定程度上都能促进资源效率的提高。生产过程是一个转换过程，在转换中以少量的消耗获取较大的收益。科学技术的发展促使人类对产品进行修理、再利用、革新、升级、再生产和再循环，甚至被重新设计；或回收、加工处理废旧金属、报废电子产品等，使其能够重新成为重要的再生资源。因而，追求价值链的生成过程也就是促使剩余物质最小化的过程，废弃物质最小化的过程实质上是使用价值链的生成过程。“消费的真相在于它并非一种享受功能，而是一种生产也是一种沟通体系、一种交换结构。作为社会逻辑，消费建立在否认享受的基础上。这时享受不再是其目的性、理性目标，而是某一进程中的个体合理化步骤，而这一进程的目的是指向他处。”①分配、交换过程必然消耗一定的资源：从信息的收集、劳动量的测定以及一套详尽的权利体系——规定在什么情况下人们可以得到和使用资源，进而付诸实施等，在这一过程中需要提高的不仅包括自身的效率，而且还表现在对生产与消费效率的影响上。

1. 推动全社会提高科技素养。科学技术本身不仅是一种资源，更在于科学技术的发展加速自然资源的生成效率，而且人类现代化进程的加快也从实践上证明了科学技术的巨大作用。18世纪中叶的第一次产业革命直至19世纪中期结束，以纺织业为起点，带动相关产业链条上冶金工业、煤炭工业、运输业和制造业的发展，使英国一跃成为“世界工厂”。19世纪六七十年代，以德法两国为中心，爆发第二次产业革命，房地产、汽车制造、钢铁工业、化学工业和电力等产业得以迅速发展。美国主导20世纪50年代的第三次产业革命，以原子能技术、电子计算机与互联网技术，成就全球经济霸主地位。日本的汽车制造技术和液晶电视制造技术，已经领先目前市场出售产品核心技术的两

① ［法］让-波德里亚：《消费社会》，南京大学出版社2000年版，第68—69页。

代、三代,实际上形成一种强有力的技术战略储备。

第四次工业革命为智能制造时代,新一代信息通信技术与制造业融合发展,是新一轮科技革命和产业变革的主线,对制造业发展模式和产业生态等方面都带来革命性影响。① 绿色发展逐渐成为转型发展的趋势——太阳能光伏、页岩气等新能源技术不断进步,清洁能源应用日渐成熟,制造业进一步向低能耗、低污染方向发展;"绿色供应链""低碳革命""零排放"等新的产品设计和生产理念不断兴起,节能环保产业、再制造产业等产业链不断完善。这需要人们应有与之相适应的创造力和管理能力,需要把人的生存发展放在首位并为之服务。由此,科学技术的发展促使每一个与它相关的人员必须不断提高科技素养。

每个社会成员所处的社会环境、经济社会水平不同,其相应接受的教育、科技信息也不甚相同。一般地,生产力越发达,人们的生活水平越高,社会成员的需求越注重从物质层面转向精神层面,尤其对科技的需求也就更加强烈,更加积极通过互联网、电视等渠道主动获取科技知识,提高自身科学素质。这其中的缘由,科学技术不仅是理解人和自然关系的不可缺少的工具,是个人自由全面发展的助推器;也越来越成为人与人之间交往的载体,尤其是信息技术日新月异的今天。

改革开放以来,我国公民科学素养在不断提升。据第九次中国公民科学素质调查显示,男性公民的科学素质水平达到 9.04%,高于女性公民(3.38%);城乡之间的差距为甚,前者为 9.72%,后者为 2.43%,城乡之间在经济上的贫富差距,已在某种程度上投射到了公民的科学素质领域。而第八次公民科学素质调查显示,2010 年全国公民具备基本科学素质的比例为 3.27%;也就是每 100 人中,有 3 人具备基本公民科学素质。但与发达国家相比,这一比例仍然很低。在 1989 年,加拿大公众达到基本科学素养水平的比

① 苗圩:《唯有制造强国才能变身世界强国》,《人民政协报》2015 年 11 月 17 日。

例就为 4%。1991 年，日本的比例为 3%，1992 年欧共体的比例为 5%。而美国在 2000 年时，公众达到基本科学素养水平的比例已经高达 17%。①

公民提高科学素质主要依靠科技教育、传播和普及三方面的工作。要缩小公民科学素养上的差距，就要了解公众关心的话题和科普需求。科研人员开展科普工作，除了社区、学校等途径，还有媒体。有研究表明，美国成年人获得科普知识，主要就来自媒体——有一批从事科普工作的记者和编辑，主要为报纸、杂志、广播、电视等大众媒体撰写有关科学、健康和技术等新闻报道。通过媒体进行科学素养的普及，覆盖面会非常广。然而，在中国除了与科技紧密相关的媒体外，其他大众传媒，尤其是发行量最大的都市报、晚报等，很少有设置科学新闻的版面；这些报纸一般都有专门的时政记者、娱乐记者、体育记者和财经记者，但鲜有科技记者；报纸上即使有科技新闻，一般也是安排在比较靠后的版面，篇幅不大，可读性更不强。媒体在科普工作中的缺位，一个重要原因是不容易带动广告，基本属于公益事业。

根据经济合作与发展组织（OECD）的统计，目前我国研发支出的绝对额已经超过日本，占 GDP 的比重也已上升到 2. 1%，与 OECD 国家 2. 4%的平均水平接近。我国的专利数量和研发人员数量也都是全球第一，科技人员总数已达 3000 万，从事科技研发的人员也有 106 万人。每年至少有 3 万项科技成果问世，7 万项专利成果诞生。② 2016 年研发支出投入稳步增长，2016 年研究与试验发展经费支出达 1. 55 万亿元，比 2012 年增长 50. 5%；大众创业万众创新环境下市场主体活力持续释放，2013—2016 年，我国企业数量翻了一番；基础研究、重大装备、重大基础设施等领域不断取得新成果，集成电路、人工智能等战略性新兴产业方兴未艾，数字经济初露端倪。③

① 邱晨辉：《公民科学素质的“贫富差距”短期内难缩小》，《中国青年报》2015 年 10 月 1 日。

② 《90%未能转化　冰箱里的科技成果如何解冻?》中国青年网，http://news.youth.cn/jy/201601/t20160126_7568272.htm，2016 年 1 月 26 日。

③ 《五年来中国经济平稳健康发展　国家发改委主任点评八大亮点（4）》，中国经济网，http://news.china.com/socialgd/10000169/20170819/31129436_3.html。

但是,我国在核心技术、知识产权、自主品牌方面仍是短板。这表现在,一是大多数装备研发设计水平较低,试验检测手段不足,关键共性技术缺失——许多大型成套设备、关键元器件和重要基础件还依赖进口,制造业总体上处于价值链中低端。信息与工业部苗圩部长曾在一次报告中提到,我国当下的科技研发水平,整体上还处在世界三流水平。二是企业还没有真正成为技术创新的主体。据统计,规模以上工业企业研发投入占主营业务收入比重仅0.61%,远低于发达国家3%的水平,从事研发的主体仍在高校和科研院所,这也就决定了科研成果的转化率也低于发达国家。三是我国森林资源综合利用率已近50%,但与发达国家90%以上的水平相比还有很大差距。四是有利于工业创新发展的体制机制还不健全。五是科技成果的转化率只有10%,有90%的科研成果或被“冻在冰箱里”或被“锁在实验室”。为了提高科技成果转化率,2016年修订的《中华人民共和国促进科技成果转化法》规定:“对于科技成果转化作出重要贡献的人员,其获得奖励和报酬的比例不低于50%,自行或与他人合作实施的获得营业利润不低于5%的比例。”①

简言之,现代工业与现代科技相互促进,推动现代社会发生快速变化,也要求劳动者适应这一变化。马克思指出,“现代工业通过机器、化学过程和其他方法,使工人的职能和劳动过程的社会结合不断地随着生产的技术基础发生变革”;这需要有“适应于不断变动的劳动需求而可以随意支配的人”“那种把不同社会职能当作互相交替的活动方式的全面发展的个人”。而这样人才的出现又有赖于在大工业基础上自然发展起来的“综合技术学校和农业学校”以及使理论和实践相结合的“职业学校”②。

发展信息技术。当今时代是信息时代。信息时代凸显的是信息社会生产力。要理解信息生产力,首先就得理解信息的含义。信息,权威的解释是,

① 王景烁、郝帅:《冰箱里的科技成果如何解冻》,《中国青年报》2016年1月26日。

② 马克思:《资本论》第1卷,人民出版社2004年版,第560—562页。

“人们同外部世界互相交换的内容和名称”，或是“客观事物运动状态和变化的内容”，或是“用来消除随机不确定性的东西”。如果寻找这三个界定之间的共同点，信息就是“当前的知识”“最新的知识”。那信息技术就是管理和处理信息（最新知识）所采用的技术。获取信息需要成本。因而信息价值就在于信息的实际使用价值大于收集、分析信息等过程所产生的成本，使信息为企业的决策带来增值价值。由此，信息生产力，就是信息（最新知识）资源渗透进人们的生产、服务和生活中所形成的新型的、社会化生产能力。换言之，劳动者被最新知识所武装，生产资料也体现出最新知识，由此产生的成果也是最新的。诺贝尔奖经济学家斯蒂格利茨说：“新古典经济学家试图证明资本主义经济是有效率的，但是一旦引入不完备市场和不完全信息这些更接近现实的假设以后，帕累托效率的论点就站不住脚了”①。

世界正进入以“移、云、大、智”、3D 打印为标志的、直接为社会生产和人们生活服务的信息生产力阶段——新一代信息通信技术与制造业融合发展，这迫使市场主体以及相关人员打破以往的传统的思维路径，主动适应信息生产力的发展规律。对于达到领先水平的技术，纳入技术战略储备梯队，在利用“后发优势”赶超发达经济体主流技术的升级过程中积累并结合。世界经济论坛创始人兼执行主席克劳斯·施瓦布分别从物理、数字和生物领域列举了新工业革命中的核心推动技术——无人交通工具（自动驾驶汽车和无人机）、3D 打印、高级机器人、新材料、物联网与基因工程。具体而言，信息生产力体现在，一是推动人工智能跨越式发展，如智能人机交互领域、自动驾驶领域、大数据分析预测技术以及智能医疗诊断、智能无人飞机等技术；二是推动 3D 打印、移动互联网、云计算、大数据、生物工程、新能源、新材料等领域；三是大规模个性化定制、精准供应链管理、全生命周期管理、电子商务等。②

---

① 杨培芳：《信息时代经济理论与制度创新》，《企业家日报》2017 年 6 月 30 日。

② 高峰：《中国经济发展的新动力在哪里？》，《统计与咨询》2015 年 12 月 20 日。

在现代社会，农林牧副渔、燃气电力水利、制造业、公共卫生、公共事业、教育、公益、金融、物流等领域适宜“+互联网”；信息服务、通信服务、交通、文化娱乐、旅游、零售、餐饮、批发业、中介、房地产等行业适宜“互联网+”。垃圾分类、可再生资源回收利用的推进，往往采用“互联网+分类回收”模式。如广州市、深圳市推行“互联网+分类回收”，建立了 APP 移动平台，实现垃圾分类信息化管理；银川市启动了垃圾分类“互联网+资源垃圾”回收方式，实行“线上交易+线下物流”。①

信息时代，也就是知识爆炸的时代，劳动生产率水平的进一步提高，工作方式和生活方式的个人自主化、经济发展高度集约化，为环保经济提供了物质基础；信息的发展使得经济全球化向纵深发展。处于这一时代的社会主义市场经济，既要利用国家信息优势，又要发挥个体获取信息的长处，做到市场在资源配置中的决定性作用、政府的保障作用和社会的协同作用，实现相关者和社会利益的最大化。故而，社会主义市场经济推动生产力发展，带来更多的资源共享、平等交易、协同互利、普惠民生——获得更持久的合理利益。如果说，在亚当·斯密的笔下，“市场的主导者不是那些智慧的企业家和有创造力的商人，而是以扩大私利为目的的理性经济人”；②在信息时代，主导市场的则是那些智慧的企业家和有创造力的商人。这些人不仅自己能够获得商机，还能够搭建平台，通过收取恰当的费用或赚取差价为其他市场主体提供获取信息的机会，促成双方或多方供求之间的交易。政府也可以利用自身的优势，建立资源综合利用新技术项目库，向各类市场主体提供包含技术在内的各类信息，使资源利用更加充分。

发展绿色技术。绿色技术又称生态技术，是人们减少环境污染、减少自然资源消耗而使用的技术、工艺或产品，包括从源头、过程加以控制的清洁生产

---

① 《“吃”进垃圾“吐”出宝贝》，《人民日报》（海外版）2018 年 3 月 13 日。

② 杨培芳：《从工业经济进入信息经济，别用卖原子的规则卖比特》，思客网，http://sike.news.cn/statics/sike/posts/2017/06/219520066.html。

技术、材料技术、能源技术、生物技术、资源回收技术、污染治理技术以及环境监测技术。美国著名未来学家托夫勒在其1980年出版的《第三次浪潮》中曾预言，“继计算机革命之后，影响人类生存发展的又一次浪潮，将是世纪之交时要出现的垃圾革命。”①而垃圾革命，就如同生态系统中的食物链，环环相扣，上一环节的垃圾是下一环节的食物，丝毫不影响生态系统的平衡与自我净化能力。垃圾成为经济发展的原材料，在经济循环中，不再有垃圾，即使有，也是对环境无害、无污染。而把垃圾转化为原材料，就得有相应的技术。

要大力推广绿色包装技术。绿色包装指能够循环复用、再生利用或降解腐化，对人体及环境没有危害的、符合可持续发展的适度包装。绿色包装技术遵循减量化、再利用、再循环以及可降解，即当今世界公认的发展绿色包装的3R和1D原则。从原料选择（一般是天然植物）、产品的制造到使用和废弃，均有利于回收利用，易于降解符合生态环境保护的要求，保护环境与节约资源并存，节约资源可减少废弃物，从源头上对环境进行保护。发展绿色包装技术，应从包装材料、包装设计入手。

“互联网+”的繁荣带来物流的快速发展，而物流的发展又带来了包装垃圾的与日俱增。统计数据显示，2015年，仅全国快递业所使用的胶带总长度可以绕地球赤道425圈。② 而这种胶带主要材质是聚氯乙烯，需要经过近百年才能降解。这些包装垃圾正在以超过45%的增长率侵蚀原本健康的土地和环境。快递使用的主体塑料袋大部分为一次性再生塑料袋，由快递包裹产生的包装废弃物每年高达百万吨级。另有数据表明，生产一吨纸需要砍伐17棵十年生大树，生产1吨塑料袋，需要消耗3吨以上石油。③ 如果没有回收，

① 《直面世界性难题　浙江垃圾分类领跑全国》，新华网，http://www.xinhuanet.com/local/2016-12/27/c_129421894.htm。

② 于杭等：《低碳经济下快递盒的回收情况与对策——以南京浦口高校为例》，《当代经济》2017年12月。

③ 于杭等：《低碳经济下快递盒的回收情况与对策——以南京浦口高校为例》，《当代经济》2017年12月。

这不能不说是极大的浪费和对生态系统的严重损害。

有资料表明，中国当前的塑料回收率只有20%。发达国家的塑料回收率通常为45%以上。例如，日本在“污染者付费”原则的基础上提出，由消费者负责将包装废弃物分类，市政府负责收集已分类的包装废弃物，私有企业获政府批准后对包装废弃物进行再处理；规定包装容器内空位不得超过容器体积的20%，包装成本不得超过产品出售价的15%；德国在《包装废弃物管理办法》和《包装回收再生利用法》中规定，除包装生产商外，从事运输、代理、批发、零售的企业需负责回收包装物；凡包装体积明显超过商品本身10%以及包装费用明显超出商品30%的做法，应判定为侵害消费者权益的“商业欺诈”；设立对传统塑料袋征收1.27欧元/公斤的绿点税，而完全生物降解的塑料袋免税；英国的法律规定，包装物在满足商品卫生安全外，不得添加过多包装；如果违反规定，消费者可以投诉并进行处理。① 在这些规定下，企业要想生存进而发展，就必须发展绿色包装技术。

在2006年，国家质检总局和国家标准化管理委员会发布《降解塑料的定义、分类、标志和降解性能要求》(GB/T 20197—2006)，提出生物分解塑料需要在堆肥等有介质存在的条件下最终降解成二氧化碳或甲烷、水等物质。生物分解塑料制造的快递袋或包裹要求在180天内可以降解90%以上，被土壤真正吸收。产品的主要成分是PBAT(石油基降解塑料)，占比在80%—90%，PLA(生物基降解塑料)来自玉米淀粉，是生物基降解塑料。快递企业采用可降解纸箱和可循环塑料箱、可循环使用帆布袋，并推出了纸箱回收计划。以顺丰速运为例，顺丰速运2016年聚乙烯(PE)类材料减少消耗2793吨、聚丙烯(PP)类材料减少消耗843吨、原纸减少消耗2539吨。②

---

① 《快递包装污染：包装回收不足10%　胶带降解需近百年》，新华网，http://www.xinhuanet.com/yuqing/2017-05/16/c_129605339.htm。

② 《快递包装污染：包装回收不足10%　胶带降解需近百年》，新华网，http://www.xinhuanet.com/yuqing/2017-05/16/c_129605339.htm。

快递包装绿色化是一个系统工程，经过上上下下各方面的努力，取得了部分进展，但仍存在一定的困难需要克服。工信部、商务部在2016年12月联合下发《关于加快我国包装产业转型发展的指导意见》，提出“推行简约化、减量化、复用化及精细化包装设计技术，扶持包装企业开展生态（绿色）设计，积极应用生产质量品质高、资源能源消耗低、对人体健康和环境影响小、便于回收利用的绿色包装材料”。据悉，我国在快递行业大范围推广电子运单，每年可为快递企业节省支出50亿元；中国邮政速递物流的运单也减少了一半的原材料，免除了处理废弃底纸的费用和所造成的环境污染。一是推进绿色发展理念落地生根，进一步完善相关政策和行业标准，用严厉的法律制度或行政措施形成对各市场主体强有力的有效约束机制；二是加大研发力度，降低绿色包装成本，提高企业使用绿色环保无污染的包装材料等。基于此，国家邮政局提出到2020年，淘汰有害物质超标包装物料，基本建成社会化的绿色快件包装物回收体系。

发展资源回收及利用技术。改革开放以来较长的时间里，由于技术等诸多原因，我国大量的自然资源没有得到充分的利用。我国大都是劳动密集型、附加值很低、集中在加工制造环节的产业，即劳动力、自然资源便宜，依靠廉价生产要素形成了“低成本、低技术、低价格、低利润、低端市场”的“低价工业化”模式，使得劳动密集型企业陷入了另一种形式的“资源诅咒”（是劳动力资源丰富而不是自然资源丰富）。换言之，自然资源的低价或无价，以及劳动力资源的低价，使得企业缺乏创新动力，导致在全球化资源配置中，核心技术受制于人，进而用于引进技术的资金占整个技术研发资金的一半。①

据有关部门估算，中国每年矿产开发损失的资源价值约780多亿元。我国单位国民生产总值所消耗的矿物原料比发达国家高2—4倍；中国对共生、伴生矿的综合开发占总数的1/3，综合利用率近20%，而发达国家则在50%以

① 王仁贵等：《结构调整全发力》，《瞭望》2010年第43期。

上;尾矿利用率不到10%,而发达国家已高达60%;矿产资源总回采率仅为30%左右,比世界平均水平低20%。这就要求一是要有实力、有技术、有社会责任感等有量质的企业,能促进矿产资源合理、集约、高效利用;二是搭建高水平的矿产资源开发、利用及回收技术研发平台,整合国内优势企业、高校和研究院所资源,形成研发合力,将低品位、共伴生、复杂利用的矿产资源做到"一矿多开""吃干榨尽",在实现提高矿产资源利用效率的同时,将伴随的"三废"(废水、废气、废渣)等资源化,减少对环境的扰动。这正是,执行资本职能的科学和技术具有一定的扩张能力,如化学的每一进步"增加有用物质的数量和已知物质的用途",还"教人们把生产过程和消费过程中的废料投回到再生产过程的循环中去,创造新的资本材料"①。

在经济结构优化升级的同时,加大科技研发。一方面推动价值链向微笑曲线两端延伸,使生产过程向产前延伸,包括研发新产品、新材料、再生资源;使生产过程更加丰富,采用新工艺、新流程;使生产过程向后延伸,包括废弃物资源化、产品维修与维护、产品回收处理等,即制造业与服务业相配套,使服务成为制造业的组成部分,逐步从"有没有"向"好不好"转变。另一方面构建环保产业链,从"谁污染谁治理"向"谁污染谁埋单"转变,以垃圾资源化为中心,回收——分类整理——资源(原材料)进入生产过程,从自然资源消耗为主的制造业向以低投入、低排放的环境服务业为主转变,吸引众多的企业,包括国企等进入环保产业领域,把环保产业打造成经济增长的支柱产业。以中国宜兴环保科技工业园围绕集聚环保产业发展为例,宜兴环保科技工业园聚集一大批环保企业,其中包括中节能、北控等中央大型企业,以及中信基金、赛伯乐基金等大资本集团;环科园建有国际环保展示中心、新城建设指挥中心、人才公寓、低碳大厦、国家环保装备检测中心。该环科园依托国家环保技术成果展示平台,和杭州东部产业园、日本电商技术团队对接,推出"环境医院"模

① 马克思:《资本论》第1卷,人民出版社2004年版,第699页。

式——新常态下环保产业由制造业向服务业升级的新平台，是推动环保产业整合转型的新引擎。环科园搭建环保产业能力和实力的超级平台，引领环保产业向占据产业链、价值链高端的环境服务业攀升。依托优质环保企业集群，整合国际国内领军专家、领先技术和优势企业，以环保产业集团为龙头，以各产学研创新平台为支撑，以 PPP 和第三方的服务为模式，为国内外的区域环境治理提供系统解决方案、工程建设和运营服务，打造一个环境服务商。①

利用科技创新，形成低投入、高产出、低污染的生态化生产方式，从源头和末端上实现防污、治污，实现绿色、循环发展。我国推进农业清洁生产，深入推进化肥农药零增长行动，开展有机肥替代化肥，集中治理农业环境突出问题。在保障粮食生产的基础上，对农田进行专业化的功能分区，即把农田分为粮食生产功能区、重要农产品生产保护区、特色农产品优势区，通过产业链的重新整合，对育种、生产、流通与销售进行重塑；推动生产要素向优势产区聚集，切实将区域资源优势变成产品优势、产业优势和竞争优势；积极发展现代农业产业园、科技园、创业园新业新模式；支持有条件的乡村建设以农民合作社为主要载体、让农民充分参与和收益的田园综合体，发展合作社的生产、供销、信用“三位一体”综合合作。

积极发展节水、治理水污染技术。由于水、气资源的特殊性，水、气一旦污染，将会带来更坏的结果，不论是农村的还是城市的。水环境污染是众多小企业极易带来的问题，技术水平不高的制革、化工和冶炼等耗水行业，废水未经处理或简单沉淀后直接排入乡村河道，污染饮用水源和灌溉用水。发展节水农业，提高农业用水效率。积极推动农膜减量使用，努力实现化肥、农药使用量零增长进而负增长（目前，中国化肥农药的使用量居世界第一，每亩的消耗量是世界平均水平的 2 倍），推进种养业废弃物资源化利用、无害化处理，畜禽粪便、农作物秸秆、农膜基本实现资源化利用。在城乡资源流动的基础上，

① 过国忠、闵德强：《探索新常态下环保产业转型发展“新模式”》，《科技日报》2015 年 3 月 7 日。

还要靠科学技术解决农业问题，实现城乡经济社会融合发展。

发展节能减排技术。节能减排的技术主要包括相关的新能源技术、生物技术和低碳技术，既能控制环境污染，也能解决能源资源的可持续发展问题。随着新科技革命的到来，能源的内涵日益丰富，不仅有传统的石油、煤炭、沼气等能源，还有各种新能源，如生物质、风、地热等；生产主体也逐渐多样化，如光伏发电的主体可以是家庭；能源消费的途径更是形式多样，如一切交通工具和通信工具等；消费者涉及每一个人。伴随着人们的生活水平和生活质量的提高，人均能源消费量及能源需求都有大幅度增长。以中国为例，中国作为世界第一大煤炭生产大国，2009 年成为煤炭净进口国，2011 年能源消费总量已超过美国，达到 34.7 亿吨标煤，其中煤炭占 69.9%，进口煤炭 1.752 亿吨，跃居世界第一。中国 2012 年进口煤炭 2.9 亿吨。从能源消费水平上看，2014 年我国人均能耗约为 3.1 吨标准煤，不及发达国家一半；况且单位国民生产总值能耗是发达国家的 3—4 倍，能源利用效率只有 32%左右，比国外先进水平低 10 个百分点；还有，2014 年人均电力装机容量约 1 千瓦，是美国的 30%左右。

当今出现的生态问题，诸如雾霾、全球气候变暖等，都与使用不清洁的煤炭或石油有关。一是在能源系统中，清洁化能源使用比例偏低、能源物质变换不畅；二是产业结构不合理，一大批传统过剩高能耗的产能仍存在，加速了产生大量有害气体的化石能源的大量使用，超出生态系统自我净化的能力，对环境造成极大污染。为此，推进生态文明建设中，要积极调整产业结构，促进经济结构优化升级——减少高能耗企业，积极发展低能耗产品；而在能源使用中，更多使用可再生能源，降低不可再生能源的使用比例；即使是使用不可再生能源，也是在清洁化之后再使用。而这些，需要技术支撑。没有相应的技术，再好的理念也是白搭。而要有这类技术，一是既要借鉴国外先进技术，二是自己开发利用先进技术。一般地，新技术的研发或采用，都有相关的激励机制——不仅需要制度引导，尤其是财政政策的导向指引，在初期还需要大量的资金投入以及相配套的电网建设等。这是一个系统工程，哪一个环节跟不上，效率或效益都大打折扣。如鼓励农民正确处理农业废弃物秸秆，制作生物肥料或卖给有关企业作为原材料——有的用作生物质原料，有的从中提取蔗糖；而且还有相关的制度禁止在田间直接燃烧和相应的专人看管以及时阻止燃烧秸秆问题，但由于运输难题而得不到有效解决。

据测，煤炭地质理论资源量为5万多亿吨，保有储量为1万多亿吨，探明可采储量还有1145亿吨。石油可采资源量为212亿吨，探明剩余可采储量25亿吨。化石能源的储量还比较丰富，现有的开采、利用技术比较成熟。以煤为主的高碳能源利用模式逐步转变为以可再生能源为主的低碳能源利用模式。有色金属、钢铁、电力、化工、建材等五大高污染、高能耗行业，更新一遍需要大约十年时间，其每年将拉动GDP增长1%。① 另外企业节能、节水、节电及减排治污成本，也推动及时先进、节能环保效果突出的绿色工艺和装备，引导着绿色消费。

根据能源发展“十三五”规划，到2020年，中国非化石能源占一次能源消费总量的比重将达到15%左右。水电水利规划设计总院发布的《2016中国可再生能源发展报告》提到，到2020年，中国水电装机将突破3.8亿千瓦，风电装机将突破2.3亿千瓦，光伏发电装机将突破1.6亿千瓦，生物质能发电装机有望突破1500万千瓦。中国水力资源储量占世界首位，已开发的电量只有储量的6%—7%。风能和太阳能等非常规能源由于技术进步和应用普及产生的规模效应。中国第一个通过低电压穿越测试，具有自主知识产权并批量生产的海上风电机组，一台风电风轮直径超过151米的设备，每小时可输出5000度电，供1万户家庭使用。在同等风速条件下，同级别机组比国际上发电量提高20%以上，打破国外技术垄断。先进的风电成本低于煤电（含用煤的环境成本），已被视为取代化石能源的首要选择。此外，天然气

① 参见高峰：《中国经济发展的新动力在哪里?》，《统计与咨询》2015年第14期。

可采资源量为22万亿立方米,大量的核能、地热能等有待开发,页岩油气开发也成为新的增长极。中国秸秆资源很丰富,可收集的农作物秸秆量为6.87亿吨;可收集的林业剩余物量为1.97亿吨,合计年产量2.7亿吨标准煤,减排6.7亿吨二氧化碳。以农林固体废弃物为原料制成的成型燃料,转化技术与设备相对简单和成熟,减排效果明显,农民出售1吨原料可得200—300元收入。

华东理工大学田恒水教授等开发的二氧化碳绿色高新精细化工产业链,每利用一吨二氧化碳可以节约2.55吨标准煤,减少二氧化碳排放7.38吨,减少废水排放7.84吨,从根本上解决使用剧毒光气、硫酸二甲酯等存在的危险性;由西班牙专家梅塞德斯·马罗托-巴莱尔领导的英国科研小组发明将二氧化碳(CO_2)转化为天然气的技术:通过收集热电厂、水泥厂和石油提炼工厂等高污染工业释放出来的二氧化碳,并将其储存在废弃油井或天然气井或地质层等地质沉积场所,然后,利用一个与植物光合作用相似的过程将二氧化碳转化成天然气主要成分——甲烷。① 况且,绿色汽油比生物乙醇的生产消耗的能量少得多,相应的温室气体排放量和生产成本也更低。

拥有世界上最庞大的环保车队的法国,于2014年设立了社会责任部门(CSR),提出到2020年,法国邮政现有的车辆将100%替换为新能源车,以减少温室气体排放。瑞士使用环保系数更高的B7柴油、新能源车辆和太阳能供电系统等。挪威除了大量采用电动车外,还采购零排放燃料,部分城市的邮件配送已实现二氧化碳"净零排放"目标。2015年,在国际邮政公司环境监测体系成员邮政运营商中,可替代性新能源车辆占车辆总数的比例由2008年的10%提升至现在的14%;可替代性新能源扩展至11类。目前,已有5个国家的邮政运营商率先迈向100%使用可替代性能源车辆的目标,18个国家的邮政运营商在提高能源使用效能、提供技术支撑、增加资金投入、使用可替代性

① 《新技术可将二氧化碳转化为天然气》,中国能源网,2011年2月24日。

能源车辆、办公楼使用新能源等方面采取针对性措施。

除此之外，为了满足人们的精神文化需求，发展文化产业恰逢其时。由于我国社会的主要矛盾已发生历史性转变，人民日益增长的美好生活需要和不平衡不充分的发展之间的矛盾成为社会主义初级阶段新时代的主要矛盾。在物质生活提高的过程中，人们的精神文化需求、社会参与要求以及与大自然诗意般相处的要求都逐渐增强。换言之，三大产业的发展，越来越凸显第三产业，如金融业、保险业、旅游业、信息咨询服务业和各类技术服务业，以及教育、文化、卫生、体育和社会福利业等。目前，美国文化产业占 GDP 为 25%，日本为 20%，欧洲为 13%，而我国仅为 3%。这说明文化产业的发展具有极大的空间。须知，文化产业在某种意义上是本少利多的行业，主要凸显人自身的聪明才智，对自然资源的依赖较少。

旅游业，也是生产力发展到一定阶段才能发展壮大的行业，是各产业相关度非常高的产业，涉及餐饮住宿、交通运输、消费购物、景区服务等诸多方面与产业。日本战后把发展旅游业作为“立国”产业用法律形式予以确立。韩国把“整容观光”和“保健观光”开辟为招揽游客的新名目。美国旅游业直接从业人员超过 700 万，有专门协会管理旅游资源、协调企业利益。法国把人文景观当作历史文物古迹保护，关注和维护这个特定文物所处的整体环境。① 中国这几年旅游业发展很快，2016 年旅游业对 GDP 的综合贡献为 8.19 万亿元，占 GDP 总量的 11.01%，直接就业 2813 万人。2015 年旅游业对 GDP 的综合贡献为 7.34 万亿元，占 GDP 总量的 10.8%，旅游直接就业 2798 万人。2014 年旅游业对 GDP 的综合贡献为 6.61 万亿元，占 GDP 总量的 10.39%，旅游直接就业 2779.4 万人。②

在城乡融合发展中，充分利用农村的绿水青山、田园风光、乡土文化、土特

① 《放眼看世界：旅游业“他山之石”什么样?》，新华网，2016 年 2 月 28 日。

② 参见《2014 年中国旅游业统计公报》《2015 年中国旅游业统计公报》《2016 年中国旅游业统计公报》三年的统计数据。

产品,以及城市的资金、管理经验与技术,积极发展农村新产业新业态,尤其发展乡村休闲农业与养老产业。在现有的美丽乡村建设、乡村旅游发展的基础上,进一步强化乡村规划,突出一村一色。随着生活条件的改善,老龄化人口的增多,健康、养老产业逐渐兴起。养老产业,主要指满足老年人的健康、文化、休闲、教育、旅游、信息等方面的消费,为老年人口提供产品或服务,满足其衣食住行用以及精神文化等,具体包括养老保健医疗服务业、老年用品制造与零售业、养老保险理财业、养老房地产业、养老精神文化娱乐业、居家养老服务业、养老教育服务业、养老人员培训业等。我国一旦进入老龄化社会,这些产业将迸发出巨大的能量。

三、"自然力"可持续发展的新型产权关系分析

一般地,从理论上来看,单纯的公有和私有都不会有高效率;从历史上来看,任何一个国家,都没有单一的私有制存在过,也没有单一的公有制存在过。在社会化大生产中,并不是生产力水平都很高,也并不是每个社会成员的爱好、兴趣、利益需求都完全一样或完全不一样。况且,某一客观事物并非只有一种属性,并非只能满足人的一种需求。生产资料是公有还是私有效率高,不仅取决于生产力的发展水平——既包括创造财富的能力,也包括收益与成本的比较(内含产权界定的效益),也取决于人们需要得以满足的程度。

人类社会的可持续发展,离不开自然自然力、劳动自然力和社会自然力的持续发力。这在理论上可以得到说明,但在实践中如何用好这三种"自然力"?这三种"自然力",在某种意义上具有一定的公益性,因而,一般应采取使用权和经营权相结合,由公共部门经营或在政府严格监管下由一般企业经营。通过对中国上海外滩的变化史以及德国鲁尔区可持续经济发展模式生成的分析,能够深刻认识到资源的产权界定与适时调整对经济发展的重大影响。

这就是要充分发挥政府、市场与社会在资源配置方面的功能——政府发挥规划、政策导向等宏观调控职能，社会想方设法保留生存与发展的底线，市场千方百计提高资源的微观效率。

（一）中国上海外滩的前世今生

如今的上海外滩，被视为上海的标志性建筑和城市历史的象征，是上海一道亮丽的风景线。在近现代史上，上海外滩也是西方列强侵略中国、使中国饱受百年屈辱的历史见证。

外滩这一名称，来自英国的 Bund 一词。晚清的中国，生产力极为落后。英国殖民者用 4000 人打败了当时 GDP 仍是世界第一的清王朝后，在通商口岸上海设立的租界就在外滩。当时的外滩，由原本的一条便于纤夫行走的小道，加上洋人在泥滩上跑马跑出一条 500 米长的小道构成。在资本积累环境下，1845 年英国在外滩建立了英租界。1849 年法国殖民者在那里也建立了法租界。到 19 世纪末外滩的建筑已鳞次栉比。20 世纪初外滩建筑约有近半数进行重建，呈现出近代建筑的特点。20 世纪上半叶，有许多外资和华资银行在外滩建立，许多建筑气派豪华，出现了上海最早使用冷暖气设备的建筑，有“东方华尔街”之称。

然而，就是这一地方，处于外滩的黄浦公园（最早欧式花园）开放之初，园口有“不准华人入内”的告示牌，“一、本公园只对外国人开放……四、脚踏车及犬不准入内……”这也就是说，公园只有洋人才可以进出休闲，而中国人则被禁止进入。民间将此概括为“华人与狗不得入内”。要知道，这是在中国的领土上。在全国人民的支持下，上海人经过多年的抗争，终于从 1928 年 7 月 1 日起，中国人可购门票入内。这在一定程度上揭示了外滩所有权、占有权、使用权和经营权之间的关联。

中华人民共和国成立后的很长一段时间，立足于维护、备战和利用，上海外滩建设工程量不大。改革开放以来，外滩大楼大都经过改建，但基本风格不变——1988 年 12 月上海市外滩改造，防汛墙岸线向江心外移并加高到 6.9 米；1989 年，政府决定用灯光来辉映外滩建筑群优美绝伦的风姿。上海外滩成为浦东开发开放的前沿。1995 年，上海市委、市政府从外滩迁出，美国花旗银行、法国里昂银行、日本住友银行、英国巴克莱银行先后进驻。

上海市政府制定了《上海市外滩风景区综合管理暂行规定》，成立“黄浦区外滩风景区管理办公室”专门负责外滩地区。如今的外滩，除了历史建筑群以外，更有现当代文明的元素。为了让上海人民以及全国各地到上海参观旅游的人们乃至国外游客共享这一历史与现代交相辉映的视觉盛宴，上海市政府还对外滩附近以及黄浦江流域进行系统规划与整治，关停一大批高能耗、高污染、高危险、低效益的“三高一低”，主要涉及金属制品、塑料制品、水泥制品、涂料、热处理、有色金属压延等企业，减少污水二氧化碳、二氧化硫、氮氧化物等污染排放；取而代之的是，积极发展信息技术、生物技术、新材料技术等多种高新技术及其产品的研究、开发、生产和技术服务。

上海世博会地跨黄浦江两岸，除了钢铁厂的大型码头、船厂的大型船台、船坞等设施外，还有厂房、仓库，其中工业构件具有典型工业时代特征。在世博会建设中，在尊重、保留工业遗存场地的基础上，规划设计“四带十四景”的空间序列，包括灯塔遗址、趸船系柱、工业码头、杨树浦纱厂大班住宅、系缆桩柱墩等突出地面的工业印记等码头文化特色；矮墙是纺织厂留下的围墙，扶手和灯柱全部采用原工厂里的粗钢管，轨道曾是运货小车的车轨，由防汛闸门、纱厂的纺织廊架、铁锈斑斑的齿轮组装成的倒计时钟表、机器边角料焊接而成的大型装饰画《浦江记忆》和报废机械改造的装饰物“鼎”和“编钟”。

整个世博园区广泛采用了可再生能源，楼外的光伏发电可供大楼的照明使用，楼顶的“风帽”是节能新风系统，可降低能源消耗。UBPA 用雨水管理系统和节水灌溉系统——雨水被有效收集用于景观灌溉和冲厕；通过厌氧沉淀池等对污水和雨水进行净化。此外，通过人工湿地净化技术模块，将黄浦江水质从 V 类水净化成 II 类水——提供给世博公园做水景循环用水，以及园内的绿化浇灌、道路冲洗和其他生活杂用水的需要。上海世博后滩湿地公园曾是钢铁厂和船舶修理厂，一度又成为工业固体垃圾和建筑垃圾场。在改造公园工业遗址的过程中，利用遗迹上的砖石铺就园中的各种小道。还有，原南市发电厂的大烟囱扮成巨型温度计，当起世博会气象景观塔；旧厂房褪去原先的粗犷与简陋，转化成城市未来馆，跻身于“国家三星级绿色建筑”，走出了一条可持续建设模式。

从上海外滩到世博园，体现出资源的高效利用，其中不仅需要先进的理念、发达的技术，更需要适宜的产权制度安排。上海市政府之所以能够参与外滩的规划，是建立在公有制为主体的基础上，为最广大的社会成员谋利益顺应了人民群众对美好生活的期盼。

（二）德国鲁尔区经济发展模式再造

德国鲁尔区是欧洲最大的经济区，由 53 座紧密相连、互相依托的大小不同城市群组成，包括了埃森、杜塞尔多夫、多特蒙德等主要城市，因坐落于鲁尔河两岸而得名。鲁尔区发展于 19 世纪 50 年代，煤炭和钢铁工业塑造和支配着鲁尔区的景观。可到 20 世纪 60 年代，随着石油、天然气成为世界能源的主流，煤炭开采成本不但增加，而且地位急剧下降。而煤炭价格上升又对其相关产业尤其是钢铁行业产生连锁效应，致使鲁尔区的钢铁企业纷纷转移出去，不是搬到沿海地区就是其他国家，从而由兴盛到衰落。①

可今日的鲁尔区再一次成为欧洲经济发展的重镇，但主打产业不是传统的钢铁煤炭等行业，而是以高新技术为支撑的产业。原钢铁煤炭等行业辉煌时代的工业设施，如今发展成为带给人们不一样的、深厚历史感的旅游品牌：一是保留小部分工厂模拟当初的生产，让旅游者参与当初的工业流程，进行当初工厂劳动的体验；二是将一部分工厂改造成文化设施，即将原有外观不变的

① 此部分参见宋奇悟：《昔日“工业引擎”再次启动》，《中国能源报》2011 年 7 月 4 日。

厂房改建为音乐室、健身房、企业历史展览厅、会议室、餐馆，鼓风炉上面有观景台，铸造厂改成电影院，煤气储藏舱开辟为“火焰”博物馆，瓦斯槽被改造成展览馆，“金属广场”和它的围墙、管道和焦炭炉同为摇滚音乐会的演出场所，体现出种种文化创意；三是一部分建筑被开发为运动休闲场所，如矿坑、仓库改造为攀岩场所，储水罐改做潜水运动员的训练地，旧炼钢厂冷却池转变成潜水训练基地，等等。

位于埃森市的Zollverein XII煤石厂——在30年代，它第一次将现代建筑应用到大型工矿企业上，是技术革命和建筑创新的代表作。如今的Zollverein XII成为文化休闲中心、标志性景观——原有的机器和设备成为博物馆的主要内容，博物馆里有再现当年深井下矿工的生活条件的视频录像；车间厂房变成当代艺术的画廊，贮煤场用作会议或者舞会场所，八角形冷却塔成了摄影工场；当初的锅炉房成为设计中心和学校的一部分。工业建筑和绿色植物在昔日的大型钢铁企业所在地和谐相处着，在废弃的铁路上、矿石仓库内，甚至建筑物的裂缝里，曾经消失的植物纷纷再现。

然而，使鲁尔区更为耀眼的不是它们，而是高新技术产业。能源产业实现创新性发展，物流产业被视为鲁尔区产业转型的发动机，具有明显后向关联度的化工产业拉动经济复兴；健康产业作为劳动密集型产业，鲁尔区就业人数最多；纳米、微系统和材料等跨学科技术，成为产业结构转型的技术推动力；文化和旅游业是主要特色。换言之，如今的鲁尔区，一是被现代技术装备起来的几十万家中小企业，主要为通信信息产业；二是“环保产业”和“绿色经济”的发展；三是生产以太阳能为电流的色素电池。

从资源哲学的视角研究鲁尔区的过去与现在，对于其他资源枯竭型地区的经济发展方式转型具有极其重要的意义。鲁尔区之所以能呈现出当下的景观，与发挥政府、市场与社会的合力分不开，其中政府发挥主导作用，市场发挥激励作用；与建立多元化的产权体系分不开，其中占有权、经营权适当分离；与引入“公”权交易市场、自然资源产权代理制竞争机制，强化政府、生态代理者生态规制分不开。换言之，德国政府在鲁尔区的产业转型与国土整治相结合的过程中，明确政府政策导向，设立权威机构，通过对工业结构、土地利用、环境保护等方面进行整体规划，采取重视科技成果转化、建设基础设施、加大环保力度等一系列整治措施，才有这翻天覆地的变化。

具体而言，德国政府加强对鲁尔区的宏观规划，通过一系列优惠政策——包括投资补贴、政府收购、环保资助、研究与发展补助等充分调动鲁尔人的积极性。一是成立专门机构即鲁尔煤管区开发协会（KVR）来主导鲁尔区的改造，该协会主要负责协调市、县的建设事业，主导各项规划的实施，是鲁尔区最高规划机构；开创由政府、企业、工会和社会各界组成“圆桌会议”来调动社会各界研究、解决问题的积极性；大企业实施法律规定的“共同决定权”——劳方和资方都对企业的重要决策有共同参与决定权。根据企业章程法，企业的雇员参与决定企业监事会做出的所有决定。共决权已形成一种雇主和雇员间的伙伴式企业文化。① KVR 在鲁尔区的改造振兴中还先后制定了《联邦区域整治法》《投资补贴法》《环境基本法》《煤矿改造法》等法律法规。这从客观方面保证了各项规划长期、稳定地实施，从而使地区改造按照预订轨道进行。

政府起引领作用，企业解决资金和就业问题，工会主导职业培训，并伴有社会保障体制和法律保障，协调配合运行。在政策及财政方面，1970 年的德国政府第一次拨款保护工业遗产——鲁尔区多特蒙德市 Zollein II/IV 煤矿建筑——包括了煤矿工厂工棚以及运河水闸；在 1979 年和 1984 年，又出资建了两座工业博物馆。20 世纪 80 年代中期在埃姆斯建工业园区的初期，政府投资与私人投资是相辅相成的，政府投资 1 亿马克，就可以吸引 5 亿—10 亿马克的私人投资。起初，州政府买下废弃的厂房、矿山和污染地，经过规划设计、翻新改造后，再出租或出售给私人公司，用来建立科技创新中心、发展商贸服务或建立科研中心，政府用所得收入再投入新的项目中去。埃姆斯工业园区

① 参见吴兴唐：《德国鲁尔地区“经济转型”的启示》，《当代世界》2015 年第 6 期。

不设额外的拨款，而是利用原计划的城市及经济改造、生态环境治理、职业培训等预算资金。

鲁尔煤管区开发协会（KVR）制定四个重要计划：《鲁尔项目计划》《鲁尔城市区域2030》《鲁尔总体规划》《欧洲文化首都》成为鲁尔区后来发展的蓝图。其中，《鲁尔项目计划》明确了12个优先发展产业，将更多文化的内容注入老工业基地中，从而给工业空间赋予了新的含义和作用——从恢复当地的生态系统，建立生态区，以吸引新型、洁净的工业，到修复有代表性的工业遗产，为社区提供休闲娱乐的场所。为推动埃姆斯地区的生态环境和经济结构的更新和持续发展，政府建立埃姆斯工业园区即“IBA Emscher”地区组织，鲁尔协会（RVR）发起IBA计划，即埃姆舍地区综合的生态、经济和社会复兴，涵盖了污染治理、生态恢复与重建、景观优化、产业转型、文化发掘与重塑、旅游业开发、就业安置与培训以及办公、居住、商业服务设施、科技园区的开发建设等多个层面的目标和措施，是综合性的用地更新改造策略。

二是鲁尔区将“经济、生态和社会协调发展”的产业政策贯穿于区域经济结构调整和产业改造全过程。鲁尔地区及时关闭已陷入困境的煤、钢等企业，发展环保、园林、金融、服务等新型产业。对传统技术进行革新，挖掘原有产业潜能，提升钢铁、能源和煤炭技术，继续组织合理生产；各个工厂都建立了回收有害气体及灰尘的装置，使大气污染得到有效控制。在交通基础方面，鲁尔区建设水陆联运网络，提高交通运输设备现代化水平。到20世纪80年代中期，鲁尔区一方面积极发展医药、物流、化学等高新技术产业，建立各种各样的技术中心，促进信息和通信技术、生物/医药技术等新兴产业培育，发展特色优势产业，发展创意文化及展会经济。如，多特蒙德在工业现代化改造的过程中，有意识地通过提供经济和技术方面的资助，逐步发展新兴产业，信息、电子信息、生物技术等“新经济”工业获得蓬勃发展；另一方面开发了一条被称为“工业文化之路”的旅游线路，带领人们游历150年的工业发展历史。

三是重视人类自身资源的集聚，突出人力资源的教育与培训，加强科研与经济的结合。除了有密集的大学、研究所，还鼓励企业之间、企业与研究机构之间建立“风险投资基金会”，和新科技服务公司进行合作，政府对这种合作下进行开发的项目予以资金补助，以发挥“群体效应”。政府把区内经济中心和研究中心联系起来，在主要城市之间建立一条贯穿全区的“技术之路”，并建立“鲁尔区风险资本基金会”和新技术服务公司，为新技术企业提供资金和咨询。[①] 政府、企业和社会组织分别建立培训中心，对转岗人员进行分门别类的培训，培训费用全部由政府支付。德国企业把企业管理、科技开发和人员培训视为三位一体，职业培训实行“双轨制”，即企业中的实践培训和职业学校的理论培训相结合。除此之外，企业还有各种专业人员的培训和进修。

从鲁尔区改造的经验可知，要发挥市场在资源配置中起决定性作用就必须先发挥好政府的作用。政府打造市场发挥作用的平台，凡是市场能够做的，政府不插手，更不包办；凡是市场做不了的，政府就投入一部分财力，以政策为指导，动员工会和社会组织去做。

中国在自然资源密集型产业向集约型经济发展转变过程中，也逐步协调政府、市场与社会的力量，即让市场在资源配置中起决定性作用和更好地发挥政府的作用，使得转型取得很大成效。如辽宁省辽源市曾是全国重要的煤炭生产基地，2008 年开始发展装备制造和农产品加工“两大主导产业”，到 2014 年两大主导产业实现产值 755.5 亿元，同比增长 12.6%，占工业总产值的 57%，超过半壁江山。辽源以东北袜业园、欧蒂爱袜业等骨干企业为龙头，发展纺织袜业和生物制药、铝加工三大特色产业，产值占工业总产值的 15.8%。盘锦也曾是煤都，但经过探索，坚持沿海开发开放战略，充分发挥大辽河、辽河、大凌河与渤海交汇处湿地广阔、珍稀禽鸟多、自然景观独特、水乡物产丰富、水城环境优美的优势，把旅游业作为支柱产业，打造国际性河口湿地生态

① 张耀军、姬志杰：《资源型城市避免资源诅咒的根本在于人力资源开发》，《资源与产业》2006 年第 6 期。

休闲旅游目的地;由“内陆型”经济向“向海型”经济转变,建设盘锦亿吨港口;经过十多年探索,阜新经济从单一煤炭产业转型到初期的农产品加工,再到建起以液压、煤化工、皮革、玛瑙等十大产业为核心的产业格局。

第六章　资本逻辑与生态逻辑：撕裂与重建

生态危机是人与自然矛盾的表现。人与自然关系状况关系着人类生存的必然王国，人与人关系状况关系着人类的自由王国。而人与人的关系和人与自然的关系两者之间的状况是"相互决定"——"人们对自然界的狭隘的关系决定着他们之间的狭隘的关系，而他们之间的狭隘的关系又决定着他们对自然界的狭隘的关系"①。在以资本为主导的关系中，突出表现为资本对自然的无止境掠夺，而这一掠夺，招致自然界的报复（在当下甚至威胁到人类的生存）："我们不要过分陶醉于我们人类对自然的胜利。对于每一次这样的胜利，自然界都对我们进行报复"（因为人对人的剥削没有威胁到人的生存与发展）。而资本又"包含着把生产条件改造成为一般的、公共的、社会的生产条件"；"生产排泄物的利用……由于发明而产生的节约"②，也就是说，资本逻辑既有内在界限，也有自我否定的趋势。资本这一矛盾，推动其自身不断触及内外界限，最终走向自我扬弃与内在超越。

---

① 《马克思恩格斯文集》第1卷，人民出版社2009年版，第534页。

② 《马克思恩格斯文集》第7卷，人民出版社2009年版，第294、115—119页。

一、资本逻辑对生态逻辑的撕裂

面对人类所面临的生存危机,世界各国的科学家们力图从不同的视角进行研究,如生物学、人口统计学和技术等,进而用不同的方式来警示人类。可除了马克思,其他人都没有找到解决此问题的办法——因为他们都没有把准问题的根源。马克思揭示了资本产生、发展这一生产关系带来的生态危机:资本逻辑侵蚀生态系统,致使生态圈失去自组织能力,造成生态恶化。主要集中在《1844 年经济学哲学手稿》《资本论》等几本主要著作上面,对于其他很多著作中的生态思想,现有研究都少有关注,《评阿·瓦格纳的〈政治经济学教科书〉》《人类学笔记》《历史学笔记》等著作中有丰富的生态思想。

(一)资本逻辑与生态逻辑

资本是带来剩余价值的价值;逻辑合乎规律、客观规律性。因而,资本逻辑,就是资本带来剩余价值的必然性及其内在机理。具体而言,所谓资本逻辑,就是通过生产资料(死劳动)来支配人的活劳动,在不断把客观世界"资本化"的进程中实现价值增值,其活动历程具有必然如此的内在联系,由此形成了巨大的客观物质力量及其遵循的矛盾发展规律。

资本追求自身增值的剩余劳动价值,是通过物化劳动来实现自我扩张。这一资本运动过程分为三个阶段:初级循环、次级循环与三级循环。

资本初级循环。马克思指出资本增值的逻辑起点,劳动力转化为资本。因为劳动力的所有者一无所有,只有靠出卖劳动力来换取生活资料。这就有"G—W—G′"(G′=G+m),资本所有者用货币购买商品,然后把商品卖出去,重新换回货币——更多的货币,即价值的增值。G-W=A+Pm,其中,G 代表货币,W 代表商品,A 代表劳动力,Pm 代表生产资料。如下图,W 代表最初的生产资料,G 代表货币资本,P 代表生产,虚线表示流通过程的中断,W′代表包含剩余价值的商品资本。

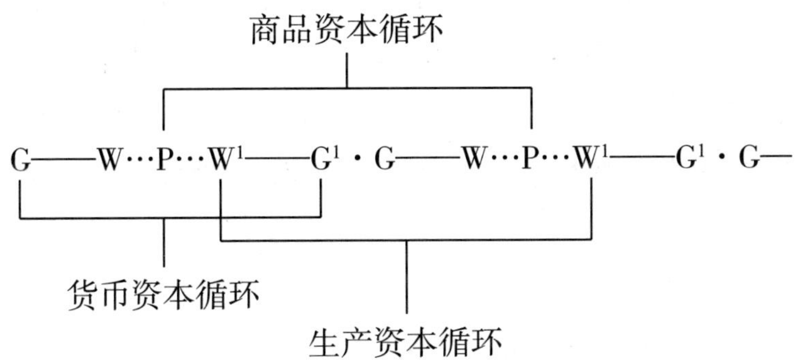

产业资本即图中的生产资本,产业资本循环是生产过程与流通过程的统一。为了不断地获得剩余价值,产业资本必须把这种循环运动进行下去。然而,这个循环是有条件的,即要有源源不断的生产资料和劳动力。

那生产资料如何才能源源不断?资本的所有者和经营者力图将一切物质形态,包括土地、森林、水等据为己有,进而资本化。在资本作用下,成为谋求剩余价值的工具。例如,当资本获得对森林的所有权以后,就是尽快把树木砍倒,在市场变现。可森林具有涵养水源、吸纳二氧化碳和产生清新的空气、保存生物多样性等环保作用,是公益性的生态自然资源。或者,正如马克思指出,"凡是自然力能被垄断并保证使用它的产业家得到超额利润的地方(不论是瀑布,是富饶的矿山,是盛产鱼类的水域,还是位置有利的建筑地段),就会以地租形式,从执行职能的资本那里把这种超额利润夺走"。也就是说,在资本逻辑的支配下,通过经济增长来保证消费的满足。在这一进程中,富饶的自然资源在被资本利用之后,一般的自然条件甚至贫瘠的环境下资本也不断光顾。也就是说,这不是从生态环境的角度,而是只考虑人自身。

然而,地球的原材料是有限的,这就出现资本增值的界限——主要是发生在生产领域。随着资本有机构成提高导致利润率趋于下降;利润率的下降会不断削弱生产的刺激和动力,促进生产过剩和资本过剩,从而威胁生产过程本身。进而,整个社会是通过“资本—利润,土地—地租,劳动—工资”的方式进行分配的。因资本追求剩余价值最大化,一方面,生产出且销售出的商品越多且价格越高获利越多;另一方面,付给雇佣劳动者的工资越低越有利。可购买那些商品的主体就是那些雇佣劳动者。由此出现了体现在分配领域的资本收入的界限。

资本的次级循环。在市场机制作用下,在社会化大生产中,所有领域的资本,包括产业资本、商业资本、银行资本等,最后都以平均利润的形式取得预付资本的增值额。例如生产资料的有限性,而生产资料终归土地,土地也是有限的,土地的所有者获得超额利润(地租),而其他资本可以自由转移,只能获得平均利润。为了攫取更多的剩余价值,出现了将资本投入诸如房地产、股票、证券等项目中实现自身增值,即是说“G—W…P…W′—G′”逐步被简化成“G—W—G′”,直到直接出现“G—G′”的资本增值模式。换言之,资本不单单可以通过商业资本和工业资本实现,而且,它完全可以独立于现实的资本运动之外,以有价证券的形式存在,能给持有者按期带来一定收入,如纸币、期票、汇票、股票、公债券、不动产抵押单等,使得“G—W…P…W′—G′”变为“G—G′”,即“钱生钱”就意味着资本的发展模式超越了自己的合理性界限。也就是说,资本本是在创造社会财富中实现价值增值,离不开生产过程。可离开生产过程,也能独自在流通过程中实现价值增值,这只能是贱买贵卖,不会增加财富总量。

到这里可以明白,剩余价值生产受社会生产力发展的限制,而剩余价值的实现则受社会消费力的限制。这就是说,(整个)社会(包括资本家和雇佣劳动者)消费力取决于以资本对劳动的剥削关系为基础的消费力。剩余价值生产不断扩大与实现这个剩余价值的消费条件相对缩小之间的矛盾,“手段——社会生产力的无条件的发展——不断地和现有资本的增值这个有限的目的发生冲突”,推动社会生产力的发展不断寻找新的路径。

资本的三级循环。一旦诸多资本成为虚拟资本,容易出现金融泡沫,进而发生金融危机,给经济社会带来巨大创伤,还不如把这些资本投向科学技术研究以及教育与卫生福利等社会公共事业,为社会生产力的持续发展创造条件。一是直接以开发、研制新的生产资料、商品为导向的科学研究与开发;二是通过教育或技能培训等方式提高雇佣劳动者的劳动技能或转变经营者思想观念等,使之适应激烈的市场竞争;三是改善或提供更多的基本公共服务,扩大人们的生活空间,激发人们的消费需求,为资本获利创造更多的时空条件,即推动更多的资本流回到初级循环阶段。当然,要做到这一点,不仅需要有精明的、有远见卓识的资本所有者与经营者,更需要国家及其财政机构在资本三级循环方面发挥作用。鉴于资本的本性,初级循环领域产生的剩余资本不可能直接转移到机场、研究机构等,更多地依赖国家政策调控及其财政机构所提供的信贷导向。

总之,实现资本循环,需要更多的自然资源和消费更多的商品。而自然界和人类社会能否满足这一条件?在此,我们必须看看生态系统能否或者怎样才能满足这一条件。

生态逻辑,生态原意指生物在自然而然的环境下生存和发展的状态,以及它们和环境之间的关系;喻指所有美好和谐的事物。故而,生态逻辑是指构成生态的各要素及其系统能共生——链条上的各个组成部分互相依存,相互为生,自成体系,遵循“顺乎天道、天人合一”原则。

经济系统与生态系统之间存在密切联系,生态环境为人类社会经济发展作出了不可缺少的贡献。人类社会从生态系统获得的收益主要包括有用物质和能量输入、废弃物的接受和转化。生态系统服务既有可能进入社会经济部门与人造资本和人力资本结合生产最终消费品,如生产各种原材料和提供水源调节等基础支撑作用;也有可能直接为人类社会个体成员所享用,如提供洁净空气、美好景观等舒适性资源。作为生态系统服务来源的自然生态系统可以被视为自然资本。足够的生态系统服务和自然资本是人类经济社会赖以生存和发展的基本条件。

在生态系统中,各种生物通过一系列环节使相互之间紧密地联系起来,即生物之间以食物营养关系彼此联系起来的序列——一条食物链一般包括3—5个环节(由于食物链传递效率为10%—20%,因而无法无限延伸,存在极限)。根据生态系统中的生物种类在能量和物质运动中所起的作用,可分为生产者、消费者和分解者三类——绿色植物(生产者)、植食性动物、肉食性动物。生产者的活动,即绿色植物能用无机物制造营养物质的自养生物或一些以无机物合成有机物的化能细菌(如硝化细菌),是在太阳光能或化学能的作用下,从环境中得到二氧化碳和水,合成碳水化合物——成为消费者和分解者生命活动中唯一的能源。这种序列性表现为由低级的到高级的发展环节,遵循生态系食物链中物质转化序列性的规律,链条中的次序不能颠倒。在一个生态系统中,各种生物的数量和所占比例总是维持在相对稳定的状态,保持着生态平衡。也就是说,在系统内部,各种生物之间、生物与非生物之间,也进行着物质循环和能量流动,它们相互依赖、相互制约,保持着一定的生态平衡。例如,从无机物到有机物,从植物到食草动物,到食肉动物再到人类,构成生命的链条。在外部环境的作用下,逐渐对环境因素予以选择和吸收(使之成为一种要素),纳入自己的内部组织结构;在同一过程中,系统逐渐顺应环境的要求,引起系统内部组织结构的改变或器官的变异。这链条一旦在某个环节遭到破坏,例如森林锐减、全球变暖或野生物种灭绝,会殃及整个地球生命系统的正常运行。在利用生态系统中的自然生产力时,要保持物质、能量转化链条的有序性与完整性,保持环与链、链与系统之间的有机联系。

生活在其中的人类,处在食物链顶端,仍是自然给人提供了基本的生产、生活资源。但正如有的学者所言,人"在世界与人的存在之间建立了一种附加的联系,增添和开拓出新领域而使世界更广阔,同时又由于使人的内在心灵能体验到这种新领域而丰富发展了人本身”①——人类的实践活动——人在处理与外部世界关系中，自身本质力量非重复性地外在化、对象化的过程，也指外部世界、对象内在化、观念化的过程，从而使世界呈现出新的内容或形式、新的结构或功能，在更大程度或范围内满足人的生存、发展需要。“人和自然之间的过程，是人以自身的活动来中介、调整和控制人和自然之间的物质变换过程。人自身作为一种自然力与自然物质相对立。为了在对自身生活有用的形式上占有自然物质，人就使他身上的自然力——臂和腿、头和手运动起来。当他通过这种运动作用于他身外的自然并改变自然时，也就同时改变他自身的自然。他使自身的自然中蕴藏着的潜力发挥出来，并且使这种力的活动受他自己控制。”②人在实践过程中生成各种资源——劳动力、组织、社会、知识等，这些构成了人自身发展的内在根据。“动物只是按照它所属的那个种的尺度和需要来改造，而人懂得按照任何一个种的尺度来进行生产，并且懂得处处都把内在尺度运用于对象；因此，人也按照美的规律来构造。”③因而，美的规律统一于人科学地处理人与自然关系（真）、人类自身的各种关系（善），在此基础上，人获得全面发展。物质在运动的每个环节，从最初的来源到初级产品到中间产品到最终物品再到最终服务，尽可能地使各种使用价值呈现出来，并尽可能地提高其利用率。

人在现实世界中以个体、集体、社会三种形式存在。这三种形式的有机统一是人类系统与生态系统的统一。“人的本质是人的真正的社会联系，所以人在积极实现自己本质的过程中创造、生产人的社会联系、社会本质，而社会本质不是一种同单个人相对立的抽象的一般的力量，而是每一个单个人的本质，是他自己的活动，他自己的生活，他自己的享受，他自己的财富。”④人的需

① ［美］阿瑞提：《创造的秘密》，辽宁人民出版社 1987 年版，第 5—6 页。

② 马克思：《资本论》第 1 卷，人民出版社 2004 年版，第 207—208 页。

③ 《马克思恩格斯文集》第 1 卷，人民出版社 2009 年版，第 163 页。

④ 《马克思恩格斯全集》第 42 卷，人民出版社 1979 年版，第 24 页。

求状况、人与人之间的组合方式的差异使得资源运行呈现出极大的不同,并使得实践活动的内涵和外延都具有相当的不确定性。也就是说,对于单个主体来说,新资源生成是偶然的,而对于整个人类,资源种类和数量不断扩大却是普遍的,实质上,所改变的只是人自身的需求内容和客观物质(变成人需要的)存在形态,意味着一切新鲜事物连续不断地产生。否则,我们不仅会陷入机械决定论之中,也无法解释社会历史发展的复杂性和多样性。

生态系统服务和自然资本逐渐成为社会经济发展的因素。生态系统服务,多具有公共品或准公共品特征。自然资源的复杂性限制了公共决策机构合理调配公共资源、改善生态系统服务供应状况的能力。微观个体和公共决策者对不同自然资本和非自然资本投资、交易方式,促进自然资本利用效率提高,增强社会可持续发展能力。生态系统对人类文明过程有承载能力和包容能力——稳定能力、对人类所释放的废弃物的缓冲能力、有毒物质的自然降解能力、对于各类干扰和破坏生态系统平衡的抗逆能力、生态系统受破坏后的修复能力(环境自净能力)。

实践是人能动地开发、利用和改造自然的活动。既然是活动,就必然要对自然产生或大或小、或积极或消极的影响。但人类在很长的时间中,满足人类需要的劳动对自然界的影响是有限度,不会从根本上干扰自然的自我循环、修复与进化。然而,当资本主导资源配置与利用时,情况逐步发生变化。资本不断从自然界、生态系统吸取生产资料,破坏生态系统的稳定与平衡。一旦人类对一些自然资源的利用超出了自然的承载力,这样势必影响经济生产的可持续性,自然生产力的自身也受到了破坏。

人类生态系统与社会关系系统是统一体:社会关系中占主导地位的力量若只追求自身利益,从而在一定条件下会驱使整个生产系统破坏生态系统,违背生态环境的自然逻辑,从而与生态环境相对立;进而,由此产生的生态环境作为一种客观的物质力量,必然不以人的意志为转移地强加在部分社会成员甚至整个人类头上,由此产生人与人的社会关系,产生社会关系上的矛盾与冲突。例如,发达国家与发展中国家在生态关系上的冲突,环境污染造成的企业资本与周边民众的冲突等。

因而,必须有一个健康的社会关系系统,即和谐的社会关系,才能维护人类的生态系统稳定,才能真正做到"既要绿水青山,又要金山银山"——"山水林田湖是一个生命共同体,人的命脉在田,田的命脉在水,水的命脉在山,山的命脉在土,土的命脉在树",从而达到诗情画意般的生活环境。

(二)资本逻辑侵蚀生态逻辑

人类的生产活动建立在人与自然之间物质变换的基础上,并引导人们不断探索物质变换的新形式。这在物物交换的时代,两者的对立并没有带来什么危害。但当作为交换媒介的货币出现后,情况则大不一样。这种不一样在于,货币在质的方面是"物质财富的一般代表",也就是能直接转化成任何商品,但"在量的方面,每一个现实的货币额又是有限的,只是作用有限的购买手段"。正是货币的"这种量的有限性和质的无限性之间的矛盾,迫使货币贮藏者不断地从事息息法斯式劳动"①,可这种劳动发展到一定程度,"当内部不独立(因为互相补充)的过程的外部独立化达到一定程度时,统一就要强制地通过危机显示出来。"②

换言之,这一危机是市场主体在力求成本最小化、收益最大化的过程中,使得成本与收益不对等,效率与公平相脱离的显示;是市场主体只考虑价值——"我们力求获得金钱,那是因为金钱能给我们最广泛的选择机会去享受我们努力的成果;在现代社会里,我们是通过货币收入的限制,才感到那种由于相对的贫困而仍然强加给我们身上的束缚"③——而忽视使用价值,必然不断去扩张、"占领"那些尚未被其"占领"或者不能占领的市场,最终则因使

① 马克思:《资本论》第1卷,人民出版社2004年版,第156页。

② 马克思:《资本论》第1卷,人民出版社2004年版,第135页。

③ [英]哈耶克:《通往奴役之路》,中国社会科学出版社1997年版,第88页。

用价值问题(使用价值链条的断裂)无法使其继续运动下去,从而使市场走向无序和混乱的表征。这种无序的背后浸透着个人与集体、社会的对立,也蕴含着人自身的经济生活、政治生活以及精神生活的对立。

在人类实践活动中,实现成本最小化、收益最大化,一般有减少成本与转嫁成本两种方式。人们在生产或消费过程中所付出的成本包括物质成本、社会成本以及由此组成的系统的功效减弱等。其中,物质成本是指物质形态转换过程中的消耗,由技术水平决定;社会成本,则由人适应自然的成本(包括生态成本、系统变化中的资源维持成本)和处理人与人关系时所消耗的成本组成。这些成本的存在要求实践活动尽可能"靠消耗最小的力量在最无愧于和最适合于他们的人类本性的条件下进行这种物质变换"——在尽量少的劳动时间里创造出尽量丰富的资源,合理地调节人与自然之间的物质变换。减少成本,一般是通过科学技术或调整经济结构提高资源利用效率来实现。

转嫁成本意味着生产者得利,成本尽可能由他人、社会或自然来承担。成本由自然承担,意味着物质资源被用来生产而完全不管原有的植物、动物群落的特点,所产生的废弃物任意向环境排放,不考虑或不知如何考虑它们对他人和生态的影响。也就是说,人类经济子系统通过从生态系统中开发、消费资源而获得负熵的同时,有一定量的伴生物不可利用而以废物和废热的形式释放到生态系统中,这些废物和废热的聚集使生态系统的熵值增大,最终影响人类的生存与发展。这种成本降低只是市场主体自身的成本减少,而因其获利的总成本却没有减少,此时只是为了生产而生产,而不是为了满足人的需要。换言之,只是为了交换价值而生产,而不是为了使用价值而生产。

资本的发展在全球范围内造成发达国家和发展中国家的两极分化,富者愈富、贫者愈贫,导致一方面财富被极少数人肆意挥霍和浪费,穷人们为了延续生命从环境中索取生存资料,这些都加剧人与资源环境之间的矛盾,造成人与自然之间关系的愈益恶化。这在当今世界突出表现为生态恶化(资源枯竭、气候变暖等)与贫富悬殊。生态危机在20世纪下半叶的出现,是资本逻辑对自然的破坏达到了生态系统自身稳定、平衡的极限。全球垄断资本正在将整个地球自然生态的自我维持潜能破坏殆尽,涸泽而渔的发展方式正在掏空人类的未来以换取现有资本的存续。人类主要面临的全球环境问题有:全球气候变暖、臭氧层的耗损与破坏、酸雨蔓延、生物多样性减少、森林锐减、土地荒漠化、大气污染、水污染、海洋污染和危险性废物越境转移。

全球气候变暖令全球瞩目。人们焚烧燃料,如石油、煤炭等,或砍伐森林并将其焚烧,会产生大量的二氧化碳,而二氧化碳能强烈吸收地面辐射中的红外线,改变了地球生物圈的能量转换形式,也破坏了大气层和地表系统,当能量不断在大气系统中累积,导致温度上升,出现全球气候变暖。原本意义上,全球大气层和地表系统既能让太阳辐射透过而达到地面,又能阻止地面辐射的散失,使全球气温保持在相对稳定状态。据不完全统计,自工业革命以来,大气中二氧化碳含量增加了25%,远超过去16万年的历史纪录,且尚无减缓的迹象。国际能源机构的调查表明,美国、中国、俄罗斯和日本的二氧化碳排放量几乎占全球总量的一半。其中美国年人均排放量约20吨,居世界首位,占全球总量的23. 7%;中国年人均约为11. 73吨,约占全球总量的13. 9%。①

全球气候变暖使生态系统和生物多样性遭到破坏——在过去的30年间,地球上的生物种类减少35%,其中淡水生物减少了54%,海洋生物种类减少35%,树木种类减少15%。美国康涅狄格大学研究员鄂班在《科学》中指出,按现在的趋势,地球气温上升2℃,将有5. 2%的物种面临威胁,若上升4℃,16%的物种将灭绝。2014年联合国政府间气候变化专门委员会(IPCC)第五次评估报告指出,2014年二氧化碳浓度已升至80万年来最高水平,达到397. 7ppm,是工业革命前的143%。据联合国统计,1975年至2000年世界人均耕地面积大约减少一半;水资源短缺和水污染已成为当代世界最严重和最重大的资源环境问题之一。

① 张文海等:《二氧化碳的失汇》,《北方环境》2011年3月。

全球气候变暖会使全球冰川和冻土消融、海平面上升,以及降水量重新分配;致使有些地区极端天气气候事件(厄尔尼诺、干旱、洪涝、高温天气和沙尘暴等)出现的频率与强度增加;温度、降水情况等的变化,极大地影响和破坏了生物链、食物链,以及一些可能跟气候变化相关联的疾病区域会扩大等,带来严重的自然恶果,不仅危害自然生态系统的平衡,还威胁人类的生存——通过影响粮食、水资源等战略资源的供应与再分配,引发社会动荡甚至国际冲突。根据政府间气候变化专门委员会(IPCC)预测,西方世界以外的贫穷国家,成为气候变化的最大受害者——面临持续的海平面上涨,无法预测的降雨,更持久更严重的反常高温。

以“雾都”闻名的伦敦,以及在19世纪欧美国家工业化过程中崛起的工业城市,“从欧洲大陆的鲁尔和林堡地区,到英国中部的黑县和匹兹堡附近的莫那加艾拉山谷”,向大气中释放令人恐怖的烟雾——“家庭取暖、工厂和发电厂等燃烧煤炭时产生的二氧化硫和烟尘”。进入20世纪,随着工业化国家越来越多,工业化进程越来越快,向空气中排放的二氧化硫和烟尘等物质也越来越多,况且这些物质在随着雨、雪等一起降落中形成酸雨。2014年,在中国开展空气质量新标准监测的161个城市中,有145个城市空气质量不达标,许多城市常常被雾霾笼罩。简言之,生态破坏和环境污染导致的各种危机正在威胁着人类自身和整个地球的生存。

鉴于此,早在1992年联合国就制定了《联合国气候变化框架公约》,要求世界各国在2000年之前将释放到大气层的二氧化碳及其他“温室气体”的排放总量降至1990年时的水平。发达国家曾同意将相关技术和信息转让给发展中国家,应对气候变化带来的各种挑战,但总是寻找各种理由和借口,不能真正落实到位。就是在减排本身,以美国为首的发达国家也总是百般托词,不承担应有的责任。长期这样下去,英国物理学家斯蒂芬·霍金预言,在未来100年内,人类为生存必须离开地球,在太空寻求新家将成为现实。

气候变化问题是生存问题,也是发展问题。提倡低碳经济,发展低能耗的、低碳的能源,用低碳的生产方式和生活方式,实现降低温室气体排放的目的。以柴薪为主的包括人类食物、牲畜饲料以及风力、水力等构成的农业社会能源,即有机植物型能源经济转变为以煤炭为主的矿物能源经济,进而由煤炭系统向石油—天然气系统的过渡,逐步形成机械化、自动化的大工业生产。换言之,大量的化石能源投入到生产中,创造了前所未有的物质繁荣;也导致全球气候变暖的温室气体,即二氧化碳/二氧化硫等有害物质的大量排放,使得众多的河流和空气受到严重的污染,20 世纪 90 年代中期,13%的鱼类、11%的哺乳动物、10%的两栖动物、8%的爬行动物和 4%的鸟类处于极度濒危状态。实际上,使用化石能源,并非必然带来温室气体的排放。而现有的状况只是资本为了剩余价值最大化千方百计把成本外部化。正如同资本视阈下的“公地悲剧”,个体着力扩大公共资源的使用,把资源耗损的代价转嫁所有使用这些公共资源的人们,如森林砍伐过度、渔业资源捕捞过度。简言之,就是公产的私人利用,私人自利把公共利益撕成碎片。

无论如何,环境问题虽然表现为人与自然的矛盾,但本质上反映的是人与人的关系,受占支配地位的生产关系的制约。要改善人与自然的关系,就要改变既有的人与人之间的关系,即真正确立人与人之间的“责、权、利”统一关系。

二、资本逻辑对生态逻辑的重建

资本逻辑与生态逻辑相统一,就是价值推动使用价值链的生成。把资本逻辑与生态逻辑连接起来的节点是废弃物(垃圾)。人类要实现可持续发展,一是减少垃圾,二是垃圾资源化再利用。而这,凸显以人为本,以人的聪明才智(体现在制度安排和科学技术发展上)为本——自然资源的合理开发与利用。换言之,通过创造与节约,降低资源消耗和减少废物排放,以达到“生产、消费、废弃”不影响生态系统自身稳定的经济—生态联动效果。其实践形态为:生态经济、循环经济、环保经济。“建设生态文明是关系人民福祉、关系民族未来的大计。既要绿水青山,也要金山银山。宁要绿水青山,不要金山银山,而且绿水青山就是金山银山。”

(一)资本逻辑与生态逻辑相统一的经济形态

资本分为不变资本与可变资本,资本没有生产资料(占有生产资料是价值增值的前提)不行,没有劳动力(劳动力是价值增值的源泉)也不行。而生产资料与劳动力都来自生态系统。再说,资本的根本目的是要人生存和发展,而不是要人灭亡。基于这一层面,资本逻辑必须服从生态逻辑。人类进步的前提是人类首先得存在,如果连生存都顾不上,财富增长还有何意义?这又决定了资本逻辑也只有在生态逻辑中才能运行。实践上,资本逻辑也能够与生态逻辑相统一。这就是在生产力还不发达的社会主义国家,劳动支配资本。正如马克思所指出的,“在一个经济的社会形态中占优势的不是产品的交换价值,而是产品的使用价值,剩余劳动就受到或大或小的需求范围的限制,而生产本身的性质就不会造成对剩余劳动的无限制的需求。”①

经济系统论认为,经济系统由各相关要素组成,而要素之间是层次的,低一级要素组成高一级系统。系统运行效率高低,往往取决于各要素是否各司其职。根据系统的层次性特征,推动资本逻辑与生态逻辑相统一,就是要使经济系统(主要是经济活动)向两端延伸,即着力于向生产前端和消费尾端下功夫——生产资料的低消耗高产出,废弃物资源化再利用。前者是尽可能从生态系统少挖掘,后者是尽可能向生态系统少排放。其核心是垃圾的处置。在生产者眼中,垃圾是生产的伴生物;在消费者那里,是没有使用价值的消费过的废弃物。这也就是马克思将排泄物(垃圾)分为生产排泄物(工业和农业生产过程中抛出的废物)和消费排泄物(生物新陈代谢等活动所产生的排泄

① 马克思:《资本论》第1卷,人民出版社2004年版,第272页。

物),但这些排泄物是可以资源化的。

经过半个世纪的探索,人们已探索出资本逻辑与生态逻辑相统一的经济形式——绿色经济(生态经济)。绿色化在20世纪中期,主要指“植树造林、绿化”;进入90年代,表示有机、无公害等逐渐被用在食品、生态农业等领域;进而成为环保、生态友好的理念的代名词被用在建筑、化工、制造业、工程管理等领域。绿色经济,就其要义来讲,是要解决好人与自然和谐共生问题,“人类发展活动必须尊重自然、顺应自然、保护自然,否则就会遭到大自然的报复,这个规律谁也无法抗拒。”①绿色经济蕴含着对公平的内在诉求,是要通过环境的规制手段纠正资源的错配,科技含量高、资源消耗低、环境污染少的产业结构和生产方式,保护自然生态,实现生产空间集约高效、生活空间宜居适度、生态空间山清水秀。在生态环境效益上满足绝大多数人以及未来一代人的发展权利和发展需要,克服少数人实现美好生活而忽视公平的倾向,“形成经济社会发展新的增长点”。绿色经济,也就是生态经济,是生态系统经过长期演化形成了复杂的食物链和生态工艺流程,在食物链中没有垃圾的存在。绿色经济的具体存在形式,有循环经济、环保经济与特色农业等。

循环经济是指人的经济活动遵循生态学原理和规律的经济,以高效、循环和友好的方式,在自然资源的承载范围内进行良性循环,即生生不息的新陈代谢或物质变换,形成生态化的运作模式。20世纪60年代,美国经济学家肯尼斯·博尔丁提出“循环式经济”一词。后来,皮尔斯和特纳用工业时代的分析工具,根据物质平衡原理,在全球自然资源和承载能力有限的基础上,在《自然资源和环境经济学》一书中提出循环经济模型。循环经济,主要是对生产排泄物和消费排泄物的利用。对于消费排泄物,它本可以作为很好的肥料投入农业生产中,产生一定的经济效益和极好的环境效应。但起初伦敦人没有找到很好的办法处理粪便,只好将其投到泰晤士河中,结果污染了泰晤士河,

① 习近平:《在省部级主要领导干部学习贯彻党的十八届五中全会精神专题研讨班上的讲话》(2016年1月18日),人民出版社单行本,第16页。

还浪费了人力、物力和财力。

马克思曾研读过苏格兰经济学家、农学家J.安德森,德国农业化学家J.F.冯·李比希等人的论著,并从中获得较多的收获。安德森提出土地的肥沃程度不仅仅是自然的产物,一部分级差地租乃是人赋予土地肥力的结果。李比希在《化学在农业和生理学上的应用》(1840年)中,认为自然界是一个有机体,植物从土壤和大气中吸收的营养素为动物所摄取,经过动植物的腐烂分解又回归土壤和大气,这就把土壤作物、牲畜和人类生活需要联系起来了。此外,在小规模的农业中,投入劳动力并利用天然肥料也曾经有利用废物的"巨大的节约",尽管它是"以人类劳动力的巨大浪费为代价"的。也许是在他们的启发下,马克思语境下的农业生产排泄物,也就是农业的这些废弃物,本身就是农业发展的原料。农业废弃物主要为农、林、牧、渔业生产过程中产生的生物质类残余物或被丢弃的有机类物质,包括作物秸秆、畜禽粪便、动物残体、骨骼及羽毛等,并以作物秸秆和畜禽粪便最为普遍。农作物光合作用的产物有一半左右存在于秸秆之中,秸秆富含氮、磷、钾等多种养分和有机质;畜禽粪便中含有氮、磷、钾和钙、镁、锌、铁、铜等营养元素,二者都是极为宝贵的生物资源。据联合国环境规划署(UNEP)统计,全球各类农作物的秸秆产量,每年多达17亿吨,其中,中国每年可生产农作物秸秆为6亿多吨,占世界总量的1/3,占中国生物质资源总量的一半,折合标准煤约3亿吨。① 从形式上来看,农业生产过程中大量产生的农业秸秆、畜禽粪便等农业有机固体物,均是很简单的农产品类生物质资源,若投入技术使其具有商品价值,就能产生较高的附加值,但需要较多的后期投入;若这些资源在农业生产系统内部无法被高效消纳,就会成为农业有机废弃物,出现"资源"和"废物"之间的巨大差别。

工业生产的废弃物,即生产排泄物可作为原料再度进入生产过程,使之再转化为同一个产业部门或另一个产业部门的新的生产要素,"再回到生产从

---

① 管小冬:《农作物秸秆资源利用浅析》,《农业工程学报》2006年第1期。

而消费(生产消费或个人消费)的循环中”。这一过程“几乎在每一种产业中都起着重要的作用”。促使废物利用的,需要具备以下条件:原料日益昂贵、对废物的规模利用、提高原料利用率和科学技术的发展等。具体而言,一是生产原料日益昂贵与存在大量的废料,“原料的价格对产品价格的影响,比固定资本的价格对产品价格的影响要大得多”。随着机器质量和生产力的提高,一定量的劳动可以加工更多的原料,原料也能得到更充分地利用,与此同时,废料也逐步得到有效利用:当原料价格上涨时,导致废料的价值损失也上涨了——“由废料所引起的费用的变动和原料价格的波动成正比:原料价格提高,它就提高;原料价格下降,它就下降”①。然而这里有一个界限,就是原料价格的持续上涨,刺激了废料的再利用,即代之以原料的利用,可以部分地减少原料利用。同时,也只有当废料数量足够大时,才有可能刺激人们想办法寻找废料资源化的工具和途径;也就是说,利用这些废料也可以赚钱,废料本身才成为新的生产要素。这说明,节约也只有在大规模生产中才有可能。

二是改良的机器能够使原料获得充分利用——“这是力学和化学上的各种发明得以应用而不会使商品价格变得昂贵的唯一条件,并且这总是不可缺少的条件”;正常范围内的原料损耗,即“原料加工时平均必然损失的数量,是算在原料的费用中”——这种废料重新成为新的生产要素,但会按照被利用的程度相应降低原料的费用。人类需要和自然界形成物质循环,从中获取物质资源,增加资源存量;进而在生产环节中提高资源利用率,减少排放,提高产出,作为一个整体协同运行。把废料再利用的节约和减少废料的节约区别开来。资源投入最小化,在源头上实现节约资源,减少排放,就是“把生产排泄物减少到最低限度和把一切进入生产中去的原料和辅助材料的直接利用提到最高限度”。

三是科学的进步发现了废物新的使用价值。科学的进步,一是表现在生

① 马克思:《资本论》第3卷,人民出版社2004年版,第124页。

产工具即机器的改进或发明上，如“机器的改良，使那些在原有形式上本来不能利用的物质，获得一种在新的生产中可以利用的形态”；“机器的改良，使那些在原有形式上本来不能利用的物质，获得一种在新的生产中可以利用的物质”①。二是表现在已有原料的新用途或新原料的出现上，如“科学的进步，特别是化学的进步，发现了那些废物的有用性质”——化学的每一个进步不仅“增加有用物质的数量和已知物质的用途，还教人们把生产过程和消费过程中的废料投回到再生产过程的循环中去，从而无须预先支出资本，就能创造新的资本材料”；“化学工业不仅找到新的方法来利用本工业的废料，而且还利用其他各种各样的废料，把以前几乎毫无用处的煤焦油转化为苯胺染料、茜红染料（茜素），近来甚至把它转化为药品”。这两者最终要体现在生产过程或生产结果上，马克思指出，人们使用经过改良的机器，把废丝制成有多种用途的丝织品，使得“1839 年到 1862 年，真正生丝的消费略为减少，而废丝的消费却增加了一倍”②。简言之，科学技术越发达，由科学技术推动的改进机器质量和新生产工艺就越能充分地利用原料，越能减少废料和废料再利用，资源化的功能也就越能合为一体。

从 1978—2012 年，中国的经济高速增长依赖于高投入高消耗，追求从“没有”到“有”的数量型增长，由此带来的一方面是从自然界挖掘过多的原料，另一方面，也向大自然排放过多的废弃物，使得生态环境恶化、有些资源短缺，极大地影响了人们的生产和生活。为此，国家提出转变经济发展方式，由粗放型向集约型转变，由“以物为本”向“以人为本”转变，从工业园区到生态工业园区，向低投入、低消耗、高产出转变。

在工业园区，从生产的源头开始，不停留在废物回收资源化方面，通过生产环节的循环，使每个生产企业在生产过程中废物最小化、资源化、无害化。也就是说，一是推进原料的节约利用，使原料在生产过程中多次、反复、循环利

① 宋超、栾贻信：《马克思循环经济思想的复杂性原则》，《马克思主义研究》2011 年 12 月。
② 马克思：《资本论》第 3 卷，人民出版社 2004 年版，第 117 页。

用,形成资源—产品—再生资源的循环流动,实现资源利用的最优化,最大限度地减少对资源的消耗和对环境的污染;二是在一定区域内,使同一工业生态链上的关联企业集聚在一起,用生态链条把生产与消费、工业品与农产品、行业与行业有机结合起来,实现园区内企业间的资源循环利用,全面提高资源利用率,使废弃物排放量降到最低,实行可持续生产和消费——在清洁生产的基础上,构建产业链,使上游企业的“副产品”成为下游企业的原料,不断延长生产链条,实现园区或企业群的资源最有效利用,使园区的废物产生量尽可能减少甚至零排放,换言之,使上游的“流”成为下游的“源”,环环相连,构成工业生态群落、农业生态群落或工农业生态群落,废弃物都能资源化,能量得到充分利用。①

工业园区要做到这样,关键需要产品创新、方法创新和生产流程创新,延伸产业链,扩大产业网——通过企业内部、企业之间和产业之间的各自生产循环,以同样的资源生产更多产品,实现少排放、少污染甚至零排放、零污染。一般地,工业园区比较适宜工业固体废弃物的综合利用,大宗废弃物煤矿石、粉煤灰、石粉、脱硫石膏等产业化;对废金属、废纸、废塑料、废旧轮胎、废旧电子产品的再生利用——贵金属、铁、铜、塑料经过拆解处理后,可全部进入下游企业实现循环;将尾气全部采集,用于生产蒸汽、发电和替代生产燃料——中新制药公司与畜牧养殖企业合作,将废渣用于动物。根据多部委联合印发《关于推进电能替代的指导意见》,南方电网在南方五省区因地制宜,重点推广电锅炉、热泵、冷空调、电窑炉、船舶岸电、电磁厨房、电动汽车、机场桥载设备替代飞机 APU、电制茶/电烤烟 9 类电能替代技术,并组织富余水电、风电、太阳能等清洁能源或高效火电机组替代燃煤自备电厂发电。

---

① 随着生态文明建设日益加强,取而代之的新的工业组织模式,是利用工业生态学及系统工程学来规划和运行的工业园区,突出园区内的各成员内部实现清洁生产、减少废物源,同时强调成员之间的联系、合作和参与,通过物质、能量、信息等交流形成各成员相互受益的网络,使园区对外界的废物排放趋于零,最终实现经济、社会和环境的协调共进。

环保也能盈利。不论是生活垃圾还是非生活垃圾，都可进行资源化处理。非生活垃圾资源化要远比生活垃圾资源化盈利得多。根据国家发展改革委、住建部印发的《生活垃圾分类制度实施方案》，极为复杂垃圾①随着人们对生态环境的日益重视，以及科学技术的发展，人们发现废弃物存在使用价值，环保产业逐步发展起来了。处理垃圾转变为资源的循环利用。科学的垃圾分类及回收不仅能产生环境效益，减少有害气体排放，节约能源使用，还能创造社会效益，为工业产业提供可利用能源，相比填埋弃置能创造更多就业机会。

环保产业是环境产业的一部分，从污染治理行业变成环境产业，将单一的污染治理行业向纵深发展，向上游延伸，覆盖更广泛的环境相关产业范围，成为一个支柱产业；即从末端治理走向前端，走向绿色产品、产业。② 2013 年国务院发布《关于加快发展节能环保产业的意见》提出，“要把节能环保产业打造成新兴的支柱产业”（产业产值达到 GDP 的 2%，就可以作为支柱产业）。据环保部环境规划院测算，“十三五”期间，全社会环保投资将达到 17 万亿元，是“十二五”期间的 3 倍以上，环保产业成为拉动经济增长的重要支柱。《关于培育环境治理和生态保护市场主体的意见》提出，推进“绿色环保产业不断增长，产值年均增长 15%以上。到 2020 年，环保产业产值超过 2.8 万亿元”；“培育 50 家以上产值过百亿的环保企业”。③ 例如山东济南章丘区餐厨

① 国家发展改革委、住建部发布的《生活垃圾分类制度实施方案》提到，垃圾可分为有害垃圾、易腐垃圾、可回收物。有害垃圾——废电池（镉镍电池、氧化汞电池、铅蓄电池等），废荧光灯管（日光灯管、节能灯等），废温度计，废血压计，废药品及其包装物，废油漆、溶剂及其包装物，废杀虫剂、消毒剂及其包装物，废胶片及废相纸等。易腐垃圾——相关单位食堂、宾馆、饭店等产生的餐厨垃圾，农贸市场、农产品批发市场产生的蔬菜瓜果垃圾、腐肉、肉碎骨、蛋壳、畜禽产品内脏等。可回收物——废纸、废塑料、废金属、废包装物、废旧纺织物、废弃电器电子产品、废玻璃、废纸塑铝复合包装等。

② 《环保产业何时能成经济“台柱子”》，《人民日报》2017 年 8 月 5 日。

③ 2016 年，城投控股、光大国际、亿利洁能、三聚环保、启迪桑德等业内知名的上市公司，没有一家产值能够达到百亿规模。数据来源：2015、2016 年度环境服务业财务统计调查：2015—2016 年环境服务业发展简况，5600、6100 家；年收入 32.5、33.1 亿元。2016 年环境服务业各类规模企业比，微型企业 36.9%、小型企业 38.1%、中型企业 22.8%、大型企业 2.2%。2016 年产业规模 1.5 万亿元，缺乏龙头企业使“支柱地位”大打折扣。

垃圾处理中心用餐厨垃圾养殖昆虫，昆虫成长十个月后可烘干粉碎，作为动物蛋白添加剂进入市场，价格有一定竞争力。

这主要基于我国存在巨大的垃圾市场。根据中国再生资源回收利用协会发布的数据，我国每年产生的生活垃圾，80%以上可作为再生资源回收和利用，进行垃圾资源化处理。环保部的数据显示，2015 年我国大中城市生活垃圾产量约为 1.856 亿吨。如果用装载量为 2.5 吨的卡车来运输这些垃圾，能绕赤道 12 圈。这些生活垃圾里有 1/3 都是包装性垃圾。包装废弃物体积占固体废弃物的一半，每年废弃价值近 4000 亿元——可以用来建造 105 个国家大剧院。以纸盒包装为例，我国一年约生产 12 亿件衬衫，其中 8 亿件是盒装，8 亿只包装盒需要用纸 24 万吨（如果以直径 10 厘米的大树为标准计算，每 7 棵树可以制 1 吨纸，8 亿只包装盒就相当于要砍伐 168 万棵大树）。①

以往，我国生产的垃圾 60%都以填埋处理，存在填埋场的选址、二次污染等问题。环保产业首先要进行垃圾分类。垃圾分类“难”，“难”在垃圾分类、转运、处理三个环节本应“环环相扣”。从源头上做好垃圾分类，制订切实可行的奖惩措施，将其与单位和个人、社区和家庭成员的行为挂钩。政府部门完善垃圾分类处置运作机制，还要出台配套的支持政策，如通过购买服务等实现垃圾分类的市场化运营，实现垃圾处置的市场化运营。对玻璃瓶、纸杯一类的“低价值可回收物”予以补贴，以政府购买服务的形式，推动垃圾分类的市场化，同时鼓励环保企业发展新型技术实现垃圾再利用。

发达国家的经验表明，垃圾分类越细，垃圾的回收利用率就越高，处置成本越低。澳大利亚规定，可回收利用垃圾包装上通常有三角形可回收标志，如废纸等放入黄色垃圾桶，旧衣服、镜子、陶器等除外；树叶等园林有机废弃物放入绿色塑料桶内；红色塑料桶则对应放入不可再生利用的垃圾。对于无法放入垃圾桶的大型废弃物，需要按照金属、植物和家用废弃物分类并放置在路

---

① 王金水：《资本论循环经济思想及其当下启示》，《山西高等学校社会科学学报》2013 年第 8 期。

边，分别由三种备有压缩器械的卡车进行回收。许多弃置物品都附有小纸条，提示物品可正常使用，有需求者可以带走，同时政府也提倡有需求的人将尚可使用的物品取走继续使用。美国有专门的垃圾回收公司按照固定日期收取，居民每月缴纳一定数额的“垃圾清运费”。垃圾回收公司对生活垃圾进行再分类并合理回收处理，可再生塑料、金属、废纸、玻璃会进行分选回收再利用；利用有机垃圾气化发电；对可燃物热解焚烧污染物、焚烧供热、气化发电，可分解的有机物经过发酵制成有机肥料；无机垃圾则用于铺路，水气渣净化处理等，食物废料被运往附近工厂变成宝贵的肥料。1989 年旧金山市通过《综合废弃物管理法令（AB939 号）》，要求 2000 年以前实现 50%废弃物通过削减和再循环的方式进行处理；对垃圾回收分类利用的法律越来越细化，包括实施 2003 年加州通过的《废旧电器回收法》，对废旧电脑、电视以及其他音像设备的回收处理做了具体规定；2009 年旧金山通过的《垃圾强制分类法》，规定居民必须严格遵守废弃物品分类，严禁私自翻捡垃圾箱内的可利用物，否则按盗窃罪论处，同时对于违规的各住户采取不同等级的罚款。

俄罗斯的莫斯科除了专门设有各类废弃物的垃圾站，以区分回收可以再次加工和重复使用等，政府还要求企业对他们生产的产品负责，要求企业确保其销售的产品一部分被回收和再利用——包括包装、电池、电气电子设备、车辆等。政府出台法律打击非法倾倒废物、非法废物管理场所的运作和废物非法出口。许多中小学和高校中都已经开始实施垃圾分类回收课程。环保爱好者制定出了垃圾处理的“黄金法则”——将瓶类垃圾洗净吹干，将占用空间的垃圾压皱或切割减少其体积，将细小琐碎物品进行捆绑，等等。韩国将生活垃圾分为可回收垃圾、食物垃圾、大型废弃物品和一般生活垃圾四类。一般生活垃圾需专用垃圾袋（以 20 升为单位，3 元人民币）——其售价包括垃圾收集、运输及处理费用，食物垃圾袋则是以 2 升为单位（1.2 元人民币）。大型废弃物先由工作人员对废弃物进行检查、贴上标签、收取费用（一个 400 升冰箱，60 元人民币）后，再由有关部门收走。垃圾收集日和具体投放时间也受到严格的限制。韩国从 1995 年 1 月 1 日开始在全国范围内实施垃圾计量收费制度——为自己所投放的生活垃圾付费。政府建立奖赏举报食物类垃圾非法投放制度,并在生活垃圾收集站安装摄像监控设备。实施垃圾计量收费制度后,生活垃圾产生量减少了三分之一,垃圾回收量则增加了一倍。在日本,乱扔垃圾是违法行为,违反者(包括未遂在内)可被判 5 年以下有期徒刑并处或者单处约合罚金 63 万元人民币。日本小学生必须参观垃圾处理厂,平时老师告诉学生垃圾分类,孩子带动大人进行垃圾分类。环保产业对社会效益比经济效益的要求高,对政策有极强的依赖性,需要完善的制度和相应的惩处措施;需要健全的环保行业市场秩序,完备的竞争体系、保护体系,创造出环保产业的市场空间,提升环保产业发展商机。环保企业确立自身回报价值,作为评判居民道德和责任感的一个标准,增强企业自身发展动力。

发展特色农业,就是依托青山绿水发展现代山地特色农业、文化旅游等新型产业。河北省平泉县北五十家子社区,围绕山坡上种满成排成行的山杏铺就致富路。平泉县借助林业重点工程项目,实施财政奖补、部门资金打捆等措施扶持,建立了以林果总站为龙头、技术推广站为依托、村级专业合作组织为重点的三级科技服务网络——构建了"山杏—杏核—杏仁(杏壳)—杏仁露(活性炭)—工艺品"循环经济产业链:山杏仁可以制作杏仁粉、杏仁露、杏仁油,杏仁壳可以制作活性炭,杏肉可制作果脯和菜,杏叶可以提取医药原料,制作保健产品,杏树枝干可以用于制作高密度板……山杏浑身都是宝,是典型的绿色富民产业。在平泉县从事山杏产业的企业达到 46 家,其中活性炭企业 36 家,生产各类果壳活性炭 4.6 万吨,占全国果壳活性炭总量的 2/3;进而成立了山杏行业协会,组建了 8 家专业合作经济组织,以"合作社+基地+农户"经营模式,规范市场秩序,确保农户获得增加值——我国北方最大的杏仁集散地——平泉县北五十家子交易市场,杏仁年交易量达 4 万吨,约占全国交易量的 40%,产品出口到韩国、日本、丹麦、俄罗斯等国家和地区。在贵州省毕节市七星关区,政府提供养殖母牛、蛋鸡、种马铃薯等十余个项目供贫困户自主选择，每个项目都有产业发展、贴息贷款、风险兜底等“套餐”服务，解除农民的后顾之忧；安徽省金寨县则推广光伏发电扶贫，每家都有光伏发电，部分自有，部分卖给电站，“只要有阳光就有收入”……用市场的办法为特困村编制、包装产业项目，发展特色、生态产业，实现脱贫。

第三产业是自然资源消耗少的部门，也是随着人们生活水平的提高显得越来越突出的部门。其中文化需求与消费已成为拉动经济增长的重要组成部分，国家统计局数据，经核算，2015 年全国文化及相关产业增加值 27235 亿元，比上年增长 11%（未扣除价格因素），占同期 GDP 的比重为 3. 97%。2016 年全国文化及相关产业增加值为 30785 亿元，比上年增长 13. 0%（未扣除价格因素），占 GDP 的比重为 4. 14%。2017 年上半年，全国服务业增加值占国民经济的比重达 54. 1%，高于第二产业 14 个百分点。消费支出对经济增长贡献率达 63. 4%，比投资高 30. 7 个百分点，成为经济增长的主要推动力。①

这里必须要突出介绍闻名全球的亿利集团打造的“库布其模式”，即通过治理沙漠改善生态环境，发展生态产业带动群众脱贫——尊重顺应沙漠，将“绿起来与富起来”“生态与产业”“企业发展与生态治理”两两相结合。② 也就是说，在库布其沙漠打造出生态修复、生态牧业、生态健康、生态旅游、生态光伏、生态工业“六位一体”的产业体系，其中有首创的“治沙+发电+种植+养殖+扶贫”的生态光伏产业，以及开展体验、认知、教育式的沙漠生态旅游。亿利集团发挥“库布其模式”中“政府政策性支持，企业产业化投资，农牧民市场化参与”的特点，搭建出政府—企业—村民互动平台，创造了“市场化、产业化、公益化”的治沙经验，探索出一条“治沙、生态、民生、经济”平衡驱动的发展之路。

亿利集团把科技创新作为推动发展的第一动力，投入大量资金用于治沙

① 董峻等：《开创生态文明新局面》，《人民日报》2017 年 8 月 3 日。

② 王文彪：《在沙漠里走出生态产业扶贫之路》，见新华网，http://www.xinhuanet.com/energy/2016-10/19/c_1119745861.htm，2016 年 10 月 19 日。

技术研发,独创的“气流法”种树新技术能够把沙漠种树成活率提高到90%以上,效率提高30倍;此外还培育1000多个耐寒、耐旱、耐盐碱的生态种子——绿化一亩沙漠就可节约2000多元的投资。20世纪90年代末,亿利集团利用自主研发的“平移栽培”法开展甘草套种——甘草是一种耐旱、免耕和能够改良土壤的名贵中药材:一棵甘草就是一个“固氮工厂”,原来甘草竖着长,一棵甘草能绿化0.1平方米沙漠,采用平移法后,甘草能够横着长,一棵甘草就能绿化1平方米沙漠,效力提高了10倍。“气流法”植树、无人机植树、“甘草平移”栽种等100多项沙漠生态技术成果和“豆科植物大混交植物固氮改土”等100多种“沙漠生态工艺包”,都是这场“沙漠奇迹”背后的核心驱动力。联合国环境规划署将库布其沙漠生态治理区确立为“全球沙漠生态经济示范区”。

亿利集团在巩固库布其治沙成果的基础上,利用多种形式积极开展扶贫攻坚工作。在内蒙古库布其、阿拉善、甘肃武威、新疆南疆等几大沙漠,亿利集团采取“公司+农户+合作社+基地”模式,全产业链布局甘草产业,通过建设标准化种植基地,采取利益共享和订单收购等方式,带动当地群众通过种植甘草脱贫。通过亿利集团搭建的就业创业平台,当地群众纷纷转型为沙地转租受益者、股东、工人、小老板或者新型农牧民。除了通过畜牧业扶贫、就业扶贫、光伏扶贫外,亿利集团还开展千名党员扶千户工程以及组织劳务输出等方式,帮助当地脱贫摘帽。库布其模式获得了丰厚的经济回报、自然回报和社会回报:企业有了良好的效益,老百姓有了丰厚的收入;减少了北方沙尘暴,把沙漠改良成了绿土地,改善了沙区的生物多样性;促进了沙区的经济发展、民族团结,改善了老百姓的生活;更为关键的是,给人以绿色的希望,给人以生存的信心。

(二)重建发展循环经济的社会关系

资本逻辑之所以能撕裂生态系统,究其根源,是资本追求自身利益最大化,导致成本付出与收益获得不对等(往往是通过成本外嫁而实现的)。要保障资本在生态系统自身稳定性的范围内活动，必须严格规范资源产权，真正做到权责利三者统一。马克思之所以认为“虽然资本主义制度促进农业技术的发展”，但资本主义制度同合理的农业“相矛盾”或“不相容”，就是因为资本主义生产方式破坏了农业的再生产，用今天的话讲，就是破坏了农业的可持续发展。而他推崇“合理的农业”所需要的，不论是“自食其力的小农”，还是“联合起来的生产者”，首要的是什么样的制度安排是突出使用价值的。

坚持中国特色社会主义道路，中国一定会处理好发展与生态的关系，建立人与自然和谐统一的生态文明。社会主义市场经济集中体现社会主义与市场经济各自的优点：社会主义从整体利益出发推动个体的发展，市场经济则在彰显个体的积极性和创造性基础上推动社会进步。但这需要制约市场经济的负面影响。正如埃德加·莫兰所指出的，“无序的观念不仅不能从宇宙消除，而且它对于认识宇宙的本质和进化还是不可缺少的。我们审慎思考的时候，会发现一个决定论宇宙与一个随机的宇宙都是完全不可能的。一个完全决定论的世界将因没有革新而没有进化。这说明一个绝对决定论的世界与一个绝对随机的世界是两个贫乏的片面的世界——一个不能产生，一个不能进化。我们必须把这两个在逻辑上是彼此排斥的世界混合起来”①。这也就是说，在社会主义制度上发展市场经济，就必须把政治力量、社会力量引入市场，并与市场力量有机结合，推动使用价值链的生成，使原来的无序的倾向转变成新的运动方式，成为更高等级的物质能量，使得市场向有利于人的全面自由发展的方向进发。

政府、企业和社会的力量三者有机统一，需要进一步规范政府、企业的自身行为，正确处理个人与集体、人类的关系，协调物质、精神等各种需求，在效率与公平统一中发展市场经济，以行动上的共识体现在从生产、交换到消费的全过程中，即生成使用价值链，从而维护好社会的共同利益。政府公权力应对

① ［法］埃德加·莫兰：《复杂思想：自觉的科学》，北京大学出版社2001年版，第169页。

资源作出“产权清晰、权责明确”的划分,即根据生产力发展的状况、资源的属性,作出“物尽其用、人尽其才”的界定。如同马克思所指出的,大土地所有制的生产要求的社会化生产条件、生产技术及日益扩大的生产规模,给有限的生物圈造成巨大的压力——“在社会的以及由生活的自然规律所决定的物质变换的联系中造成一个无法弥补的裂缝”——“从一个较高的经济的社会形态的角度来看,个别人对土地的私有权,和一个人对另一个人的私有权一样,都是十分荒谬的。甚至整个社会,一个民族,以至一切同时存在的社会加在一起,都不是土地的所有者。他们只是土地的占有者,土地的受益者,并且他们应当作为好家长把经过改良的土地传给后代”①。这告诉我们一个事实,土地不是人类劳动的产品,是先于人类存在的,因而人类对土地只有占有和使用权——人类在开发和使用土地的过程中,不能只考虑当代人的需求,还要考虑后代人的需求。

在总体制度建设上,党的十八大把生态文明建设纳入中国特色社会主义事业“五位一体”的总体布局,把“美丽中国”作为生态文明建设的宏伟目标。进而十八届三中全会提出加快建立系统完整的生态文明制度体系。十八届四中全会要求用严格的法律制度保护生态环境。2015 年 5 月,中共中央、国务院发布《关于加快推进生态文明建设的意见》提出,建立独立公正的生态环境损害评估制度,形成生态损害者赔偿、受益者付费、保护者得到合理补偿的运行机制,形成源头预防、过程控制、损害赔偿、责任追究的制度体系解决途径,形成相应的鉴定评估管理与技术体系、资金保障及运行机制,探索建立生态环境损害的修复和赔偿制度。基于生态环境价值进行补偿资金的配置。通过扩大一般性财政转移支付、横向财政转移支付等,抑制国家重点生态功能区对生态补偿转移支付资金的挪用。2015 年 9 月,《生态文明体制改革总体方案》提出健全自然资源资产产权制度、健全资源有偿使用和生态补偿制度、建立健全

① 常庆欣:《市场估价的缺陷:劳动价值论的生态经济学含义》,《马克思主义研究》2010 年第 11 期。

环境治理体系、健全环境治理和生态保护市场体系、完善生态文明绩效评价考核和责任追究等制度，推进生态文明领域国家治理体系和治理能力现代化。十八届五中全会提出“绿色发展”在内的“新发展理念”，作为指导“十三五”乃至更长时期经济社会发展的一个重要思想。

在资源产权明晰的基础上，建立有效约束开发行为的生态文明法律制度，强化相关者环境保护的法律责任，提高违法成本。一是政府健全环境倒逼机制，依靠严刑峻法，保持对违法排污企业的高压态势，从源头上管住企业违法排污现象。接连颁布各有十个方面 35 项具体措施的《大气污染防治行动计划》《水污染防治行动计划》《土壤污染防治行动计划》等专门规制，相继出台新《环境保护法》《环境保护税法》，以及环保督察、巡视、整治趋向常态化。企业排放超标需要缴税，且对企业污染行为按日连续计罚，罚款将上不封顶；针对明知故犯、拒不改正，通过暗管排污逃避监管等违法人等，予以治安拘留处罚；构成犯罪的，依法追究刑事责任。据环保部统计，截至 2015 年 11 月底，全国实施按日连续处罚案件 611 件，实施查封、扣押案件 3697 件，实施限产、停产案件 2511 件；环保与司法部门通力合作，移送涉嫌环境污染犯罪案件 1478 件。①

《生态环境损害赔偿制度改革试点方案》规定，构建“环境有价、损害担责，主动磋商、司法保障，信息共享、公众监督”的生态环境损害赔偿工作体系；违反法律法规，造成生态环境损害的单位或个人，应对损害的生态环境进行赔偿；建立健全监管所有污染物排放的环境保护管理制度，逐步完善污染物排放权制度，使减少排污成为有利可图的市场行为。

《关于健全生态保护补偿机制的意见》提出，按照权责统一、合理补偿，政府主导、社会参与，统筹兼顾、转型发展，试点先行、稳步实施的原则，建立让生态损害者赔偿、受益者付费、保护者得到合理补偿的多元化生态保护补偿机

① 刘毅、孙秀艳：《绿色发展，走向生态文明新时代》，《人民日报》2016 年 2 月 16 日。

制,逐步扩大补偿范围,合理提高补偿标准,调动全社会参与生态环境保护的积极性,落实森林、草原、湿地、荒漠、海洋、水流、耕地等重点领域生态保护补偿;逐步克服索赔主体不明确、评估规范不健全、资金管理机制未建立等诸多问题,破解“企业污染、群众受害、政府买单”的不合理状况,使受损的生态环境得到及时的修复;提出纵向和横向生态保护补偿制度,前者从国家层面完善转移支付制度,规范生态保护补偿渠道,对重点生态功能区的转移支付力度加大加强;后者是生态保护区及其受益区之间的补偿关系,引导生态受益地区与保护地区之间、流域上游与下游之间通过资金补助、产业转移、人才培训、共建园区等多种方式实施补偿,规范补偿运行机制。

二是建立完善与生态文明建设相关的法律法规和干部考核制度,如把资源消耗、生态效益、环境损害指标纳入等经济社会发展考核评价体系,出台《生态文明建设目标评价考核办法》,确定根据区域主体功能定位实行差别化的考核制度①,对各省区市实行年度评价、五年考核机制,以考核结果作为党政领导综合考核评价、干部奖惩任免的重要依据。例如中办、国办于 2017 年 7 月就甘肃祁连山国家级自然保护区生态环境问题发出通报,指出相关责任人“不作为、不担当、不碰硬”,“没有站在政治和全局的高度”“监管层层失守”“弄虚作假、包庇纵容”等严厉措辞频现。②

三是通过《关于开展领导干部自然资源资产离任审计的试点方案》《党政领导干部生态环境损害责任追究办法(试行)》等法律和制度等手段,强化领导干部的生态文明理念,进而成为引领带动全社会树立尊重自然、顺应自然、保护自然的生态文明理念的典范。习近平总书记在 2013 年 5 月主持的中央政治局集体学习时强调,对那些不顾生态环境盲目决策、造成严重后果的人,必须追究其责任,而且终身追究。这些措施旨在克服对生态文明建设不重视、

---

① 《制度建设是生态文明建设的重中之重》,人民网,http://theory.people。

② 《开创生态文明新局面——党的十八大以来以习近平同志为核心的党中央引领生态文明建设纪实》,《国土资源》2017 年 8 月。

不担责的现象,如其一是缺乏有效监督对环境产生重大影响的建设项目;二是环境法律法规体系不完善,环保部门执法不到位,环境监管机构种类杂乱责权不分,环境治理投入少等现象。

在生态文明制度建设方面,既有综合的规划要求,也有产业发展的指导意见,也就是"既要金山银山,也要绿水青山"。在林业发展上,2015 年中共中央、国务院的《国有林场改革方案》要求,明确国有林场生态责任和保护方式,推进国有林场政事、企事分开,完善以购买服务为主的公益林管护机制等。《国有林区改革指导意见》提出,要区分不同情况,有序停止重点国有林区天然林商业性采伐,确保森林资源稳步恢复和增长;逐步形成精简高效的国有森林资源管理机构;创新森林资源管护、监管体制;妥善安置国有林区富余职工,确保职工基本生活有保障。据国家林业局统计,"十二五"期间,全国共完成造林 4.5 亿亩、森林抚育 6 亿亩,分别比"十一五"增加 18%、29%;森林覆盖率提高到 21.66%,成为全球森林资源增长最多的国家。我国第五次荒漠化和沙化土地监测结果显示,截至 2014 年,与第四次监测结果(2009 年)相比,全国荒漠化土地面积年均减少 2424 平方公里,沙化土地面积年均减少 1980 平方公里。①

在农业发展方面,推动农业发展由主要依靠物质要素投入转到依靠科技创新和提高劳动者素质上来,走产出高效、产品安全、资源节约、环境友好的农业现代化道路。2016 年国务院出台的《全国农业现代化规划(2016－2020年)》确定,一是创新强农,推进供给创新、科技创新,培育可持续的增长动力;二是协调惠农,推动主体协同,实现农业现代化水平整体跃升;三是绿色兴农,实现生态系统稳定、产地环境良好、产品质量安全;四是开放助农,提升农业对外开放层次和水平;五是共享富农,推进产业精准脱贫和公共服务均等化,让农民分享现代化成果。换言之,发展现代农业是以市场需求为导向,实现区域

① 刘毅、孙秀艳:《绿色发展,走向生态文明新时代》,《人民日报》2016 年 2 月 16 日。

化布局、专业化生产,促进粮经饲统筹、农牧渔结合、种养加一体、一二三产业深度融合发展;宜粮则粮、宜草则草、宜牧则牧、宜渔则渔,提高农业发展与资源环境的匹配度;推进农业产业链和价值链建设,让农民更多分享二、三产业的增值收益。

为此,逐步构建以家庭经营为基础,家庭农场、专业大户、农民合作社、农业产业化龙头企业等新型农业经营主体为纽带,发展多种形式的农业经营。也就是构建农户、合作社、企业之间互利共赢的合作模式,让农民更多地分享产业链增值收益——在这一过程中,除了完善农地"三权分置"外,还要吸引城市资源到农业领域,包括资金、技术与现代化的管理经验等,关键是培养现代农民。一是保障家庭农场、专业大户等新型农业经营主体的积极性;二是培养一支有文化、懂技术、善经营、会管理的现代职业农民队伍。吉林省探索"土地流转收益保证贷款"——农民土地权益资产资本化:土地收益保证贷款,在不改变土地所有权性质和农业用途的前提下,农户自愿将其一部分土地承包经营权,流转给具有农业经营能力的第三方,第三方再将土地转包给农业经营主体,并向金融机构出具共同偿还借款的承诺,金融机构再向农业经营主体提供贷款。农业经营主体归还金融机构借款后,第三方与农业经营主体的土地流转合同自动解除;农业经营主体没有按时偿还贷款时,第三方可公开竞价将土地另行转包,用收益偿还银行借款,转包期满后,再将土地承包经营权返还农户。

简言之,国家着力在私人与公共领域之间形成一种适度的张力,让所有社会成员都能享受到由于经济繁荣而带来的生活舒适和安逸。这需要国家:其一,按规律办事,该管的管好,不该管的放手,实现"到位",不"越位"和"错位",避免因干预不当而造成的资源浪费。例如,国家加强教育、医疗卫生、文化等在内的社会公共品建设,旨在弥补市场机制作用下按照要素市值贡献分配的缺陷,提高广大群众的生活水平,由此引导人们追求高尚快乐,追求真正的幸福。其二,鼓励使用绿色产品,使节能、节水、节材、垃圾分类回收等,逐步成为每个公民的自觉行动;在废弃物处理环节,采取财政和税收的优惠政策,完善废弃物回收、加工、利用体系,推动不同行业通过产业链延伸和耦合,实现废弃物的循环利用;对不能回收利用的污染物,建立排污权交易市场,利用市场力量优化环境容量资源配置;等等。

环保不仅仅是政府的责任,也是社会责任和道德的一部分,需要共识来推动。人类的行为除了自然生理的本能之外,更多的来源于每个人的思想认识基础、价值体系、固有理念以及由此形成的社会风气。更高生活质量涵养着良好的环保习惯,包括意识到个人行为与环境之间的关系。人人敬畏自然,日常生活也会走向节约和环保。低碳是人人都可以采用的生活方式,这需要有科学的宣传和良好的基础设施作为保障。始于理念,但不止于理念。用绿色、循环、低碳发展理念构建新型工业化、新型城镇化、农业现代化,推动生态经济发展;培育生态文化,倡导勤俭节约、绿色低碳、文明健康的生活方式和消费模式,增强全社会生态文明意识。

让老百姓从“知其然”到“知其所以然”,再到“知行合一”。日常生活的很多方面都可以用能源消耗量进行换算,例如,回收 1 吨废弃饮料瓶,相当于节约石油 6 吨,减排二氧化碳 3 吨,种植树木 41 棵;出门时随手关闭电源,空调温度控制在 26℃左右,出行多乘公共交通工具等。2016 年年初,中国农业大学的一组调查数据显示,仅餐饮浪费的蛋白质、脂肪,全国一年就要高达 1100 万吨,这相当于 2 亿人一年的口粮。每年全国浪费的食物总量,则可养活 2.5 亿—3 亿人。农业的逻辑从根本上说是生命逻辑。农业是利用生物的生命活动进行生产的,是人类生命维持和延续的主要依托;社会应视农业为“为生之本”“养生之本”“有生之本”——农业既是物质资料生产的基础,又是人类自身生产的重要环节——“维生”,而“维生”是人类自身生产的另一环节——“繁育”的前提。这样,人类的繁衍与财富的创造就被联结起来了,其纽带就是生命。生命系统和生态系统密不可分,生态是生命的依托,生命是生态的中心。

组织形式多样的培训活动，提高全社会特别是各级领导干部对发展循环经济的认识，引导全社会树立正确的消费观，鼓励使用绿色产品，节能、节水、节粮、垃圾分类回收、减少一次性产品的使用，抵制过度包装等浪费资源行为，促进形成节约资源和保护环境的生活方式和消费方式。通过学校、社会团体、各类媒体宣传循环经济知识，使社会公众提高认识，明确自己的责任与义务，积极参与到发展循环经济中来。广泛开展循环经济“进企业、进机关、进学校、进社区、进家庭”创建活动，引导社会各界有序回收、科学利用废物资源。让生态文化与价值教育进学校、进家庭、进企业、进机关，用文化的力量让全社会参与到生态文明建设中来；领导带头、党员带头、家长带头，以示范力量推动社会积极参与；发挥社会组织在生态文明建设中的作用；把中国优秀传统文化融入生态文化建设中，从中国智慧中汲取生态文化建设的精髓，以东方智慧探索中国独特的生态文明建设之路。①

建立在共同利益基础上的社团、社区，通过自我约束的自治方式，整合社会资源，提供各种政府不为、市场难为的工作，实现资源财富的第三次分配——不仅救助了弱势群体，也为其他群体提供了更为丰富的社会服务，“分化了机构序列或功能系统（如经济、政治、法律、科学、或教育等）的协调，而每个序列或系统都有自己复杂的运行逻辑，以至于不可能从系统以外对其发展进行有效的全面控制。在这些系统之间，不仅以货币、法律或知识等交流符号媒体为中介，而且还借助系统之间的直接沟通，以求消除各个系统之间的摩擦，谈判协商，协调合作”②。由于社团、社区自治能够处理一般的事务，从而降低可有可无的行政成本和减少冗余秩序存在的机会；个人将通过深层次的更新摆脱异化，成为自己的主人。

---

① 《决定当代中国命运的关键一招　治国理政论坛“全面深化改革”理论研讨会综述》，《人民日报》2017 年 5 月 9 日。

② 格里·斯托克、华夏风：《作为理论的治理：五个论点》，《国际社会科学杂志中文版》1999 年第 1 期。

在国家和社会营造的环境下，资本的生成与扩展既是个体理性化的过程，也是个体走向集体的过程；“资本是集体的产物，它只有通过社会许多成员的共同活动，而且归根到底只有通过社会全体成员的共同活动，才能被运用起来。因此，资本不是一种个人力量，而是一种社会力量”①。这种力量旨在寻找获得更多价值的手段，不断提升协调层次和扩展更密集的脑力劳动：一是延长资源产业的生命周期，延伸产业链条——往前改变设计、成本、生产方式或其他项目，往后则到产品废弃后的回收再利用等；二是提高闲置资源的利用率，如借助“互联网+”、人工智能、大数据分析等新技术，在不增加小汽车的前提下，搭顺风车缓解公共交通系统的压力，减少公共财政压力，城市的交通补贴转移到其他部分，提高整个社会的福利；三是利用移动互联网技术、移动支付方式和运营模式，让共享单车摆脱了停车桩的束缚，既满足了大量短距离出行需求，又有助于解决交通拥堵、环境污染等城市顽疾；四是现场浇筑的建筑施工作业逐渐被新建建筑中装配式建筑取代，建筑垃圾逐渐减少，绿色建筑在多地开花。此外，出现创新垃圾分类的绿色账户，该账户是居民、企(事)业单位、社会团体、公益组织参与社会生态文明建设实践的成果价值体现——依托第三方互联网服务平台，即废宝网，为垃圾分类参与者建立绿色账户，推出绿色贡献值激励机制，探索全民参与的垃圾分类创新激励机制。此举是把每一个利益方纳入管理、服务的网络，让投放垃圾不再是个人行为，垃圾分类将形成环保合力，让垃圾变废为宝。

总之，政府和社会要利用各种措施加以监管和约束，企业严格遵守国家的法律法规，履行社会责任——遏止生态环境被破坏的现象，损坏的生态环境得以修复。政府和公众在生态文明建设中形成新型合作关系，依法依规落实公众的环境知情权、参与权、表达权和监督权，加强绿色技能培训，在经济社会发展中创造更多绿色就业机会。从理念升华到制度建设，再到实践

---

① 《马克思恩格斯文集》第2卷，人民出版社2009年版，第46页。

检验，超越既有的不可能实现的设想及其方案，如罗马俱乐部的“零增长方案”、生态主义者的“稳态经济模式”、新自由主义的完美市场功能以及与此相反的计划经济模式，也是一条有别于西方传统工业文明、中国传统增长模式的中国特色社会主义绿色发展道路，一条真正可持续的经济社会发展道路。

三、绿色经济中的产权关系分析

绿色经济与传统粗放型经济的根本区别就在于是“以人为本”还是“以物为本”；而把这二者相区别的外在表现就是废弃物（垃圾）的多少。在社会化大生产条件下，随着社会财富日益增加，废弃物也越来越影响生态环境和人的正常生活，就是“以物为本”；而相反，废弃物并不影响人们的生产和生活，则是“以人为本”。“以人为本”意味着财富的增加依赖于人的聪明才智（包括科学技术与制度调整）。一般地，绿色经济的发展，一是资源产权清晰，能够被充分利用或消费的，界限分明；能够让更多的人分享的，也具有明确的责任人。二是资源运行过程中，能够流向效益高的地方，且交易成本少，操作方便。三是废弃物在生态系统自我净化能力之内。

积极推广、发展绿色经济，就必须要完善资源的产权关系。一是优化资源配置手段和方式，建立健全废弃物资源化的体制机制，引入市场竞争和有偿获得资源使用权；二是打造废弃物资源化流动的平台，推动废弃物在空间上的聚集，有利于价值链的构建；三是根据资源属性和状况分类管理，对不可再生资源的使用加强规划和引导，对公共性强的资源进行保护性开发利用，对竞争性、排他性强而公共外部性弱的，推行经营权与使用权分开。这是对贺州循环经济示范园区、唐山中再生资源开发有限公司进行产权关系、产业生态关系所作的分析。

（一）循环经济中的产权关系

循环经济是一种资源减量化、再利用、再循环的生态经济。党的十八大提出“发展循环经济，促进生产、流通、消费过程的减量化、再利用、资源化”。2012年12月12日，国务院通过的《“十二五”循环经济发展规划》指出，围绕提高资源产出率，构建循环型产业体系，推动再生资源利用产业化，健全激励约束机制，推行绿色消费，形成覆盖全社会的资源循环利用体系。

落实这一规划，主要是以创建生态工业园区为引领。根据物质流和使用价值链的关联，推动园区内企业固体废弃物交换利用、能源梯级利用、废水循环利用、土地节约集约利用；建设雨水收集利用设施，鼓励有条件的地区发展海水淡化产业；对园区内供水、供电、供热、道路、通信等公共基础设施实施绿色化改造，促进共建共享、集成优化。通过现代技术与企业合作，在园区内形成一个物质、能量多层循环利用，经济效益与生态效益双赢的共生体系，资源利用和环境保护形成良性循环的模式，是一个能最大限度地发挥人的积极性和创造力的高效、稳定、协调和可持续发展的人工复合生态系统。简言之，把重化工型园区打造成园区企业之间原料（产品）互供、资源共享的一体化；涉农产业园区推进农副产品深加工利用，延长产业链，提高附加值。

推动循环经济发展的关键，是企业将“废料”转化为“养分”，是上一企业（或环节）的“废弃物”能成为下一企业（或环节）的原料。要做到这一点，要解决的问题是企业愿意用“废弃物”做原料，也能够用“废弃物”做原料。换言之，企业的本质是获利，用“废弃物”也能给企业带来利润，至少是平均利润。为此，一是优化资源与环境产权市场，无论是资源产权还是排污权市场，政府界定的这些权利都要依据自然规律和生产力发展规律，避免“政府失灵”——你消耗这些自然资源，就得购买；损坏周边环境，就得赔偿；如果损害严重，就应受到刑法制裁；政府就是要做到维护“责权利统一”。二是建立可回收的环境污染资源所有权制度，使得“废弃物”也有价格——其他人帮你处置这些你所有的废弃物,你必须要支付费用;企业生产的产品报废以后,通过基金补贴回收处理,收费是生产者和消费者要对自己的报废产品交钱,生产者交钱,回收处置者收钱。通过技术,把资源变成产品再卖出去。三是政府努力打造方便废弃物资源化的平台,既要从空间上让企业聚集,也要从技术上给予支持,尤其是清洁生产技术、废物处理技术、资源回收利用技术等。从技术上支持,在一定程度上转化为财政与税收支持,以及其他相关政策的支持。

案例:贺州循环经济示范园区建设。贺州市华润循环经济产业示范区地处湘、粤、桂三省交界处,以电厂—水泥—啤酒为主体的循环经济产业链,利用多元化企业的资源优势,按照“减量化、再利用、资源化”的循环经济发展要求,达到不同产业之间废弃物相互吸收转化,实现污染物零排放,不仅有效保护了生态环境,也创造了可观的社会经济效益。

华润集团①在贺州兴建华润循环经济产业示范区,示范区内建有年产200万吨新型干法水泥生产线项目、华润电力贺州公司2×1000MW超临界燃煤发电机组、年产20万吨啤酒生产线及区内中心区项目。在产业园区内,水泥厂、电厂、啤酒厂三家企业按照“减量化、再利用、资源化、再循环”的循环经济发展要求,开展产业协作工作。水泥厂向电厂、啤酒厂提供建设用水泥,水泥厂开矿产生的废弃矿渣由电厂作为铁路路基填料利用,水泥厂向电厂提供脱硫用石灰石粉;电厂脱硫产生的石膏则作为水泥缓凝剂供给水泥厂,电厂煤炭燃烧产生的(每年92万吨)粉煤灰和炉渣,作为水泥的添加料。电

① 华润集团秉承“以人为本”的核心理念,在贯彻“不以牺牲环境为代价谋求企业发展,不以牺牲环境的长远利益换取企业的短期效益”的指导方针、“集团多元化,产业专业化”的经营方针,对本身生产活动的物质和能量流动过程严格遵循国家标准进行设计,并在节能降耗、绿色环保等方面加强优化和实施,最大限度地在企业内部做到低消耗、高利用、低排放;利用自身多元化经营的优势,加强产业间协同,提高资源综合利用水平,通过不断增加环保投入和资源的有效利用,减少经营对环境的影响,发展循环经济。

厂每年向水泥厂、啤酒厂供电，短距离、直供电方式可降低输供电投资费用及运营损耗；电厂向啤酒厂供应蒸汽，啤酒厂不需另外建设锅炉房；电厂向水泥厂、啤酒厂供应工业水，向啤酒厂供应酿造用除盐水。啤酒厂产生的中水，供给电厂作为循环水的补充水；啤酒厂产生的废硅藻土以及水泥厂、电厂、啤酒厂产生的工业、生活垃圾均可作为水泥旋窑的燃料综合利用。电厂、水泥厂、啤酒厂还将实行办公、生产服务设施集中建设，最大限度地减少重复投入，减少土地占用，提高设施的使用效率。啤酒厂所需的水、电、蒸汽全部由电厂供给，排出的硅藻土、酵母泥、酒糟等循环交付水泥厂掺烧处理，实现华润电力、华润水泥和华润雪花啤酒三厂之间工业废弃物、污染物的循环利用。① 通过企业间的循环经济协作，减少了设备、设施的重复建设；由于资源的循环利用，促进合理利用垃圾，垃圾再利用可以节省新资源的开采，从而在根本上减少垃圾。

此外，华润循环经济产业示范区以电力、雪花和水泥为核心形成电子、再生生物、现代农业、物流的循环产业链。在园区集中办公的区域，利用低洼地建造人工湿地，处理办公区产生的生活污水，实现污水零排放。华润集团除了贺州市兴办工业园区外，在贵州省毕节市也有循环经济产业园。该园以华润电力煤电一体化项目为龙头，组合旗下地产、水泥、啤酒、医疗、医药、燃气等业态，综合利用企业生产过程中余热、工业废水、灰渣、石灰石、煤矸石等废物及副产品，使价值链上下游资源和废物高效循环利用，实现企业间及园区的小循环和中循环。2012 年山西省政府与华润集团、中国铝业公司签署《兴县资源环保型循环经济产业园项目合作协议书》等获批复。这也就是说，兴县资源环保型循环经济产业园由华润集团联手中国铝

① 参见王万程：《“生态循环”的价值可计算》，《广西日报》2011 年 3 月 7 日。

业公司，以循环经济为基本路径，构建起“煤—电—铝—材”较为完整的循环产业链条。

引导和扶持农民发展林下种植、养殖、森林景观利用、林产品采集加工等，培育主导产业和龙头企业，推动林下经济的规模化、集约化、标准化、品牌化、市场化发展。发展林下经济，就是充分利用林下土地资源，发展种植业、养殖业、采集业和森林旅游业等产业，使各业实现资源循环相生、协调发展。该模式解决老百姓“既要金山银山，也要绿水青山”致富发展问题。发展林下经济后，土地、林木的所有权属不变，所有权、经营权按约定的比例分成。例如，属于宜林荒山的，土地所有者占保存林木所有权、经营权的60%；属于非基本农田撂荒地的，土地所有者占保存林木所有权、经营权的70%。山西立足资源优势，发展连翘、黄芪、白芍、柴胡等中药产业林下经济，其经营面积超过550多万亩。其中该省的古县核桃王山珍加工专业合作社的农产品加工厂，通过捡菜、冲洗、制熟、装袋、打包等工序，一袋袋蕨菜、五倍子、兰芽、椿芽、白鹃梅等山野菜半成品新鲜出炉，让农民增收致富。乡村生态休闲旅游与农业产业发展结合起来，形成生态休闲旅游的发展模式，推进美丽乡村建设和乡村旅游发展。

鸡粪既含有大量未消化的氮、磷等营养物质，也可能含有污染土壤和水等激素、抗生素和重金属等。澳大利亚采取三种途径将鸡粪转化为肥料，化鸡粪垃圾为有用资源。一是从农家肥就近施用的方式，鸡粪和其他种类畜粪等有机肥混合堆沤，经过发酵后的鸡粪是葡萄、西瓜、果树和蔬菜的好肥料——政府官方网站上有材料根据土壤类型和庄稼种类计算出所需要的鸡粪肥料，避免过度使用带来的污染地下水等副作用。二是将鸡粪转化为宠物饲料，政府仅允许使用加工过的鸡粪制作宠物食品——脱水干燥，以减少营养损失、抑制微生物生长、杀虫灭菌，进行膨化处理等。三是将鸡粪转化为清洁能源，由于该方法属新兴技术，要尽可能减少存在的风险——通过统计饲养的家禽产生的可供转化有机垃圾数量，能够产生的能源数量、清洁能源的收益和收回投资周期等，为投资者提供决策依据。①

古巴拥有全球规模最大的都市生态农业，都市居民吃的蔬菜、粮食，75%来自方圆十公里内的农地或房前屋后的自留地——种着一排排蔬菜、玉米、花卉，每块土地至少种了20个种类的蔬菜，有些农民甚至会设置小型风力发电机、自制储水系统，实现自给自足的循环型农业。②

（二）环保产业中的产权关系

环保可以挣钱，是以明确垃圾的所有权、处置权、收益权，即对垃圾资源进行产权界定为前提。由于环保产业的特殊性，这一界定必须坚守从事环保行业的个人或企业收益至少不低于社会平均收益的价值取向，如果有必要，甚至可以给予相应的政策扶持和一定的经济补贴，也就是政府在立法层面不仅要给予关注，并纳入政府顶层设计规划中，还要在技术和财政上给予倾斜，促进进一步提高回收利用水平和产品质量。依法建立边界清晰、城乡一体的生活垃圾统筹管理制度。理顺家庭、物业公司、居（村）委会、收运及处理企业、各级政府等不同责任主体之间的关系，坚持"污染者付费""多排放多付费""不分类多付费"原则，建立垃圾分类效果考核、利益传导和监督制衡机制，逐步实行按照垃圾排放量和分类效果差别进行收费的制度，即实行从量按质差异收费制度——按月收取固定费用的制度、按垃圾种类收费制度和按重量收费的制度这三种产权安排，改变我国生活垃圾收费基本采用以户为单位按固定费率收取的方式，激励居民和各类法人在源头减少垃圾产生并积极参与垃圾分类，在减少居民丢垃圾的数量的效果上越来越好，但其实施成本（即交易费

① 参见《澳大利亚的绿色畜牧业》，《甘肃农业》2017年4月。

② 参见林惠贞：《古巴生态农业启示录》，《农产品市场周刊》2014年5月22日。

用)也在不断提高。采用生产者责任延伸制和消费者责任延伸制,不仅对废弃物处理负责,也要对废弃物资源化负责,通过有效利用,至少能够产生替代原来产品的新产品。

这就需要通过立法去严格设置门槛,一方面让有一定资质的人来经营,因为这个行业、企业的发展会受到很多不可预见因素的影响;但由于行业的特殊性,一个小、众、散、缺乏核心竞争力的企业很难有大的作为,不是技术跟不上,就是资金跟不上,导致效益不好。据中国再生资源回收利用协会统计,截至2016 年 12 月,废弃资源综合利用率的企业挂牌指数为 69 家,其中与再生资源密切相关的就达到了 33 家。此外,很多上市公司也参与到重组、兼并,股权、私募基金、互联网金融等类型的机构出现。① 这些企业以垃圾资源化为源头,从“废品买卖型”向“环境服务型”转型,通过水、电、气等链接起来,向环境卫生领域延伸,将垃圾处理转变为资源、能源再生过程,实现减少资源消耗,降低环境压力;甚至有些企业参与建设固体废物综合利用和协同处置基地,为地方政府提供环境服务综合解决方案。

再生资源行业属于绿色、环保行业。已有的资料表明,每回收 1 吨废纸可造好纸 850 公斤,节省木材 300 公斤,比等量生产减少污染 74%;每回收 1 吨塑料饮料瓶可得 0. 7 吨二级原料;每回收 1 吨废钢铁可炼好钢 0. 9 吨,比用矿石冶炼节约成本 47%,减少空气污染 75%,减少 97%的水污染和固体废物。中国再生资源回收利用协会 2016 年再生资源产业 10 个主要品种回收量 2. 47 亿吨,回收值 5563 亿元,同比增长 5. 2%。② 中国再生资源回收利用协会主办的第四届“中国城市矿产博览会”暨中国国际环保固废、垃圾处理、再生资源博览会的展品范围包括生物质能源、废弃物处理、废水处理、废电器拆解技术

① 徐卫星:《再生资源回收利用市场回暖》,中国环境网,http://www.cenews.com.cn/qy/201705/t20170509_832350.html。

② 徐卫星:《再生资源回收利用市场回暖》,中国环境网,http://www.cenews.com.cn/qy/201705/t20170509_832350.html。

与设备,"互联网+回收"分类,塑料、废纺织品、废纸等回收再生利用技术,报废汽车拆解利用技术设备等。这意味着,中国在废弃物资源化和发展环保产业方面已展露可喜的迹象。但总体上,要使环保产业成为支柱产业仍任重而道远。中国是全球最大的资源消费国,但垃圾分类回收体系还没有形成产业体系,不仅规模小,还在一定程度上无序——黑灰色利益链条相互保护,甚至导致持有《危险废物经营许可证》的企业不能正常运营。此外,例如废纸回收率中国不到40%,而美国、日本等国均在60%以上;在垃圾分类、切割、包装等方面要比国产垃圾有序得多。

为了促进国内废弃物资源化水平的提高,固体废物回收利用行业的产业升级,提高工业绿色制造水平,大幅减少固体废物进口的品种与数量,2017年国家环境保护部、商务部、中国发展改革委、海关总署、质检总局把废纺织原料、废塑料等4类24种固体废物调入《禁止进口固体废物目录》。随着中国经济的持续增长,对纸、金属、橡胶、塑料等原材料的需求也在增长。解决原材料的来源,一是依靠新生的原材料,二是废弃物资源化再利用。例如,2016年消耗的纸浆中有4000万吨为国内废纸制浆,2400万吨为进口废纸制浆。而使废弃物资源化,需要有更多的人才、资金、技术投入废弃物回收利用中,即有更多职业垃圾回收人员、专业回收机构、专门回收运输物流体系和垃圾分类处理厂。进而,按照"布局优化、产业成链、物质循环"等要求,构建循环经济产业链,实现企业、产业间的循环链接,提高产业关联度和循环化程度。具体而言,一是将各种类别的固体废弃物产业相互链接,构成循环经济网络体系,实现更大范围的经济与环境的协调发展;二是加快城镇垃圾处理设施建设和垃圾填埋场生态化改造,农村生活垃圾集中收集处理基本实现全覆盖。①

建立回收网络体系、鼓励企业资源综合利用、引进先进设备和对技术进行深加工,提高资源利用率,减少二次浪费和二次污染。依托互联网,采取

① 《国务院关于印发循环经济发展战略及近期行动计划的通知》(国发〔2013〕5号),中央政府门户网,http://www.gov.cn/zwgk/2013-02/05/content_2327562.htm。

B2B、B2C 等商业模式——一条完整、共赢的价值链和技术解决方案——各类垃圾被加工成不同材料或产品销售给下游企业。个人收集来的垃圾既可投放到指定地点,也可寄送至回收中心;或企业和个人把垃圾按照标准化进行分类和整理,再由专业的公司进行运输处理。行业创新驱动包括"互联网+回收""互联网+垃圾分类""互联网+电商""互联网+供应链金融"等各种新型创新模式。①

案例一:唐山中再生资源开发有限公司的发展。唐山中再生资源开发有限公司主要经营废弃电器电子产品拆解加工、报废汽车拆解、废旧钢铁分拣加工、报废含汞荧光灯管回收处理、废旧塑料加工等项目。也就是说,该公司以再生资源回收网络为依托,以垃圾加工利用为核心,以垃圾无害化处理为手段,以技术创新和信息服务为动力,以打造再生资源行业品牌为目标,建成综合性再生资源回收利用基地。以汽车回收为例,按每辆汽车平均 1200 公斤计算,除了蓄电池等需要预处理的部件约为 100 公斤,剩余拆解后可回收的资源量均为 1100 公斤。按 2012 年末汽车报废量 240 万辆计算,蕴含的可回收资源量约为 264 万吨;其中钢铁占比约为 70%,高密度材料占比约为 5%(含不锈钢、黄铜、铜、锌等),低密度材料占比约为 25%(玻璃和轻金属)。汽车再制造零部件与制造新品相比,节材 70%以上,节能 60%以上,降低成本 50%左右,可使零部件的资源利用率提高到 90%左右。② 韩国报废汽车再利用率达到 95%,美国实现了 80%报废汽车的再使用、再利用、再制造与回收处置。除此之外,该公司还经营 ABS 再生料——丙烯腈、丁二烯、苯乙烯的合成塑料,丙烯腈、丁二烯、苯乙烯三种单体的接枝共聚合产物,是一种强度高、韧性

① 《以新商业模式化解环保与经济增长"两难博弈"》,新华网,http://www.xinhuanet.com/politics/2017-01/21/c_1120357881.htm。

② 伊佳:《废旧汽车处理市场潜力巨大》,《国际商报》2014 年 5 月 26 日。

好、综合性能优良的树脂，用途广泛，常用作工程塑料。

案例二：北京市朝阳循环经济产业园。该园是北京市唯一生活垃圾综合利用园区，也是处理垃圾种类最多、设施最齐全、技术最先进、环境最优美的园区，承担着北京市1/4的垃圾处理任务。除此之外，该园还发挥着普及垃圾处理和环境保护科普知识的功能，引导市民自觉参与到垃圾分类和发展循环经济的行动中来。在循环经济理念指引下，朝阳循环经济产业园凝炼出独特的循环经济模式——秉承着“零废弃、零填埋、零污染”的理念，以节水、节能、节材、资源综合利用为目标，建立了低能耗、低排放的物质和能量的内部和外部循环链条。① 具体而言，一是拥有生活垃圾综合处理厂、物资回收中心、餐厨垃圾菌剂生产车间、建筑垃圾处理厂，便于推进垃圾减量化、资源化和无害化处理；二是拥有填埋气发电并网、填埋气循环利用、雨水利用、电力综合利用、污水处理综合利用、余热利用等，集垃圾填埋、焚烧、餐厨垃圾资源化处理等设施技术于一体；三是拥有科研教育中心、环卫停车场等，集科研、环保、教育多功能于一体。

朝阳循环经济产业园高安屯建有大型生活垃圾卫生填埋场和现代化大型生活垃圾焚烧项目，还有餐厨垃圾处理厂和医疗废物处理厂。生活垃圾通过环卫车辆运输到高安屯焚烧厂焚烧发电，产生的电力输送到高安屯充电站为环卫车辆充电或焚烧发电产生的电力输送到华北电力网供应居民生产生活用电；把餐厨废弃物资源化处理后产生的渣送到焚烧发电厂焚烧；产生炉渣到建筑垃圾处理厂生产建筑材料——道路建筑原料用于市政道路和建筑物的原材料；医疗机构产生的医疗废物以及垃圾焚烧发电厂焚烧垃圾产生的炉渣送到高安屯卫生填埋场填埋，填埋场产生的填埋气所发的电用于渗沥液

① 《北京市朝阳循环经济产业园发展模式的探索与启示》，人民网，http://theory.people.com.cn/n1/2016/0802/c401815-28604241.html。

处理车间处理污水用电;产生的余热为园区设施生产生活供暖供热——将焚烧发电厂、医疗废物处理厂和沼气发电车间的发电余热通过地下供热管线为园区各单位的办公、生产和生活提供暖气和生活热水,满足每日热水所需能量;餐厨垃圾处理厂生产出的微生物肥料菌剂用于有机农业,形成了垃圾—有机肥—绿色食品这样一条绿色生态链;构成了设施间的无缝式链接。还有,卫生填埋场采用国际先进的生化加膜处理工艺,85%出水率中的25%达到国家水回用标准,其中近60%达到北京市水排放(DB11307-2005)标准。垃圾焚烧发电厂,采用中水作为发电系统的冷却水源,所发电除解决焚烧厂自身用电外,剩余电量全部并入国家电网。雨水利用工程,收集降落的雨水,经过处理后作为部分绿化用水或生产用水,减少了渗沥液产生量。尾气净化系统采用完全燃烧+活性炭吸附、脱硝等工艺,确保尾气排放符合国家和地方标准。

借鉴发达国家经验,在具备较好实施条件的行业,如快递、酒类等或废旧电池、日光灯管、过期药品等有害垃圾行业推行生产者责任延伸制度,从生产环节延伸到产品设计、流通消费、回收利用、废物处置等,将生产企业对其产品承担的资源环境责任扩展到全生命周期,强化生产企业对包装废物回收及处理的责任,促使生产企业自主回收和循环利用包装废物,或者缴纳专项基金,委托第三方专业企业进行回收利用或处理处置。

日本三重县废料巨头共和绿色环保产业株式会社用废塑料袋、塑料瓶等垃圾,经过再资源化技术特殊处理后成为大口径PE、PP塑料管道。实践与逻辑都表明,塑料管道替代水泥、铁铸、陶瓷管道是资源优化利用的大势趋。德国调查显示,废弃电子电器设备多数被回收或翻新。然而,有些信息没有按照欧盟WEEE指令(《报废电子电器设备指令》)进行披露,因为废弃电子产品多是由非正规途径或承包商处理,而不是应对产品整个生命周期负责的制造商进行回收或再利用——小企业多采用非正规途径进行处理,而大企业则主要通过外包即承包商途径处理,但很少有设备供应商自行处理废弃电子电器产品。

总而言之,不论是实践还是理论都表明,废物资源化是缓解资源短缺的有效途径。再生资源行业下游逐渐向上游延伸整合,实现环保与经济共同成长,也就是向“零废弃物”方向发展,不仅需要生态产业、环保产业深入人心,还需要相关的市场逐步发展,相关的科学技术研发能力得以提高以及政府与社会治理能力的提升。换言之,环保经济的发展离不开政府、市场、社会的共同努力,其中,政府提供的制度(尤其是法律制度)是基础和保证,相关的基础设施建设是前提;市场赋予环保事业经济价值,让每一个参与环保事业的个体或企业不仅能获得社会效益,还能获得直接的经济效益;社会则提供有关的伦理依据和支持。如校园出现的“绿色兑换”项目是以“绿芽”环保组织为依托的,通过用废旧报纸书籍或塑料瓶等换取绿色植物或其他生活中小商品的形式,让更多人投身其中,从而使“环保节约,低碳节能”的意识渗透到百姓的日常生活之中。

第七章　国际经济体系与全球资源争夺

经济全球化的过程,也就是资本"征服整个地球作为它的市场"的过程,是"把商品从一个地方转移到另一个地方所花费的时间缩减到最低限度"的过程,是资本"在空间上更加扩大市场,用时间去更多地消灭空间"的过程。①资本在开辟世界市场的同时,也把资本的内在矛盾推向了世界。伴随着通过不平等贸易、资本输出与产业转移,品牌链、产业链、金融链(通过虚拟资本掠夺,再购买发展中国家资源)、垃圾转移与走私等途径,不仅造成环境破坏、资源浪费,破坏了人与自然之间的生态循环;也造成全球贫富差距的扩大等——发达国家必然会把自己的富裕和发达建立在发展中国家的贫困和落后之上,不断制造着危机、冲突和灾难。换言之,资本的全球扩张通过"异己的力量"对民族国家、自然共同体和个人构成威胁。

一、资源全球配置的动因与历史

资本逻辑推动着全球化的生成发展。资本自我增值的内在本性,也就是

① 《马克思恩格斯文集》第 8 卷,人民出版社 2009 年版,第 169 页。

资本概念本身中已经包含“创造世界市场的趋势”，蕴含了世界市场的可能性与现实性——自身不断增值外化的直接产物是世界历史。而构成历史转向的内驱力是通过竞争、分工、交换以及世界市场的中介来实现的。这一进程中，资本不断生产“时间消灭空间”的物质条件——交通运输工具，出现在跨越空间上的时间越来越少的“时空压缩”现象，地球日益成为一个全球村落。资本“使未开化和半开化的国家从属于文明的国家，使农民的民族从属于资产阶级的民族，使东方从属于西方”。换言之，资本“按照自己的面貌为自己创造出一个世界”①。

（一）资本流动与传统国际秩序的形成

资本不断突破空间障碍，在实现价值增值中克服自身内在危机。这一过程，也就是资本全球化的过程。在这一全球化过程中，资本采用两种手段，一是通过殖民或军事手段打开新市场，在地理上开辟新市场；二是通过新技术创造新的供需结构，扩大市场内涵与规模，进而通过金融手段把原先分立的市场连为一体。因为空间的扩大不仅提供生产资料（原料产地）和商品销售市场，也获得大量的劳动力资源。资本全球化的发展史，可分为三个阶段。

第一个阶段，从英国的产业革命到19世纪末，是资本跨过国界，走出国门，“夺取新的市场”——“驱使资产阶级奔走于全球各地，他必须到处落户，到处开发，到处建立联系”。因15、16世纪航海大发现与新航路的开辟而带来的交通的便利，以及生产工具的改进，使得资本不断扩大产品销量，加速贸易的发展——不仅原料来自世界各地，“这些工业所加工的，已经不是本地的原料，而是来自极其遥远的地区的原料；它们的产品不仅供本国消费，而且同时供世界各地消费”②；就是劳动力也分布在世界各地，“现在纺纱工人可以住在英国，而织布工人却住在东印度，分工的规模已使大工业脱离了本国基地，完

① 《马克思恩格斯文集》第2卷，人民出版社2009年版，第36页。

② 《马克思恩格斯文集》第2卷，人民出版社2009年版，第35页。

全依赖于世界市场、国际交换和国际分工”①。英国经济学家威廉·斯坦利·杰文斯曾描述到,“北美和俄罗斯的平原是我们的玉米田;芝加哥和敖德萨是我们的谷仓;加拿大和波罗的海地区是我们的森林;澳大利亚相当于我们的牧场,而我们的牛群在南美……中国人为我们种植茶叶,而我们的咖啡、糖和香料种植园全在印度。西班牙和法国是我们的葡萄园,地中海是我们的果园”。值得一提的是,加利福尼亚金矿的发现,更将中东欧、中东和太平洋连接在一起,将非洲、中东、亚洲作为殖民地或半殖民地纳入资本主导的世界体系中。

资本开创的全球化,消灭了各国以往自然形成的闭关自守的状态——一旦产品作为商品和货币形式出现,就与它的生产过程的性质没有关系,也就是说,“不论这些产品是在奴隶制生产关系下生产的,还是封建制生产关系下(中国农民)生产的,还是公社(荷属东印度)生产的,还是(从前在俄罗斯历史上出现的以农奴制为基础的)国家生产的,还是半开化的狩猎民族生产的等等”②。有关系的,是这些产品是商品,突出的是价值,而不是使用价值;是市场作为世界市场而存在——世界市场既是国内市场的延伸,也是本国市场的构成部分。由此,原始封闭状态的各民族随着“日益完善的生产方式、交往以及因交往而自然形成的不同民族之间的分工消灭得越是彻底,历史也就越是成为世界历史”③。

这一阶段,主要是商品输出的形式而不是生产方式本身。商品生产的发展,主要是直接满足自己需要而只把多余产品转化为商品,进而“使产品的出售成为人们关心的主要事情……首先是使商品生产普遍化,然后使一切商品生产逐步转化为资本主义的商品生产”④。亚当·斯密在《国富论》中也提

① 《马克思恩格斯文集》第1卷,人民出版社2009年版,第627页。

② 马克思:《资本论》第2卷,人民出版社2004年版,第126页。

③ 《马克思恩格斯文集》第1卷,人民出版社2009年版,第541页。

④ 马克思:《资本论》第2卷,人民出版社2004年版,第43页。

出:人类追求财富的本性,使得劳动分工和市场规模不断扩大,财富不断增长和大量积累。大卫·李嘉图创立的比较优势理论——各国根据自己的要素禀赋,专业化分工生产出相对成本优势的产品,通过国际自由贸易,可以获得最有利的结果。但无论如何,这一阶段的资本扩张,带有血腥掠夺的色彩——既掠夺新的廉价劳动、土地和原料,也获得新的消费市场。但资本主义通过民族国家和国家间体系的框架在世界范围内迅猛发展。

第二阶段,从19世纪末到20世纪70年代,资本主义从自由竞争向垄断发展,即列宁所说的帝国主义阶段。列强已经将世界瓜分完,但通过战争相互争夺殖民地——两次世界大战所带来的市场空间。在技术革新、二次世界大战等的影响下,资本主义内部财富重新活跃起来。跨国公司充分利用全球资源的比较优势,在世界范围内寻找最低的人力成本、最优惠的税收政策,进而最大化利益。资本塑造了一个同质化的全球空间,它使得卷入资本生产和流通过程的一切元素,无论是土地、空间、矿产等自然物质资源还是劳动主体本身,都作为资本而存在。以美国为主导建立起国际货币基金组织(IMF)、关贸总协定(GATT)、世界银行等国际组织,为资本主义国家间的资本融合创造了条件。全球的资本流动,实乃发达国家的资本流动。正如荷兰经济学家维姆·迪尔克森斯和西班牙学者安德烈斯·皮克拉斯所言:资本的扩张建立在每一时期剩余资本的再投资基础上——获得让一部分产生出来的剩余资本进行有利可图的再投资的机会。①

生活于这个时代的马克思主义者,罗莎·卢森堡在《资本的积累》(1912年)一书中认为:资本主义从一开始就靠——也必须靠——向周围的非资本主义空间不断扩张来生存:一旦资本主义用光了向外扩张的空间,就会不可避免地产生最后的危机②;列宁在《帝国主义:资本主义的最高阶段》则侧重于资

---

① 参见鲁道夫·克雷斯波:《资本主义结构性危机不可能解决》,新华网,http://www.xinhuanet.com/world/2016-03/01/c_128765857.htm。

② 杨国亮:《经济全球化、新自由主义与资本主义危机》,《甘肃社会科学》2012年第6期。

本主义列强控制弱国，即资本凭借其强大的经济力量把其触角伸向世界的每个角落，加强了对落后国家的资源、劳动力等的剥夺——摧毁封建等级制度、改变原有的阶级关系等，打破了原有民族国家及其地域的界限——资本的全球扩张使得“新发现的土地被殖民化”，使得殖民地成为宗主国过剩产品的消费市场和资本的增值空间，许多先前的非资本主义地区宣布实行资本主义，资本主义被合法化、被精心培植起来，重构了世界地理版图，形成了中心国和边缘地的地理格局。马克思曾指出，“大工业不是在一切地域都达到了同样的发展水平……大工业发达的国家也影响着或多或少非工业的国家，因为非工业国家由于世界交往而被卷入普遍竞争的斗争中。”①马克思指出，英国在印度“一个是破坏”，即消灭旧的亚洲式的社会；“另一个是重建”②，即在亚洲为西方式的社会奠定物质基础。然而，“现在的所有制关系是一些国家剥削另一些国家的条件”。这一条件逐渐成为“资产阶级的工业和商业正为新世界创造这些物质条件，正像地质变革创造了地球表层一样”③。资本主义世界体系200年来得到了发展，使它在时间和空间上均得以扩张。

从20世纪70年代至今，资本扩张的第三个阶段，是全球化深入发展时期，将资本的扩张推向新的高潮。资本主义体系在榨取剩余价值上的方式方法不同，但决定价值量的一定是技术最为发达的地区——“资本主义生产方式的独特性质是把现有的资本价值用作最大可能地增值这个价值的手段。它用来达到这个目的的方法包含着，降低利润率、使现有资本贬值，靠牺牲已经生产出来的生产力来发展劳动生产力”④。当代资本主义普遍采取“重消费、轻生产”的发展模式。世界金融资本国家已经形成了一个新的金融资本核心。在资本流动自由化和金融市场进一步整合之后，巨大经济体融入经济全

① 《马克思恩格斯文集》第1卷，人民出版社2009年版，第567页。

② 《马克思恩格斯文集》第2卷，人民出版社2009年版，第686页。

③ 《马克思恩格斯选集》第2卷，人民出版社2009年版，第691页。

④ 马克思：《资本论》第3卷，人民出版社2004年版，第278页。

球化，不仅改变了全球经济体系的基本结构，而且各国经济尤其是产业体系高度绞合，国际分工合作冲破地理国界和政治国界，不仅经济行为普遍跨越国界，而且经济主体的组织形态跨越国籍，跨国公司以及全球产业链是经济全球化的重要载体和实现形式。①

新殖民方式——跨国公司，作为一种更有力却隐而不彰的存在，串联起强权国家、资源国家与资源消费国之间的关系——打着自由（掠夺资源的自由，在资本世界中，资本所有者与劳动力所有者在法律面前是平等的、自由的）的旗号，继续掠夺资源。在争夺资源这个问题上，航道、粮食、土地、水源、矿产、能源等资源争夺始终是人类最为直接的动力。通过对资源的这种掠夺，资本不仅将逐利的本性发展到世界，而且还将其生产关系扩展到全球。

1993 年，美国政治学家塞缪尔·亨廷顿在美国《外交》杂志上发表《文明的冲突》一文认为，当今的世界，冲突的基本根源是文化方面的差异，而不是意识形态；是西方文明、中华文明、伊斯兰文明、东正教文明等决定世界的格局。事实并非如此，当今世界的冲突根源仍是资本的冲突，即文明的背后是资本在起作用。生产关系的物化和生产关系对生产当事人独立化时，“这些联系由于世界市场、世界市场行情、市场价格的变动、信用的期限、工商业的周期，繁荣和危机的交替，会以怎样的方式对当事人表现为压倒的、不可抗拒的统治他们的自然规律，并且在他们面前作为盲目的必然性发挥作用。”②已经有越来越多的非西方国家实现了现代化，而实现之后又都反对西方价值而复兴本土文化，实现自我伸张。

在当代，财富在资本与劳动之间分配不公正等问题依然存在。资本以股票、债券等形式掩盖了资产阶级对巨额社会财富的占有，掩盖了雇工与资本所有者的不平等地位；以体系化的管理形式极大地提升劳动者的劳动强度，掩盖

① 金碚：《论经济全球化 3.0 时代——兼论“一带一路”的互通观念》，《中国工业经济》2016 年 1 月。

② 马克思：《资本论》第 3 卷，人民出版社 2004 年版，第 941 页。

了剥削程度;以工会与企业关于工资和劳动条件的谈判,掩盖了整个资产阶级对整个工人阶级残酷剥削的事实;以向落后国家和地区转移企业、劳务和资本获取超额利润等方式,掩盖发达国家工人阶级与资产阶级的矛盾。

然而,资本除了剩余价值,也极大地推动了社会生产力的发展。现在以互联网、大数据等为代表的科技的发展,使得整个人类社会的历史更明显地呈现出“世界历史”的特征。正如习近平总书记指出,“纵观世界文明史,人类先后经历了农业革命、工业革命、信息革命。每一次产业技术革命,都给人类生产生活带来巨大而深刻的影响。现在,以互联网为代表的信息技术日新月异,引领了社会生产新变革,创造了人类生活新空间,拓展了国家治理新领域,极大提高了人类认识世界、改造世界的能力。互联网让世界变成了‘鸡犬之声相闻’的地球村,相隔万里的人们不再‘老死不相往来’。可以说,世界因互联网而更多彩,生活因互联网而更丰富。”①

（二）资本主导下的全球资源配置形式

资本全球化,形成了以资本为主导的国际秩序。换言之,在资本主导的世界中,以发达国家为主导,不发达国家为附庸的一种国际关系。虽然各个国家因意识形态、历史纠纷或治理体系的差异形成了各种区域一体化的国际集团,但这些集团仍以世界主要大国为主导,建立了以联合国、国际货币基金组织、世界银行、世贸组织等国际机构,并以这些机构为框架构成国际经济政治秩序。这些国家政府间的机构的投票权是按经济实力分配的——二十世纪末,美国、日本、英国、加拿大、法国、德国、意大利控制了国际货币基金组织中约一半的表决权,广大发展中国家所占份额很小。由关贸总协定转化而来的世界贸易组织以150多个国家和地区政府的共同协议为基础,管理世界贸易、国际投资、知识产权和服务贸易等领域。然而,这一管理并没有改变以霸权主义、

---

① 习近平:《在第二届世界互联网大会开幕式上的讲话》,新华网,http://www.xinhuanet.com/world/2015-12/16/c_1117481089.htm。

强权政治和剥削掠夺为基本特征的本性——由形式上的平等所代替,即生产体系中国际分工的不合理、不等价的贸易体系交换、不平等的国际金融体系地位,以及技术转让中的控制与被控制的关系等,维护国际垄断资本的剥削。

资本主导的国际经济秩序以及产生服务于它们的新自由主义的传播,使得西方国家的现代化道路被标榜为任何国家现代化的唯一道路,其霸权行径引发了一系列的民族矛盾、宗教矛盾、难民问题、暴恐袭击等国内国际冲突。由资本逻辑带来且主导的国际秩序,并不是人们所想要的,而恰恰招致人们之间形式上平等但实质上的两极分化。在竞争中,一些生产者因占有的生产资料以及由此带来的先进技术,使得劳动生产率不断提高;在此基础上的国家也出现此类的马太效应。也就是说,资本全球化这把"双刃剑"加剧了那些落后、受损者的痛苦和代价。

1. 资本输出与产业转移。已经资本化的剩余价值到处寻找增值空间,保证它能够"按照资本主义生产过程的'健康的、正常的'发展所需要的剥削程度来剥削劳动"①。也就是说,由于资本的本性,过剩的资本宁可"输出国外,输出到落后的国家去",也"不会用来提高本国民众的生活水平(因为这样会降低资本家的利润)"。② 商品输出是资本主义国家占领世界市场和对殖民地、附属国进行交换的一种初期的最重要手段。19 世纪末 20 世纪初,资本主义进入到垄断阶段,资本输出则成为一种掠夺资源与财富的主要方式。

早期资本积累,追求更多的利润,主要在地理空间——夺取新的市场,资本扩张是帝国主义殖民,一种赤裸裸的地理空间扩张:既掠夺新的廉价劳动、土地和原料,也获得新的消费市场。具体而言,从第一次工业革命到 19 世纪末,殖民地或落后国家成为资源(包括廉价劳动力)供应地和商品倾销市场,而 20 世纪以来,则添加一项,即成为转移高消耗、高污染的落后产能的首选地,以及堆放或填埋各种科技和产业废弃物的垃圾场。当地理空间被瓜分完

① 《马克思恩格斯文集》第 7 卷,人民出版社 2009 年版,第 284 页。

② 列宁:《帝国主义是资本主义的最高阶段》,人民出版社 2001 年版,第 54 页。

毕，资本开始深挖市场空间和技术空间，并力图通过技术空间探求新的市场空间。

资本输出有两种方式，借贷资本输出和生产资本输出，即向其他国家投资或贷款。借贷资本，对外国政府或私人企业提供贷款（这往往有附加种种条件，如前提是购买它的商品），或是购买国外的证券、股票等所进行的间接投资。这就是说，借贷资本是“要从一头牛身上剥下两张皮来”①：一是从贷款取得的利息，二是在强迫债务国用同一笔贷款来购买他们的商品时取得的垄断高额利润。两次世界大战后，跨国公司成为资本输出的重要载体。跨国公司在国外直接兴办各类企业，从事生产经营活动——在当地购买原材料和劳动力进行生产，就地销售，以取得垄断高额利润——“利润很高的，因为那里地价低，原料也便宜”。②

产业转移是资本运动的一种方式。随着资本、劳动力、技术这些生产要素流动受限，企业生产成本上升，获得收益减少。换言之，因利益最大化的需要，原地的土地、水、电等其他生产要素成本增加，资本、技术等要素与它们结合的难度增大；或是区域之间的贸易壁垒，市场扩张受阻；而落后国家或地区不仅因其土地、水、电等便宜，而且劳动力、原材料也便宜，而且也有潜在的庞大市场，即比较优势的存在——“不同国家在同一劳动时间内所生产的同种商品的不同量……货币的相对价值在资本主义生产方式较发达的国家里，比在资本主义生产方式不太发达的国家里要小。”③

亚当·斯密在《国民财富的性质和原因》中提出“比较优势”原理（那时的产业层次比较低、产业比较粗糙，科学技术还不是至关重要的因素），各国、地区的要素资源禀赋不同，发达国家凭借技术和财力优势，把一些重化工等高碳产业，即污染型产业或自然资源依赖型，不断通过国际投资贸易渠道向发展中

---

① 列宁：《列宁全集》第27卷，人民出版社2012年版，第406页。

② 列宁：《帝国主义是资本主义的最高阶段》，人民出版社2001年版，第54页。

③ 马克思：《资本论》第1卷，人民出版社2004年版，第645页。

国家转移,进一步恶化发展中国家的发展环境。除此之外,西方资本主义国家推行文化霸权主义,宣扬西方文明优越论,利用网络、影视、书籍等一切手段向其他国家进行思想文化扩张,享乐主义、拜金主义等腐朽思想动摇民众的信仰基础。简言之,伴随全球化而来的,是一系列全球性问题的出现,如环境污染、能源危机、生态失衡、恐怖主义、吸毒贩毒、人口老龄化等;在财产、教育、医疗、卫生等方面,社会中的一部分与另外一部分的差距也在扩大。

下一步扩张是向社会空间寻求——"更加彻底地利用旧的市场"①。资本生产唯有不断向广度、深度挺进,才得以生存。从以自然资源和廉价劳动力为主导,转化为电子信息技术和智力资源成为取得竞争优势的重要支撑,即国际资本集团通过技术控制了全球的资源、资本、贸易、信息;换言之,国际资本在地球的每一个角落布下生产的网络。从而,国际资本控制生产和消费,进一步加深了世界的资本痕迹。德国人博克斯贝格指出,"现在的金融体系及其自由化会使那些已经享有特权并且主宰世界经济的国家受益。代价却由发展中国家,特别是由它们当中最穷的国家承担"。②

2. 通过"三链"加剧资源掠夺。以殖民地、半殖民地和附属国为基础和支撑——原材料供应基地和工业品销售市场的殖民主义体系,使得这些资本主义国家率先进入发达阶段。进而,依靠高新科技、金融资本、创新人才、高端服务、经营管理等方面的现代化实力和比较优势,这些国家走生产全球化的资本扩张型发展道路。换言之,经济全球化带来产业的转移和资本、技术等生产要素的流动,进一步向发达国家聚集,加剧了发展中国家之间、发达国家之间、发达国家与发展中国家之间的资源争夺。世界产品和资源的定价权掌握在西方国家手里。在这一过程中,发达国家主要通过价值链、金融链和产业链变相掠夺发展中国家的资源(包括自然资源和人类

① 《马克思恩格斯选集》第1卷,人民出版社1995年版,第278页。

② [德]格拉德·博克斯贝格著,胡善君等译:《全球化的十大谎言》,新华出版社2000年版。

自身资源）。

“链”，就其本意是系统各个要素相互依存、相互补充、相互促进，终端反作用于始点，不断推动事物螺旋式上升。价值链将产品的名称、包装、传播、管理等多个环节的价值进行系统的链接，通过资本营运盘活做大，即将其凸显、放大、强化，延伸和辐射开去打造其影响力和知名度，从中获取垄断利润。金融链是向发展中国家或其企业提供源源不断的资本保障，特别是通过虚拟经济的扩张，加强掠夺发展中国家的各类资源。产业链是通过核心技术，将链条中的核心环节掌握在自己手中，而其他环节则成为支配资源的必不可少的程序。

一是价值链。价值链是一种基于产品生产工序的新的分工形式，是对企业活动包括内部后勤、生产作业、外部后勤、市场和销售、服务等；辅助活动包括采购、技术开发、人力资源管理和企业基础设施等；或针对产品生产中的生产工序、或区段或零部件进行分工，将生产过程空间分散化；既可以在企业内部进行，也可以在企业间进行这些相互关联的生产经营活动，构成了一个创造价值的动态过程。① 换言之，以生产工序为单位，通过不同生产工序的大规模空间分离来追逐低成本优势，实现从产品间的分工到产品内分工的发展。企业所创造的价值，主要来自价值链上的某些特定的价值活动——“战略环节”（可以是产品开发、工艺设计等生产过程的前端，也可以是市场营销等生产过程的后端，也可能是生产过程的信息技术或认识管理等等——企业在竞争中的优势）。而这，还离不开一是交通运输业的发展缩短资本的周转时间，减少资本的周转费用；二是信息技术发展在通讯协调等方面提供关键性支撑。各国按照比较优势和绝对优势进行生产和交换，在全球追逐不同的资源禀赋和比较优势，越来越多的国家和地区都会以不同的心态进入这种新型国际分工体系，就形成了全球价值链分工。换言之，全球价值链是基于资源全球化配

① 崔向阳等：《马克思的价值链分工思想与我国国家价值链的构建》，《经济学家》2014 年 12 月。

置,是一种跨国性的全球性生产链条或体系。

跨国公司是价值链主要的领导力量和主要驱动力。国际分工从产品间分工发展到产品内的价值链分工,相当大一部分价值链分工是在跨国公司内部进行的。起初是以福特制生产组织形式出现,即以市场为导向,以分工与专业化为基础,大规模生产、垂直型组织、刚性生产、生产者决定论、寡头垄断型的刚性生产模式。20 世纪 70 年代以后,逐渐出现后福特制,产业也由纵向分工向水平分工转变,即以满足个性化需求为目的,信息和通信技术为基础,生产过程和劳动关系具有灵活性,大规模定制、水平化组织、消费者主权论、弹性生产、竞合型市场结构的“持续创新+敏捷制造”和“专业化+网络化”为特征的柔性生产模式。处在价值链的同一环节的企业是互相竞争的,劳动生产率高的企业也可以获得国际超额利润。该模式在 20 世纪 90 年代后成为主流。

全球价值链,就是跨国公司将产品设计、原材料采集、零部件生产、组装、销售、售后等各个环节,分散至全球不同国家进行,按照各国的要素禀赋和比较优势,工序在全球进行资源配置,实现利润最大化。具体而言,价值链的上游环节包括材料供应、产品开发和产品生产运行;下游环节包括成品分运、市场营销和售后服务;其中心是顾客和销售渠道。战略环节要紧紧控制在企业内部,很多非战略性的活动则可以以合同的方式承包出去,尽量利用市场合作以降低成本。如果跨国公司的优势在于价值链的上游环节则应当采用全球策略,如果优势来自下游环节则应当采取地区性的产品策略。全球价值链可以使得企业在全球进行资源的优化配置,提高企业利润。每个国家都通过融入全球价值链以期获得部分附加值。发达国家通过控制价值链的战略环节(起初是生产资本输出,当今往往是核心技术)来获得从其他环节转移的超额利润。当今世界仍是少数发达国家依靠科技和资本优势企图继续控制世界。

二是金融链。金融链由资金投入链、资金运营链、资金回笼链三个链条组成:现金—资产—增值现金的循环,企业维持运转,保持良性的不断运转。金融链是把产品从供应商即时且有效率的运送给厂商与消费者,将物流配送、库存管理、订单处理等资讯流,将企业各个业务环节的信息化孤岛连接在一起,使得各种业务和信息能够实现集成和共享——企业将内部经营所有的业务单元如订单、采购、库存、计划、生产、质量、运输、市场、销售、服务等以及相应的财务活动、人事管理均纳入同一条链中进行统筹管理。

从原材料推到产成品、市场,推至客户端,企业管理进入了以客户及客户满意度为中心的管理。金融资本取代产业资本占统治地位,金融业务占据核心地位。拥有强大垄断势力的大型企业,掌握了上游核心生产要素资源,控制了某一行业的生产、销售各个环节,能够取得价值链的主要增值利益。这类国家价值链主要存在于电力、石油、烟草、通信、交通、能源等产业。① 在新型分工格局中,国家或地区国际分工通过由劳动密集型产业结构向资本密集型产业结构转变、由产业链的底端(上游)向产业链的高端迈进、由承担技术含量低的工序转向技术含量高的工序,不断提升本国或地区产品的技术附加值,从而获取可观的增加值,并形成良性循环机制。发达国家凭借积累的技术上的优势承担下游产品生产,将低端、高污染或上游产品转移给发展中国家;发达国家包揽高技术、高附加值等处于价值链高端的环节,将低技术含量、低附加值的产品生产、组装环节外包给发展中国家。

以美国为代表的发达国家通过掌控高技术或资本密集型产业的技术研发和服务,建立一种非竞争型的国际垂直分工体系,将劳动密集型和低附加值的生产环节转移到发展中国家,通过跨国公司的大量生产资本输出和产品制造环节的国际转移,使一批发展中国家被锁定在全球化生产技术链和价值链的低端。发展中国家则通过引进国外生产投资,利用本国丰富的自然资源和人

① 崔向阳、崇燕:《马克思的价值链分工思想与我国国家价值链的构建》,《经济学家》2014年第12期。

力资源,承接发达国家生产制造物质产品的基本环节和中心功能。[①] 国际市场存在自由竞争,商品价值转化为生产价格时,利润转化为平均利润,剩余价值会再分配,从有机构成高的部门流向有机构成率低的部门。低的工资水平同样导致高剩余价值在贸易中剩余价值流向富国。发达国家资产阶级凭借在知识技术上的领先优势,以及对核心技术的控制,通过垄断价格获得垄断利润,进一步剥削穷国。少数发达国家对国际贸易的垄断,使这些发达国家的垄断组织能以垄断高价销售工业品攫取高额利润。

金融链本来是服务于实体经济发展的。然而,一旦这一链条独立于实物经济(即钱直接生钱),且金融衍生工具的发展,容易带来局部地区乃至全球的金融危机,对地区甚至全球经济造成冲击——1998 年的亚洲金融危机以及 2008 年全球的金融危机,都造成了一些国家经济增长的中断。这源于虚拟经济扭曲资源配置方式,阻碍实物经济的发展。投资于股市、汇市等的资本高回报率,使得实体经济的大量资本流出。而这一流出一是导致利率大幅上升,使实体经济的融资成本过高;二是股市、汇市等的高收益又从实体经济中抽走大批人才,使之因人力资源短缺,成本进一步提高,于是,生产成本的过度膨胀降低实物经济的国际竞争能力,而出口则急剧下降,使国际收支状况恶化。在这一过程中,一是虚拟经济的繁荣扭曲人们的正常消费行为,出现的过度消费引致进口产品大量增加;二是不能实现充分就业,经济增长放慢、中断或陷入困境,加剧社会贫富两极分化,引致一系列的社会问题,出现政治动荡。实践中,因实体经济产出成本增高,发展缓慢、市场竞争力减弱等出现的问题不在少数,如"智利奇迹"、东南亚印尼政局持续不稳和韩国大宇破产等。

三是产业链。产业链是各个产业部门之间基于一定的技术经济关联,并依据特定的时空布局关系和逻辑关系形成的链条式关联形态,在价值链、企业

---

① 林世昌:《新世纪世界经济的新特征与时代和平发展的新道路》,《求实》2010 年第 10 期。

链、供需链和空间链四个维度对接中形成的。企业以满足市场需求为导向,引进创新资源,用国际要素来创新资源配置;通过价值链融入全球产业链体系,参与国际分工。通过要素整合、研发创造、商品化、社会效用化四个环节的创造性活动将相关的创新参与主体连接起来,即以实现知识的经济化功能链节结构模式。其中,要素整合是培养、调动以及整合人员、资金、设备、信息和知识储备等,形成成套的科研力量乃至体系。

跨国公司以前沿科学和先导技术一体化的高科技产业化发展为先导,通过科技研发、生产设施、营销服务、组织管理的国际投资,使社会生产过程综合集成为一种以直接生产过程各个环节的网络化国际分工协作为基础,科技研发和生产服务中心地区与生产制造中心地区相互分离的、以知识经济为主导的新型现代化组织形态和发展方式。在这一系列的过程中,各个国家以不平等的方式共享全球的物质和文化财富,其中资本拥有国不仅控制着生产资料,而且制定着财富的分配规则,为资本家生产性地和创造性地占有财富。①

发达国家通过技术、资本、秘方以及经营管理经验等的垄断来掌握市场力量,而取得国际超额垄断利润;通过不平等的国际经济秩序,控制国际经济事务、实施各种贸易壁垒,获得竞争优势。如在国际援助中附加各种政治经济条款,或在国际贸易纠纷中取得贸易谈判的优势,实施贸易壁垒或更难控制的技术壁垒,使部分发展中国家具有绝对优势的出口产品价值难以在国际贸易中得到实现。例如,在一些发展中国家具有绝对优势的劳动密集型产业,在竞争中具有成本优势,可发达国家通过各种贸易壁垒,损害穷国利益,保护本国产品的竞争力。

全球产业链是一种金字塔型的全球生产组织体系和一体化再生产循环系统。该系统以主权国家为单位,通过市场、资本、科技力量进行多渠道、多形式和多层次合作与结合,使得各国相互依存、相互交融、相互制约,世界逐渐成为

① 参见林世昌:《新世纪世界经济的新特征与时代和平发展的新道路》,《求实》2010 年第 10 期。

一体化综合集成系统，形成一种在纵向上表现为产业技术等级“高—中—低”梯层构成的结构组合，在横向上呈现出产业生产过程“中心—外围—边缘”功能空间区域分布的结构组合。这种结构进一步优化了生产要素全球配置方式，继续推动高新技术创新与产业化创新一体化及提高发展的成效，而且直接决定着一个国家各种生产要素配置优化的成效，决定着一个国家对各种国际条件综合运用和比较优势发挥的成效。高新技术创新及其产业化的发展程度，直接决定着一个国家的国际竞争能力高低和在世界经济体系结构中的地位和作用。

总之，资源在一国范围内配置发展到在国际空间配置，从国内生产的价值链系统转变为全球价值链的组织体系，以新的世界产业技术链与全球价值链的有机结合，经济的快速发展从自然资源的开发利用为主到人的智力资源的开发和发展，从自动化生产为主到智能化生产为主，经济全球化发展的约束条件、约束规制和约束轨迹也都发生了变化。这正是，“如果说资本主义生产方式是发展物质生产力并且创造同这种生产力相适应的世界市场的历史手段，那么，这种生产方式同时也是它的这个历史任务和同它相适应的社会生产关系之间的经常的矛盾”。①

3. 垃圾转移与走私。当今世界，发达国家的生态环境比发展中国家好，较发达地区比不发达地区好，发达国家（或地区）转嫁生态环境问题给发展中国家（或地区）。换言之，发达国家的“绿”，是以发展中国家的“黑”换来的。发达国家将重污染工业转到发展中国家，是以合资的名义转嫁环境污染。1992 年 2 月 8 日英国《经济学家》杂志以《让他们吃下污染》为题指出，世界银行应该鼓励更多的污染企业迁往欠发达国家，向低收入国家倾倒大量有毒废料，“为世界资本的积累创造适合条件”。有些被国外淘汰的严重污染环境的产品及相应技术和设备，通过投资方式转移到发展中国家。这在

① 马克思：《资本论》第 3 卷，人民出版社 2004 年版，第 279 页。

某种意义上，发展中国家不仅在起初是发达国家的原料产地、劳动力供应地和商品的销售市场，还是其废弃物堆放地、处理地和危险品的消散地。资本就是这样的逻辑。

美国在国际产业分工中处于上游位置，把很多高污染、高能耗的落后产能转移到发展中国家。发展中国家在消耗了自身资源、污染了自身环境后，将产品出口到美国，供美国人消费。美国众议院通过了一项征收进口产品“边境调节关税”的法案（即“碳关税”），即对进口的排放密集型产品，如铝、钢铁、水泥和一些化工产品征收特别的二氧化碳排放关税。这一体系下，美国出台“碳关税”让发展中国家承担环境污染与生态破坏，使发展中国家的部分产品成本抬高。“碳关税”的出台，是美国严重违背《京都议定书》主张“共同但有区别责任”的原则。

经济利益催生各种逐利行为，威胁到生存环境。有些企业直接就从事危险废物的进出口贸易，或以资源再生利用的名义（如资源再生公司），直接从事进口危险废物的资源化等业务，比如拆解、加工废旧塑料、废旧电器等，洋垃圾被深度“开发”——废弃针筒、输液管以普通废旧塑料的名义，通过重新清洗包装上市销售；含有各类有色金属的矿渣，可以重新冶炼纯度产品……这是有毒废弃物越境转移的一种方式，对生态环境造成了难以挽回的破坏。

电子垃圾成为继化工、冶金、造纸、印染等废弃物污染后的新一类环境污染物。全球电子垃圾已经形成一个比较完整的产业链。2011 年 30 多家环保组织联合发布的《2010 IT 品牌供应链重金属污染调研》报告显示，苹果、三星、惠普等外资 IT 企业重金属污染问题异常突出，给当地河流、土壤和近海造成了严重的重金属污染。发达国家的居民越来越多地使用电子设备，根据绿色和平组织的估计，欧洲及美国超过一半的电子垃圾被大量倾倒在印度、中国和非洲国家。根据央视报道，某些发达国家自己处理电子垃圾每吨高达约 400 至 1000 美元，但走私到中国仅需 100 元。美国的相关政策就一直限制电子废弃物在其本土处理,且其处理技术并不发达。除此之外,进口商对这些电子垃圾稍加处理后还能再卖一笔钱。不容置疑,这是有关企业以相对较低的成本获取所需资源的一种方式,地方政府也可从中获得一定的财政收入,并解决一部分人的就业问题,但其对生态环境造成的灾难和对民众身体造成的伤害根本无法用金钱来计算。

现阶段,中国是世界垃圾进口最大的国家,每年进口的垃圾约占全球贸易量的56%。英国的《每日电讯报》曾报道,从中国到英国的集装箱货船通常载满各种生活消费品,而返回时则往往装满英国的废旧物品和回收垃圾。20世纪80年代,为缓解原料不足,我国从境外进口具有较高回收利用价值的固体废物。进口废塑料可以节约石油,进口废纸可以节约纸浆,进口废旧金属可以节约矿石。据媒体报道,1993年9月,韩国7家公司以“其他燃料油”名义,将1228吨废旧物由韩国运抵南京港,船上装的全都是污水、腐蚀性液体等化工废弃物;1995年6月,从德国进口678吨货物运抵江西,名称为进口废塑料,经海关人员开箱检查,发现箱中全是食品袋、饭盒、饮料罐等生活废弃物;同年7月,上海宝山海关查获从日本进口的46吨名为回收塑料,实为废弃农用薄膜的洋垃圾。据2007年1月24日《上海证券报》报道,2003年中国塑料垃圾、废铁、废纸的进口量分别为1990年的125倍、50倍和21倍。2007年1月22日《工人日报》曾报道过广东省佛山市南海区大沥镇的一个村庄受洋垃圾毒害的消息——“被垃圾污染的土地和水100年都恢复不了。”据美国国际贸易委员会的数据,自2000年至2011年,中国从美国进口的垃圾废品交易额从最初的7.4亿美元飙升到115.4亿美元,2011年占中国从美国进口贸易总额的11.1%,仅次于农作物、电脑和电子产品、化学品和运输设备;还据《每日电讯报》报道,英国仅在2012年,就有17个集装箱的生活垃圾从英国运往包括中国在内的远东国家。①

---

① 《中国已沦为世界垃圾场之说绝非危言耸听》,环球网,http://world.huanqiu.com/hot/2015-01/5349549.html。

根据《中国造纸工业年度报告》，我国即使2016年进口废纸量较2015年下降，但依然有24%的纸浆由进口废纸制浆。2016年仅进口的废弃塑料就高达730万吨，总值约合250亿元人民币。全球每年产生5亿多吨电子垃圾，其中也有70%以上进入中国。[①] 然而，中国在2017年出台的《禁止洋垃圾入境推进固体废物进口管理制度改革实施方案》提出，于2017年底，禁止进口环境危害大、群众反映强烈的固体废物；2019年底逐步停止进口国内资源可以替代的固体废物。这是在新时期新形势下一项推动形成绿色发展方式和生活方式、保护生态环境安全和人民群众身体健康的改革。

简言之，迄今为止的全球化推进没有缓解全球人口、资源、环境和发展的矛盾——地球空间越来越小，“资本力求用时间去更多地消灭空间”；人类文明的发展、生活水平的提高、需要的满足则呈现出越来越“末日”的景象。马克思在《政治经济学批判》序言中指出，资本主义“在它所能容纳的全部生产力发挥出来以前，是决不会灭亡的”[②]。然而，资本主义灭亡的过程，也是“孕育着的新社会因素”的过程，也是在为共产主义创造条件——共产主义是以“生产力的普遍发展”（社会财富的充分涌流）和与此相联系的“世界交往”为前提的；共产主义“只有作为‘世界历史性的存在’才有可能实现”[③]。

二、追求全球资源配置的新秩序

马克思指出，“资产阶级日甚一日地消灭生产资料、财产和人口的分散状态。它使人口密集起来，使生产资料集中起来，使财产聚集在少数人的手里。由此必然产生的结果就是政治的集中。”[④]不公正的国家经济政治秩序，有其

---

① 《这30多年的黑色产业链　中国终于要痛下杀手了》，中国青年网，http://news.youth.cn/gn/201707/t20170730_10403854.htm。

② 《马克思恩格斯文集》第2卷，人民出版社2009年版，第592页。

③ 《马克思恩格斯文集》第1卷，人民出版社2009年版，第539页。

④ 《马克思恩格斯选集》第2卷，人民出版社2012年版，第405页。

存在的根据;新的公正的国际经济政治秩序,也有产生的条件。历史唯物主义认为,新的生产力和生产关系,是在"既有的生产发展过程内部和流传下来的、传统的所有制关系内部,并且与它们相对立而发展起来的"①;而不是无中生有,也不是从自己产生自己的那种观念的母胎中催生出来的。也就是说,新的国际秩序,必然是在已有的国际秩序中孕育、发展,直到其存在的客观物质条件成熟而出现。当今世界虽仍是资本主导的世界,但世界各国经济日益紧密相连、相互依存,成为"你中有我,我中有你"的一种状况,各发展中国家追求平等相待的双赢、共赢的国际关系——"对话而不对抗,结伴而不结盟"的国与国关系的新路,实现可持续发展。

(一)探索新的国际资源配置路径

新的国际经济政治秩序,也就是世界各国不分大小、不分民族种族、不分强弱,其主权平等,不受侵犯,共同发展的世界秩序。人类在经历两次世界大战之后,努力建立一个新的世界秩序。这始于联合国的成立。

于 1945 年成立的联合国,努力促进各国在国际法、国际安全、经济发展、社会进步、人权及实现世界和平方面的合作;发展以尊重人民平等权利及自决原则为根据之友好国际关系,以解决国际间的经济、社会、文化等人类福利之国际问题,增进并激励对于全体人类之人权及基本自由之尊重,以及其他适当办法,以增强普遍和平。1974 年 5 月 1 日联合国大会第 3201(S-VI)号决议《建立新的国际经济秩序宣言》(联合国大会第 2229 次会议通过)——该国际经济新秩序,建立在一切国家(不考虑经济制度和社会制度)待遇公平、主权平等、互相依存、共同受益以及协力合作的基础之上。

1987 年世界环境与发展委员会在《我们共同的未来》中提出,人类应着力可持续发展——"既满足当代人的需要,又不对后代人满足其需要的能力构

① 《马克思恩格斯全集》第 30 卷,人民出版社 1995 年版,第 236 页。

成危害的发展"。这一可持续发展理念包含消除贫困、保护自然、转变不可持续的生产和消费方式，以及搭建经济发展、社会进步和环境保护综合发展框架。可持续原则是人类的经济和社会发展不能超越资源与环境的承载能力，将人类的当前利益与长远利益有机结合。经济、社会、资源和环境是一个密不可分的系统，该系统的稳定乃是人类生存与发展的基本条件，因而，在发展经济的同时，不能破坏大气、淡水、海洋、土地和森林等自然资源之间及其与环境之间的内在有机组合，使子孙后代能够永续发展和安居乐业。公平性原则，指本代人之间的公平、代际间的公平和资源分配与利用的公平。人类需求是由社会和文化条件所确定的，首先是满足所有人的基本需求，向所有人提供实现美好生活愿望的机会。随着时间的推移和社会的不断发展，人类的需求内容和层次将不断增加和提高，有一个从较低层次向较高层次的演进过程。只有全人类共同努力，将人类的局部利益与整体利益结合起来，才能推动人类的可持续发展。

可持续发展理念于 1992 年被联合国环境与发展大会所接受。同年，178 个国家领导人在里约热内卢签署了旨在消除贫困、保护自然资源、遏制环境恶化和促进社会协调发展的《21 世纪议程》。里约会议确定的"预防原则"认为，即使是在没有充足证据的情况下，也应优先考虑环保。实施《21 世纪议程》，需要国家间、行业间、部门间、机构间协同作战，克服片面的、局部的和分散的力量；发达国家有责任和义务改变现有的（持续不断地、不合理地过度开发使用自然资源的）生产和消费方式，履行援助承诺并切实向发展中国家转让于环境无害的先进技术，帮助发展中国家满足最基本的生活需求，并加大对发展中国家的援助，实现全球可持续发展的目标。《执行计划》将根除贫困视为当前全球面临的最大挑战，并同意设立消除贫困的自愿性"团结基金"——发达国家所作的"以其国民生产总值的 0.7%用于针对发展中国家的官方发展援助（ODA）"的政治承诺，进而，2000 年联合国提出通过构建全球伙伴关系，培育一个和平、公正、包容的社会——力图消除贫困和饥饿、保障健康生活和受教育权利、维护性别平等、促进就业、保护海洋资源和陆地生态系统、推动可持续工业化与创新、让所有人共享繁荣等内容。

2002 年可持续发展世界首脑会议在约翰内斯堡进行，该会议全面审议 1992 年的环境发展大会所通过的《里约宣言》①、《21 世纪议程》等重要文件和其他一些主要环境公约的执行情况，如针对健康、生物多样性、农业生产、水和能源等问题。其历史功绩在于：一是通过“共同但有区别的责任”基本准则，二是确立了可持续发展是人类共同的责任，三是确定营造公正、合理的国际经济秩序。

2012 年联合国可持续发展大会（里约地球首脑会议+20）讨论可持续发展的体制框架以及绿色经济在消除贫困方面作用的两个主题。会议确立“共同但有区别的责任原则”，发达国家在可持续发展方面，应比发展中国家承担更多义务。发达国家应该兑现在联合国做出的承诺，提取各自国民总收入的

---

① 《里约环境与发展宣言》目标是尊重彼此的利益和维护全球环境与发展体系完整和互相依存性，通过在国家、社会部门和人民之间建立一种新的和公平的全球伙伴关系。为此制定了一系列原则，其中前六个原则分别是：各国和各国的人们有权利开发自己的资源，来消除贫穷，缩小生活水平的悬殊和更好地满足世界上大多数人的需要；这也是发展的权利，以便公正合理地满足当代和世世代代的发展与环境需要；但这权利是有边界的——环境保护应成为发展进程中的一个组成部分，有责任保证在它们管辖或控制范围内的活动不对其他国家或不在其管辖范围内的地区的环境造成危害；最终保证人类有权同大自然协调一致从事健康的、创造财富的生活。鉴于造成全球环境退化的原因不同，为了实现可持续发展，国际层面，通过科技知识交流提高科学认识和加强包括新技术和革新技术在内的技术的开发、适应、推广和转让，从而加强为持续发展形成的内生能力；本着全球伙伴关系的精神，发达国家对全球环境造成的压力以及掌握的技术和资金的差异，在寻求持续发展的进程中承担着更大的责任；各国更好地处理跨国界的或全球的环境问题的环境措施，并以阻止或防止把任何会造成严重环境退化或查明对人健康有害的活动和物质迁移和转移到其他国家去。国家层面，各国应通过减少和消除不能持续的生产和消费模式和适当的人口政策，提高所有人的生活质量；根据它们所应用到的环境和发展范围所确立的环境标准、管理目标和重点——环境立法，制定有关对污染的受害者和其他环境损害负责和赔偿的国家法律，努力倡导环境费用内在化和使用经济手段——污染者承担治理污染的费用；根据它们的能力广泛采取预防性措施——凡有可能造成严重的或不可挽回的损害的地方，——可能会对环境产生重大不利影响的活动；应提供采用司法和行政程序的有效途径，其中包括赔偿和补救措施。社会层面，每个人应有适当的途径——政府应广泛地提供并鼓励公众的参与，获得有关公共机构掌握的环境问题的信息，其中包括关于他们的社区内有害物质和活动的信息，而且每个人应有机会参与决策过程。

0.7%作为“官方发展援助”——这一比率自1992年以来一直呈下降趋势，该比率1992年时为0.35%，而2000年时已降为0.22%；根据经合组织（OECD）2013年公布的数据，德国只提取了0.38%，而美国只有0.18%，只有英国实现了目标。

2015年9月，联合国发展峰会通过《2030年可持续发展议程》。这一涉及经济、社会和环境三大领域的可持续发展议程适用于包括发展中国家和发达国家在内的世界所有国家。2015年12月通过巴黎气候协定。根据《巴黎协定》，各方将以“自主贡献”的方式参与全球应对气候变化行动。发达国家继续带头减排，并加强对发展中国家的资金、技术和能力建设支持，排除各种带有政治附加条件的做法，帮助后者适应并减缓气候变化，将全球气候变暖程度限制在比前工业化水平高2摄氏度的范围，推动世界绿色发展。《巴黎协定》是一个公平合理、全面平衡、持久有效、具有法律约束力的协定，传递出了全球将实现绿色低碳、气候适应型和可持续发展的强有力积极信号。主权国家之间开展国际合作以共谋发展进步，保护地球是一切国家的共同的职责。

建立一种新的国际经济秩序——尊重联合国宪章的宗旨和原则，在主权切实平等的基础上，构建以合作共赢为核心的新型国际关系——一切国家待遇公平、主权平等、互相依存、共同受益以及协力合作的基础之上，能够消除发达国家与发展中国家之间的鸿沟，保证为当前这一代人以及子孙后代着想，稳定经济和社会的发展，增强和平与正义。

这是需要前提的，一是依赖于国际力量的平衡和相互制约，尤其是发展中国家的强大；经济全球化、社会信息化极大解放和发展了社会生产力。二是需要以可持续发展价值取向为遵循。发展中国家认识到国际经济秩序有其内在惯性，努力增强经济实力，实现经济社会可持续发展；发达国家也应转变观念、换位思考，采取互相尊重与合作的态度——以全球气候变暖为例。具体而言，发达国家率先改变其不可持续的消费和生产方式，并在资金、技术等方面继续给予发展中国家帮助，强调多边主义精神、绿色发展的公平性；率先对绿色经济和可持续发展机制框架提供设计方案，并领导世界未来可持续发展；发达国家尊重发展中国家的利益需要，不附加任何政治条件地帮助，从而推动其经济社会的发展；发展中国家具有获得现代科学技术成就的方便途径，并且按照适合其本国经济状况的方式和程序，促进有利于发展中国家的技术转让以及本国技术的创建。在主权平等的基础上，世界各国不论大小、强弱，宗教、民族的不同，都能够对本国资源及其开发利用作出自己的安排；都能够探寻符合自己国情的社会制度、经济模式和发展道路等。总之，发达国家的兴旺发达同发展中国家的成长进步紧密相连；国际社会的繁荣昌盛取决于各个国家的繁荣昌盛。

世界正处在一个加快演变的历史性进程之中。习近平指出："这个世界，各国相互联系、相互依存的程度空前加深，人类生活在同一个地球村里，生活在历史和现实交汇的同一个时空里，越来越成为你中有我、我中有你的命运共同体"；由此，就要"在追求自身利益时兼顾他方利益，在寻求自身发展时促进共同发展"；就要"摒弃零和游戏、你输我赢的旧思维，树立双赢、共赢的新理念"，在坚持合作共赢、共同发展中迈向命运共同体。① 剑桥大学教授马丁·雅克认为，中国提供了一种"新的可能"，即摒弃丛林法则、不搞强权独霸、超越零和博弈，开辟一条合作共赢、共建共享的文明发展新道路。这条新道路就是构建人类命运共同体——公开、公平、公正的国际规则，减少贸易、投资和标准壁垒，促进和保障创新要素在全球自由流动，互联互通，共享经济全球化所释放出的生产力及其成果。中国在理念和行动上探索出一个可资借鉴的绿色发展模式，助力全球气候治理，以及向生态文明转型。

（二）资本主导的秩序本质没有变

世界各国，不论是发达国家还是发展中国家，都在不同程度上努力创造一

① 习近平：《摒弃你输我赢旧思维，树立共赢新理念》，《新京报》2015年3月29日。

种平等的、包容性的机制，使得所有人都能从技术进步与全球化过程中受益。然而，实践和理论都表明，在资本世界中，“市场面前人人平等”只是形式上的平等，是劳动力作为商品买卖平等，是商品在流通领域的表现。如果进入生产和分配领域，这种平等就是资本家对工人的剥削，规制的公平也只不过是给丛林法则披上外衣罢了。

资本主导的世界，在其历史进程的不同阶段呈现出不同的形式。在17—19世纪通过赤裸裸的对外殖民扩张，包括强占殖民地、出兵抢夺他国的财富等。20世纪以来，发达国家则通过新殖民手段实现资本积累，当代不发达国家虽然不具备原始积累的背景，但受制于发达国家的资本继续积累——“进行直接剥削的条件和实现这种剥削的条件……前者只受社会生产力的限制，后者受不同生产部门的比例关系和社会消费力的限制”；也就是说，当社会财富还没有充分涌流的状态下，不仅国内存在剥削，就是国家间也存在剥削——这样的状况，“使社会上大多数人的消费缩小到只能在相当狭小的界限以内变动的最低限度”①。

全球化的经济带来全球化的竞争。可美国《1974年贸易法》以来形成的一系列贸易保护法律，由其第301条款而得名，不时地给世界贸易发展制造麻烦。美国通过单方对“不公正”和“不公平”贸易待遇的界定，来保护美国的利益——为了对外国进口商品征收高额关税，或者在打贸易战的时候从进口额度上限制对手。这一举措，对美国的精英阶层而言仍会从中受益甚至获得更大的蛋糕份额，但对其中下阶层的人们在加剧的竞争中很可能丢失自己原有的利益；而对于遭受“301条款”贸易调查的对象国而言，则面临着出口商品丢失美国市场份额的风险，进而影响自身的就业和经济发展，因而是一种损人不利己的行为。到目前，美国曾对中国动用6次301条款。其中，1991年10月发起“市场准入”——对美国商品进入中国市场设置不公平壁垒问题；2010年

① 马克思：《资本论》第3卷，人民出版社2004年版，第272—273页。

10月,启动针对中国"清洁能源政策措施"调查;而在1991年4月、1994年6月以及1996年4月、2017年8月4次都是针对知识产权方面的争端,最近的一次是美国为了保护自己的传统制造业如钢铁业等和中底层民众就业,打击中国优势行业的产业升级,即延缓中国进入如芯片、通信、机器人等美国高新科技制造领域的速度。

进入21世纪以来,经济上的种种问题必然在其他领域有所反映,即经济上的落后与两极分化必然在政治领域和思想领域体现出来——新干涉主义、"民主"输出、被滥用的"保护责任"等,以及对抗性军事联盟、势力范围、代理人、保护国等旧国际政治模式拥有一定的市场。发达国家为了满足党派利益而在政治竞选中发表对他国不负责任的极端言论,出于宗教、文化、意识形态偏见而对他国内政指手画脚,利用武力干涉乃至动辄以武力手段解决问题的倾向时常出现,在一些落后国家和地区内部引起混乱和动荡……这些屡见不鲜的负面现象只会增加国际关系中的猜忌、怀疑和不信任。国际上的经济危机不时发生,发达国家内部的贫富悬殊以及由此带来的政治危机、社会危机也在加剧;世界不少地区处于动荡之中,军备竞争、恐怖主义、网络乱象等安全威胁相互交织,局部地区的冲突和战争不断,许多发展中国家的独立、主权和发展还面临这样那样的风险。

根据联合国贸发会议的统计数据,从1990年到2015年,发达国家占全球GDP的比重从78.7%降至56.8%。这一变化使美国等一些西方国家不惜通过开历史倒车来维护自身的既得利益和国际地位。一是采取贸易保护主义。从2008年到2016年,美国对其他国家采取了600多项歧视性贸易措施。二是在降低多边机制的管控成本、提高控制效率的同时,美国尽力在规则体系中减损竞争对手的收益,增加其获益的难度。三是逃避国际责任,退出气候变化《巴黎协定》、退出联合国教科文组织,加剧了国际金融市场动荡、地区冲突升级、恐怖主义蔓延、民粹主义盛行,给世界带来新的威胁和不确定性。

2008 年由美国引发的全球金融危机和经济危机至今仍未过去就是明证。这次经济危机是由主导这一轮经济全球化的美国等西方发达国家在追求资本利润最大化和全球霸权的过程中形成的。在美国等西方发达国家主导的这一轮经济全球化中,存在着两对它们自身难以克服的基本矛盾:一是本国利益和全球利益的矛盾,二是本国的资本利益和人民利益的矛盾。作为经济全球化"领头羊"的美国,在美国利益优先还是全球利益优先之中,显然难以选择全球利益优先,许多国家尤其是发展中国家的人民并没有从经济全球化中受益。再看美国国内,垄断资本为了追求利润最大化,在国内通过种种所谓"金融创新"乃至低利率刺激负债超前消费,致使实体经济空心化,进而出现严重的失业问题,很多人生活陷入困境;再加上虚拟经济过度发展,一些人借投机一夜暴富,加剧贫富两极分化。诸如此类的问题加剧社会底层和中产阶级的不满,使贸易保护主义和民粹主义盛行。

发达国家在国际上利用自己的主导地位继续剥削不发达和欠发达国家,使得两者的发展差距远远高于 20 世纪上半叶。法国经济学家托马斯·皮凯蒂在《21 世纪资本论》中指出,1987—2013 年,全球最高人口的平均财富增速是 6%—7%,高于同期全球人均财富 2. 1%和人均收入 1. 4%的增速——"最富的 0. 1%的人群大约拥有全球财富总额的 20%,最富的 1%拥有约 50%,而最富的 10%则拥有总额的 80%—90%";进而指出,这样的财富聚集一般只能强化而不会削弱,即马太效应的存在——因为"一旦财富达到了一定的规模门槛,资产组合管理和风险调控机制就可形成规模效应优势,同时资本所产生的全部回报几乎都能用于再投资。拥有这样数量财富的个人每年只要拿出总财富中几乎可忽略不计的部分,也足以让自己过上极为奢华的生活,因此他的全部收入几乎都可以用来再投资"。皮凯蒂进一步提供历史事实,通过考察 1977—2007 年美国经济的增长情况,就会发现"最富有的 10%人群占据了增长总额的 3/4,这一时期最富有的 1%人群就独占了美国国民收入增长的近 60%"。这一状况不会刺激经济的高速增长，低收入者因购买力问题出现了消费需求低迷，甚至有通过借债维持生存的情况发生。[①] 这样一旦金融链条的某一处发生断裂，就会引发全局性的金融危机和经济危机。

当今世界，广大发展中国家与发达国家的差距未得到根本改变，仍没有实现国际关系的民主化，以美国为首的霸权主义、强权政治和新干涉主义等依然盛行；世界各国出现了共同的敌人——分离主义、恐怖主义、极端主义，以及环境（如全球气候变暖）、打击跨国有组织犯罪、反腐等等。当下的生态问题，不仅是发展中国家环境恶化，就是发达国家也深受影响，但根源则是发达国家——鉴于利润至上的行事准则，恶性竞争成为惯用的方法——发达国家转移生态灾难、发展中国家迫于生计救亡图存，共同导致了自然环境的破坏。如果不建立一种国际财富转移支付机制，不消除全球范围内的恶性竞争，自然生态环境还有可能继续恶化。

由资本主导的国家则开启一条全球扩张和肆意掠夺的行为路径，先后有葡萄牙、西班牙、荷兰、英国、法国、德国等。进而以美国为首的资本主义体系，以自身利益最大化为目标，以此为标准衡量国与国之关系、世界秩序以及（以自身的民主形式来评价他国的）民主价值，并建立相应的国际机构形成国际格局。一旦某国际行为不能给自身带来足够量的利益，而很可能则给他人带来利益，就采取退出或干涉态度。一个国家离不开公共品，全球化的世界更是需要国际公共品。越是经济全球化，越是需要国际公共品。而提供这一公共品的应是从全球化中获取收益的国家和地区。由此，每一个国家和地区都有提供公共品的责任，只是获益越多，提供也就越多。否则，就会导致国际公共品短缺，如自由开放、平等竞争的贸易体系、防止冲突与战争的国际和平、安全机制等外部性的资源、服务、政策体制等短缺或遭到破坏，就极有可能会带来全球经济混乱和安全失序。

---

① ［法］托马斯·皮凯蒂著，巴曙松等译：《21 世纪资本论》，中信出版社 2014 年版，第 448、451、454、303 页。

也就是说，资本主导与支配的逻辑根本无法破解全球化的困境——发展中国家依附于发达国家。也就是说，发达国家在国际上利用自己的主导地位剥削不发达和欠发达国家。在国际经济事务中，发达国家通过这些机构，利用不公正的国际经济游戏规则，对社会财富进行再分配——低价购买经济欠发达国家的原材料和劳动密集型产品，高价向经济欠发达国家销售本国的工业产品和文化产品，使得财富越来越集中到发达国家，出现发达国家和欠发达国家之间的差距越来越大，但这种状况并不能永恒存在，正如马克思所言，“资本主义生产方式在生产力的发展中遇到一种同财富生产本身无关的限制，而这种特有的限制证明了资本主义生产方式的局限性和它的仅仅历史的、过渡的性质”①。换言之，由资本形成的一般的社会权力和私人权力之间的矛盾“包含着这种关系的解体，包含着把生产条件改造成一般的、公共的、社会的条件”②。也如卢森堡所言，“帝国主义愈是横暴地，愈是残忍地，愈是彻底地摧毁非资本主义文化，它也就愈加迅速地挖掉资本积累自己的立足之地。帝国主义虽是延长资本主义寿命的历史方法，它也是带领资本主义走向迅速结束的一个可靠手段”。③

然而，建立国际经济政治新秩序，并不是一朝一夕、一蹴而就的，任重而道远。因为这不仅取决于国家间真正的平等，而平等不可能存在超出历史条件的平等；而在当今世界的多极化、全球化、信息化、多样化进程中，民粹主义、贸易保护主义等倾向抬头。也就是说，在当下，在国际法律赋予国家间平等的状况下，强力或暴力仍在起作用；“在平等的权利之间，力量就起决定作用”④。换言之，当资本不再起主导作用，而把人的生存发展放在核心地位才有可能。这正如汤因比所希望的，将来统一世界的大概是中国，而不是西欧化的国家，

---

① 马克思：《资本论》第 3 卷，人民出版社 2004 年版，第 270 页。

② 马克思：《资本论》第 3 卷，人民出版社 2004 年版，第 294 页。

③ 何萍：《作为哲学家的罗莎·卢森堡》，《马克思主义与现实》2012 年 1 月。

④ 马克思：《资本论》第 1 卷，人民出版社 2004 年版，第 272 页。

也不是西欧国家——"世界的统一是避免人类集体自杀的唯一道路,在现存的各民族中,最具备这种条件的,是有着五千余年历史、形成独特思想方法的中华民族"①。

① 张文木:《汤因比的历史研究与英国战后外交政策》,《世界经济与政治》2011 年 3 月。

第八章　资源配置与构建人类命运共同体

从 19 世纪中叶的鸦片战争开始，中国被迫进入全球化进程之中。也就是说，“以农业和手工业相结合为基础的”农业文明逐渐被新的工业文明所取代。马克思曾这样评价中国进入全球化的，“人为地隔绝于世”“以天朝尽善尽美的幻想自欺”的“一个人口几乎占人类三分之一的大帝国”，由于“在一场殊死的角斗中被打垮”，也就是“野蛮的、闭关自守的、与文明世界隔绝的状态被打破”而“同外界发生联系”。[①] 这一联系的方式，在恩格斯看来，中国“开放他们的港口以进行全面通商，建筑铁路和工厂，从而把那种可以养活亿万之众的旧制度完全摧毁”[②]。随着中国进入半殖民地半封建社会，社会各阶级寻求民族独立和解放的运动风起云涌，如地主阶级、资产阶级改良派、资产阶级革命派都进行过努力。但直到中国共产党带领全国人民经过艰苦卓绝的斗争，建立中华人民共和国，才使得中国人民站了起来。

经过社会主义革命和社会主义建设的探索，在取得经济社会相当程度发展的基础上进行改革开放，推进社会主义现代化建设。这一过程，也就是从计划经济到接受经济全球化，进而主动地融入经济全球化，可以说波澜壮阔，取

① 《马克思恩格斯文集》第 2 卷，人民出版社 2009 年版，第 608 页。

② 《马克思恩格斯论中国》，人民出版社 2015 年版，第 171 页。

得了让世人瞩目的成就——经济总量跃升至世界第二位，科技发展有了长足的进步。这一过程，也是中国人民从站起来到富起来再到强起来的过程。这一过程，也是作为社会主义国家的中国，从全球化的参与者到塑造者，逐渐走到全球化舞台中央的过程。实践证明，中国共产党带领中国人民探索出一条符合中国国情的中国特色社会主义发展道路，即马克思主义基本原理与中国国情相结合的中国特色社会主义道路——是对西方现代化发展道路的超越和扬弃，是中国通向社会主义现代化强国的道路，也正在走向《共产党宣言》中所指出的社会，“代替那存在着阶级和阶级对立的资产阶级旧社会的，将是这样一个联合体，在那里，每个人的自由发展是一切人的自由发展的条件”。

中国特色社会主义道路，内含着为人类发展和人类文明提供了一种不同于西方话语体系的新方向、新选择——“共有”“共享”、整体大于个体、互利共赢等理念，为其他发展中国家和社会主义国家提供参考、借鉴中国实践的经验的空间，也为他们坚持自身特色地探索适合本国国情的发展道路增强信心；也内含着对人类社会发展规律和全球治理模式的崭新实践和大胆探索——面对不公平、不公正的国际经济政治秩序，中国提出从“一带一路”倡议到构建人类命运共同体——建设一个持久和平、普遍安全、共同繁荣、开放包容和清洁美丽的世界，换言之，为建设一个真正公平的国际经济政治新秩序提供中国方案，贡献中国智慧。

一、坚持科学发展　构建社会主义和谐社会

科学发展，就是胡锦涛在党的十六届三中全会提出的，“以人为本，全面、协调、可持续的发展，促进经济社会和人的全面发展”；也就是习近平在党的十八届五中全会上提出的、进而在党的十九大报告中再次强调的“创新、协调、绿色、开放、共享”的新发展理念。科学发展，归根到底追求的是可持续发

展，是社会主义和谐社会建设的题中之义。也就是说，中国首先致力于把自己的国家建设好，进而引领人类向命运共同体方向进发。

（一）加强生态文明建设，促进人与自然和谐相处

自然的山水林田湖是一个有机的整体，人与自然也是一个不可分割的整体，“天人合一”“道法自然”——人是自然界的一部分，人应该遵从和顺应天道。世界是一种人“山水林田湖”的命运共同体，即“人的命脉在田，田的命脉在水，水的命脉在山，山的命脉在土，土的命脉在树”。

进入新千年，鉴于高投入、高消耗、高产出这一粗放型经济增长方式带来的人与自然的紧张关系以及人与人之间收入差距逐渐拉大的现实，中国共产党人致力于在经济增长中更加注重公平公正。党的十六届三中全会和四中全会确立了科学发展观和构建社会主义和谐社会。党的十七大提出“建设生态文明，基本形成节约能源资源和保护生态环境的产业结构、增长方式、消费模式”。党的十八大提出“建设美丽中国”以来，党的十八届三中全会《关于全面深化改革若干重大问题的决定》指出，“绿色发展，是将生态文明建设融入经济、政治、文化、社会建设各方面和全过程的新发展理念”；党的十八届五中全会提出创新、协调、绿色、开放、共享的发展理念，并写进“十三五”规划《建议》。党的十九大提出“加快生态文明体制改革，建设美丽中国”，体现出中国以最大的决心、最高的智慧走绿色发展之路——在理念上，牢固树立绿水青山就是金山银山的理念，“保护生态环境就是保护生产力，改善生态环境就是发展生产力”；在制度上，探索建立全球绿色供应链和生态红线制度、区域性分工合作与生态补偿制度、风险共担与环境争端解决机制。

中国的生态文明建设，坚持制度先行，即把利益关系调整放在首位，因为生态环境问题，从根本上讲是利益关系问题。生态之所以出现问题，就是人们在追求利益的过程中，没有做到“责权利”的一致性。从指导思想上，

贯彻落实创新、协调、绿色、开放、共享的新发展理念，已经成为全社会共识；从战略安排上，将生态文明纳入“五位一体”总布局；从行动上，进行生态环保制度的顶层设计，从《生态文明体制改革总体方案》《生态文明建设目标评价考核办法》，到制订大气、水和土壤的污染防治行动计划，颁布施行新《环境保护法》（为发展划定“生态红线”和“绿色底线”），“两高”司法解释降低环境入罪门槛、启动中央环保督察、改革省以下环保机构垂直管理制度（督促地方党委政府落实环境保护责任），倡导建设全国统一的碳市场，实施碳排放总量和能源消费总量双控机制等；可再生能源补贴政策从“上网电价”向“绿色证书配额制”过渡、新增输电管线、推广分散式发电等实施电力体制改革。

绿色发展是经济问题、生态问题，也是民生问题，是生态文明建设的核心要义。也就是说，用政府的“有形之手”和市场的“无形之手”共同推动绿色发展需要，即通过市场调动社会成员的积极性，发挥政府“有形之手”制度规范引领作用。2013 年 10 月，习近平总书记在亚太经合组织工商领导人峰会上说到，“我们不再简单以国内生产总值增长率论英雄，而是强调以提高经济增长质量和效益为立足点”。① 立足探索绿水青山就是金山银山，“蓝天常在，青山常在，绿水常在”的环保新路。

南非执政党非洲人国民大会经济发展论坛主席达里尔·斯万普尔表示，中国政府从多年前就已经开始注重经济结构转型，狠抓经济增长质量；中国政府加大对绿色产业扶持力度、提高产品绿色技术含量、出台严格的环保法律等。② 世界环境保护基金中国事务负责人丹·杜德克认为，中国新的《环境保护法》实施，证明中国准备倾力应对从传统农业国迅速完成工业化、现代化过程中产生的环境问题——新法规加大了对污染者的处罚力度，并开启碳的交易市场，在限额之外的排放将面临严重后果；美国马萨诸塞州史密斯学院教授

① 习近平：《习近平谈治国理政》第一卷，外文出版社 2014 年版，第 345 页。

② 陈效卫等：《推进生态文明　建设美丽中国》，《人民日报》2015 年 3 月 4 日。

丹尼尔·加尔德那认为，中国在一些高污染地区，政府设定了煤炭消费上限，中国对可再生资源的投资是超过世界上所有国家的；政府还限制上路汽车数量，调高汽车尾气排放标准，对购买电动车和油电混合的车主给予鼓励；俄罗斯人民友谊大学教授塔夫罗夫斯基的《神奇的中国》记述了中国政府从“唯GDP（国内生产总值）论”到重视绿色GDP，中国政府采取的环保措施，比如为降低能耗、减少有害物质的排放，政府在大城市对车辆限行、搬出重工业企业等。①

在进行生态文明制度建设的同时，积极发展科学技术——不仅为生态建设提供技术支持，也为经济可持续增长提高保障。一是积极发展清洁能源，提升电力就地消纳率，鼓励以电代煤、以电代油、以电代天然气，提高跨区域输电能力；组织开展水火、风火等替代发电市场化交易，促进清洁能源多发满发和在更大范围内的消纳。根据国际能源署的数据，中国碳排放强度由每度电排放二氧化碳1996年的970克，到2012年的734克。② 近10年来，中国可再生能源消费量的全球占比由2%提升至20.5%。国家发展改革委、国家能源局的数据显示，2016年煤炭产量同比下降9.4%，原油产量同比下降7.3%，太阳能发电量同比增长69%，风力发电量同比增长29.4%。《BP世界能源统计年鉴2017版》指出，2016年，中国大陆可再生能源消费量86.1百万吨油当量，占全球可再生能源消费量的20.5%，贡献了全球可再生能源产量增长的40%以上，超过经合组织的总增量，成为全球最大可再生能源消费国。BP能源年鉴还显示，2016年全球CO_2排放同比增长0.1%，而中国碳排放同比下降了0.7%。③ 中国还承诺，2030年单位GDP的CO_2排放比2005年下降60%至65%，非化石能源消费的比重达到20%左右，森林蓄积量比2005年增加45亿

① 陈效卫等：《推进生态文明　建设美丽中国》，《人民日报》2015年3月4日。

② 刘雪、连振祥：《绿色能源时代的中国担当》，新华网，http://www.xinhuanet.com/fortune/2017-07/23/c_1121365856.htm。

③ 刘雪、连振祥：《绿色能源时代的中国担当》，新华网，http://www.xinhuanet.com/fortune/2017-07/23/c_1121365856.htm。

立方米左右。[①] 美国《基督教科学箴言报》说：中国卓有成效的环保工程——新数据显示，在2000年至2010年期间，中国森林覆盖面积已实现净增长。在这10年间，中国约1.6%领土上的森林覆盖率出现大幅增长，而覆盖率持续下降的区域仅占0.38%。[②]

二是加强对可再生能源的投资，积极发展绿色能源等可再生能源。持续多年的科技创新，中国的风、光、水、电等可再生能源的开发利用技术已经居世界前列，有超过四分之一的电力供应来自水能、太阳能、风能等绿色能源——清洁能源发电；进而清洁能源在电力装机总比例中占比已超过三分之一。此外，中国还建成了世界上最大的千万千瓦级新能源集群控制系统示范工程，有效提高风、光、电并网运行控制技术水平和消纳能力：第一个国家海上风电示范工程（东海大桥—风电场二期工程）每年可节约标煤7.7万吨，太阳能光伏发电等分布式能源应用推广——荒漠戈壁里的无人区变成能发电的"金山"，在锡林郭勒大草原上的一座座巨大"风车"挥动着臂膀，将风能转变成电能传送上网。国际能源署在《2017年可再生能源市场报告》中指出，正因为中国的贡献，2016年全球太阳能光伏发电量的增速第一次位居所有电力燃料之首，超过煤炭发电净增长。中国除太阳能光伏发电之外，也是全球水电、生物质发电的领军者。在投资方面，仅根据美国能源经济和金融分析研究所发布的报告，2016年中国海外新能源投资就增加60%，达到创纪录的320亿美元，在全球新能源市场位居首位。[③]

哈萨克斯坦国际问题专家瓦里汗·图列绍夫表示，中国通过立法，加强监管，取缔了不少污染严重的企业，在钢铁、机械制造等行业中推行更加严格的

① 董峻等：《开创生态文明新局面》，《人民日报》2017年8月3日。

② 《森林保护奏效　中国森林治理成功对世界很重要》，环球网，http://oversea.huanqiu.com/article/2016-03/8739381.html。

③ 《国际能源署称中国引领全球可再生能源增长》，齐鲁网，http://news.iqilu.com/guoji/20171005/3703133.shtml。

环保标准，同时大力开发核能、风能、太阳能等清洁能源，逐渐减少并摆脱对碳能源的依赖，在全社会倡导节能低碳的理念。① 在国际上，基本上所有涉及气候变化、生态保护的国际公约，中国都签署并在积极落实履行：中国于 1992 年签署《里约宣言》，1994 年发布《中国 21 世纪议程》——推行可持续发展总体战略，社会可持续发展，经济可持续发展，资源的合理利用与环境保护，水、土等自然资源保护与可持续利用、生物多样性保护、土地荒漠化防治、保护大气层和固体废物的无害化管理。2013 年，联合国环境规划署第 27 次理事会通过推广中国生态文明理念的决定草案。2016 年，联合国环境规划署发布《绿水青山就是金山银山：中国生态文明战略与行动》，向世界推荐中国的生态文明建设理念和经验，从而为全世界可持续发展提供重要借鉴。② 联合国环境规划署执行主任埃里克·索尔海姆曾说，"在全球环境日益恶化的当下，许多国家已经奋起迎接挑战，而在这一过程中，中国等国家的领导力至关重要。"③ 美国学者罗伊·莫里森在《2140：一部 22 世纪的历史和幸存者日记》中写道："中国政府通过从普通的工业文明社会向以可持续经济增长为特点的生态文明未来转变，昭示和帮助引导世界朝这个方向发展。"④

（二）以人民为中心，实现共同富裕

经过改革开放 40 年的快速发展，中国人民的需要已不仅仅是物质领域，还扩大到物质、精神、社会、政治和生态等领域，即人民开始追求好的教育、丰富的精神生活、可靠的社会保障、高水平的医疗卫生服务、舒适的居住条件、优美的环境。然而，全国发展还不平衡——生产力布局不平衡，生产力水平不平衡，供需不平衡，收入不平衡，民生方面还存在许多短板；发展不充分——在实

---

① 陈效卫等：《推进生态文明建设美丽中国》，《人民日报》2015 年 3 月 4 日。

② 董峻等：《开创生态文明新局面》，《人民日报》2017 年 8 月 3 日。

③ 董峻等：《开创生态文明新局面》，《人民日报》2017 年 8 月 3 日。

④ 钟声：《承载人类生态文明的希望》，《人民日报》2015 年 3 月 5 日。

体经济、创新能力、发展质量和效益、发展能力和水平等方面远未达到发达国家水平。这需要激发全社会创造力活力，实现更高质量、更有效率、更加公平、更可持续的发展。正如党的十九大报告提出，我国社会主要矛盾已由“人民日益增长的物质文化需要同落后的社会生产之间的矛盾”转变为“人民日益增长的美好生活需要和不平衡不充分的发展之间的矛盾”。

要解决这一矛盾，必须毫不动摇巩固和发展公有制经济，坚持公有制主体地位。公有制经济有利于促进、实现人的全面发展。公有制的实现形式主要是国有企业，是全国人民的共同财富，是壮大国家综合实力、保障人民共同利益的重要力量，是中国特色社会主义的重要物质基础和政治基础，是党执政兴国的重要支柱和依靠力量，发挥国有经济主导作用。在公有企业中，积累和消费比例关系能够很好地兼顾国家、集体和个人三者的利益，是国家宏观决策和企业微观决策的结合点。国家除了以所有者的身份向国有企业收取资本收益和以公共权力的身份向企业征税之外，还可通过法律等手段规范企业内部经营者与劳动者之间的收入比例关系——企业个人收入的分配包括工资、奖金、福利等，为劳动平等和报酬平等创造条件。在生产力还不很发达的阶段，通过按劳动分配的方式尽可能减少因外在因素的差异而带来的不公平不公正，主要是不受生产资料的有无或优劣的影响，而只受劳动者本人劳动质量差别的影响——等量劳动相交换默认了“劳动者的不同等的个人天赋，从而不同等的工作能力，是天然特权”。按劳分配的实现借助于市场机制，以某种社会尺度和标准，使复杂劳动转化为社会的平均劳动，以便使不同具体形态的劳动转化为社会的一般劳动，体现按劳分配和共同富裕的原则，保障公平正义。

中国的制度优势在于其整合能力——既能发挥个体的优势，也能展示整体的能量。对国企来说，体现为企业的一般属性和市场化的一般要求，体现为民服务的性质和要求。一是国有资本的收益属于全体人民，更多用于保障和改善民生。国企的收入分配要有效履行社会责任，兼顾国家、集体、个人和各方面的利益关系。二是国有资本投资运营要服务于国家战略目标，提供公共服务、发展重要前瞻性战略性产业、保护生态环境、支持科技进步、保障国家安全。

在社会化大生产的条件下，企业和劳动者都是相对独立的经济主体，具有不同的经济利益。劳动者与企业之间的结合是一种平等的契约关系，劳动力价格受供求关系的调节。建立和完善公平有序的市场环境，使交换趋于按照由社会必要劳动时间决定的价值量进行，使企业经济效益在竞争中不断提高。

实施乡村振兴战略。中国继续稳定农村土地承包关系，完善土地所有权、承包权、经营权分置办法，依法推进土地经营权有序流转——农民可以把土地流转给合作社，也拿土地或农机入股加入合作社；农民享受在订单签订、农资供应、耕种组织、培训管理、病虫害防治、田间管理、粮食回收和粮食销售方面的“八统一”服务，不仅增收，更节约了成本。农民专业合作社的发展，带动周边农户调整产业结构，提高农业生产的效益。

《中共中央国务院关于打赢脱贫攻坚战的决定》，坚持政府主导战略、实行开发式扶贫方针，实现专项扶贫、行业扶贫、社会扶贫“三位一体”扶贫模式，动员全社会力量扶贫济困。鼓励各地因地制宜，把握好政策灵活性和实践创新性，除了产业扶持，还包括转移就业、易地搬迁、教育支持、医疗救助等，让贫困人口从生态建设与修复中得到更多实惠。让贫困地区的土地、劳动力、资产、自然风光等要素活起来，让资源变资产、资金变股金、农民变股东，让绿水青山变金山银山，带动贫困人口增收。

精准扶贫，首先了解贫困状况，查看房子、电器、家庭人口状况，算每户收入账、支出账，摸清致贫原因，做到不漏一户、不掉一人、不缺一项。每个贫困户都有区（县）、镇（乡）、村三级干部帮扶责任人。针对每户致贫原因分别制定危房改造、医疗救助、助学帮扶等具体帮扶措施。河南兰考探索出一种政府、银行、企业“三位一体”的扶贫模式——贫困户得到发展，银行资金有保障，企业能发展，政府资金也没有流失。闽东的宁德曾是典型的“老、少、边、岛、穷”地区,坚持因地制宜精准扶贫,实施畲民下山、连家船民上岸移民搬迁等扶贫工程,改变贫困面貌。对于完全或部分丧失劳动能力的贫困人口,则实行社保政策兜底脱贫。党的十八大以来的五年,年均减少1300万贫困人口以上,共减贫6600多万人。

中共中央办公厅、国务院办公厅印发《关于支持深度贫困地区脱贫攻坚的实施意见》指出,乡村振兴要规划先行,脱贫攻坚更要规划先行,我国目前有55.9万个行政村,长期以来乡村规划处于缺位状态,是一个短板,农村建设用地数量很多,闲置浪费很大。国土部联合共青团中央,推进土地利用规划的编制工作,举办了村土地利用规划志愿服务专项行动。调动各方的力量帮助和指导深度贫困地区编制好村土地利用规划,做好县域、乡域的村庄布点的安排,形成了一批好成果、好经验、好方法,给农村建设、农业发展、农民增收带来了实实在在的效果。对于深度贫困地区重点发展的村庄优先进行规划,合理安排农民的住房、基础设施、公共服务、产业发展、生态建设等用地的规模、结构、布局和时序,规划生态良好、人与自然和谐共生的乡村发展格局。

荷兰资产管理公司高级策略师马尔滕-扬·巴库姆指出,对教育和医疗的大规模投资以及针对较贫穷地区和农村地区的“巨额补贴项目”是收入差距改善的原因。① 俄新社政治观察家德米特里·科瑟列夫说,在中国,脱贫是多方面的事——改善教育、提供信息、送去高产的种子,以及通过反腐确保扶贫资金落实到位。② 巴西中国问题研究中心罗尼·林斯认为,中国政府针对贫困人口提出的许多具体措施都颇有成效,比如为他们提供更好的医疗和教育服务等。墨西哥大学教授阿道夫·拉沃尔德说,“中国政府采取了适合其

① 《中国精准扶贫脱贫方略启迪世界》,新华网,http://www.xinhuanet.com/politics/2017lh/2017-03/09/c_1120600577.htm。

② 《中国精准扶贫脱贫方略启迪世界》,新华网,http://www.xinhuanet.com/politics/2017lh/2017-03/09/c_1120600577.htm。

国情的有效策略来消除贫困，比如政策向中小企业倾斜、投入专项资金、增加居民就业等；尽最大努力确保贫困家庭的子女同样可以享受到优质的教育，普及义务教育，提升农村人口的技术和就业技能。”①老挝《人民报》社长兼总编辑的端吉则认为，“中国在保持经济增长的同时高度重视减贫工作，体现了共产党执政和社会主义的本质与先进性”②。泰国开泰银行高级副总裁蔡伟才认为，中国政府制定出一套行之有效的扶贫攻坚方案，其中包括中西部大开发规划，使中西部相对贫困地区能够搭上全国经济增长的快车，为缓解国内贫富两极分化的压力。

世界银行发展研究集团的高级顾问弗朗西斯科·费雷拉表示，中国的一部分情况是，“在传统的沿海制造带地区，薪资水平大幅上涨，以至于制造业活动开始转移到内陆较贫困地区，这提高了收入较低地区的薪资水平。政府政策也发挥了作用，中国各地的最低工资水平每年都以两位数的速度增长，同时有大量资金投入到社会保障体系上。在5年内，教育、医疗和环境方面的支出全都每年以10%以上的速度增长。”③中国政府使经济摆脱对制造业和出口的过度依赖，转向一个更多由国内消费驱动的社会——“增长构成继续迅速变化，转向更多的家庭消费，后者已经占到国内生产总值（GDP）的50%以上，并已经取代出口，成为资本资产投资也即固定资产投资的主要推动力”④。也就是说，“收入差距的改善正成为中国消费和经济增长的一个日益重要的推动力”。中国政府改善公共医疗并加强社保体系的努力也应使低收入者有信心花更多的钱。柬埔寨战略研究院主席强万纳里说，“中央和地方政府密切

---

①　参见《中国精准扶贫脱贫方略启迪世界》，新华网，http://www.xinhuanet.com/politics/2017lh/2017-03/09/c_1120600577.htm。

②　参见《中国精准扶贫脱贫方略启迪世界》，新华网，http://www.xinhuanet.com/politics/2017lh/2017-03/09/c_1120600577.htm。

③　参见《中国精准扶贫脱贫方略启迪世界》，新华网，http://www.xinhuanet.com/politics/2017lh/2017-03/09/c_1120600577.htm。

④　参见《中国精准扶贫脱贫方略启迪世界》，新华网，http://www.xinhuanet.com/politics/2017lh/2017-03/09/c_1120600577.htm。

而有效合作,确保每个人都能分享发展的成果。”①泰国《汉泰》杂志执行总编辑谭国安认为中国共产党和中国政府领导的民生工程方向正确、思路清晰、执行有力,中国社会保障能力不断提升,农村地区脱贫致富力度不断加大,基本公共服务均等化水平明显提升。克拉拉·哈菲佐娃认为,“中国在改善民生方面的经验,特别是制定战略规划、推动经济改革、落实发展目标等方面的经验,对于全世界的发展中国家而言,都具有非常重要的借鉴意义。”②埃季尔·奥斯蒙别托夫说,中国在全面推进基础设施建设过程中积累的成功经验,对于那些正在推动落实新经济项目的国家,具有很强的借鉴意义。

二、通过科技创新提升中国影响力

经济全球化,其实质就是资源配置全球化。21世纪初加入WTO后,中国依据自身的资源禀赋——廉价和低福利的劳动力和资源,成为世界工厂——承接制造加工和组装发达国家所淘汰的落后产业,以高能耗与高排放为发达国家提供廉价商品,嵌入全球价值链,而成为全球产业链的一环。可在这价值链中,西方跨国公司牢牢控制着全球价值链的高端环节,中国在高端环节、核心零部件都缺乏与西方先进企业进行竞争的能力,如国家每年进口芯片的钱和进口石油的钱一样多。为此,中国正着力推进建设创新型国家,目前已在科学技术的许多领域取得长足进步,如信息的终端使用,已经和美国站在同一个起跑线上,甚至部分企业还处于领先地位,包括919大飞机、高铁技术、支付宝等。中国还有一个其他国家所没有的优势——从生产服装、鞋帽、袜子到家电,从家电到汽车,从汽车到高铁,再从高铁到IT再到飞机,具备全产业链。14亿人口的市场,社会主要矛盾的历史性转换,给中国带来新的机遇和发展。

① 《中国精准扶贫脱贫方略启迪世界》,新华网,http://www.xinhuanet.com/politics/2017lh/2017-03/09/c_1120600577.htm。

② 黄发红等:《中国减贫成就令世界赞叹》,《人民日报》2017年3月13日。

（一）推进供给侧结构性改革

当今社会分工细化、产品复杂程度不断提升、信息技术进步，单个企业需要与不同创新主体联合，实现资源的优化配置，如网络化的众包、众创、众筹、线上到线下等新型方式。这些促使企业在产业分工中更加注重专业化与精细化，通过网络将价值链与生产过程分解到不同国家和地区，技术研发、生产以及销售之间的协作日趋加强。而这些对发达国家十分有利，纷纷推动中高端制造业回流，力图保持全球制造业领先地位。而发展中国家利用低成本竞争优势，吸引劳动密集型产业和低附加值环节转移，发达国家高端制造回流与新兴经济体争夺中低端制造转移同时发生，引起全球制造业竞争格局的变化。

而在我国经济高速增长过程中，曾一度过度依赖劳动力与自然资源等一般性生产要素投入，而知识、信息等高级要素投入偏低，导致低附加值产业的比重偏高，而高附加值产业、绿色低碳产业的比重偏低；在废弃物排放中，废气、废水、废渣、二氧化碳等排放比重偏高，导致生态系统压力比较大。由此出现的是，城乡收入差距、行业收入差距、居民贫富差距都比较大，财富过多地集中在少数地区、少数行业和少数人中。用改革的办法推进经济结构调整，扩大有效与中高端供给，增强供给结构对需求变化的适应性和灵活性，使供给体系更好适应需求结构变化。在此基础上，促进产业链、供应链、资金链"三链"融合，构建生产要素驱动型国家价值链，提高大型国企的经营效率，培育战略性资源的全球生产能力和定价能力，从资源进口大国变成资源运营大国。

供给侧结构性改革旨在寻找支持经济可持续发展的新产业，"三去一降"——去产能、去库存、去杠杆、降成本只是为新产业的发展创造更多的空间。也就是说，经济供给侧结构性改革，不仅立足于国内经济可持续增长问题，更在于寻求在全球价值链中逐步增强其话语权，分配到更多的利润。

一是政府与社会为企业成长创造条件。引导金融机构增加对科技企业尤其是小型微型企业的信贷,全方位、多角度、多维度地提供金融支持。营造有利于“大众创业、万众创新”的氛围。鼓励企业家发挥聪明才智,解决从事创造性活动,包括创造新产品、创新生产过程、改变技术条件、调整资源组合和利用的方式。通过完善保护知识产权等体制机制,激励企业家将资源集中到制造业创新发展上。换言之,企业通过各种途径学习更先进的管理方式,提升自身核心技术、品牌效益,把自身打造成真正的全球知名企业。包括培育企业长期创新能力,吸收国际创新先进经验和做法,积极开展国际产能合作,取长补短,增强国际市场竞争力。

二是积极调整经济结构。传统制造业与房地产业转为一般性产业,战略性新兴产业、服务业、现代制造业上升为支柱产业。具体包括,一是战略性新兴产业,包括新能源(各种非化石原料——水能、风能、地能、生物能、太阳能、核能等)、新材料(如可溶性材料生产薄膜和塑料袋)、生命生物工程(涉及农业、医疗、健康等)——未来人类社会发展的方向是器官再造、信息技术及新一代信息技术(信息部件和装备、信息终端使用、大数据与安全性等)、节能环保、新能源汽车、人工智能、高端装备制造等;二是服务业,包括消费服务业、商务服务业、生产服务业、精神服务业等;三是现代制造业,包括航空器与航天器制造、高铁装备制造、核电装备制造、特高压输变电装备制造、现代军工制造等。在此基础上,推动互联网、大数据、人工智能和实体经济深度融合,在中高端消费、创新引领、绿色低碳、共享经济、现代供应链、人力资本服务等领域培育新增长点、形成新动能。

三是引导企业参与全球性竞争,在高科技和金融领域的一些细分行业占有一定话语权,在价值链中占据控制环节。也就是说,围绕该企业,从采购原材料到制成中间产品再到最终产品,从供应商到制造商再到分销商直到最终用户,通过对信息流、物流、资金流的控制,形成网链状结构。在此基础上,供应链由产业内走向产业间、由区域内走向跨区域、由国内走向国际,横向发展其他相关行业，逐渐形成一个跨行业或跨区域的格局。通过全球市场网络来组织商品的生产与销售或服务的全球化，使得外包和海外投资等产业前后向联系，形成强大的市场价值链需求。

四是加大科技创新，通过拥有强大的科技因素，获得了价值链中的主要分工利益，形成生产者主导的全球生产网络体系。换言之，深度整合全球资源，涉及的领域从资源、能源到家电、智能装备、高端制造及文化娱乐。如做大做强互联网、新兴工业、消费升级、健康产业四大板块，它们的增速在20%以上。随着移动互联网技术迅猛发展，除了天猫、京东等传统的电商平台外，新兴金融科技领域中的蚂蚁金服、京东金融、陆金所等一批行业尖兵在移动支付、消费金融等方面引领全球发展趋势，向海外输出金融科技能力，比如在制药、汽车、军工、半导体及芯片等领域，与互联网、物联网深度融合的新阶段，成为产业及经济的新型组织形态。

国有企业发挥资本、技术优势，在保障民生工业稳定的同时，打造行业中的领军企业；进而通过与民营企业链接形成产业链、价值链，带动民营企业参与国际竞争。而民营企业则可以依靠“专、精、特、新”成为产业链、价值链的重要一环。推进农村一二三产业融合发展，促进制造协同化、服务化、智能化，提高流通现代化水平，积极稳妥发展供应链金融，积极倡导绿色供应链，构建全球供应链。经济学家托马斯·弗里德曼在其著作《世界是平的》中指出，互联网科技将为全球化3.0时代提供发展动力。美国趋势经济学家杰里米·里夫金指出，新一轮全球变革需要大量基础设施、交通物流和数字化网络建设，中国正扮演着非常重要的角色。①

（二）推动技术创新，增强经济社会发展新动能

每一次技术浪潮会导致原有的社会形态和经济结构发生巨大变革。第一

① 《经济全球化：中国从积极融入到参与引领》，新华网，http://www.xinhuanet.com/money/2017-10/09/c_1121771924.htm。

次的科技革命带来了蒸汽机和机械革命、机械化生产，使得英国一度成为日不落帝国；第二次的科技革命带来了电气化与自动化时代，电力和运输革命，大规模批量生产流水线，使德国、法国等西方一大批列强强大起来；第三次的科技革命带来了电子和信息革命，高度自动化、柔性化生产，使得美国充当世界霸主的角色。也就是说，当今世界，以美国成为主导的全球科技创新中心——在制造业基础及最前沿科技创新方面；欧盟、日本，通过技术、资本和人才积累以及产业升级等，在高端制造领域具有优势。

中国用40年的时间走完了发达国家200多年才走完的三次工业革命，总体上科学技术水平还处在第二、第三流之间，但在载人航天、“蛟龙”探海、“天眼”凝望、“神威”超算、量子通信、中国核电、北斗导航、大型客机等方面则跻身世界前列。中国还处在中低端制造领域。这表现在：一方面，关键材料、核心零部件严重依赖进口，产业技术等基础能力依然薄弱，如我国的“华龙一号”核电机组，虽然大部分设备实现了国产化，但是15%的关键零部件还依靠进口，高铁轴承、核电主泵密封件、海上钻井平台定位系统、工程机械液压系统密封、汽车发动机等重要零部件与关键材料80%以上靠进口；科研基础能力跟不上，制约了产品质量安全性、稳定性和一致性，部分产品和技术标准不完善、实用性差，跟不上新产品研发速度；中国研发投入占GDP的比例不仅很小——发达国家是2%—3%，而规模以上工业企业研发投入仅占销售收入的0.9%，而且科技成果转化率仅约为30%，可发达国家则是60%—70%。这其中，50%—60%的关键技术依赖进口，新产品开发70%靠外来技术，而发达国家是30%。在这基础上，经济增长中科技贡献率不到50%，而发达国家是70%。另一方面，品牌建设滞后。低端产能过剩、高端产能不足，产业同质化竞争问题突出。据不完全统计，世界装备制造业中90%的知名商标所有权掌握在发达国家手中。

而初露端倪的第四次科技浪潮，发生在再生和时空两大领域。再生领域，将提供提高生活质量和人类可持续性、满足精神生活需要和适应宇航时代需要的最新科技。时空领域将突破现有物理观念，为新能源和新时空提供全新知识。这个时代，可称为智能制造时代，新一代信息通信技术与制造业融合发展，通过集成计算、通信等融合，实现大型物理系统与信息交互系统的实时感知和动态控制，包括智能化的产品、装备、生产、管理和服务，使得人、机、物融合在一起。其次通过定制生产，从产品下单开始，每一道工序都通过数字化管理和生产模块的无缝切换，在生产过程不间断的情况下实现了批量化定制。现在正在迅猛发展的互联网+、人工智能、大数据分析等都是第四次科技浪潮的组成部分。①

中国要在这次科技浪潮中从追赶发展到引领，一是加大对基础科技的研发投入，尤其是企业加强科技研发；进一步理顺科研院所与企业的关系，加速科技成果的转化速度，提升科技成果的转化率。二是国家全面推动精致生产的制度和文化建设，加大扶持设计、研发、品牌等元素的比重，出台相关的产业政策引导，如鼓励与制造业相关的生产性服务业、与消费结构升级相关的生活性服务业的发展，推动产业优化升级，由低端制造到高端制造，采用新装备、新技术，更多地开发和利用中高级生产要素，全面优化人力资本质量，将从业标准提高到工匠精神。三是把国家战略积极付诸实践，落实中国制造2025、“互联网+”、网络强国、海洋强国、航天强国、健康中国建设、军民融合发展、“一带一路”建设、京津冀协同发展、长江经济带发展等举措。四是继续做好国家品牌建设，中国的高铁、支付宝、共享单车和互联网购物“新四大发明”作为生活方式正输出到全球。国家电网打造的“车联网”技术平台实现了资源监控、业务运营、充电服务、租赁服务和增值服务等多种功能。我国清洁能源开发利用技术已达到世界领先水平，但仍需向发达国家学习，使自己的发展更完善，在此基础上，应用到新城市建设等其他领域中。

---

① 苗圩：《唯有制造强国才能变身世界强国》，人民政协网，http://www.rmzxb.com.cn/c/2015-11-17/624116.shtml。

三、资源全球配置的中国主张：构建人类命运共同体

马克思在《1844年经济学哲学手稿》中提出“人是类存在物”，在《关于费尔巴哈的提纲》中把“类”发展成为社会化的人类（“一切社会关系的总和”），在《共产党宣言》中阐述全球化——人类从区域的历史向世界的历史转变——全球化已经把整个地球联系起来成为“地球村”，人类彼此间的联系空前密切。这些论断表明，人与社会、个体化与社会化高度统一才是社会的应然状态。

（一）构建人类命运共同体的提出及其内涵

在全球化的今天，人类只有一个地球，处在一个命运共同体中，世界各国共处一个地球村。也就是说，国家之间在相互依存中形成了利益纽带——一国自身利益的实现与他国的经济社会状况有着较为紧密的联系。换言之，全球的利益同时也是各国自己的利益，服务自身利益举措的同时也就有利于全球利益。基于此，中国提出构建“人类命运共同体”来应对面临的资源短缺、环境污染、气候变化、网络攻击、人口爆炸、疾病流行、粮食安全、跨国犯罪等对人类生存构成威胁的问题。

共同体是同类存在物生存和发展的最基本方式。就人类而言，共同体始于原始（包括氏族、部落等）社会，经历奴隶制共同体、封建制共同体和资本主义共同体（只不过这些共同体是“虚幻的共同体”），进而进入人类的“真正的共同体”。人类命运共同体，就是一个持久和平、普遍安全、共同繁荣、开放包容和清洁美丽的世界。这一世界，超越了民族、国家、文明等的差异，是符合全世界人民的共同利益的世界，体现了人类共同的价值取向。这一世界，在马克思恩格斯那里，就是“自由人联合体”；在毛泽东心目中，就是“四海同胞主义，

就是愿意自己好,也愿意别人好的主义”;习近平于 2017 年 1 月 18 日在联合国主旨演讲《共同构建人类命运共同体》中提出的构建人类命运共同体,“就是建设一个持久和平的世界、一个普遍安全的世界、一个共同繁荣的世界、一个开放包容的世界和一个清洁美丽的世界”。

基于马克思的“真正的共同体”和中国传统的“天人合一”的思想,早在 2011 年,《中国的和平发展》白皮书提出从“命运共同体”视角寻求人类共同利益。进而 2012 年党的十八大提出“人类命运共同体”这一理论判断——“这个世界,各国相互联系、相互依存的程度空前加深,人类生活在同一个地球村里,生活在历史和现实交汇的同一个时空里”;进而党的十九大提出,中国主张世界各国不分大小、强弱、贫富,都是国际社会的平等成员,因而,“世界上的事情只能由各国政府和人民共同商量来办,共同推动国际关系民主化”;进而把构建人类命运共同体——作为新时代坚持和发展中国特色社会主义的基本方略之一,也是习近平新时代中国特色社会主义思想的重要组成部分。2018 年 5 月 4 日,习近平在“纪念马克思诞辰 200 周年大会”上指出,“坚持和平发展道路,坚持独立自主的和平外交政策,坚持互利共赢的开放战略,同各国人民一道努力构建人类命运共同体,把世界建设得更加美好”。这是社会主义的中国,对世界和平、美好未来的再一次宣言。

(二)中国着力构建人类命运共同体的根据

中国的历史与社会性质决定了中国只能推动“人类命运共同体”建设与和谐世界建设,而不像西方列强带给世界的只是混乱与灾难。

1. 中华文明对世界发展的贡献。中华民族历来崇尚的“和为贵”“和而不同”“协和万邦”“兼爱非攻”等理念;有“亲仁善邻,国之宝也”“四海之内,皆兄弟也”等优秀传统文化。换言之,深刻挖掘中国的传统优秀文化中的合作原则和共赢理念等,是构建人类命运和利益共同体的理论基础。

中国古代文明以“四大发明”为代表给人类文明发展以巨大贡献。马克思指出，“火药、指南针、印刷术——这是预告资产阶级社会到来的三大发明。”①除此之外，纸币、算盘、茶叶、丝织品、养蚕业等，这些都曾经极大地推动了世界文明的进程，某种程度上改变了西方人的生活方式。

丝绸（丝绸是最具代表性的货物）之路，始于西汉通西域，起自古代都城长安，经中亚国家、阿富汗、伊朗、伊拉克、叙利亚等延伸到地中海西岸和小亚细亚，以罗马为终点。这是一条连接中国、中亚，通往南亚、西亚以及欧洲、北非的陆上贸易交往的通道。千年来，游牧民族或部落、商人、教徒、外交家、士兵和学术考察者沿着丝绸之路四处活动。海上丝绸之路形成于汉武帝之时，向东到达朝鲜半岛和日本列岛。到隋唐时期，兴起海上丝绸之路。明代郑和七下西洋，曾到达亚洲、非洲 39 个国家和地区，由广州起航，经澳门出海，至菲律宾马尼拉港，穿过海峡进入太平洋，东行至墨西哥西海岸，形成全球性循环贸易，并延续至鸦片战争前。

2. 社会主义社会的性质决定了必须推进世界和平。中华人民共和国成立后坚持国家不分大小强弱一律平等，提出和平共处五项原则，推进国际关系的民主化。1953 年 12 月，周恩来访问印度时提出“互相尊重领土主权、互不侵犯、互不干涉内政、平等互惠、和平共处”五项原则，后改为“互相尊重主权和领土完整、互不侵犯、互不干涉内政、平等互利、和平共处”五项原则。随后得到印度和缅甸政府共同倡导。1955 年 4 月，在印度尼西亚万隆会议（29 个国家和地区参加）通过的《关于促进世界和平与合作的宣言》，其中就包含五项原则的内容。1970 年，25 届联大通过的《关于各国依联合国宪章建立友好关系及合作的国际法原则宣言》和 1974 年第 6 届特别联大《关于建立新的国际经济秩序宣言》，都包含和平共处五项原则。1988 年，邓小平提出建立国际政治经济新秩序，要以和平共处五项原则为准则。进入 21 世纪，各个国家、各大经

① 《马克思恩格斯文集》第 8 卷，人民出版社 2009 年版，第 338 页。

济体之间已经形成了多层次的利益交汇点,并在这样的利益交汇点上形成了“你中有我、我中有你”的利益共同体。习近平在和平共处五项原则发表60周年纪念大会上重申,“国家不分大小、强弱、贫富,都是国际社会平等成员,都有平等参与国际事务的权利。各国的事务应该由各国人民自己来管。”也就是说,中华民族历来是热爱和平的民族,也是追求和平的民族,更是为和平而努力的民族。

中国支持和帮助广大发展中国家特别是最不发达国家消除贫困。中国向亚洲、非洲、拉丁美洲和加勒比地区、大洋洲的69个国家提供了医疗援助,先后为120多个发展中国家落实千年发展目标提供帮助。利用国际发展知识中心、南南合作与发展学院等平台,为发展中国家提供大量人员培训和技术支持。马拉维、加纳、肯尼亚等15个发展中国家的扶贫官员参加“2016年发展中国家公共服务与减贫官员研修班”,喀麦隆减贫致富经验交流研修班、多维贫困测量夏季培训班、亚洲国家城乡协调发展与减少贫困的官员研修班,深入汲取中国脱贫攻坚的成功经验。大部分设备从中国采购的坐落在乌兹别克斯坦南部边境的德赫卡纳巴德钾肥加工厂,是中亚地区第一个钾肥加工厂,年产农用氯化钾60万吨,产品除了满足乌兹别克斯坦国内农业需要外,还能够大量出口国外,为乌政府赚取外汇;工厂还为当地提供了1800多个就业岗位。中国与非洲达成“十大合作计划”,为非洲的经济和社会发展作出贡献。有数据显示,坦桑尼亚人口用电比例仅为19.8%。为解决缺电现状,上海电力股份有限公司和坦桑尼亚电力供应公司成立合资公司负责投资、建设、运营。该项目建成后将会是坦桑尼亚最大的燃气电厂,发电量约占坦桑尼亚总装机容量的18%,可有效缓解坦桑尼亚电力短缺情况,节省发电成本,推动国民经济发展。西哈努克港经济特区作为“开放之窗”,是中柬务实合作的样板;帕德玛大桥作为“梦想之桥”,是孟中印缅的经济走廊上的大项目。联合国副秘书长兼联合国开发计划署署长施泰纳说,中国在太阳能、风能领域的技术和大规模生产能力使得获取这些清洁能源的门槛大大降低,数亿非洲人民从中获益。

中国牵头倡议的金砖国家开发银行、亚洲基础设施投资银行、丝路基金等新机构的建立，开创了发展中国家建立多边金融机构的先河，使全球合作迈上新高度。中国还成功举办 G20 杭州峰会、APEC 领导人非正式会议、“一带一路”国际合作高峰论坛、金砖国家领导人厦门会晤等一系列理念先进、举措务实的标志性会议，有力推动和引领全球治理体系变革。APEC 利马峰会，中国高举“开放型经济”旗帜，为推动联通非洲大陆的亚吉铁路开通打下基础，“新坦赞铁路”见证了新时期的中非友好关系。

中国也积极参与国际事务，提升在国际上的话语权。中国积极参与国际货币基金组织、世界银行等金融机构改革，支持扩大发展中国家在国际事务中的代表性和发言权；中国在国际维和行动、国际人道主义救援行动中扮演着重要角色；中国主动引领在深海、极地、太空、网络等新兴领域国际规则的制定，为完善全球治理体系发挥着建设性作用。习近平提出，“各国都应成为全球发展的参与者、贡献者、受益者……各国能力和水平有差异，但在同一目标下，应该承担共同但有区别的责任”。[①] 在全球化进程中，电子商务、移动互联网等新科技的普及，集装箱航运、高速公路、高速铁路、现代金融支付工具的作用，已极大地改变了全球化的基础——从技术上支撑全球化，由原来的海洋全球化发展为海洋和内陆打通的全方位全球化，进一步推进投资和贸易便利化。此外，自 2008 年以来，中国对世界经济增长贡献率超过 30%，为世界的繁荣稳定作出了重要贡献。

（三）中国构建人类命运共同体的主要路径

构建人类命运共同体，就是构建相互尊重、公平正义、合作共赢的新型国际关系，推动世界各国走和平发展道路。这是全世界人民的共同事业，需要全

① 习近平：《习近平在联合国成立 70 周年系列峰会上的讲话》，人民出版社 2015 年版，第 2、3 页。

世界人民共同努力——树立共商共建共享的全球治理观,并用之来指导实践,通过制度创新、机制创新、组织创新,构建新的时代环境下的国际经济政治新秩序,即构建人类命运共同体的国际规则体系,逐步解决人类面临的共同问题,包括经济、文化、能源、环境、卫生、安全、反恐等领域,推动世界共同发展。作为负责任的社会主义中国,在这一进程中,做先进理论的创造者和思想舆论的引导者,做多元利益的整合者和社会共识的凝聚者。

1. 让世界了解中国,了解“人类命运共同体”价值理念的内涵及其实质。人类命运共同体这一价值理念,意味着解决全球性问题,需要政府、政府间组织、非政府组织、跨国公司等共同参与和互动——全球化导致国际行为主体多元化,国际规范和国际机制具有机制约束力和道德规范力。发展中国家与发达国家共同发展,世界才真正发展。发展中国家与发达国家共同安全,世界才是安全的。各国只有携手合作,才有可能实现可持续发展。

一是举办“一带一路”国际合作高峰论坛,明确构建人类命运共同体符合世界人民的根本利益,是与会各方的共同愿望。二是召开中国共产党与世界政党“构建人类命运共同体、共同建设美好世界”高层对话会,需要各国政党达成共识,共同努力,承担起应该承担的责任。三是通过南南人权论坛,倡导以合作促发展,以发展促人权,共同构建人类命运共同体。在2016年二十国集团领导人杭州峰会上,中国提出建设创新、开放、联动、包容型世界经济的倡议,致力于让增长和发展惠及所有国家和人民。在以“塑造联动世界”为主题的2017年二十国集团领导人汉堡峰会上,习近平主席提出建设开放型世界经济、使世界经济增长更加包容等推动世界经济发展的中国主张。

此外,中国依托亚太经合组织、区域全面经济伙伴关系协定等多种合作平台和机制,着力打造更加紧密的中国—东盟命运共同体,具有战略意义的中老命运共同体、中越命运共同体;积极推动贸易投资自由化和便利化;通过发起成立金砖国家新开发银行、丝路基金、亚洲基础设施投资银行等多边金融机构,以实际行动推进全球包容性增长。

2. 实践上,“一带一路”倡议为构建人类命运共同体提供中国方案。“一带一路”见证了两千多年来人类文明的交往史。“一带一路”改变了以往单纯围绕商品与投资的法律事务谈判经贸协定的模式,熔铸更高水平上的多元沟通融合范式,让每一项经济活动“再国际化”,与各国携手创造多赢的经济,引领世界和平发展。“一带一路”的核心是互联互通,在欧亚大陆范围内建立自由高效、多元的市场体系,实现资本、技术、知识、人员的自由流通,将欧亚大陆东西两端的东亚经济圈和欧洲经济圈勾连起来,将发展的红利分享到欧亚大陆。“一带一路”以亚洲基础设施投资银行以及金砖国家银行等投融资平台,以及自贸区建设为支撑,为各个利益相关方参与进来提供共同协作的平台,促进社会稳定与经济发展,是实现人类命运共同体的一个新路径。在“贸易畅通”合作领域,通过加强信息互换、监管互认、执法互助等方面的海关合作,检验检疫、认证认可、标准计量、统计信息等方面的双边和多边合作,以及改善边境口岸通关设施条件等措施,扩大沿线国家与非沿线国家之间的贸易,出现经济增长的外溢效应。以基础设施互联互通、产能合作、经贸产业合作区为抓手,构建互惠互利、安全可靠、长期友好的能源战略合作关系。加强发展项目和民生项目的合作,尤其是实施好一批示范性项目,让有关国家不断有实实在在的获得感。进一步加强“一带一路”参与民间组织的交流合作,广泛开展教育医疗、减贫开发、生物多样性和生态环保等各类公益慈善活动,促进贫困地区生产生活条件的改善。

加强沿线国家基础设施建设规划和技术标准体系的对接,逐步形成连接亚洲各次区域以及亚、欧、非之间的基础设施网络——能源基础设施互联互通合作和共建通信基础设施,以及强化基础设施绿色低碳化(加强生态环境、生物多样性和应对气候变化合作,在投资贸易中要突出生态文明理念)等一系列措施。借助“一带一路”建设契机,中国可以帮助沿线国家和地区构建绿色低碳的能源利用体系。中国推进通过光伏发电来扶贫的模式,可以在“一带一路”沿线欠发达的无电力区推广,不仅能增加当地的电力供应,还能够给用户带来收益。2014 年 8 月,习近平主席在蒙古国国家大呼拉尔发表题为《守望相助,共创中蒙关系发展新时代》的演讲,提出“中国愿意为包括蒙古国在内的周边国家提供共同发展的机遇和空间,欢迎大家搭乘中国发展的列车,搭快车也好,搭便车也好,我们都欢迎”。

中国倡导的构建“人类命运共同体”的理念,分别被写入联合国社会发展委员会第 55 届会议通过的“非洲发展新伙伴关系的社会层面”决议,第 72 届联大通过的“防止外空军备竞赛进一步切实措施”和“不首先在外空放置武器”安全决议,以及联合国安理会通过关于阿富汗问题的第 2344 号决议,联合国人权理事会第 34 次会议通过关于“经济、社会、文化权利”和“粮食权”两个决议。海外媒体纷纷对“命运共同体”理念作出高度评价。韩联社认为,中国的周边外交政策秉承“亲、诚、惠、容”的友善理念,有利于“命运共同体”的形成。① 哈佛大学费正清中国研究中心研究员罗斯·特里尔主编的《习近平复兴中国》,以“人类命运共同体”为纲领的全球治理体系,展现了对中国和世界各国关系长远发展的战略思考,也给国际格局新秩序的建立带来新动力。②《华尔街日报》中说,“一带一路”已被视为全球化的新模式,较此前的全球贸易浪潮更具包容性和公平性——“‘一带一路’不掺杂殖民主义的价值观,使命是服务和关照全世界最广大人民利益的。”③阿联酋《海湾报》认为,“一带一路”或将开启“一个新的时代、一种与以往完全不同的合作模式”④。德国《世界报》网站引用匈牙利总理欧尔班的话指出,“一带一路”是更受欢迎的全球化模式,因为它不带“说教”,所有国家都有权塑造符合本国国情的社会。⑤在平等互利基础上,基于共商共建共享原则,共建发展共同体、利益共同体

① 《中国理念赢得世界认同》(国际论道),《人民日报》(海外版),2017 年 7 月 10 日。
② 《中国理念赢得世界认同》(国际论道),《人民日报》(海外版),2017 年 7 月 10 日。
③ 《中国理念赢得世界认同》(国际论道),《人民日报》(海外版),2017 年 7 月 10 日。
④ 《中国理念赢得世界认同》(国际论道),《人民日报》(海外版),2017 年 7 月 10 日。
⑤ 《中国理念赢得世界认同》(国际论道),《人民日报》(海外版),2017 年 7 月 10 日。

和责任共同体,谋求互利共赢。英国剑桥大学教授马丁·雅克说,“中国提供了一种‘新的可能’,这就是摒弃丛林法则、不搞强权独霸、超越零和博弈,开辟一条合作共赢、共建共享的文明发展新道路。”①中国正努力在多极化的基础上推动“建立更理性、更公平、更有效率、更包容的世界秩序”②。

中国成为欧洲复兴开发银行的股东,推动“一带一路”倡议与欧洲投资计划对接。中国国家开发银行与英国贸易投资署签署了《关于英国基础设施、能源项目合作备忘录》,在航天和民用航空产业、高端制造业、汽车制造、创新产业、海洋产业、铁路产业和核电产业等领域开展合作。总之,各国联系日益紧密,“只有对接各国彼此政策,在全球更大范围内整合经济要素和发展资源,才能形成合力,促进世界和平安宁和共同发展”。

---

① 《中国理念赢得世界认同》(国际论道),《人民日报》(海外版),2017年7月10日。

② 《述评:“中国观”,与世界共行》,新华网,http://www.xinhuanet.com/politics/2017-08/20/c_1121511677.htm。

结束语　马克思主义时代化：资源哲学

随着经济全球化的不断推进，国家之间的相互依存也在不断加深，世界各国成为紧密相连的命运共同体。这一命运共同体，主要寻求人类面临着的资源短缺、生态破坏、两极分化等资源问题的解决。纵观人类历史，自文明时代以来的大大小小的战争，绝大多数是因资源而引起。如果说，以往的战争是局部的，即使是二次世界大战，也还能让人类有生存空间的话，那在科学技术高速发展的今后，一旦全球气候变暖成为不可逆转的趋势，或人类手中所拥有的核武器爆炸，或其他"灰犀牛"事件发生，都有可能影响人类的生存。因而，推动马克思主义哲学的时代化——资源哲学——势在必行。

一、资源哲学的立场

资源哲学，就是把资源放在人们日常生活的中心来思考，即何为资源，资源对于人类生存与发展究竟意味着什么，人类发展史与资源生成史是何关系，人类要实现自我解放的核心资源是什么，等等。简言之，资源哲学是对人与资源关系的哲学追问。

在马克思看来，感性活动的个人是一种有生命的存在物，个人同其他物种一样受自然制约，处于同自然的关系之中。通过人与自然之间的互动，人把自己从自然界中提升出来。也就是说，“只有在社会中，自然界才是人自己的合乎人性的存在的基础，才是人的现实的生活要素。”①人类的历史也就是物质资料的生产和人类自身生产相结合的历史——“每一代都利用以前各代遗留下来的材料、资金和生产力；由于这个缘故，每一代一方面在完全改变了的环境下继续从事所继承的活动，一方面又通过完全改变了的活动来变更旧的环境”②。

当人类进入现代社会，资源问题开始凸显。这源于资本对剩余价值的追求。资本生存下去，不仅伴随着从手工作坊到大机器工业的转变、资本主义的信用制度和股份制度等的发展，也伴随着全球化带来的生态和环境问题以及社会发展中的新问题，如核扩散的威胁、恐怖主义、基因技术的负效应等。马克思指出“资产阶级除非对生产工具，从而对生产关系，从而对全部社会关系不断地进行革命，否则就不能生存下去。”恩格斯指出，需要对资本主义生产方式“以及同这种生产方式一起的整个社会制度实行完全的变革”，“为人类同自然的和解以及人类本身的和解开辟道路”③。

资源问题的解决，必须改变以往的“以价值为核心、使用价值为手段”，取而代之的是“以使用价值为核心、价值为手段”的经济发展方式。也就是说，在经济发展进程中，不断吸收农业文明和工业文明的优秀成果，依据不同的文化习俗、地理位置、自然条件下的不同的自然资源和人自身资源属性，充分运用当地资源，模仿生态系统自组织功能，串联利用养分和能源，形成一个极大的生态链。换言之，通过生态链的整合互动，将区域内各个经济实体有机地连接起来，创造出新的劳动密集型的工作机会，在满

① 《马克思恩格斯文集》第1卷，人民出版社2009年版，第187页。
② 《马克思恩格斯文集》第1卷，人民出版社2009年版，第540页。
③ 《马克思恩格斯文集》第1卷，人民出版社2009年版，第63页。

足人们需要的各种使用价值实现的过程中,实现全体社会成员的发展(每一个社会成员也都从中获益),创造出人与自然的新的和谐关系。要达到这样的状态,使市场、政府、社会力量有机统一,各自在最优界限内活动,体现出社会主义市场经济内在的优越性——涉及广泛的社会改造,不断地让人民群众共享经济社会发展成果;不断地发展科学技术,改变人对自然资源的利用方式——"使用一种新能源、一种新材料,或一种新的化工产品,都必须确定它将怎样改变我们赖以生存的微妙的生态平衡,而且必须预测它们对遥远的未来和远方可能产生的间接影响"①,为经济可持续发展保驾护航。

资源哲学向人们展示了一幅人与人、人与社会和谐相处的美好画面——"人和自然之间、人和人之间的矛盾的真正解决,是存在和本质、对象化和自我确证、自由和必然、个体和人类之间的斗争的真正解决。"②

二、资源哲学的方法论

哲学不应当仅仅解释世界,更在于改造世界——其中的"世界"是人类活动的时空综合体,"解释"是指对人的生活世界的理论说明,不论这一说明必须是科学的而不是臆想的(或神造的);"改造"是指人们根据自身的需要使自然发生合乎要求的变化,改造的方式、改造的程度如何,取决于人们的认知以及相应的实践能力。

资源哲学认为,资源是生成的,是在人类的实践中生成的。当今的世界,人类生产实践、交往实践和科学实践主要表现为技术创新、制度创新和知识创新。技术创新造成的生产力的发展,使原有的生产关系和上层建筑的制度安

① 钱箭星、肖巍:《马克思生态思想的循环经济引申》,《复旦学报》(社会科学版)2009年第4期。

② 《马克思恩格斯文集》第1卷,人民出版社2009年版,第185页。

排与新的生产力发生矛盾，制度创新打破了旧有的生产关系和上层建筑，为技术创新创造了广阔发展的空间。科技的发展又会改变着人们的思想观念和社会意识形态，为推动技术创新和制度创新提供强大思想动力。由此带来社会生产方式、人们的生活方式的变革，人们逐步生活在数字化、开放式、交互式的电子时空中。

资源哲学认为，资源消耗与生态补偿是人类实践活动责权利统一的内在要求。英国、美国等西方发达国家的现代化是建立在煤炭、石油等不可再生资源之上。这些资源往往又是通过殖民掠夺得来的。当今的全球气候变暖、发达国家与发展中国家的发展差距，西方发达国家脱不了干系。有数据表明，美国二氧化碳排放量占全球排放总量的25%，美国人均每年二氧化碳排放不少于9吨，而中国人均仅为2吨。可美国拒绝承认气候变化，拒绝承担责任（退出《巴黎协定》）。

资源哲学认为，人类自身资源是实现自身发展、解放的关键资源。改革开放四十多年来取得的成就表明，中国共产党人较好地处理了市场与政府的关系，实现了“看不见的手”和“看得见的手”的有机结合。从“让市场在资源配置中起基础性作用”到“让市场在资源配置中起决定性作用”，充分发挥市场力量的同时，创造性地通过总量调控、区间调控、定向调控和相机调控等手段。诺贝尔经济学奖得主迈克尔·斯彭斯说，中国政府既设定年度经济增长目标，也制定五年规划，还有长期愿景；即既有中长期规划，又有实施规划的具体举措；成功地使政府调控与市场机制实现平衡、良性互动……中国制度体系为发展中国家实现国家工业化和现代化历史阶段的政治建设提供了重要参照，同时也为困于内在缺陷和面临着许多问题的西方社会提供了启示。

中国共产党人在实现中华民族伟大复兴的同时“利己达人”，为人类的和平与进步事业作出更大贡献。习近平总书记指出，中国按照创新、协调、绿色、开放、共享的发展理念，“坚持绿色低碳发展，改善环境质量，建设天蓝、地绿、水清的美丽中国;坚持深度融入全球经济,落实‘一带一路’倡议,以服务业为重点放宽外资准入领域,探索推行准入前国民待遇加负面清单的外资管理模式,营造高标准国际营商环境,打造利益共同体。”①

① 习近平:《创新增长路径　共享发展成果》(2015年11月15日),人民出版社单行本,第10页。

参考文献

《马克思恩格斯选集》(第1—4卷),人民出版社1995年版。

《马克思恩格斯文集》(第1—8卷),人民出版社2009年版。

《马克思恩格斯全集》30—31卷,人民出版社1995年版。

《马克思恩格斯全集》第46卷,人民出版社2003年版。

《马克思恩格斯全集》第44卷,人民出版社2001年版。

马克思:《资本论》第1、2、3卷,人民出版社2004年版。

《列宁全集》(第41卷),人民出版社1986年版。

《斯大林选集》(下),人民出版社1979年版。

《毛泽东文集》(第7卷),人民出版社1999年版。

《中国共产党第十八次全国代表大会文件汇编》,人民出版社2012年版。

《中国共产党第十九次全国代表大会文件汇编》,人民出版社2017年版。

鲁品越:《鲜活的资本论——从深层本质到表层现象》,上海世纪出版社2015年版。

鲁品越:《深层生成论:自然科学的新哲学境界》,人民出版社2011年版。

鲁品越:《资本逻辑与当代现实》,上海财经大学出版社2006年版。

哈耶克:《通往奴役之路》,中国社会科学出版社1997年版。

[美]道格拉斯·C.诺斯:《经济史中的结构与变迁》,上海三联书店1994年版。

[英]亚当·斯密:《国富论》,浙江大学出版社2016年版。

[英]亚当·斯密:《道德情操论》,华中科技大学出版社2016年版。

[美]贝弗里·J.西弗尔著,张璐译:《劳工的力量:1870年以来的工人运动与全球化》,社会科学文献出版社2012年版。

[法]托马斯·皮凯蒂著,巴曙松等译:《21世纪资本论》,中信出版社2014年版。

约翰·贝拉米·福斯特:《生态危机与资本主义》,上海译文出版社2006年版。

约瑟夫·E.斯蒂格利茨:《不平等的代价》,机械工业出版社2014年版。

[法]托马斯·皮凯蒂:《21世纪资本论》,中信出版社2014年版。

[法]托克维尔:《旧制度与大革命》,长安出版社2013年版。

阿尔钦、德姆塞茨:《生产、信息成本和经济组织》,载于刘守英等:《财产权利与制度变迁——产权学派与新制度学派译文集》,上海三联书店、上海人民出版社1994年版。

荣兆梓等:《劳动平等论:完善社会主义基本经济制度研究》,社会科学文献出版社2010年版。

余文烈等:《市场社会主义:历史、理论与模式》,经济日报出版社2008年版。

张维迎:《市场的逻辑》,上海人民出版社2010年版。

肖安宝:《资源创造论:新时代的资源哲学》,光明日报出版社2011年版。

白刚:《资本:马克思资本主义社会中"物"的概念》,《南京社会科学》2015年第5期。

钱箭星等:《马克思生态思想的循环经济引申》,《复旦学报》(社会科学版)2009年第4期。

毛新:《马克思物质变换理论与中国生态环境问题的成因分析》,《学术探索》2010年第5期。

柳兰芳:《自然生态、人文生态和社会生态的辩证统一——〈1844年经济学哲学手稿〉的生态伦理思想》,《社会科学家》2013年第7期。

刘成、卢彪:《马克思主义生态视野中的消费观及其当代价值》,《社会科学》2013年第2期。

李瑞娥等:《时间价值的升华:从马克思经济论析中的时间思想到当代时间资源的拓展》,《人文杂志》2004年第3期。

陈须隆:《当今世界面临的主要全球性问题》,《瞭望》2015年9月27日。

王毅:《消除贫困保护地球共享繁荣全球可持续发展进入2.0时代》,《中国新闻周刊》2015年9月30日。

时青昊:《"物质变换"与马克思的生态思想》,《科学社会主义》2007年第5期。

褚艳宁:《生态经济视角下"资源诅咒"向"资源福祉"的转化》,《经济问题》2015年第2期。

胡琨:《德国鲁尔区结构转型及启示》,《国际展望》2014年第5期。

吴宣恭:《对马克思“重建个人所有制”的再理解》,《马克思主义研究》2015 年第 2 期。

许斗斗:《论马克思的生产、技术与生态思想》,《马克思主义研究》2015 年第 5 期。

王志刚:《马克思〈政治经济学批判大纲〉中的空间思想》,《教学与研究》2015 年第 3 期。

张琳:《马克思对现代性的叙述与扬弃——基于资本批判的视角》,《教学与研究》2015 年第 8 期。

吕世荣:《马克思经济全球化思想的哲学阐释逻辑》,《中国社会科学》2015 年第 4 期。

刘学梅、李明:《对社会主义国家资源配置理论的再认识》,《毛泽东邓小平理论研究》2015 年第 1 期。

洪银兴:《市场对资源配置起决定性作用后政府作用的优化》,《光明日报》2014 年 1 月 29 日。

刘国光、程恩富:《全面准确理解市场与政府的关系》,《毛泽东邓小平理论研究》2014 年第 2 期。

王庆丰:《〈资本论〉与资本的合理性界限》,《光明日报》2016 年 1 月 27 日。

鲁品越:《资本与现代性的生成》,《中国社会科学》2005 年第 3 期。

鲁品越:《产业结构变迁与世界秩序重建》,《中国社会科学》2002 年第 3 期。

鲁品越:《从人性结构到市场权力结构》,《哲学研究》2011 年第 4 期。

鲁品越:《剩余劳动与唯物史观理论建构——走向统一的马克思主义理论体系》,《哲学研究》2005 年第 10 期。

鲁品越:《资本逻辑与当代中国社会结构趋向——从阶级阶层结构到和谐社会建构》,《哲学研究》2006 年第 12 期。

鲁品越:《社会主义诞生条件的分离与中国特色社会主义基本特征》,《马克思主义研究》2013 年第 8 期。

鲁品越:《物品体系与社会结构再生产——历史唯物主义的一条新解读路径》,《哲学动态》2004 年第 12 期。

郗戈:《资本逻辑的当代批判与反思——〈资本论〉哲学研究的关键课题》,《南京社会科学》2013 年第 6 期。

鲁品越、王珊:《论资本逻辑的基本内涵》,《上海财经大学学报》2013 年 10 月。

张雷声:《论资本逻辑》,《新视野》2015 年 2 月。

马拥军:《对〈资本论〉的九个根本性误读》,《天津社会科学》2015 年第 2 期。

谢富胜、李安、朱安东:《马克思主义危机理论和1975—2008美国经济的利润率》,《中国社会科学》2010年第5期。

马拥军:《皮凯蒂的结论是否适用于中国?——与袁志刚教授商榷》,《管理学刊》2015年第3期。

张雷声:《马克思的第一部经济学著作的手稿——〈1844年经济学哲学手稿〉研读》,《思想理论教育导刊》2014年9月。

吴巧生:《中国工业化进程中的能源消耗强度变动及影响因素:基于费雪(Fisher)指数分解方法的实证分析》,《经济理论与经济管理》2010年第5期。

涂涛涛、马强:《资源约束与中国主导产业的选择——基于垂直联系视角》,《产业经济研究》2012年第6期。

钱伯海:《一夫当关,万夫莫开——对深化劳动价值理论的思考》,《学术月刊》2002年第1期。

陈春萍、刘伟雄:《论劳动正义的合理性》,《湖南科技大学学报》(社会科学版)2010年第5期。

杨桂森:《以劳动为主轴的价值论革命》,《学术研究》2009年第10期。

张雷声:《〈资本论〉与马克思主义理论的整体性》,《马克思主义研究》2010年第2期。

刘荣军:《市场经济的意识形态还原与中国实践》,《马克思主义研究》2014年第12期。

莱博维奇:《"超越"〈资本论〉思想探究》,《政治经济学报》2015年第4期。

龚天平、何为芳:《生态文明与经济伦理》,《北京大学学报》(哲学社会科学版)2011年第4期。

张荣华、郭小靓:《生态文明的社会制度基础探析》,《山东社会科学》2014年第11期。

裴晨、柯文进:《马克思主义系统思想与生态文明建设》,《辽宁大学学报》(哲学社会科学版)2013年第3期。

鲁品越:《〈资本论〉的真谛及对其曲解——兼论〈资本论〉与西方经济学的关系》,《马克思主义研究》2015年第7期。

沈斐:《资本内在否定性框架中的跨国资本和全球治理》,《马克思主义研究》2015年第11期。

付清松:《资本再生产批判视阈的反向延展》,《马克思主义与现实》2016年第1期。

张吉刚:《市场经济需要利他精神》,《人民日报》2017 年 1 月 12 日。

邵学峰、梁志元:《资源租理论与资源税研究》,《当代经济研究》2016 年第 11 期。

陈奇斌:《现代马克思主义经济学的"资源与需要双约束"假说》,《华南师范大学学报》(社会科学版)2011 年第 2 期。

陈长、邓丽霞:《自然资源的虚拟价值模型研究》,《理论探讨》2010 年第 1 期。

孙峰:《〈资本论〉资源配置理论的当代反思》,《理论界》2012 年第 2 期。

王云中:《论马克思资源配置理论的依据、内容和特点》,《经济评论》2004 年第 1 期。

马艳、李韵:《自然资源虚拟价值的现代释义——基于马克思经济学视角》,《马克思主义研究》2008 年第 10 期。

卜祥记、何亚娟:《经济哲学视域中的生态危机发生机制透析》,《马克思主义与现实》2013 年第 3 期。

马文保、程晓:《马克思资本积累的时空界限观念蠡测》,《人文杂志》2016 年 12 月。

渡边雅男:《从共同体所有到私有制——论土地所有制的历史形态》,《马克思主义与现实》2016 年第 6 期。

赵家祥:《全面认识资本的作用——〈资本论〉及其手稿中一个被忽视的重要观点》,《中国高校社会科学》2015 年 1 月。

马嘉鸿:《如何理解〈资本论〉"重建个人所有制"问题》,《哲学研究》2017 年第 1 期。

程启智:《论马克思生产力理论的两个维度:要素生产力和协作生产力》,《当代经济研究》2013 年第 12 期。

黄铁苗:《马克思的节约理论及其现实意义》,《中国社会科学》2008 年第 7 期。

唐正东:《"一般智力"的历史作用:马克思的解读视角及其当代意义》,《马克思主义与现实》2012 年第 7 期。

褚艳宁:《生态经济视角下"资源诅咒"向"资源福祉"的转化》,《经济问题》2015 年第 2 期。

郗戈:《资本逻辑的当代批判与反思——〈资本论〉哲学研究的关键课题》,《南京社会科学》2013 年第 6 期。

杜军、任景波:《中国经济发展面临资源约束的成因与特征分析》,《开发研究》2013 年第 1 期。

中共中央国务院:《关于完善产权保护制度依法保护产权的意见》2016 年 11 月 4 日。

责任编辑：辛艳红
封面设计：石笑梦
封面制作：姚　菲
版式设计：胡欣欣
责任校对：张红霞

图书在版编目(CIP)数据

马克思资源哲学思想及其当代价值研究/肖安宝 著. —北京：人民出版社，2021.4
ISBN 978-7-01-022799-3

Ⅰ.①马…　Ⅱ.①肖…　Ⅲ.①马克思主义哲学-资源科学-研究-中国
Ⅳ.①B0-0②F062.1

中国版本图书馆 CIP 数据核字(2020)第 250161 号

马克思资源哲学思想及其当代价值研究

MAKESI ZIYUAN ZHEXUE SIXIANG JIQI DANGDAI JIAZHI YANJIU

肖安宝　著

人民出版社 出版发行
(100706　北京市东城区隆福寺街 99 号)

环球东方(北京)印务有限公司印刷　新华书店经销

2021 年 4 月第 1 版　2021 年 4 月北京第 1 次印刷
开本:710 毫米×1000 毫米 1/16　印张:23.5
字数:340 千字

ISBN 978-7-01-022799-3　定价:70.00 元

邮购地址 100706　北京市东城区隆福寺街 99 号
人民东方图书销售中心　电话 (010)65250042　65289539

中共中央国务院:《关于创新政府配置资源方式的指导意见》2017 年 1 月 11 日。

国务院:《关于全民所有自然资源资产有偿使用制度改革的指导意见》(国发〔2016〕82 号)。

蒋加强:《关于资源资本化问题的分析及思考》,《四川行政学院学报》2005 年第 6 期。

张敦富、孙久文:《论资源资本化、价格化是构建中国资源保障体系的基础工作》,《资源·产业》2002 年第 1 期。

葛扬:《马克思土地资本化理论的现代分析》,《南京社会科学》2007 年第 3 期。

任洲鸿:《"劳动力资本化"何以可能?——马克思"劳动力商品"概念的唯物辩证法研究》,《海派经济学》2011 年第 4 期。

向伟:《所有制范畴形成与演化的历史逻辑》,《复旦学报》(社会科学版)1999 年第 4 期。

农业部农村经济研究中心课题组:《欠发达地区经济起飞的关键是"资源资本化"——中国扶贫体制改革试验区的实证经验》,《管理世界》1997 年第 6 期。

白刚:《资本、革命与自由——从〈共产党宣言〉到〈资本论〉》,《学术研究》2016 年第 5 期。